TRANSFERENCIA-CONTRATRANSFERENCIA PROCESO EN LOS CASOS CLÍNICOS DE FREUD

Su vigencia teórico-práctica en las psicoterapias dinámicas postmodernas

TRANSFERENCIA-CONTRATRANSFERENCIA PROCESO EN LOS CASOS CLÍNICOS DE FREUD

Su vigencia teórico-práctica en las psicoterapias dinámicas postmodernas

HERNÁN SOLÍS GARZA

Primera Edición 2016

Cuidado de la Edición
Teresa Lartigue Becerra

©ARCHITECTHUM PLUS S.C.
Díaz de León 122-2
Aguascalientes, Aguascalientes
México CP 20000
libros@architecthum.edu.mx

Ilustración en portada:
Foto de Freud tomada por Max Halberstadt en 1922

ISBN 978-607-9137-41-0

Contenido

PALABRAS PRELIMINARES

He aquí las primeras palabras del homenaje que la Asociación Psicoanalítica Mexicana ofrece a un gran maestro, el doctor HERNÁN SOLÍS GARZA.

Espacio primigenio que remite la mirada a ese primer momento mágico del desarrollo que surge del balbuceo, de ese principio donde buscábamos el olor de la primera melodía, o el color de la primera piel que impulsó a la humanidad a la escritura y la comunicación. Este ensayo que refiere a las primeras palabras se enlaza con el último escrito de una grandiosa vida. Un camino de la dialéctica entre lo primero y lo último.

Encontramos a continuación un trabajo magistral, una disertación doctoral que no fue escuchada por falta de tiempo, pero que ahora toma forma para ser expuesta y lograr inmiscuirnos en la teoría freudiana a través de la retórica del poeta sobre los cinco casos clínicos más importantes que el maestro SIGMUND SHLOMO FREUD publicó.

El doctor HERNÁN SOLÍS GARZA fue un ser excepcional, nació en un pueblo de nuestra querida República Mexicana que ya no existe, se convirtió en médico, psiquiatra y psicoanalista, escribió un sin fin de artículos y libros, siendo cada uno un ejemplo de calidad inmejorable en el arte de la escritura y en la profundidad del pensamiento. Siempre lo consideré un sabio y un erudito, ofreciéndonos reflexiones profundas sobre su cosmovisión y su saber psicoanalítico.

En esta ocasión nos lleva con su pluma a la intimidad de la vida del doctor SIGMUND FREUD y se define a sí mismo como "un adicto mayor a la nostalgia por Freud". Y escribe así: "Fue, entonces, cuando estando ya solo; nada más me orientaron mis dioses íntimos. Sí, aquellos tesauros que, aún trasmiten las enseñanzas de los tres grandes maestros de la sospecha: Marx, Nietzsche y Freud". Continúa escribiendo "me declaro responsable desde el freudiano aposento de mi primera persona".

El doctor Marco Dupont Muñiz (2007) en su libro *El ser psicoanalista* marca que: "la creatividad del analista incluye la posibilidad de ver su trabajo acabado en su totalidad, hasta podría decirse que igual en su obra. Su creatividad radica en lo que de artístico tiene su técnica, y de coherencia su teoría". Así como leo en las palabras del doctor Solís, considero que los psicoanalistas entretejemos y creamos con la escritura algo de lo propio, de la técnica y de la teoría que nos acompaña en el quehacer psicoanalítico.

Estas primeras palabras son desde la Dirección del Instituto de Psicoanálisis "Dr. Ramón Parres" de la Asociación Psicoanalítica Mexicana, las que me llevan a honrar a mis maestros, pues somos herederos, guardianes e innovadores del legado psicoanalítico.

Ruth Axelrod
Ciudad de México, agosto de 2016

PRÓLOGO

Estamos ante un libro de particular relevancia en la carrera de este ilustre psicoanalista, ya que se trata del último de los textos que nos dejara el doctor Hernán Solís Garza, psicoanalista erudito y original como pocos, que ostentaba -como podrán ver al adentrarse en las páginas de **Transferencia-Contratransferencia-Proceso en los casos clínicos de Freud** -de un estilo barroco inconfundible y muy personal.

Hernán Solís hizo su formación en la Asociación Psicoanalítica Mexicana (APM) donde le conocí hace ya muchos años debido a que coincidimos en la séptima generación del Instituto de la A.P.M. donde nos formamos como psicoanalistas junto con los doctores Lauro Estrada-Inda, Manuel Isaías López y Leopoldo Chagoya, generación que recibió el embate y marca de una escisión que en aquellos tiempos se dio en la Asociación Psicoanalítica Mexicana, movimiento que se llevó a cuatro de los compañeros originales de dicha séptima generación. Hernán Solís Garza era el mayor de los cinco que quedamos y siempre se distinguió por su aguda inteligencia, su capacidad incansable de lectura y trabajo, y por la originalidad que lo caracterizaba en sus escritos sobre psicoanálisis. Con un manejo peculiar de la ironía, sus informados escritos preñados con un estilo inconfundible donde se mezclaban a partes iguales lo barroco y lo zumbón, rebosaban humor, erudición y una dimensión crítica sin cuartel en la que no concedía compromisos con otras corrientes teóricas o con posiciones débiles o inconsistentes.

A su regreso a Monterrey, N.L. siguió ejerciendo incansablemente la imposible profesión de psicoanalista hasta caer fulminado por un evento cerebral que lo dejó inutilizado para continuar interpretando, leyendo y escribiendo con su inimitable forma.

Hernán nació en 1933, en un pueblo cercano a Comales, Tamaulipas; pueblo que, por cierto, ya no existe, como a él le gustaba decir; además le llenaba de orgullo decir que era coterráneo de Abel Quezada. Luego de estudiar Medicina en Monterrey y de una breve residencia en los Estados Unidos de Norteamérica y de hacerse Psiquiatra, fue socio fundador de la Sociedad de Medicina Psicosomática de Monterrey; también fundó la Unidad de Psiquiatría del Hospital Universitario de la Universidad Autónoma de Nuevo León, para luego migrar a la ciudad de México, con el fin de hacerse psicoanalista, el sueño de toda su vida. En la capital entró en análisis con José Luis González Chagoyán y, luego de diversas vicisitudes, entró a la formación en la citada séptima generación. Cuando llegó a seminarios, Hernán ya traía en los bolsillos de su historia académica un buen número de trabajos psicoanalíticos y el libro **Los mexicanos del norte**, escrito en la línea y siguiendo la inspiración de los textos de Santiago Ramírez y Francisco González Pineda sobre *el mexicano*.

Estudioso como pocos, de pensamiento crítico y generoso en sus relaciones, pronto nos hicimos buenos amigos. Compartir el mundo abigarrado de los seminarios en el Instituto fue una experiencia enriquecedora, así como las frecuentes reuniones sociales que organizábamos, y había ocasiones en que el alcohol -aquellos whiskys, pálidos de vergüenza, como él decía, parafraseando a José Alvarado- y los temas literarios y filosóficos, se mezclaban en rara armonía. En todos estos ámbitos Hernán fue un compañero y amigo no sólo valioso sino entrañable. Entre otras cosas, nuestra avidez hizo que, aún no terminados del todo los seminarios académicos, ya Hernán, Pepe Camacho y yo habíamos formado un grupo de estudios, que duró un par de años, con el fin de investigar cuestiones relacionadas con el narcisismo. De ahí salieron, primero su magnífico trabajo pionero sobre *El Narciso negativo* -publicado en **Cuadernos de Psicoanálisis**- y, al año siguiente, fruto de nuestros intereses comunes surgió un trabajo en colaboración en el que los tres abordamos el tema de *La creatividad en Gabriel García Márquez*, publicado también en la misma revista. A propósito del tema narcisismo, es frase acuñada por Hernán -que el tiempo ha vuelto famosa- aquella que decía que *no hay nada más triste que una histérica fea y que un narciso pendejo*.

Pocos años después volvimos a coincidir en la Asociación Mexicana de Psicoterapia Psicoanalítica de Grupo (AMPAG) donde nos reunimos alrededor de intereses comunes en relación a los grupos terapéuticos, las parejas, las familias y su manejo psicodinámico. De ahí seguirían los intereses de Hernán Solís en una dirección que lo fue acercando cada vez más al campo de la terapia familiar, territorio que le apasionó y al que dedicó buena parte de su vida profesional, como podrán constatar en la segunda parte de este texto.

Luego de un tiempo de estancia en la ciudad de México, y después de salvar las inevitables dudas e incertidumbres, Hernán regresó a su tierra natal con Socorro, su compañera de siempre -su infaltable *Chapis*- y sus hijos. Fue miembro activo, muy activo, de la Asociación Regiomontana de Psicoanálisis (ARPAC) de la que, en su momento, fue presidente, y de la Asociación Mexicana de Psicoterapia Analítica de Grupos de Monterrey.

Fruto de su incansable tarea clínica y de su erudición en materia psicoanalítica son, entre otras publicaciones, los libros: **Los mexicanos del norte: treinta años después**, puesta al día del más juvenil de sus libros; **Los que se creen dioses** escrito en la mejor tradición de sus estudios sobre el narcisismo, donde incluye trabajos clásicos como el del ya mencionado Narciso negativo, pero también escritos sobre viejos intereses en torno de la figura literaria de Oscar Wilde, el instinto de muerte, las patología pre-estructurales y varios artículos sobre parejas, como aquel que preguntaba ¿quién vuelve loco a quién?, y ese otro trabajo clásico titulado, Dios los crea y Freud los junta. Finalmente, también publicó un texto titulado **La pluma es lengua del alma**, recopilación de trabajos donde recogió sus atentas lecturas y agudo entendimiento sobre algunas de las obras de Juan Rulfo, Gabriel García Márquez, Sófocles, Porfirio Barba Jacob, diversos mitos y obras teatrales, así como sus reflexiones sobre la obra de Platón. En aquella ocasión, Hernán me pidió hacer un cometario en la presentación de este libro llevada a cabo en la Sala Adamo Boari del Palacio de las Bellas Artes, en la ciudad de México. Creo que no puede haber mejor tributo a su genio literario y erudición, que repetir la cita cervantina de la que Hernán extrajo el título de su libro. Al final del capítulo XVI de la Segunda parte del **Quijote**, en un intercambio de opiniones sobre la poesía y los poetas con el Caballero del Verde Gabán, nos dice el Caballero de la Triste Figura:

"Si el poeta fuere casto en sus costumbres, lo será también en sus versos; la pluma es lengua del alma: cuales fueren los conceptos que en ella se engendraren, tales serán sus escritos, y cuando los reyes y príncipes veen la milagrosa ciencia de la poesía en sujetos prudentes, virtuosos y graves, los honran, los estiman y los enriquecen, y aun los coronan con las hojas del árbol a quien no ofende el rayo…"

Quedaron sin publicar un par de libros que ya fueron dados a la prensa: **Educar; esa profesión imposible** y **El hombre bueno y otros relatos de Santa Rosalía y Comales**. Capítulo aparte merece su tesis terminada desde hacía tiempo, obra monumental en tres volúmenes, fruto de su disertación doctoral acerca de la transferencia y contratransferencia en los casos clínicos publicados por Sigmund Freud, y que tenemos la oportunidad de acceder en este texto que ha sido posible gracias a la voluntad y tesón de su esposa y sus hijos.

Una faceta más privada, decantado de sus reflexiones más íntimas y personales, son una serie no desdeñable de cuentos y relatos de ficción, algunos de los cuales han servido de inspiración para alguna obra de teatro.

Como clínico, Hernán fue un hombre dedicado a sus pacientes, a sus grupos terapéuticos y al estudio y tratamiento de familias perturbadas, especialmente aquellas aquejadas con un miembro con trastornos graves de la alimentación. Como psicoanalista, estuvo siempre activo en las sociedades de las que fue miembro: polémico, con una ideología clara e inconfundible, supo granjearse admiración y las inevitables animadversiones que la vida societaria conlleva. Como esposo, su lealtad irrenunciable con su *Chapis* lo llevó a un matrimonio dichoso, y como padre fue dedicado y devoto con sus hijos. Como amigo, fue sincero, insobornable y generoso. Su muerte nos dejó un enorme vacío, tanto en su familia, como entre sus amigos y en el ámbito psicoanalítico.

Por lo que toca al texto que tenemos en nuestras manos, no es casual que el libro del doctor Hernán Solís comience con una cita de Freud sobre *Los caminos de la terapia psicoanalítica*, pues nuestro autor se encargó de recorrer muchos de estos caminos señalados por el padre del psicoanálisis. De hecho, el psicoanálisis ha sido un semillero sin cuento de psicoterapias psicoanalíticamente orientadas, tanto individuales como de pareja, familia, grupo e instituciones, para no mencionar las psicoterapias breves y de emergencia, las modificaciones para el abordaje de pacientes psicóticos, psicópatas, *borderline* y narcisistas, así como para el abordaje de los problemas de corte psicosomático y las llamadas perversiones del instinto sexual.

Luego de una introducción, rica en aclaraciones en torno del método empleado, Solís Garza emprende el estudio de las que fueron las primeras maestras de Freud: las histéricas consignadas en su primer trabajo en colaboración con Joseph Breuer: Anna O., Lucy, Catherina, Elizabeth, Emmy y Cäcilia, esas primeras mentoras de lo que andando en tiempo sería el método psicoanalítico. En estos casos pioneros Hernán Solís nos enfatiza lo que él llama el trípode dinámico; es decir, la importancia que tiene la interrelación entre la transferencia, la contratransferencia y el curso del proceso dinámico.

Más adelante el autor se introduce de lleno en el *caso Dora*, no sin antes hacernos un vívido retrato de la Viena del siglo XIX y del Imperio Austro-húngaro, así como de esa persona llamada Sigmund Freud que, ilusionado al imaginar que al entrar en contacto con la adolescente Dora este historial le iba a proporcionar la que se transformaría en la mejor demostración de lo vertido en su libro sobre los sueños de 1900. Como es lógico suponer, Solís aprovecha la ocasión de este historial para hacer una amplia revisión de los términos transferencia y contratransferencia, aunque también para hablar de las paratransferencias y paracontratransferencias, mucho menos mencionadas en la literatura.

Es importante dejar constancia de la relación indisoluble que nos recuerda el doctor Solís entre los fenómenos tránsfero-contratransferenciales y el proceso analítico. Al examinar el tema de la ganancia secundaria de la enfermedad, el autor agrega -de su cosecha- una *ganancia terciaria*, que es la que puede hacer que la familia se coluda con la patología, y una *ganancia cuaternaria* que sería la que obtendría el entorno de la patología social. También incursiona en el terreno de los sueños transferenciales y analiza los dos sueños tenidos por Dora en el curso de su breve tratamiento. Es claro que el *caso Dora* se presta como pocos para destacar la colusión -tanto familiar y del pequeño grupo social- para depositar en la adolescente que amenazó con suicidarse una serie de contenidos y estigmas destinados a ocultar y negar la problemática tanto de la psicopatología familiar como social que el caso denuncia.

Más adelante, el autor examina el famoso caso Juanito, inteligente niño tratado por su padre Max Graf, pequeño paciente que constituye la primera supervisión psicoanalítica, no sin antes aprovechar la oportunidad para volver a estudiar el que Solís llama *el caso Freud*. Como sabemos, Freud había tratado a la madre de Juanito -Olga König, que había sido actriz- con antelación. El tratamiento del pequeño Hans, al que Solís califica de predominantemente conductual, despertó viejas historias en el propio Sigmund Freud quien, de esta manera, se identificó con el futuro musicólogo. Son interesantes los entrecruzamientos que se dan entre las contratransferencias del padre tratante y las transferencias de este sobre la figura de Freud, su supervisor; así como la complicada e irregular contratransferencia del padre del psicoanálisis, conocedor de la historia de la madre, a la que entendía desde lo visto con ella en el diván psicoanalítico, y al mismo tiempo, maestro de Max Graf su fiel discípulo, convertido en analista de su propio hijo.

El detallado análisis del abogado Ernst Lanzer, mejor conocido como *El hombre de las ratas*, es rastreado por un minucioso Hernán Solís hasta sus menores detalles y representa uno de los estudios paradigmáticos de Freud sobre la neurosis obsesiva. El autor no sólo nos advierte de los textos previos del propio Freud sobre el carácter, sino que rinde el debido tributo a los de Wilhelm Reich y, entre otros, los de los mexicanos Santiago Ramírez y Francisco González Pineda. El seguimiento del caso incluye, por supuesto, lo que para la contratransferencia de Freud representó la aparición del nombre de Gisela Flüss, aquella idealizada adolescente de su juventud -y el muy edípico amor que sintió por la madre de la muchacha- así como las opiniones de diversos autores de la amplia revisión llevada a cabo por el autor.

El análisis de caso más famosos de Freud, el *Hombre de los lobos* -Serguei Constantinovich Pankejeff- le sirve de pretexto al autor para incursionar de manera paralela sobre otros análisis de Freud, nos referimos a Joseph Wortis, Smiley Blanton, Hilda Doolittle y Abram Kardiner. Solís, desde sus intereses y decantación al estudio de las múltiples determinaciones que podemos advertir al estudiar las familias de nuestros analizados, concede particular atención a la estructura familiar -las tres generaciones- del hombre de los lobos, datos fundamentales para entender este caso clínico. Luego de pasar revista a la legión de analistas por los que pasó la patología del *Hombre de los lobos*, Solís aprovecha para tocar el tema de la terminación del análisis, tema al que Freud dedicó interesantes párrafos a propósito de las resistencias particularmente severas desarrolladas por su paciente -a quien debe la táctica terapéutica del anuncio de terminación.

Este estudio sobre el *Hombre de los lobos* -bautizado por Aniceto Aramoni como *Mister Psicoanálisis*- le sirve de pretexto al autor para continuar su estudio sobre el propio Sigmund Freud, específicamente sobre el ambiente familiar que le rodeó y conformó su carácter: el padre devaluado, la madre idealizada, el desarrollo de su sexualidad, sus confusiones en relación a la conformación de la familia y las diversas generaciones que la conformaban, la importancia de la muerte de Julius, etc., etc., etc.

Hernán Solís Garza completa sus detallados estudios con otros casos de los que tenemos noticia también tratados por Sigmund Freud. Por ejemplo el caso de Bruno Walter, director de la Ópera de Viena, que fue a consultar a Freud por presentar un "calambre profesional", el de Gustav Mahler y las inhibiciones a las que se veía sometido en el desarrollo de su creatividad; así como del muy querido por Freud Sandor Ferenczi, al grado que fantaseó casarlo con su hija Anna, etc., casos en los que se apoya para sustentar su confianza en el uso de las terapias focalizadas (French) y breves (Bellack).

Un caso de curación hipnótica (se trata de un tratamiento llevado a cabo en la etapa pre-analítica de Freud) le sirve a Solís de magnífico material para discutir sobre la etiología y factores terapéuticos actuantes en la curación dramática de esta mujer usando el recurso de la hipnosis. La fuerza siniestra y a la vez curativa de la sugestión se mostró en toda su incomprendida potencialidad, pero también en todo su misterio en este caso previo al descubrimiento del psicoanálisis, situación que aprovecha el autor para regalarnos un caso de parálisis en guante de su propia cosecha donde puso en claro las dotes de hipnotista de sus tiempos pre-analíticos.

Un tema caro a los intereses del doctor Hernán Solís tenía que ver con las estrategias y formas de tratamiento de la *Anorexia nervosa*, de ahí que dedique un interesante capítulo a los trastornos de la alimentación. Un trabajo en co-autoría con su hijo, Oscar Solís, le sirve de marco idóneo para expresar el rumbo de sus ideas en torno del tratamiento de este tipo de peligrosa enfermedad. En esta sección se nos ofrece los avatares, enseñanzas y vicisitudes habidas en el tratamiento de un joven anoréxico, tratamiento que es descrito con todo detalle.

Al final, Hernán Solís aborda un tema que, crecientemente, fue captando su atención: la terapia de inspiración intersubjetiva. Aquí su amplísima indagación pasa revista a una pléyade de autores, desde Marx y Engels, Berger y Luckmann, hasta Sócrates, Platón y Terencio; desde Maurice Merleau-Ponty, Octavio Paz, Stephen Mitchell, Berenstein y Puget, Enrique Pichón-Rivière, Bion, Winnicott y Green, hasta M. Balint, Erich Fromm, V. Frankl, Rollo May, Otto Kernberg, Marmar, James Mann, Mortimer Ostow, Yalom y Walsh. Como podemos ver, la erudición de Hernán Solís le prevenía en contra de cualquier peligro en relación al sustento de las diversas concepciones teóricas que existen en relación a tan polémico tema.

Luego de un interesante *Interludio existencial sobre la nada y el ser finito*, donde aborda temas sobre el ser y el no ser, la muerte y la negación de la misma, temas en los que transita de la mano de Martin Heidegger y Jean-Paul Sartre, de Octavio Paz, Juan Rulfo y Elias Nandino; temas de los que se sirve para abordar también el espinoso tema de los fenómenos del "como sí" de Hans Vaihinger y Helene Deutsch, en los que se explaya con generosidad, pasa a desarrollar el tema de la *Psicoterapia Dinámica de Contención en la Patología Preestructural*. De esta suerte, nos presenta el difícil caso clínico del *Huevos de oro*, un joven farmacodependiente que atendía muy a los comienzos de su formación analítica y que desarrolló una paratransferencia conmigo, cuyas vicisitudes relata (en aquel tiempo Hernán Solís y yo éramos vecinos de consultorio). El simpático paciente se permitió algunos interesantes y muy analizables *acting out*: un mural proyectivo en el pasillo que conducía a los consultorios, plantar una robusta mata de marihuana en una de las macetas que había en el baño común de los consultorios, así como poner anfetaminas pulverizadas en el café y azúcar que todos consumíamos; pero que luego de un largo pero muy productivo tratamiento, se dio de alta anunciando su próximo matrimonio y viaje a Europa para continuar sus estudios profesionales. Este y otro caso muy brevemente reseñado son ejemplos que utiliza Hernán Solís para enfatizar la importancia del consultorio como estructura continente en cierto tipo de pacientes preestructurales.

A continuación aborda el tema de las *Psicoterapias Dinámicas Posmodernas con Paradigma Grupal*. En esta ocasión, una pareja de profesionistas "psi" cuya relación es descrita bajo el título de "como perros y gatos", le sirve de material para describir la evolución terapéutica de una terapia de pareja que culminó en un final feliz con la posibilidad de una vida armónica y gratificante para ambos.

Un capítulo dedicado a Enrique Pichon-Rivière -a quien rinde un muy justificado homenaje- y su concepto de ECRO le sirven de pretexto para presentarnos más material clínico, en esta ocasión una terapia familiar, donde los abordajes terapéuticos enfatizando los vínculos madre-hijo y padre-hijo son centrales e iluminadores. El autor recurre al apoyo de las contribuciones ofrecidas por John Bowlby y José Bleger, Teresa Lartigue y Jay Haley, Wilfred Bion y Rosa Döring y José Luis González Chagoyán, autores que comenta con amplitud.

"Ningún hombre es una isla", frase que el formidable escritor E. Hemingway insertara en *Por quién doblan las campanas*, le Sirve a Hernán Solís Garza como entrada para cerrar su libro, al tiempo que rinde homenaje a José Luis González Chagoyán, pionero del psicoanálisis mexicano y analista del autor -gratitud obliga- con quien se identificó en el ejercicio del psicoanálisis freudiano con un enfoque primordialmente kleiniano -al menos en sus comienzos- , la psicoterapia analítica de grupo, el tratamiento de parejas y familias, y un largo etcétera.

En sus Consideraciones finales, el autor concluyen que de entre el ya infinito número de abordajes para entender y tratar a las personas que sufren de algún trastorno emocional, "el proceso tránsfero-contratransferencial, y la íntima vinculación del psicoanálisis con las psicoterapias dinámicas, sigue siendo, una realidad clínica *heavy*, opositora de las múltiples terapias postmodernas *Light*." Solís nos comenta que no sólo el psicoanálisis, sino además muchas de las formas psicoterapéuticas derivadas de las ideas de Sigmund Freud, han resultado herramientas de primer orden para el tratamiento de las personas con sufrimiento emocional. El autor incluye una docena de conclusiones derivadas del *Open Door Review* (1999), recogidas y discutidas por Héctor Ávila en el 2000 -un médico e investigador no psicoanalista, por cierto- que deberíamos seguir teniendo muy en cuenta en relación a la efectividad de nuestra disciplina psicoanalítica, que ha sido el eje central de las dos actualizaciones del *Open Door* (2001 y 2015).

Contra quienes abominan de los aspectos diagnósticos en relación a las primeras entrevistas, el autor se suma a las opiniones de Roy Grinker y nos enfatiza que el mayor escollo en el curso de un tratamiento psicoanalítico resulta de imprecisiones en el diagnóstico originario. Los conceptos diagnósticos de Solís largamente estudiados en el curso de su experiencia como psicoanalista son puestos al día en estas conclusiones.

Como podemos ver, **Transferencia-Contratransferencia-Proceso en los casos clínicos de Freud** se trata de un escrito larga y lentamente fabricado, concienzudamente escrito, prolijamente apoyado en Freud pero también en toda la pléyade de sus seguidores como puede constatarse por la amplia y bien documentada bibliografía, desde Melanie Klein, Bion y Winnicot, hasta los autores estadounidenses, italianos, alemanes, austriacos, etc. etc. etc., dejando el respetuoso espacio que le merecen las contribuciones de los psicoanalistas mexicanos, mosaico multicolor de contribuciones que han ido conformando las ideas del psicoanálisis contemporáneo.

Obviamente, esta publicación no hubiese sido posible sin el cariño, trabajo y dedicación de Teresa Lartigue, Ruth Axelrod, Delia Hinojosa, Rosa Corso y Dolores Montilla, infatigables psicoanalistas de nuestra querida Asociación Psicoanalítica Mexicana.

Juan Vives Rocabert

INTRODUCCIÓN

Justificación e hipótesis conceptual. Metodología. Marco teórico. Aparato crítico. Condición postmoderna. Hermenéutica. Psicohistoria.

"Asimismo, en la aplicación popular de nuestros métodos habremos de mezclar quizás el oro puro del análisis al cobre de la sugestión directa, y también el influjo hipnótico pudiera volver a encontrar aquí un lugar, como en el tratamiento de las neurosis de guerra. Pero cualesquiera que sean la estructura y composición de esta psicoterapia para el pueblo, sus elementos más importantes y eficaces continuarán siendo, desde luego, los tomados del psicoanálisis propiamente dicho, riguroso y libre de toda tendencia".
(Mis cursivas). Sigmund Freud, (1918 [1919]). *Los caminos de la terapia psicoanalítica* (Biblioteca Nueva. Tomo 3., p.2462).

Las líneas acotadas predicen un futuro por construir; albergan, además, lo medular del proyecto de esta investigación; sin embargo, ellas procrearon ciertas distorsiones del texto original co-construidas por nosotros, que bien podríamos aclararlas, serían las siguientes: En el ahora, la frase consagrada por la práctica clínica, viene siendo la de "amalgamar el oro puro del psicoanálisis con el cobre de la psicoterapia", a pesar de que ni Luis López Ballesteros y de Torres (1922), ni James Strachey (1966), ni José Luis Etcheverry (1979), fueron infieles en sus traducciones al escrito freudiano, aunque no siguieran el rigor filológico de José Ortega y Gasset (1922) quien al referirse, en su histórico Prólogo a nuestra disciplina lo hacía nombrándola *La psicoanálisis*.

Justificación e hipótesis conceptual. Metodología.
Alguien más, versado en orfebrería, cuestionaría a la vez, arguyendo que el "oro puro" no existe y, algún intersubjetivista freudiano declararía que hoy en día tampoco hay un psicoanálisis puro; por lo demás, el cambio de

"sugestión directa" por "psicoterapia" podría deberse a la frase aparecida pocas líneas adelante, o sea, "psicoterapia para el pueblo". Sobre esto último no tendría reparo yo, empero, el término "cobre", me parece inadecuado para valorar el quehacer psicoterapéutico dinámico en general, pues dicho ejercicio, es derivación directa de los conceptos fundamentales del *corpus* freudiano, si valoramos al psicoanálisis como *método, teoría y técnica*, tal como se plantea en el último prólogo editorial (1996), de Biblioteca Nueva. Así; si revisamos al Freud (1922 [1923]) de los artículos para la Enciclopedia, podríamos considerar con él, al psicoanálisis como un *Método*:

"Para la investigación de procesos anímicos capaces, inaccesibles de otro modo".

Como una *Teoría*:

"De una serie de conocimientos psicológicos así adquiridos, que van constituyendo paulatinamente una nueva disciplina científica".

Y como *Técnica* terapéutica:

"De perturbaciones neuróticas basada en tal investigación" (Tomo 3, B.N., p.2661).

En realidad, el joven Freud, heurista de lo abisal psíquico, apenas pasaría la prueba de calidad exigida por el neokantiano Bion (1971) cuando éste sentenció: "Un investigador no puede construir su microscopio mientras lo está utilizando" (p.49). Empero, el mismo Bion reconocería la validez de aquella crítica externada en 1930, cuando el viejo Freud denunció: "Los metodólogos me recuerdan a la gente que limpia sus anteojos tan concienzudamente, que no tienen oportunidad de ver con ellos". (Dicha declaración fue escuchada por el psicoanalista Richard Sterba, quien la comunicó a su colega Leo Stone (1975, p.72).

Sin embargo, en su *Presentación Autobiográfica* (1925), el maestro vienés tenía plena conciencia del valor de lo ya realizado; sabía, además, lo de su cáncer bucal. (Sigmund significa boca victoriosa). Y, desde un pesimismo optimista dubitaba en lo por venir; eso quedaría escrito en un esperanzado acápite, el postrer del ensayo; mismo, que cerrará también, las Consideraciones Finales de esta presentación, aunque ahí tomaré la traducción de Etcheverry.

"Así pues, volviendo la vista a la labor de mi vida, puedo decir que he iniciado muchas cosas y sugerido otras, de las cuales dispondrá el futuro. Por mi mismo no puedo decir lo que en tal futuro llegarán a ser. (Adición de 1935): Sin embargo, puedo expresar una esperanza, de que he abierto un sendero para un avance importante de nuestro conocimiento" (Tomo 3, B.N., p.2798).

El reflexionar sobre los caminos trazados, o sugeridos o, errados, en algunos casos clínicos de Freud, tomando como guía ideográfica la tránsfero-contratransferencia en el proceso y, equiparándolo con "El hilo rojo" que unía las diversas partes de la maqueta de un barco en construcción, eso, será la meta principal del método a seguir, sin soslayar otras aportaciones innovadoras para su época, que aún perduran en el presente, *verbi gratia*, en terapias dinámicas breves o, grupales; díganlo si no, Catalina, histriónica cuyo nombre real fue Aurelia Öhm (1875-1929), (Elisabeth Roudinesco y Michel Plon, 1997, p.765), quien padecía de un ahogo incestuoso, solucionado en lo que ahora llamamos sesión única o prolongada (Rosenbaum, R., 1990), intervención efectuada en la cima misma de una montaña alpina, estando Freud de vacaciones; ella es una de las historias clínicas en los *Estudios sobre la histeria*; o bien el caso del director de orquesta Bruno Walter sufriendo en 1904 de un típico "calambre de conductor" en su brazo, terapia concluida en seis consultas (Pollock, H.G., 1975); y, qué más decir de aquel viaje a la *Clark University* en 1909, donde Freud, Jung y Ferenczi, interactuaron contándose sueños, vivenciando celotipias y dramatizando luchas de poder, mismas que Ernest Jones (1955) calificó como "el primer ejemplo de análisis grupal" (Vol.2, p.55). Podríamos continuar con Stekel tratado en una docena de intelectualizadas consultas, o Ferenczi analizado peripateticamente sobre las calles de Viena o, el caso de un tartamudo -¿Eitingon?-, a quien Freud recomendó que no permitiera le terminaran sus palabras o Juanito (Herbert Graf) primer ejemplo de supervisión de un análisis infantil, y también paradigma de lo ahora nombrado *One person family therapy* (Szapocznik, J., *et al.*, 1985), o Gustav Mahler (padrino de Juanito por cierto) aquejado de una impotencia sexual en 1910 y recuperado mediante una entrevista de cuatro horas, recuérdese a la par al estudiante de derecho quien cual Ulises redivivo planeaba rehuir el servicio militar activo, donde Freud tomó un rol abiertamente empujador (De la Torre, J., 1979).

Una investigación de Paul Roazen (1995) de treinta y tantos años de duración, muestra el cómo Freud analizaba, constatándose así, algo que Wolberg (1965) señaló, a saber, que la gran mayoría de los tratamientos del maestro fueron terapias dinámicas breves o intermedias, excepción quizás, añado yo, del "Hombre de los Lobos" (Serguei Constantinovich Pankejeff) y, de Ruth Mack-Brunswick, quienes tuvieron análisis largos, ésta última pionera, quizá con el más prolongado de todos, aunque intermitente.

Dos citas más me permitirán acotar el interés de Freud por la familia, el medio social, y lo grupal, que en el presente mantienen aplicación en la práctica clínica psicoterapéutica. La primera aparece en "el caso Dora" (Ida Bauer) donde él aconseja:

> "De la naturaleza misma del material del psicoanálisis resulta que en nuestros historiales patológicos deberemos dedicar tanta atención a las circunstancias puramente humanas y sociales de los enfermos como de los datos somáticos y a los síntomas patológicos. Ante todo dedicaremos interés preferentemente a las circunstancias familiares de los enfermos, y ello, como luego veremos, también por razones distintas de la herencia" ("Análisis fragmentario de una histeria, "caso Dora") O.C. Tomo I, p.940, Biblioteca Nueva).

La segunda cita queda también dentro del paradigma grupal y se halla muy al comienzo de *Psicología de las masas y análisis del yo* (1921). Ahí Freud es contundente:

> "En la vida anímica individual aparece integrado siempre, efectivamente, <el otro>, como modelo, objeto, auxiliar o, adversario, y de este modo, la psicología individual es al mismo tiempo y desde un principio psicología social" (Tomo 3, p.2563, Biblioteca Nueva).

Marco teórico. Aparato crítico. Postmodernismo.
Como fue anunciado la hermenéusis se centrará en los casos clínicos de Freud, más los testimonios de algunos pacientes suyos: El Hombre de los Lobos, Joseph Wortis, Smiley Blanton, Hilda Doolittle y Abram Kardiner, amén de una exégesis selectiva de su epistolario, mismo tema que ocupó a Nicolás Caparrós (1997-1999) desde su disertación doctoral, la cual devino en los cuatro tomos publicados hasta la fecha presente, aunque en ocasiones se tomarán como referencia otras fuentes epistolares.

Se consultarán, además, biografías seleccionadas acerca de Freud, a nombrar, las de Franz Wittels (1924, 1931), que fueron las primeras, seguirían Helen Walker Puner (1947) y, Ernest Jones (1953, 1955, 1957, tomos 1,2 y 3), su biógrafo oficial; enseguida Max Shur (1972) médico personal del maestro vienés, siendo después, él, un destacado psicoanalista, se continuaría con Peter Gay (1985, 1988) historiador, amén de excelente hermeneuta, Phyllis Grosskurth (1991) con *The secret ring*, Paul Roazen

(1995) y *How Freud worked, first-hand accounts of patients,* más Emilio Rodrigué (1996) con sus dos tomos sobre el siglo del psicoanálisis. Se incluirán también las críticas contemporáneas desde el lacanismo, a decir, Octave Mannoni (1965), Moustapha Safouan (1974), Oscar Masotta (1973, 1977, 1992), Stuart Schneiderman (1986) primer psicoanalista lacaniano en los Estados Unidos, Elisabeth Roudinesco (1993, 1997), erudita, apasionada, pero poco clínica, la Asociación Mundial de Psicoanálisis (1996), y por supuesto el iconoclasta Jacques Lacan (1953, 1964, 1966). Añádase, aunque siendo de diversos vértices, a Muriel Gardiner (1971), y la autobiografía de "El Hombre de los Lobos" a quien por cierto Aniceto Aramoni (1973) bautizó como Mister psicoanálisis, súmese, a Roland Jaccard (1973) sobre el mismo personaje, terminando con Mónica McGoldrick y Randy Gerson (1985) quienes al igual que Reder (1989) estudiaron el genograma familiar de Freud, *"and last but not least"* Hanna S. Decker (1991) con Dora y la Viena de 1900.

"La postmodernidad como una modernidad sin falsas ilusiones"
En lo referente al así llamado "postmodernismo", rastreo desde ya, aunque sucintamente sus posibles orígenes, desde el Freud presuntamente "pansexualista" de principio del siglo XX, llegando hasta los años posteriores a la segunda guerra mundial, con el neoliberalismo económico de Von Hayek, para enseguida adentrarme brevemente al medio mexicano donde sitúo el establecimiento del mismo en 1988, inicio del salinato. Sin embargo, estoy con aquellos pensadores que ubican la imposición del postmodernismo tecnocrático a ultranza y, el neoliberalismo económico con su globalización durante los primeros años de 1970. Hayek obtuvo su Nóbel en el 74 y Friedman el 76. En dicha década la biblia era *A tiger by the tail. The keynesian legacy of inflation* de F.A. Hayek (1972).

No obstante, hago propias las consideraciones semánticas del psiquiatra chileno Armando Roa (1995) quien en *Modernidad y Postmodernidad* dejó escrito:

"La palabra moderno, como se sabe, deriva de la voz modo, y modo o moda es lo que está de paso, a la espera de la aparición de algo todavía más nuevo y así hasta el infinito" (p.23).

Es posible, que de ahí parta la idea de "modernidad" y, esto haga eterna la meridiana enseñanza, que anida en el poema *Viento entero*, donde Octavio Paz (1964) afirma: "El presente es perpetuo". Para ubicar la modernidad en nuestro país, son lecturas seminales *El perfil del hombre y la cultura en México* de Samuel Ramos (1934), *El laberinto de la soledad* de Octavio Paz (1950), amén de *Tiempo mexicano* (1971), *Valiente mundo nuevo* (1990), y *Nuevo tiempo mexicano* (1994) de Carlos Fuentes.

Se consultarán, además, *La condición postmoderna* de Lyotard (1979), *El fin de la modernidad, nihilismo y hermenéutica en la cultura postmoderna* de Vattimo (1985) y, el sombrío augurio de Lipovetsky (1992) acerca del crepúsculo de los indispensables deberes, el abuso de los ilimitados derechos, y la predominancia de lo efímero con el reinado de la cultura *Light*; esto último, añado yo, en franco antagonismo con el trabajo psicoanalítico a largo plazo, aunque no contrario a ciertas psicoterapias dinámicas de la postmodernidad, que siempre condensan en el "aquí y ahora", un tiempo pasado-presente, y otro futuro-presente (Boscolo, L.; Bertrando, P., 1993). En relación al postmodernismo sociopolítico me nutro con las ideas del escritor y cartonista Rafael Barajas (1996), hijo y hermano de psicoanalistas, para asimilar *cómo* sobrevivir al neoliberalismo económico; me apoyo a la vez en Anthony Elliott (1996) y su concepto sobre la postmodernidad del psicoanálisis, tema tratado poco después por Claudio Laks Eizirik (1997), ex-presidente electo de la IPA (*International Psychoanalytic Association*) en su evaluación crítica de la cultura y sus efectos en la práctica psicoanalítica. Alguien más –me refiero a Joan Coderch- publicó en catalán (1997) un ensayo también editado en México (1999) cuyo título es ilustrativo: "La influencia del pensamiento postmoderno en el psicoanálisis actual" y, uno de los focos laborados por el colega Coderch, es, el interpretar a "la postmodernidad como una modernidad sin falsas ilusiones". He, aquí, la frase que encabeza este apartado.

Ahora todavía más y, en referencia a la teoría del caos (Prigogine, I., 1994-a, b y c) con sus aplicaciones en la terapia familiar actual (Elkäim, M. 1994) y, el quehacer analítico, tal como lo muestra Jean-Michel Quinodoz (1997), cuando extrapola con propiedad *isofórica* (Maturana. H.R., 1994), o sea, un más allá del *isomorfismo* de la teoría de los sistemas en general (Von Bertalanffy, L., 1968), extrapola, sí, la fenomenología del caos determinista propia de las supuestas ciencias duras a la *praxis* psicoanalítica desde el vértice de Bion (1977, 1980) del cambio catastrófico, o si lo especifica el Nóbel Ilia Prigogine, diría, él, un desorden que deviene en un orden indeterminado, concepto cuyo embrión se remonta a los presocráticos, en especial, Heráclito.

Revisaré, a la par, en el campo de las psicoterapias, lo sucedido durante las últimas décadas con las estrategias constructivistas de los seguidores de Heinz Von Foerster (1973, 1986), más la compilación de Neimeyer y Mahoney (1995) titulada *Constructivismo en psicoterapia.*

Sin embargo, el foco privilegiado vendrá siendo la crítica desde el adentro institucional, a la caracteropatía sociomaníaca del orden establecido (Solís, H., 1980-a, 1982-a, 1985, 1988-a,b, 1996-a,b, 1988, 1999-a,b,), que en ideopatía postmodernista, devalúa inmisericordemente a las ciencias humanas –(el humanismo nació siendo griego)- e, idealiza, a la tecnocracia dominante, léase, informática e "interneto" dependientes. Parafraseando la certera denuncia de George Orwell (Eric Blair) inscrita a la entrada de la granja de los animales, bien podríamos protestar arguyendo: "Sí, todos somos máquinas, pero algunos más máquinas que otros" (*Rebelión en la granja, 1946*). George Orwell fue el creador del nefasto e invisible personaje *The big brother* en su novela *1984,* ahora, un simple producto televisivo *Light, degradante a más no poder.*

Mi proyecto es el de una investigación conceptual, no experimental, donde procederé con metodologías cualitativas, a saber, hermenéuticas y psicohistóricas, aunque, El Premio Príncipe Asturias del 2004 Jürgen Habermas (1969) fue un mucho más allá, al aseverar que el psicoanálisis era una *ciencia natural*, aunque *humana*. Juan Rof Carballo (1996) en su introducción al tomo I, de las *Obras completas* de Freud, editorial Biblioteca Nueva, se refiere a los por Ricoeur (1965) nombrados los tres grandes *maestros de la sospecha* (Marx, Nietzsche y Freud), impulsores, ellos, de la necesitada toma de conciencia del hombre moderno para desmitificar a la <<falsa>> conciencia. Rof Carballo lo postula así:

"Hay tres obras capitales para el mundo moderno: el *Capital,* de Marx, el *Nacimiento de la tragedia*, de Nietzsche y la *Interpretación de los sueños*, de Freud. En todas ellas se lleva a cabo lo que ya Ricoeur denominaba *desmitificación de la razón*. Obligándonos a interpretarnos a nosotros mismos, nos llevan a una posición de *autorreflexión*, de crítica. Éste aspecto, hasta ahora inédito del psicoanálisis, el de ser la única ciencia que ejerce a fondo la autorreflexión, esto es, la reflexión a fondo sobre aquellas motivaciones de orden subconsciente, personal, emotivo, que van, de manera insensible condicionando el conocimiento, ha sido puesto admirablemente en evidencia por el sociólogo alemán Jürgen Habermas, [cuando dice] que Freud, en realidad, lo que hace es fundar una nueva *ciencia humana*, pero una ciencia humana que no deja nunca de ser *ciencia natural*" (p.p.XVIII-XIX).

Líneas adelante, Rof Carballo, abunda sobre el clásico ensayo de Habermas (1969), *Conocimiento e interés*, acotando: "El psicoanálisis es, en realidad, lo único que ha convertido a la psicología en una ciencia (*Erkenntnis und Interresse*, p.301)".

Los *Intereses del conocimiento*, en el pensar de Habermas, tendrían que ser objeto de un permanente autoanálisis, personal e institucional. Rof Carballo lo escribe así:

"La autorreflexión sería a la vez un darse cuenta y un emanciparse, un percibir estos intereses y al mismo tiempo una liberación o intento de liberación de esta dependencia dogmática y, por lo general, inconsciente, pues está anclada en el substrato histórico de la ciencia" (p.XIX).

En páginas posteriores retomaré los substratos históricos e institucionales, con los planteamientos de Michel De Certeau (1987) en algunos capítulos de su libro *Historia y Psicoanálisis, entre ciencia y ficción*, amén de otros versados autores.

Hermenéutica y Psicohistoria

La hermenéusis tendrá como hilos de Ariadna, a Paul Ricoeur (1965, 1969), Jürgen Habermas (1969), Hans-Georg Gadamer (1975, 1986), Gianni Vattimo (1985), J.M. Mardones y N. Ursua (1987), Miguel Martínez (1989), Humberto Eco (1990, 1992) y Gloria Prado (1992, 1999).

Me detendré, en éste punto, para resumir en forma esquemática, los cinco *niveles* que Gloria Prado desarrolla, en el primer capítulo de su obra *Creación, Recepción y Efecto*, por considerarlos una buena síntesis de lo neohermenéutico; se encuentran en la página 34 de su libro:

"*Primer nivel. Lectura y análisis del texto*".

El objetivo es saber lo que se dice y cómo se dice, mediante un análisis estructural del texto literal o manifiesto.

"*Segundo nivel. Interpretación o exégesis*".

Se trata de interpretar, a través de lo manifiesto, lo que se dice de manera implícita, evocada, en el contenido latente.

Estamos, hasta ésta topología dialéctica, en sintonía con el Freud (1900) de *La interpretación de los sueños*. Los subsecuentes niveles competen a la neohermenéutica moderna y, en especial, a Enrique Pichón Rivière (1971, 1990) con su concepto de espiral dialéctica, *desde el adentro* inconsciente hasta el *afuera* psicosocial, misma que es, regresiva= progresiva, progresiva=regresiva, y que tanta importancia posee en las psicoterapias vinculares, ya sean estas, individuales, de pareja, familiares o de grupo.

Gloria Prado, desde páginas antes de su esquema había ya metaforizado nuestra labor interpretativa, durante el proceso psicoanalítico, con las siguientes lineas:

"...a la manera de una caja china o de una *matrushka* rusa, destapando las diversas cubiertas que nos descubren en cada ocasión una nueva caja o muñeca en su interior" (p.31).

Dicha metáfora nos recuerda mucho el simil analítico freudiano, de ir descubriendo testimonios arqueológicos enterrados o, el proceder interpretativo capa por capa, mejor conocido coloquialmente como "cura de la cebolla". El recurso de las tres cajas chinas, lo implementé (Solís, 1995-b) en el ensayo literario "Del amor y otros demonios: Memorias del arcángel Gabriel".

"*Tercer nivel. Reflexión hermenéutica*".

El objetivo es reflexionar sobre la interpretación de lo interpretado, y sobre lo mismo que es interpretado del texto manifiesto y el contenido latente.

"*Cuarto nivel. Apropiación de la reflexión*".

Se debe asumir la autorreflexión sobre la interpretación realizada y lo interpretado en el texto manifiesto y su contenido latente, lo cual aprehende la exégesis y, una reflexión propia.

"*Quinto nivel. Referencia de la reflexión hermenéutica a la autorreflexión, a la autocomprensión y a la comprensión de la circunstancia propia*".

La frase completa de Ortega y Gasset, nació en las *Meditaciones sobre el Quijote*, y desde 1914 enseña que: "yo soy yo y mi circunstancia, y sino la salvo a ella no me salvo yo" (p.50).

Gloria Prado afirma que es en el *Quinto nivel* donde se pasa de la reflexión a lo autorreflexivo, al propio ser y a su circunstancia, coronándolo con el siguiente párrafo:

"Y es en este momento y sólo en éste, cuando podremos decir que un texto se ha o no comprendido sin que ésta comprensión sea por eso, total o absoluta puesto que un texto jamás será inagotable como tampoco existe un ser humano capaz de llegar a una comprensión absoluta del *ser* y del mundo" (p.27, mis negritas).

Ahora más; si privilegiamos el enfoque clínico de la reflexión interpretativa, fijando y moviendo los ojos de la escucha en el proceso analítico, donde en un acto intersubjetivo se *regresa* a la arqueología del sujeto inconsciente y se *progresa* sobre el devenir epigenético del mismo, entonces, entraríamos con derecho de picaporte al sagrado aposento de Paul Ricoeur (1965, 1969), filósofo poscartesiano, hermeneuta de Freud y del *SIR*, o sea, lo *Simbólico, Imaginario y Real* de Lacan. Él asevera que "la interpretación pertenece orgánicamente al pensamiento simbólico y a su doble sentido" (1965, p.20), insiste, además, en que "el psicoanálisis no es una ciencia de observación, por lo mismo que es una interpretación, más comparable a la historia que a la psicología" (p.301), y, añade, que el "concepto del inconsciente adquiere consistencia y su índice de realidad queda probado en el proceso de remontarse desde el "derivado" (Prec.) hasta el "origen" (Inc.)" (p.382). Ahora bien –insiste Ricoeur-, tal marcha regresiva –muy merecedora del nombre *análisis*- hacia lo pre-significante y lo insignificante, resultaría a su vez in-significante "si no la adjuntáramos a una problemática del sujeto; lo que a ella designa propiamente es el *sum* del *Cogito*" (p.197).

El inconsciente se convierte, así, en un objeto, "en el sentido que es "constituido" por el conjunto de procedimientos hermenéuticos que lo descifran" (1969, p.13), empero, nos encontramos –afirma Ricoeur- ante dos hermenéusis, y dicha dualidad corresponde a los símbolos en sí mismos, y, estos, poseen dos vectores, uno *regresivo*, otro *progresivo*. "Por un lado *repiten* nuestra infancia en todos los sentidos, temporal y no temporal, de la repetición, por el otro *exploran* nuestra vida adulta" (p.25). En suma: Regresión a lo abstracto, progresión a lo concreto, lo inconsciente como destino, la conciencia como historia. Es sólo, nos advierte el filósofo, "por reflexión que puede derivarse la subjetividad que se constituye a sí misma al mismo tiempo que se engendra esta objetividad" (p.19).

Ricoeur recurre a la noche y el día, como símbolos de lo inconsciente y la conciencia, no ligándolo por cierto al otro enigma que la Esfinge dirigió a Edipo, en relación a las dos hermanas –el día y la noche- que siempre se tocan pero nunca se juntan (Viñar, 1994). No, protestaría Ricoeur airado.

"Las dos hermenéuticas, aquella del Día y de la Noche, son la misma cosa. No se pueden adicionar Hegel y Freud y dar a cada uno la mitad del hombre..., es necesario decir que las dos lecturas cubren exactamente el mismo campo" (p.26)

Mediante ese ir y venir del proceso tránsfero-contratransferencial intersubjetivo, preñado de emociones primarias, creemos algunos, que el *cogito* falso, abortado, deviene en realidad afectiva adulta, llegándose así a la cura analítica: pienso y siento, por lo tanto existo. Ricoeur falleció en el año 2005 con 93 lúcidos años, probando así que los hermeneutos son longevos, siendo Hermes y Gadamer buenos ejemplos de pensadores centenarios.

El examen hermenéutico de Freud, cual creador del psicoanálisis, va anudado a su estilo literario. Él fue Premio Goethe en 1930. Para ello me sustentaré en el libro de Gloria Prado (1992), amén del breve prólogo de José Ortega y Gasset (1922) a la primera edición de Freud al español, así como también en García Terrés (1967) y la obra *Freud as a writer* de Patrick Mahony (1982), más la ya citada introducción de Juan Rof Carballo (1996) y, los ensayos de Miguel Ángel Zarco (1995, 1997, 1999).

Paso enseguida a lo *psicohistórico*, siendo eso como es, una generalidad hermenéutica. Tengo entonces por decir, que ya en *Los mexicanos del Norte* (Solís, 1971, 2002-b), desmitifiqué la pretendida identidad del mexicano, al interpretar múltiples estereotipos territoriales desde una visión longitudinal diacrónica (a través del tiempo) haciendo después un corte horizontal sincrónico (aquí y ahora) llamando a ello *estudio en "T"*. Debo destacar que las perspectivas futuras se tomaron siempre muy en cuenta, y la propuesta fue la no existencia de una identidad nacional, sino características regionales, resultado del devenir histórico plasmado en los estereotipos psicosociales. Como todo autor es producto de su tiempo, edad, región, condición humana e, ideología o, ideopatía, no podía ser yo ajeno a dichas circunstancias, por lo cual cerré el *isagoge* con unas líneas, que autorreflexionando ahora, comprendo son tronco y ramas de mis raíces caracteriales psicohistóricas; dicha exégesis personal pende de una *epistemai* (observar desde el arriba presente) y, las acoto *hic et nunc*, cual obvio proceso tránsferocontratransferencial, entre el autor y lo escrito en el texto:

"Como este trabajo es fruto mío si alguien lo considera agresivo y megalomaníaco, proyectivo y disociado, altanero y arrogante, está bien visto, porque de mi se decir... que soy del norte" (p.21).

Michel De Certeau (1987) a quien anunciamos en acápites pasados, evoca positivamente la negatividad del melancólico "sol negro" de Gérard Nerval, aludiendo así a la sinrazón razonada del lenguaje pensante de Foucault, si, los historiadores mueren, pero la historia no.

En un capítulo posterior, De Certeau habla del "supuesto saber" institucional y de la institución como inconsciente establecido, leámos:

"Contrariamente a toda tradición científica que ha postulado una autonomía del discurso con relación al lugar de su productor, el lugar tiene un efecto epistemológico sobre el texto: la pertenencia social interviene de manera decisiva en la definición del estatuto del discurso" (p.117).

De acuerdo; el Freud de *Elisabeth y Dora*, transmite un discurso más sociocultural que institucional pero, al fundarse en 1908 la Asociación Psicoanalítica Internacional, ésta influyó determinantemente, tal como lo veremos en *Juanito, el Hombre de las ratas*, y más que más, en el *Hombre de los lobos*.

"Toda actividad societal –señalé yo en 1986- requiere de un marco temporo-espacial; las estructuras sincrónicas y diacrónicas, o sea, la topología y el devenir grupal, aprehenden a la institución e incluyen lo invariante en cuanto a transformaciones" (p.37).

Henry Poincaré (1902-1912) llamó a lo último "continuidad" e "invariante universal". Para el socioanálisis contemporáneo (Lourau, 1970, 1973; Lapassade, 1973), "el binomio dialéctico instituyente-instituido, es fundamental". El primero, *instituere*, instituye, cuestiona, des-mitifica, concientiza, en una palabra: *re-evoluciona*. Lo instituido es el *establishment*, lo invariable, el no cambio, la burocracia esclerótica, el sistema jerárquico (Solís, 1986-a, p.37). Años después insistí, sobre el estudio crítico de la institución y lo "invariante en cuanto a transformaciones continuas" (Solís, 1998-a, p.260). Poincaré realizó el "análisis del lugar" investigando cada situación longitudinalmente y, al variar las condiciones, deteníase, para una visión horizontal. Bion, "uno de sus más preclaros epígonos, definió la invariancia como aquello que permanece inalterado en el proceso de transformación" (*Ibid*).

¿Cómo evaluaríamos a Sigmund Freud en este tiempo postmoderno?

Gaston Bachelard (1938), pensador vituperado en su tiempo por ser psicologista, escribió poco antes de que Freud falleciera en 1939, lo siguiente:

"Hace unos veinte años, un epistemólogo irreverente decía que los grandes hombres son útiles a la ciencia en la primera mitad de su vida, nocivos en la segunda" (p.17). El "instinto *formativo* –afirmó Bachelard- acaba por ceder frente al instinto *conservativo*" (*Ibid*). La conclusión del iconoclasta filósofo es como sigue:

"Llega un momento en que el espíritu prefiere lo que confirma su saber a lo que lo contradice, en el que prefiere las respuestas a las preguntas.

Entonces, el espíritu conservativo domina, y el crecimiento espiritual se detiene" (*Ibid*).

Creemos, sin embargo, que los paradigmas freudianos de mayor envergadura clínica en este tiempo que pasa, son los de *transferencia-contratransferencia y proceso*, aunque, ahora, ellos son y no son los mismos. Thomas Kuhn (1962) describió a los "paradigmas" como "realizaciones científicas universalmente reconocidas que, durante cierto tiempo, proporcionan un modelo de problemas y soluciones a una comunidad científica" (p.13).

Más adelante Kuhn procede a la construcción y desconstrucción de la estructura de las revoluciones científicas, sus medios de producción, reproducción, y si la re-evolución lo manda, la destrucción de tales constructos conceptuales; él plantea, esto, como una labor colectiva, institucional:

"En primer lugar –asevera convencido-, un paradigma no gobierna un tema de estudio, sino antes bien, un grupo de practicantes. Todo estudio de una investigación dirigida a los paradigmas o a destruir paradigmas debe comenzar por localizar al grupo o los grupos responsables" (p.276).

En el apartado que dediqué a la metodología del *marco teórico y aparato crítico*, de este proyecto eurístico conceptual, cité un buen número de referencias bibliográficas acerca de lo psicohistórico; agregaré algunas más: *Freud's Viena* de Bruno Bettelheim (1956), *Freud and the 20th Century*, compilación de Benjamín Nelson (1957), *"Freud's Viena"* de Martín Esslin (1972) *"Freud the Viennese Jew"* de Friedrich Heer (1972), *The story of Anna O* de Lucy Freeman (1972), *"Freud and Medicine in Viena"* de George Rosen (1972), *Karl Kraus and the Soul Doctors* de Thomas Szasz (1976), *The life and work of Josef Breuer* de Albrecht Hirschmuller (1978), *Freud and Dora* de Phillip McCaffrey (1984, *In Dora's case. Freud –Hysteria- Feminism* de Charles Bernheimer y Claire Kahane, comp., (1985), *Seducciones del psicoanálisis; Freud, Lacan y Derrida* de John Forrester (1990), *Freud on women* de Nancy J. Chodorow (1991), *El Imperio perdido* de José María Pérez Gay (1991), *Freud's women* de Lisa Appignanesi y John Forrester (1992), *Back to Freud's texts y Early Freud and late Freud* de Ilse Grubrich-Simitis (1993, 1997) y mi ensayo "Sigmund Freud: Del lontananza al postmodernismo terapéutico" (Solís, H., 1999-e). En las posteriores páginas del texto, se hallarán muchas más, específicamente citadas.

Tema y Objetivos particulares y generales

Se efectuará una investigación hermenéutica y psicohistórica, a los casos clínicos de Sigmund Freud, más los libros testimoniales de Joseph Wortis, Smiley Blanton, Hilda Doolittle y Abram Kardiner, quienes fueron pacientes del maestro, añadiendo, además, la propia historia privada, familiar y sociocultural del genio vienés. El foco central será la hermenéusis sobre tres conceptos fundamentales (*transferencia, contratransferencia y proceso*) mediante la exégesis de los siguientes textos:

1.*Señorita Elisabeth Von R.* (1892-1893). Los tres períodos del proceso psíquico. La asociación de ideas. El análisis psíquico. Represión. Resistencias. Simbolización. Denegación. Reacción de aniversario. Resignificación *a posteriori*. Ganancia primaria de los síntomas. Transferencia y contratransferencia. Interrelación con Anna O, y demás casos en los *Estudios sobre la histeria* (1893-1895).

2.-*Análisis fragmentario de una histeria ("Caso Dora")* (1905 [1901]).
Análisis de los sueños. La arqueología interpretativa. Las resistencias iniciales. La neurosis como el negativo de la perversión. Los recuerdos encubridores. La inexistencia en el deseo inconsciente de un *no*. Las ganancias secundarias. La bisexualidad psíquica triangulada. Las transferencias materna y paterna. Freud aún no leía sus obras completas. Psicohistoria finisecular.

3.-*Análisis de la fobia de un niño de cinco años ("caso Juanito")*, (1909-a). Primer caso de supervisión de un análisis infantil y de lo ahora llamado *"one person family therapy"*. La madre ex-analizada de Freud. El padre compañero en el juego de cartas del Profesor. La fobia a los caballos. Las triangulaciones edípicas o preedípicas. La angustia de castración. Sueños y juegos infantiles. Las ganancias de la enfermedad. El manejo cognoscitivo-dinámico del síntoma. Las fantasías de procreación. La epistemofilia o epistemofobia. Freud le regala un caballito antes de la fobia. El destino de Juanito.

4.-*Análisis de un caso de neurosis obsesiva ("caso del Hombre de las ratas")* (1909-b). El tormento de las ratas. El paquete defensivo caracteropático del obsesivo: represión, desplazamiento, formaciones reactivas, racionalización, aislamiento ideoafectivo, el hacer y deshacer, negación. La ambivalencia. El complejo paterno como núcleo de toda neurosis. La omnipotencia de pensamiento y sentimientos. Desconocimiento del transferir materno. El análisis del carácter.

5.-*Historia de una neurosis infantil (caso del "hombre de los lobos")* (1918 [1914]). Proceso y no proceso analítico. La reacción terapéutica negativa. Freud anuncia la terminación del análisis. El sueño de los lobos. La neurosis infantil. El *a posteriori* como efecto retardado. La bisexualidad psíquica y el Edipo negativo. Las fantasías primordiales: A) El retorno al seno materno. B) La de renacimiento. C) El devorar o ser devorado. CH) La escena primaria. D) El complejo edípico. E) La angustia de castración.

6.-El roble añoso decae físicamente convirtiéndose en un paciente con cáncer, cuatro analizandos estadounidenses narran sus tratamientos con él.

7.-*El caso Sigmund Freud o "La familia del pequeño Sigi"*. Grupo familiar aglutinado. Límites difusos inter-generacionales. Hijo favorito. Madre dominante e idealizada. Muerte del padre. El autoanálisis. Freud descubre su propio Edipo. El rol de hijo parental. La transferencia con Fliess. La psicohistoria del Esquema Conceptual Referencial Operativo *(ECRO)* de Freud. La institución psicoanalítica como *masa cerrada* (Canetti, E., 1960), y las actividades cupulares ante los disidentes.

Las fuentes antes enumeradas, a la vez, serán examinadas intentando desde la fenomenología y sus derivados, rastrear los constructos psíquicos, operantes aún, en ciertas psicoterapias actuales, ejemplificándolo con material clínico personal.

El así llamado "caso Sigmund Freud" facilitará, -eso deseo-, una visión heurística en relación al *qué, cómo y porqué*, de su vida emocional –diacrónica y sincrónicamente interpretada- y, cómo ello pudo influir en el análisis de sus enfermos, y, en el descubrimiento de sus paradigmas capitales.

El proyecto de investigación se justifica, reitero, desde la conjetura hipotética, conceptual, de poder validar la gran importancia de un genuino retorno a Freud, más ahora, que algunos colegas tecnócratas postmodernistas, lidereados por ciertos psicoanalistas cuantitativos a ultranza, han decretado la absolescencia de releer los textos clínicos freudianos, pues como material ideográfico, es decir, "caso único", sólo pertenecen, según ellos, a la ciencia ficción o, al rubro de los cuentos de hadas. Para tan polémico tema, por el momento, sólo citaremos, una fuente sobre la investigación psicoterapéutica y psicoanalítica (Fonagy, P.; Kächele, H.; Krause, R.; Jones, E.; Perron, R., 1999) y otra más que reune una serie de testimonios de colegas cuantitativos, cualitativos y dialécticos (Alex Holder, 1999). Los centros de mayor oposición a los historiales clínicos de Freud, vienen siendo los Estados Unidos y Alemania.

La propuesta mía es evidenciar la vigencia operativa, de los conceptos fundamentales del *corpus* freudiano, partiendo de los elementos estructurales (Teoría, Método y Práctica) entretejidos en los textos clínicos, hasta su aplicación en las psicoterapias psicoanalíticamente informadas, individuales o grupales, así como en las terapias dinámicas breves, de pareja, vinculares, familiares, de contención, etc., etc. El trípode sostén comprenderá siempre la doble vía de ida y vuelta del *transferir –contratransferir- proceso.*

ELISABETH VON R. Y LOS
"ESTUDIOS SOBRE LA HISTERIA"

"Por Zeus..., acuéstate allí... Ponte a pensar en un medio de arreglar tus asuntos.
No se puede hacer de otro modo. Haz tu reflexión parte por parte y de todo el
conjunto. No ates ahora el pensamiento a ti mismo. Déjalo que vuele al aire...,
que vaya volando, pero sin perder el hilo" (p.p.79-80).
Aristófanes (445-386 a de C.)
LAS NUBES.

El epígrafe, en efecto, es acotación de la citada comedia satírica, donde
Sócrates, en pluma del socarrón Aristófanes, dialoga con Estrepsiades, quien
sufre de una hipocondríasis melancólica. ¿Sería ahí, el nacimiento de un
método donde las asociaciones libres y el uso del diván, se implementaron
por primera vez? (Solís, H., 1999-c). Parecería ser así, sin embargo,
deberíamos reconocer, que no fue si no hasta veinte siglos adelante,
cuando en la androcéntrica ciudad de Viena, un preclaro grupo de féminas
cuestionadoras, parieron el psicoanálisis. Un Sócrates (el de Platón) estuvo,
ahí, dialogando con Josef Breuer y Sigmund Freud, aunque estos le negaron
un gallo al preclaro hijo de Fenarete.

Acorde con dichas circunstancias, haré, previo al examen hermenéutico
de Elisabeth (Isabel para Luis López-Ballesteros, 1922), haré, sí, una
breve presentación de aquel selecto gineceo fundador de nuestro quehacer
analítico. Sus nombres en las traducciones de James Strachey (1955) y José
Luis Etcheverry (1979) son: Anna O., Emmy de N., Lucy R., Katharina
(Catalina en López-Ballesteros) y Elisabeth. En los *Estudios sobre la
histeria*, aparecen también, aunque en forma entreverada, Cecilia, Rosalía y
Matilde (en trad. de López-Ballesteros).

El Hilo rojo conductor de esta investigación, insisto, seguirá siendo igual
a la guía utilizada por los antiguos constructores de navíos para no naufragar
en extravíos logísticos; así, continuaré sustentándome en el Freud (1922
[1923]) de los ensayos para la Enciclopedia de Marcuse, donde se postula
la indivisa triada: **Método-Teoría-Técnica**, misma que será fundamental en
el rastreo histórico de la Transferencia-Contratransferencia-Proceso, y para

ello partiré desde una frase en cursivas, escrita conjuntamente por Breuer y Freud, donde se asevera que: "El histérico padece por la mayor parte de reminiscencias" (p.33). Es interesante destacar que Strachey, en carta dirigida a Ludovico Rosenthal fechada 22 de marzo de 1955, apunta que esta comunicación preliminar (1893) es <<la primerísima traducción de una obra psicológica de Freud, que se haya publicado en el mundo>> (p.9). Apareció en febrero y marzo de 1893 en la Gaceta Médica de Granada.

James Strachey (1955) destaca, además, en nota a pie de página, la evidente influencia de Moebius y Strumpell en la citada propuesta; empero, bien se sabe, que dichas reminiscencias, agrego de mi parte, habían sido ya objeto de indagación, en los Diálogos de Platón (427-347 a de C.), especialmente en dos: Menón o de la virtud y Fedón o del alma. En éste último, el más sabio y feo de los griegos enseñó que "nuestra ciencia no es más que una reminiscencia" (p.398). Continúo.

ANNA O. **(1859-1936)**

Ernest Jones (1953), en el primer tomo de su polémica apología freudiana, la identificó como Bertha Papenheim, ante el descontento de sus familiares; por cierto, ella era amiga cercana de Martha Bernays, futura esposa de Freud. Anna Bertha contaba con veintiun años cuando enfermó, siendo atendida por Josef Breuer de cuarenta, desde 1880 hasta 1882, primero mediante la hipnoterapia; más después por el método catártico. Fue la misma Anna, quien acuñó las frases "cura de conversación" y "limpieza de chimenea" (Breuer, J., 1893-1895, p.55). Schoenewolf (1990) considera que éste caso clásico fue un *Turning Point* en la terapia analítica.

"El elemento sexual –dejó escrito Breuer- estaba asombrosamente no desarrollado; la enferma cuya vida se volvió trasparente para mi como *es raro que ocurra entre seres humanos, no había conocido el amor*" (m.c.. p.47).

En los *Estudios* se refiere que cinco meses antes de intervenir Breuer, el padre de la joven "a quien ella amaba con pasión" (p.48) sufrió un serio absceso pulmonar y Bertha se consagró enteramente al cuidado del adorado papá, empero, se debilitó tanto, que no pudo ya atenderlo más, porque la atractiva muchacha era presa de múltiples psicosomatizaciones casi psicóticas, amén de una refractaria *Tusis nervosa*. Breuer, por ser neumólogo, fue llamado a consulta. En abril de 1881 –informa, éste- "murió el padre endiosado por ella... Era el más grave trauma psíquico que pudiera afectarla" (p.51). Anna Bertha se quebró y su cuerpo se pobló de fantasmas, pues bien se sabe que, el inconsciente olvida, reitero, pero no perdona. ¿Qué sucedió en la terapia?

Bueno; durante el proceso terapéutico, Anna se prendó de su médico y éste de ella; cuando Bertha dejaba de comer, él solícito la alimentaba en su boca; si su doctor no la visitaba, ella empeoraba aún más, externando ideas suicidas o, negándose a platicar o, a ser hipnotizada. No obstante y, a pesar de ese "yo díscolo" (p.69) como Anna lo llamaba, paulatinamente los resistentes malestares se fueron resolviendo por vía del relato; siendo ello, la capital aportación de Breuer: el método catártico. Desarrollé "a partir de ahí una técnica terapéutica" (p.69) concluye agradecido el mecenas de Freud. Tal *Happy end* no fue así.

El *Hilo Rojo* de las acotaciones; muestra las evidentes transferencias paterna y materna, con sus respectivas contratransferencias, empero, hay algo más; según, Roudinesco y Plon (1997):

> "Tanto Breuer como Freud y casi todos los maestros de la psicopatología, habían logrado en algunos años transformar *los historiales en ficciones*, es decir, en relatos de casos destinados a demostrar la validez de sus tesis" (m.c.p.792).

Otro elemento que contó, fue el probar la prioridad de ellos, sobre las adjudicaciones de originalidad que publicara Janet en 1889. Además, ¿qué ocurrió durante la terminación del tratamiento?

Jones (1953, p.p.224-225) sustentándose en testimonios freudianos, refiere que la señora Breuer se percató del amor contratransferencial de su marido, encelándose y deprimiéndose en grado extremo. Para calmar a su esposa Matilde, él decidió suspender la terapia, notificándole a Bertha inmediatamente. En la noche de ese mismo día, Breuer fue requerido de urgencia, encontrando a una Anna delirante, con supuestos dolores de parto. Se diagnosticó un embarazo histérico. La versión de Freud se halla en la carta del 2 de junio de 1932, dirigida a Stefan Zweig, donde se afirma que Anna Bertha exclamó: "*¡Now Dr. B.'s child is coming!*" (Freud, E., 1960, p.413). Tampoco podemos aquí soslayar lo que Pollock (1968) investigó, o sea, que la señora Breuer había dado a luz, tres meses antes de la suspensión terapéutica, a su hija menor Dora, hecho que seguramente Anna Bertha conocía.

En relación a dicha seudociesis, y la antes señalada depresión de Matilde, más la segunda luna de miel que los Breuer efectuaron con el imposible nacimiento de una hija ya nacida, que años después se suicidara, pero no en

Nueva York, como afirma Jones si no frente al criminal acoso de la Gestapo, sí, sobre eso existen múltiples escritos contradictorios; unos dictados por el medio instituído; otros sin la venia de Freud. De los últimos anotaré a Anzieu (1959), Ellenberger (1970), Freeman (1972), Pollock (1976), Hirschmuller (1978), Rodrigué (1996), más Roudinesco y Plon (1997). Un punto, no obstante, se mantiene claro; independientemente del mítico subjetivismo donde Freud es el héroe y Breuer el villano; en éste caso clínico sin lugar a duda se escenificó lo que ahora conocemos como transferencias y contratransferencias. Nancy J. Chodorow (1991) la prestigiada colega feminista lo valora así en su ensayo "Freud y las mujeres", que iré citando con suficiente insistencia.

Bertha Anna sobrevivió existencialmente a través de sublimaciones reparadoras, siendo ella la primera trabajadora social de Alemania, y pionera en la defensa de los derechos humanos, en particular del gineceo. Jones (1953) hace constar una paradigmática declaración de esta mujer progresista, como casi todas aquellas que desfilan en los *Estudios*; dicha toma de posición ideológica aconteció en 1922. Evoquemos sus palabras:

> "Si hay algo de justicia en la siguiente vida, ahí, las mujeres promulgaran las leyes, y los hombres cuidaran a los niños" (p.224, m.t.) En el libro de Schoenewolf (1990) el final de la frase es "...*and men will have to have babies*" (p.13). En Jones (1953) se lee "... *and men will bear the children*".

Anna Bertha Papenheim falleció a los 77 años de edad, muy cercana a Dios y demasiado distante de los hombres.

EMMY von N. (1848-1925)

Ella fue registrada como Fanny Moser; siendo tratada por el joven Sigmund en 1888, y debe ser recordada por ser la feliz paridora de lo después nombrado "asociaciones libres" (Strachey, J., 1955, p.78). Lo hizo, reporta Freud, "en reminiscencias patógenas que ella apalabra sin que se lo pidan" (Freud, S., 1893-1895, p.78). Emmy Fanny sentía rabia cuando no la dejaban hablar, "quería reprocharme que hoy la perturbara en su relato" (p.83), y poco adelante, el aprendiz de analista comenta:

> "...hete aquí que me dice, con expresión de descontento, que no debo estarle preguntando siempre de donde viene esto y estotro sin dejarla contar lo que tiene por decirme" (p.84).

Freud planteó que las asociaciones de ideas facilitan el enlace entre los complejos subconscientes y la conciencia; sucediendo ello, a la vez, en los sueños; agregando que para inducir, retener e interpretar su propia actividad onírica, debió trocar, él su "lecho habitual por uno más duro" (p.84).

La tránsfero-contratransferencia de Fanny Moser y su psicoterapeuta resultó ser de índole materna, (p.101) lo cual implica una regresión a un vínculo diádico, más temprano que lo comúnmente observado en algunas histriónicas de conductas triangulares; Freud intuyó el proceso, pero no pasó de ahí. Él mismo lo reconoce desde la primera página del texto al admitir "...de hecho no llevé suficientemente adelante el análisis" (p.71). En realidad clínica, éste caso polisintomático, con una compulsión a repetir actuaciones, producto de recriminaciones melancólicas y paranoides, semeja más una patología regresiva no neurótica, digamos limítrofe.

En el historial de Emmy, descollan, a la par, otros términos que obtendrían posterior relevancia, a saber; "investidura" (p.108), "símbolos mnémicos" (p.109), "*a posteriori*" (p.115) y "análisis psíquico" (p.119). Los ejemplifica el maestro vienés en dos pequeñas viñetas, la de *Mathilde* (p.177) y con *Rosalía* (p.p.182-186). Lo hizo a la vez en *Katharina y Elisabeth*. Años adelante el maestro reportó:

> "Debió pasar un cuarto de siglo para que volviera a recibir noticias –escribió Freud en 1924- de la señora Emmy. Su hija mayor..., se dirigió a mí requiriéndome una pericia médica sobre el estado mental de su madre... se proponía iniciar causa judicial contra aquella, a la que pintaba como una tirana cruel y despiadada. Había echado a sus dos hijas y se negaba a asistirlas en sus aprietos materiales. Por su parte la autora de la carta había obtenido un doctorado y estaba casada" (pp.122-123).

CECILIA M. (1847-1900)

En la realidad Anna von Todesco y, de casada Lieben. Ella esplende entreverada en las historias de Emmy y Elisabeth. Según Emilio Rodrigué (1996, Tomo I, p.263) la circunstancia, que tanto Freud como Breuer colaboraran en el tratamiento; influyó a manera de "interés coyuntural" en Sartre (1959), al redactar él su primer guión para la película *Pasiones secretas*, donde la Cecilia fílmica tiene parecido con Anna O.; los padres de ambas, por cierto, pertenecían al mismo círculo aristocrático judío, en el cual el gineceo intentaba emanciparse, pero el androceo imponía su poder.

J.- B. Pontalis (1984) en la edición posterior del guión, apunta que el director John Huston, deseaba a Marylin Monroe en el papel de la varonesa Anna von Lieben, pero una celotípica Anna Freud se opuso, y Cecilia fue interpretada por Susanah York. El personaje del joven colega, o sea Freud le correspondió a Montgomery Clift.

La carismática varonesa había sido consultada ya por Charcot, Meynert y Bernheim, antes de que la tratara Freud, desde 1889 hasta 1893, y, ella seguramente utilizó el diván que el maestro ya senecto llevara a Londres, regalo con *gratia plena* de Madame Benveniste (Gay, P., 1988, p.133). Es factible que Cecilia fuera también la protagonista de la siguiente anécdota, narrada en la *Autobiografía*:

> "Me encontraba con una de mis pacientes más dóciles, en quien la hipnosis había posibilitado notabilísimos artilugios; acababa de liberarla de su padecer reconduciendo un ataque de dolor a su ocasionamiento, y hete aquí que al despertar me echó los brazos al cuello. El inesperado ingreso de una persona de servicio nos eximió de una penosa explicación" (Freud, S., 1925 [1924], p.26).

Más después, Freud comenta, que en tácito acuerdo, se renunció a la hipnoterapia y él se mantuvo "lo bastante sereno como para no atribuir este accidente a mi irresistible atractivo personal" (p.p.26-27).

Lisa Appignanesi y John Forrester (1992) creen que existió una posible *"infatuation"* entre ellos dos, pero que no hay evidencias claras.

Anna Cecilia fue, declara el aprendiz de brujo analítico, "a quien llegué a conocer mucho más a fondo que a cualquiera otra de las pacientes aquí mencionadas" (p.90). Líneas adelante, aflora el enigma, "...pero, por desgracia, circunstancias personales me impiden comunicar con detalle este historial clínico" (p.90).

En la carta 14 a Fliess, es nombrada *Prima donna* y en la 120, "mi maestra" (Caparrós, N., 1997, Tomo 2, p.36 y p.234).

Emilio Rodrigué (1996) afirma, que en este caso ya se estaba en los umbrales del psicoanálisis. El bisoño terapeuta se tornó más contenedor, menos directivo, abandonó la hipnosis pero no el diván; dejando, además, que fuera la misma Anna Cecilia quien escogiera el tema de la sesión; así, fueron emergiendo las asociaciones libres y la atención flotante. Emilio rinde crédito a una conocida frase de Freud (1916-1917) donde él distingue la hipnoterapia de la cura analítica: "La primera trabaja como una cosmética, la segunda como una cirugía" (p.410).

Cecilia Anna viene siendo también la paridora del lenguaje simbólico corporal; pondré nada más un ejemplo: en el historial se relata, que en la indagación de las reminiscencias relacionadas con su lacerante neuralgia facial, la sagaz varonesa rememoró una escena traumática en la cual su imprudente marido le hizo cierta observación, que la sensible dama apreció como una grave afrenta. En aquel allá, la enferma, mortificada en un grado extremo "se tomó de pronto la mejilla, gritó de dolor y se dijo: 'Para mí eso fue como una bofetada' (p.191). Cecilia Anna "había sentido como si en realidad recibiera la bofetada" (*ibid*) escribió el analista en ciernes.

Vemos ahí, diríamos muchos ahora, la tríada psicodinámica latente de la conversión histérica, a recalcar: deseo, castigo y simbolización. ¿En realidad psíquica, desearía la voluntariosa varonesa, cachetear al insolente varón von Lieben? Parece que sí; empero, en aquella Viena imperial, lo indicamos anteriormente, los rangos y la ideopatía masculina opresora todavía pesaba, aunque los roles inducidos y asumidos irían cambiando; sin contar los cromosomas, pues los desempeños de papeles dominante-dominado, serían intercambiables, no importando el género, pero si el *Cultus* (cultivo) de la sociedad.

LUCY

Esta señorita gobernanta anglosajona, de treinta años cumplidos, empezó su psicoterapia a finales de 1892, y con ella Freud sistematizó la técnica de *concentración*. Para esto, la enferma debería estar acostada de espaldas, con los ojos cerrados y, el terapeuta presionando su frente manualmente e, invitándola, a que dijera todo aquello pasado por su mente, vinculado a un tema por analizar; digamos, como ejemplo, el antiguo interés sentimental de Lucy por el papá de las hijas que educaba, viudo por cierto:

> "Pero si usted sabía –la confrontó Freud- que amaba al director, ¿por qué no me lo dijo?"
>
> "Es que yo –respondió ella confundida- no lo sabía o, mejor, no quería saberlo" (Freud, S., 1893-1895, p.134).

En una nota agregada a pie de la misma página en 1925, Freud hace constar:

> "Nunca he logrado mejor descripción del curioso estado en que uno sabe algo y al mismo tiempo no lo sabe".

Dicha sentencia nos remite al *Teetetes o de la ciencia*, donde Platón en discurso socrático, cuestiona, "¿es posible que la persona misma que sabe una cosa, no sepa que lo sabe?" (*Diálogos*, Ed. Porrua, p.313).

Freud hubiera contestado: "Demuestra ser condición indispensable para adquirir la histeria que entre el yo y una representación que se le introduce se genere la relación de inconciliabilidad" (p.138).

En su *Autobiografía* (1925[1924]) Freud hubo de reconocer:

"Tampoco sabía entonces que al reconducir la histeria a la sexualidad me remontaba a las épocas más antiguas de la medicina y retomaba el pensamiento de Platón. Me enteré de ello sólo más tarde, a través de un ensayo de Havelock Ellis" (pp.23-24).

Strachey, (1955) apunta a pie de página, que en la carta dirigida a Fliess, el 3 de enero de 1899 (Caparrós, N., 1997), Ellis había dicho que la etiología sexual de la histeria "comienza con Platón y acaba con Freud" (Tomo II, p.363). En verdad clínica, no podemos aceptar que la sexualidad histérica fuera ya asunto concluido, pues, aún faltaba dilucidar el transferir erótico. En dicho sentido, el joven maestro era todavía un osado diletante, dígalo si no, la imposibilidad de interpretar a Lucy, su sensación olfatoria de los pastelillos quemados y más abajo en el palimpsesto de las reminiscencias, el olor a cigarro "con su propio hábito de fumador" (Chodorow, N.J., p.285). Y, en referencia a los "Diálogos" sólo agregaré lo que Rogeli Armengol (1994) opinó acerca del Sócrates platónico:

"Puede causar cierto impacto advertir que Sócrates podía conocer y hablar, en la plaza, en el teatro, en reuniones y tertulias, con personajes de la casta de los siguientes: Aristófanes, Demócrito, Eurípides, Herodoto, Hipócrates, Pericles, Platón, Protágoras, Sófocles, Tucídides...

También fueron contemporáneos de Sócrates, entre otros, el médico Empédocles y el filósofo Parménides" (p.17).

Estoy con el catalán totalmente de acuerdo.

KATHARINA (1875-1929)

Aurelia Öhm, nacida Kronich, resultó ser la adolescente de 18 años con quien el futuro psicoanalista implementó una intervención en crisis, cierta tarde del agosto de 1893, a las afueras del Hotel Ottohaus, situado en una cumbre alpina de seis mil pies de altura. Según Lisa Appignanesi y John Forrester

(1992) éste historial es "como una novela" (p.103) y "el más romántico" (p.108) de los casos del Sigmund hermenéuta. No comparto del todo dicha apreciación, pues pienso que ese honor corresponde a Elisabeth. Un párrafo que citaré más adelante, demostrará, creo yo, que Freud lo consideraba así.

Katharina Aurelia, sufría de una episódica e intensa angustia histérica, a saber: disnea sofocante, opresión precordial, pánico de morir, cefalea, vértigo, nausea y, una aura donde un horripilante rostro la perseguía; síntomas presentados desde que ella vio, borrosamente, en una cama, a su papá encima de una prima de Katharina. [Freud reveló lo anterior en 1924, es decir, que no se trataba de un tío como se narra en el escrito original, sino, del padre]. Aurelia "con el alma preñada", diría Sócrates; recordó ante el mayéutico Freud, que ella misma había sido víctima de un acoso sexual cuatro años antes; rechazando, enérgicamente, pero con temor, la seductora propuesta de su papá alcoholizado:

"Anda, muchacha tonta, quédate quieta; tú no sabes qué bueno es eso" (p.145).

Ésta reminiscencia se re-significó *a posteriori*, o sea con efecto retardado, en la segunda escena (padre-prima) y, Aurelia Katharina la concientizó, dándola a luz, durante la sesión prolongada con el socrático Freud.

Tanto Appignanesi y Forrester (1992) como Roudinesco y Plon (1997) hacen justa referencia en sus libros, a las investigaciones de Fichtner, Hirshmüller y Swales, respecto a la vida personal y familiar de Katharina.

Ahora conocemos que la prima hermana se llamó Barbara Göschl, quien llegó a procrear dos hijos con Julius Kronich. Aurelia, a la par, se casó dos años después de su "análisis alpino", partiendo con su marido Julius (sí, el mismo nombre de su padre) a Hungría, dando a luz seis hijos; empero, ella siempre permaneció nostálgica del hotel Ottohaus, sitio que visitaba cada año, muriendo ahí súbitamente de un ataque al corazón en septiembre de 1929, esto a la vez se relacionó a un exceso de morfina. El abuso de esta droga ocurrió también en Anna O., y, bien se conoce la adicción de Freud a la cocaína de 1884 a 1890 (Roazen, P., 1995, p.4).

Timeo, protagonista del diálogo platónico sobre *La naturaleza*, explicaría la génesis y recuperación de Katharina de la siguiente forma:

"En las mujeres el útero y la vulva no se parecen menos a un animal deseoso de procrear, de manera que si permanece sin producir fruto largo tiempo en la estación propicia se irrita y enoja, erra a través de un lado a otro a través de todo el cuerpo, obstruye los pasos del aire, impide la respiración..., y engendra mil enfermedades de las que el único remedio es la reunión del hombre y de la mujer juntados por el deseo y el amor para que nazca un fruto" (*Diálogos, Porrua* p.720).

Ahora más; en la vida de Aurelia Öhm hay datos donde la realidad y el mito familiar se hermanan; así, una hija suya, Gisela (nombre tan caro para el joven Sigmund), según las reminiscencias de la abuela Gertrude, fue atendida por Freud, a los cinco años de edad, aquejada ella de un serio malestar estomacal; permaneciendo el maestro 48 horas al lado de su cama. Más alejado de éste probable mito de familia, está la demostrada atención que Freud brindó a otro hijo de Aurelia, durante la primera guerra mundial. Él, incapacitado por una explosión en combate, fue consultado por Freud e internado por él en Dobling (Appignanesi, L.; Forrester, J., 1992, p.107).

La multicitada carta 28, de Freud a Fliess, fechada agosto 20 de 1893, lo es porque muestra meridianamente el apasionado vínculo epistolar entre ellos. No obstante, casi al final, salta la liebre del investigador nato:

"Por lo demás la etiología de las neurosis, me persigue a todas partes como la canción de Malborouh sigue al inglés viajero. Recientemente fui consultado por la hija del mesonero en Rax; era un bonito caso para mí" (Caparrós, N., 1997, Tomo 2, p.53).

En efecto, con Katharina, Freud concibió la idea de los intentos o consumaciones incestuosas como causales de algunas histerias, claro; ciertas féminas mentían, Aurelia no.

Señorita Elisabeth Von R.

Estamos en cierto día otoñal de 1892, en Viena. Vemos a una joven acompañada al parecer de un familiar; su estatura es mediana, el cabello castaño oscuro, los ojos pardos, la cara inusitadamente ancha, su atuendo tradicional. Camina con dificultad; llega a un edificio de apartamentos cuya dirección es Bergasse 19. Ella contempla la fachada inferior de corte renacentista; y, aprecia el estilo clásico de la parte superior. La muchacha tiembla, su boca está seca, penetra en el *Hall*..., (la psicohistoria registrará, que por esa misma entrada pasarán durante 47 años, desde 1891 hasta 1938, pacientes, colegas, amigos y la familia del maestro). Ella da unos cuantos pasos, enseguida voltea hacia su izquierda y se encuentra ya, frente a una puerta que anuncia: *Dr. Freud.* La franquea al tiempo que los dolores de sus piernas se hacen insoportables, estando a punto de caer. Toma asiento en la sala de espera. Pocos segundos adelante, es recibida por un hombre de complexión robusta, no muy alto, como de un metro setenta: su cabello es tupido, brillante, negro, peinado en ángulo, le pasa por la frente enderezándose rumbo a la oreja derecha; su nariz es más bien huesuda, bigote extenso sobrevolando en punta, su barba abundante, bien cuidada y dominando el rostro; tiene unos ojos grandes, oscuros, luminosos, acaso un tanto pícaros. Viste traje gris, porta chaleco y, en su mano derecha, un puro recién encendido. La invita a pasar; ella marcha con la parte superior del cuerpo inclinada hacia delante, pero sin apoyo, a la manera de Groucho Marx, diría Emilio Rodrigué (1996, Tomo I, p.265). Se sienta. El consultorio, ¿lo ven ustedes?, se halla lleno de libros, grabados, estatuillas antiguas y piezas arqueológicas. El diván, cubierto por un tapiz tiene tres almohadones en la cabecera; sobre una mesita, un ramo de gardenias. Él de 36 años, ella de 24.

Bien; en los comentarios epicríticos sobre esta paciente, Freud nos da a conocer su muy especial estilo de redactar expedientes analíticos, que lo encaminarían a obtener el Premio Goethe de literatura en 1930, Leámos:

> "...me resulta singular que los historiales clínicos por mi escritos se lean como unas novelas breves, y de ellos esté ausente, por así decir, el sello de seriedad que lleva estampado lo científico. Por eso me tengo que consolar diciendo que la responsable de ese resultado es la naturaleza misma del asunto, más que alguna preferencia mía" (Freud, S., 1893-1895, p.174).

En verdad, la presentación es de una alta calidad creativa, superando según mi colegir a Katharina. La destreza narrativa es tanta, que motivó al dramaturgo Henry Denker a llevarla a teatro y cine, mediante su obra *El hilo rojo*. En México, los papeles teatrales fueron escenificados por María Douglas y José Gálvez.

Elisabeth nació en Budapest, siendo nombrada ILona Weiss, Rietberg de casada (Harrison, C., 1984). Era la menor de tres hijas que crecieron en una finca rural de Hungría, con un papá alegre, vital, quien solía decir con orgullo que la chica suplía al hijo varón no logrado. La madre, enferma y nerviosa, empujó a Elisabeth ILona a los brazos del padre, convirtiéndose ella en compañera y fiel confidente de él. Éste, pensando que en la cultivada Viena, capital en aquel entonces del gran imperio Austro-húngaro, existirían condiciones óptimas para el buen himeneo de las jóvenes, decidió trasladarse a la segunda ciudad europea más poblada, (siendo París la primera). En Viena, ILona Weiss disfrutó de una vida plena, a pesar del incierto futuro económico y político de un imperio, que se desmoronaba al compás de los valses y la opera *light*. Todo eso terminó para ella, el día en que su querido papá enfermó del corazón. Elisabeth renunció a estudios, proyectos artísticos, amores, y propiamente se excluyó de la comunidad judía, que ya para 1890 era de 99,444 habitantes, comprendiendo el 12 por ciento de la población vienesa (Heer, F., 1972). ILona dormía en la recámara de su amado padre dedicándose por completo a su atención, hasta que la muerte vino 18 meses después, aunque desde medio año antes del ocaso paterno, se iniciaron los dolores en su pierna derecha; guardó cama por unos días y, estos desaparecieron.

Es impresionante observar la similitud entre Elisabeth y Anna O., en lo que Freud nombraría años adelante *Complejo paterno*.

Además del duelo por el padre, siguieron otras situaciones traumáticas: los infortunados matrimonios de sus dos hermanas mayores; el serio padecimiento ocular de la afligida madre, mismo que ameritó una cura de obscuridad y posterior operación, siendo ILona Elisabeth de nuevo la asistente oficial, costumbre judía por cierto. Semanas después Elisabeth se enferma, partiendo con la madre a una cura de baños. Estando ahí les avisan que la segunda hermana, embarazada otra vez y débil del corazón, se hallaba grave. Ambas regresan de inmediato, pero no logran despedirla viva. Enseguida, la mayor y su dominante, quisquilloso y egoista marido, se mudan a un lugar lejano. Poco después el cuñado viudo, a quien ILona amaba sin saberlo, se va también de Viena, llevándose al primogénito, preferido de ella por supuesto. Total, el nido casi vacío, Elisabeth se pobló de fibromialgias, quedando semiparalítica.

"Esa era, pues, la historia del padecimiento —el relator es Sigmund Freud- de esta muchacha ambiciosa y necesitada de amor. Enconada con su destino, amargada por el fracaso de todos sus planes de restaurar el brillo de su casa; sus amores, muertos los unos, distantes o enajenados los otros; sin inclinación por refugiarse en el amor de un hombre extraño, vivía, desde hacía un año y medio —casi segregada de todo trato social- del cuidado de su madre y de sus dolores" (p.159).

El acápite transcrito es el retrato hablado, no solo de ILona Weiss sino también de otras histéricas célebres, cuestionadoras del machocentrismo opresor. Jessica Benjamin (1988) ha revisado la díada hegeliana "amo-esclavo", centrándose en el problema de la dominación femenina, por el androceo.

Bien, ¿cómo transcurrió la fase de *apertura* en este caso *Princeps*?

Elisabeth fue tratada primero durante cuatro semanas con fuertes descargas eléctricas en sus piernas doloridas, problema que le dificultaba caminar; aunque eso era sólo una estrategia preparatoria para un posterior *análisis psíquico*. Sin embargo; desde el mismo examen físico diagnóstico, se estableció una franca relación erótica bipersonal aunque Freud la reporte unilateralmente:

> "...cuando en la señorita von R., se pellizcaba u oprimía la piel y la musculatura hiperálgica de la pierna, su rostro cobraba una peculiar expresión, más de placer que de dolor; lanzaba unos chillidos -yo no podía menos que pensar: como a raíz de unas voluptuosas cosquillas- su rostro enrojecía, echaba la cabeza hacia atrás, cerraba los ojos, su tronco se arqueaba" (p.153).

Ya dentro del tratamiento psíquico; en la fase de apertura propiamente dicha, se intentó la hipnoterapia sin resultado positivo, pasándose a la técnica de concentración utilizada antes con Cecilia y Lucy, trabajándose por dicha vía las reminiscencias ligadas a los múltiples síntomas presentados por ILona Weiss. Así se llegó, a lo ahora conocido como "contrato analítico", aceptado con mínimas resistencias por la talentosa joven:

> "...en este caso, el primer análisis completo de una histeria que yo emprendiera –declara Freud jubiloso- arribé a un procedimiento que luego elevé a la condición de método e introduje con conciencia de meta: la remoción del material patógeno estrato por estrato, que de buen grado solíamos comparar con la técnica de exhumación de una ciudad enterrada" (p.155).

Así, mediante dicho análisis, capa por capa, la chica asoció libremente, no sin obstáculos resistenciales, "hasta que el dolor fuera removido por la palabra" (p.163). El proceso continuó así durante las fases *intermedia* y *terminal*, empero, sin darse Freud plena cuenta de "su prolongada transferencia paternal y melancólica" hacia Elisabeth (Chodorow, N.J., 1991, p.285). ¿Qué más se encontró?

Bueno; contaron sí, el abandono que la chica hiciera del papá postrado en cama, para poder ella cumplir con un pretendiente; intervino, en efecto, la muerte del padre meses adelante; esto, se potenció, sin duda, por las tribulaciones frente a otras desdichas familiares, sí, todo ello pesó, empero, en especial, la gota más amarga fue el triste deceso de la hermana envidiada y, el amor semioculto de ILona Weiss, por el cuñado tan lleno de buenas cualidades. Ese era "el hilo rojo" de tanto y tanto duelo acumulado. Dejemos, ahora, que la pluma del novel psicoanalista y excelente narrador, devele la escena cumbre:

> "...el silencio en la casa, la oscuridad oprimente; cuenta que el cuñado no salió a recibirlas; luego, estaban de pie ante el lecho, vieron a la muerta, y en el momento de la cruel certidumbre de que la hermana querida había muerto sin despedirse de ellas, sin que el cuidado de ellas fuera el bálsamo de sus últimos días..., en ese mismo momento un pensamiento otro, pasó como un estremecimiento..., pensamiento que ahora se había instalado de nuevo irrechazablemente; pasó como un rayo refulgente en medio de la oscuridad: <<ahora él está de nuevo libre, y yo puedo convertirme en su esposa>> " (p.171).

La subsiguiente evolución queda dentro de lo que Nancy Chodorow (1991), lo anotamos antes, apreció como un contratransferir paterno y de duelos compartidos, donde Freud perdió la neutralidad, convirtiéndose casi en casamentero judío. Él se fundamentaba en varios datos que justificaban la inclinación afectiva tierna de Elisabeth hacia su cuñado. Pondré dos ejemplos:

> "En su primer visita a la casa, había creído él que era *ella* la novia que le estaba destinada, y la saludó antes que a las hermanas mayores que no estaban presentes. Cierto atardecer platicaban entre ellos con tanta vivacidad y parecían entenderse tan bien que la novia los interrumpió con esta observación dicha medio en serio: <<En verdad, harían ustedes muy buena pareja>> " (p.172).

En otra ocasión, durante una reunión social, cierta dama criticó determinado defecto físico del prometido, permaneciendo la novia impasible, "pero Elisabeth se sobre saltó y abogó por la buena estampa de su futuro cuñado con un celo que luego a ella misma le resultó incomprensible" (p.172).

Líneas adelante Freud reconoce que él se portó "como un amigo de situaciones del presente. Con ese propósito busqué conversar con la señora von R" (p.172). Ante ella, apegándose a la tradición judía, habló sobre la posibilidad del casamiento de ILona con el viudo. La respuesta fue negativa, pues la madre y quienes aconsejaban en la familia, eran contrarios a tal matrimonio. El psicoanalista recién graduado dejó de "espejear" con el dolorido deudo; aunque siguió prendado de la muchacha contratransferencialmente. Leámos entonces lo sucedido en el postanálisis: "En la primavera de 1894 me enteré de que concurriría a un baile, para el cual pude procurarme acceso, y no dejé escapar la oportunidad de ver a mi antigua enferma en el alígero vuelo de una rápida danza. Más tarde, por su libre inclinación, se casó con un extraño" (p.174).

El 11 de enero de 1953, una de las hijas de ILona Weiss, declaró que su madre había tenido un matrimonio feliz, y frente a una pregunta directa hecha por la hija, su mamá subrayó, que la imagen aparecida en los *Estudios* correspondía a la realidad. "Sin embargo, al hablar de su cura, la expaciente sostuvo que el "médico barbudo" de Viena al que la habían enviado intentó convencerla, contra su propia voluntad, de que estaba enamorada del cuñado" (Roudinesco, E.; Plon, M., 1997, p.292).

Epicrisis

En el cincuenta aniversario de la muerte del maestro, presenté un trabajo titulado "Elisabeth: el nacimiento del psicoanálisis". Ahí, cerca del final, me pregunté: ¿Cuántas ideas o términos pioneros, surgieron, reafirmáronse, o se protoanunciaron en el caso Elisabeth?" (Solís, H., 1989, p.4). Mencioné en aquel entonces treinta y seis. Ahora, autorreflexionando, y después de varias lecturas a lo escrito en este capítulo, donde incluyo también a las otras historias de los *Estudios*, considero, sí, que el listado debe actualizarse, añadiendo, además, algunos conceptos de Platón, esparcidos ya en los historiales, y como lo señalamos páginas antes, no debidamente acreditados a los *Diálogos*, ni por Breuer, ni por Freud, ni por Strachey. Esta especie de glosario, será, no obstante, de manera resumida, pues la iré elongando y engrosando en posteriores capítulos. El tentativo listado, ya por desarrollar, sería, según el rastreo del texto escrito, como sigue: reminiscencias, método, cátarsis, abreacción, diálogo, inconsciente, vínculo mente-cuerpo, cura por medio de la palabra, limpieza de chimenea, sugestión, relaciones triangulares, complejo paterno, idealización, conversión, trauma psíquico, delirios somáticos, yo psíquico, intersubjetivismo, transferencia-contratransferencia-proceso, paratránsferocontratransferencias, regresión, resistencias, identificación, seudociesis, investidura, símbolos mnémicos, asociaciones libres, atención flotante, análisis psicológico, cura, lenguaje, *a posteriori*, "*acting in*", símbolos corporales, psicosomatizaciones. Agréguese, focos manifiesto y latente, impulsos sexuales y agresivos, retaliación, deseo, castigo, culpa, conflicto intrapsíquico, amnesia psicógena, técnica de concentración, mayéutica, represión, hermeneusis, interpretación, elaboración reparadora, dualidad instintiva, sublimación, fantasía, efecto retardado, representación, ambivalencia, resignificación, angustia histérica somatizada, realidad psíquica inconsciente, etiología sexual de la histeria. Súmese, teoría de la seducción, intentos o consumaciones incestuosas, análisis psíquico, sesión única, fases de apertura, intermedia y terminal del proceso terapéutico, contrato analítico, alianza de trabajo, análisis arqueológico, transferencias paterna y materna, "*acting out*", trauma acumulativo, fijación, desplazamiento, escisión, defensa, denegación, mecanismo psíquico defensivo, ganancia primaria, secundaria, terciaria y cuaternaria de la enfermedad, huida a la patología. Añádase, retorno de lo reprimido, recuerdo encubridor, determinismo psíquico, zona histerógena, suma de emociones, carga cuántica, ahogo de los afectos, reacciones de aniversarios, trabajo de duelo, amor inconsciente, analista, tratamiento analítico y postanálisis.

James Strachey (1955) informa en el Tomo III (p.p.48-151) de las *Obras completas*, que la palabra "psicoanálisis", aparece por vez primera en "Las neuropsicosis de defensa" (Freud, S., 1894), y poco después en "La herencia y la etiología de las neurosis" (Freud, S., 1896).

Lo que más cuenta, hasta este momento, es, la evidente presencia del trípode dinámico:

Transferencia-Contratransferencia-Proceso, a pesar de lo corto del tratamiento en ciertos casos y la incertidumbre diagnóstica en varios de ellos, que más bien parecen limítrofes por su transferir; en particular Anna O., Emmy y Cecilia; en cambio, Lucy, Katharina y Elisabeth, aún hoy serían histriónicas. En capítulos futuros, dedicados a las psicoterapias psicoanalíticas, abordaré este tema, apoyándome en el ensayo seminal de Zetzel (1968), inspirador de dos artículos míos sobre histerias femenina y masculina, donde planteo, desde la clínica, tres posibles vías de intervención: Psicoanálisis clásico, psicoterapia individual analíticamente orientada o de grupo.

COLOFÓN: Sócrates y Freud, fueron los psicoanalistas prístinos. El primero tenía en su contra el no haber leído a Freud y tratar nada más a jóvenes varones. El segundo era, aunque lo soslayara a veces, un heredero de Sócrates, y se trató analizando sus propios sueños y, en forma epistolar, con Fliess, amén de entrenarse con ciertas mujeres preñadas del alma. He, ahí, la diferencia.

ANÁLISIS FRAGMENTARIO DE UNA HISTERIA "CASO DORA"

Dora y la Viena de *"fin-de-siècle"*

"Al recibir el Premio Nobel de literatura 1981, Elías Canetti dijo:"Nosotros le debemos mucho a una ciudad que conocemos; pero más le debemos a una ciudad que hemos deseado conocer, con la que siempre hemos soñado inútilmente.Hay en la vida de una persona, creo yo, dioses urbanos singulares –seres nutridos en la amenaza, la transfiguración o la inmensidad de su superficie" (p.297).
José María Pérez Gay (1991). El imperio perdido.

Elías Canetti, judío sefardita, es decir, de origen español, distinguió a Viena, en su discurso, como su principal deidad citadina; extendiendo enseguida sus reminiscencias ambivalentes a toda Europa; Pérez Gay lo acota:
> "Tenemos mucho que reprocharle a este continente-pues casi todo ha salido de él... Este continente, al que le debemos tanto, lleva una enorme culpa en sus entrañas, y necesita tiempo para expiar sus pecados. Hay que desear apasionadamente que le llegue ese tiempo; una época en que las acciones benéficas se prodiguen por toda la tierra, de modo que nadie vuelva a tener razón para temer o maldecir el nombre de Europa" (p.297).

El libro de Pérez Gay, se centra en la vida y obra de cinco seres excepcionales: Hermann Broch, Robert Musil, Karl Kraus, Joseph Roth y Elías Canetti; mediante ellos, se cuenta la desolada agonía del Imperio Austro-húngaro, y de aquella Viena, que fuera la cuna del psicoanálisis durante las dos últimas décadas del siglo XIX.

Aquel poderoso imperio, cuya devastación fue de manera lenta, y su exterminio total, necesitó de dos guerras mundiales y el holocausto perpetrado por el nazismo hitleriano, sí, dicho imperio estaba poblado por cincuenta millones de habitantes, que comprendían, alemanes, húngaros, checos, eslovacos, croatas, serbios, eslovenos, italianos, rumanos, polacos y rusos; la población judía contaba con dos millones. El antisemitismo en Viena era una plaga funesta; Freud, en 1878, entonces un estudiante de medicina, decidió modificar su nombre Sigismund, comúnmente utilizado en los insultantes chistes contra el "juderío"; de ahí en adelante se llamó Sigmund (Heer, F., 1972, p.p. 6 y 10). Se tendría que señalar aquí la pronunciada inclinación del joven Freud por el nacionalismo germano; actitud que fue cambiando con los años.

Abundando acerca de los factores socioculturales, intercalaré una cronología psicohistórica, comprendiendo la época de los *Estudios sobre la histeria* y el caso *Dora,* tocando de pasada *La interpretación de los sueños*. Apuntaré, así, las circunstancias externas, constructoras de realidades, imperantes durante aquel fin de siglo vienés; determinantes, sin duda, de *La condición femenina* propensa al histerismo e influyente también en el pensamiento médico de Freud, quien sostenía, al igual que otros colegas, la extrema importancia de las taras psíquicas familiares y de un padre sifilítico, como terrenos óptimos para el cultivo de la histeria; opinión descartada posteriormente, no así, el antisemitismo y la ordalía patriarcal judía, que mantuvieron vigencia causal, aunque coadyuvante, de psicopatología. Señalo, a la vez, las emergentes situaciones políticas, el endurecimiento del fascismo, los aportes geniales de ciertos creadores, la emancipación naciente del gineceo, la vinculación intersubjetiva, Freud-Fliess, el autoanálisis freudiano, la interpretación onírica, y la etiología sexual de la histeria. La cronología aspira a transmitir el devenir personal, científico y profesional del maestro vienés.

CRONOLOGÍA
1878
Freud conoce a Joseph Breuer.
Las mujeres graduadas en el bachillerato, pueden asistir pero nada más como "oyentes" a la Universidad de Viena.
Nace Martín Buber.
Federico Engels publica *El Anti-During.*
Se estrena la ópera *El Oro del Rhin* de Richard Wagner en el teatro Hozoper.
Las relaciones rusas-alemanas empeoran; también las austro-rusas en los Balcanes.
1880
Breuer inicia el tratamiento de Anna O.
Nacen el escritor Robert Musil y Otto Weininger, autor de *Sexo y*

carácter, quien terminaría suicidándose.

El cuarenta por ciento de los estudiantes médicos en la Universidad de Viena y el veinticinco de los que estudian leyes, son judíos. El antisemitismo crece, la familia judía patriarcal a ultranza se tambalea.

1881

Freud se titula como Doctor en Medicina, con el grado de "excelente".

Anton Bruckner termina la *Séptima Sinfonía*.

Gustav Mahler concluye la obra *Das Klagende Lied*.

Alianza secreta entre Serbia y Austria-Hungría.

1882

Freud es informado por Breuer del caso Anna O., y del método catártico. En abril de ese año conoce a Martha Bernays y dos meses después se comprometen en secreto. Entra al Departamento de Medicina Interna con el "Profesor" Nothnagel. Nace Dora (Ida Bauer).

1883

Freud estudia psiquiatría con Theodor Meynert.

Johann Strauss estrena su opereta *Una noche en Venecia*.

Nace Franz Kafka en Praga.

Muere Karl Marx.

1884

Freud investiga sobre las propiedades anestésicas locales de la cocaína. Los jóvenes oftalmólogos Carl Koller y Leopold Königstein, la aplican en la cirugía ocular. Un año después, el padre de Sigmund sería operado de glaucoma, estando los tres presentes.

1885

Freud se traslada a París y, asiste por varios meses a las demostraciones en la Salpêtière del maestro Charcot, con histéricas tratadas mediante la hipnosis. También en agosto de ese año destruye sus manuscritos.

1886

En septiembre 13, Sigmund y Martha se casan en Wandsbeck.

Nace Hermann Broch.

Kraft-Ebing publica *Psycopatía sexualis*.

Rosa Luxemburgo empieza su actividad clandestina, dentro de la organización *Proletariado*.

1887

Mathilde, la hija mayor, nace el 16 de octubre.
Comienzo de la amistad y correspondencia entre Freud y Fliess, misma que durará hasta 1902.

1888

Se inicia el tratamiento de Emmy von N.
Freud traduce y prologa el primer libro de Bernheim sobre la hipnosis.

1889

Cecilia entra en psicoterapia.
Nace Martin Freud el 6 de diciembre.
El Partido Social Cristiano se declara "El órgano del antisemitismo".
Rodolfo, príncipe heredero del trono se suicida. La pareja real se desune cada vez más. Francisco José, tiene ya 40 años como emperador y sufre de una *"work neurosis"*. Elisabeth, su esposa, padece de anorexia nerviosa.

1890

Freud y Meynert se tornan enemigos. Freud explora con mayor seguridad lo inconsciente; Meynert cae en garras del alcoholismo y morirá poco después.

1891

El 19 de febrero nace Oliver Freud.
En agosto de ese año, toda la familia se muda a Berggasse 19, sitio en el cual vivirá y consultará el maestro durante 47 años, hasta su partida final a Londres en 1938.
Se publica el primer libro de Freud, titulado *Afasia*, dedicado a Breuer.
Arthur Schnitzer, el *Alter ego* de Freud, da a conocer su obra *Anatole*.

1892

Miss Lucy es tratada por Freud.
El 6 de abril, Martha da a la luz a Ernst.
Freud y Breuer colaboran en la primera y segunda versión de la "Comunicación preliminar", que se editará el año siguiente.

1893

Nace Sophie el 12 de abril.
Tratamiento alpino de Katharina.
Elisabeth finaliza su "análisis psíquico".

Adquiere mayor apogeo la idea de que el antisemitismo influye en la psicopatología judía; persiste el planteamiento de las taras hereditarias; se mantiene la hipótesis de que la sífilis paterna predispone a la histeria femenina; amén de todo eso, se insiste en la singularidad del sujeto, dentro de las circunstancias históricas y psicosociales, sobre todo en el sojuzgamiento de la mujer que llega a ser histérica.

Freud aparece en el "quién es quién", de la Viena intelectual.

1894

Durante el verano, Freud y Breuer se enemistan, la razón, el segundo no cree ya en la etiología sexual de la histeria.

Joseph Roth nace en Brody, Galicia.

Mahler corona su *Segunda sinfonía*.

Schnitzer estrena *Amoríos*.

Otto Wagner publica *Arquitectura moderna*.

Aparece el *Reichspost*, periódico oficial de los clericales más conservadores.

1895

En mayo se publica *Estudios sobre la histeria*, y según el testimonio epistolar con Fliess, Freud escribe el *Proyecto de una psicología para neurólogos*, que se editará póstumamente.

Durante la noche del 23 al 24 de julio, Freud tiene "El sueño de la inyección de Irma".

Nace Anna el 3 de diciembre.

El emperador Francisco José, prohibe el trabajo asalariado a menores de 14 años y, el nocturno de las mujeres.

El furibundo antisemita Karl Lueger, es nombrado alcalde de Viena. Lueger sería el modelo de Hitler y para Freud la mayor amenaza futura.

1896

Jacob, padre de Freud, muere en octubre 23. El hijo negará el duelo.

Tres artículos de corte psicoanalítico se editan: "La herencia y la etiología de las neurosis", "Nuevas puntualizaciones sobre las neuropsicosis de defensa" y "La etiología de la histeria".

La vinculación afectiva entre Freud y Fliess llega a su punto más alto: dos "congresos", uno en Dresden (abril) y otro en Salzburg (agosto).

1897

El maestro emprende su autoanálisis a través de sueños personales: fase de apertura (febrero-mayo), fase intermedia (junio-noviembre), fase final (diciembre de 1897-agosto de 1898), postanálisis (1898-1939).

Por decreto imperial se abren las puertas a toda mujer que quiera inscribirse en la Facultad de Filosofía de la Universidad de Viena.

El antisemítico Partido Social Cristiano apoya a la dinastía de los Habsburgo, -Maximiliano (1832-1867) pertenecía a ella-. El apoyo era por implantar el bilingüismo en Bohemia y Moravia. Un año después se deroga causando gran decepción en Lueger.

1898

Se termina la primera versión de *Die Traumdeutung*.

El tema de la vida sexual infantil se plantea por vez primera en el artículo "La sexualidad en la etiología de las neurosis".

Luigi Lucheni, anarquista italiano, asesina en Ginebra a la emperatriz Elisabeth.

Gustav Mahler dirige la Opera de Viena.

1899

Es editada a fines de este año, la segunda y definitiva versión de *La interpretación de los sueños*.

Karl Kraus lanza a la calle el primer número de *Die Fackel* (La antorcha).

La militante feminista Rosa Mayreder, funda la combativa revista *Documentos sobre las mujeres*.

Se organiza el emancipador movimiento *Feminista proletario*, impulsado por las *Socialdemócratas* vienesas.

Otto Bauer (hermano de Dora), Mak Adler y Rudolf Helferding, instituyen el austromarxismo, proponiendo como meta la justa autodeterminación de las naciones.

El emperador Francisco José, recibe en su castillo de Schönbrunn al escritor Mark Twain.

1900

En una serie de conferencias, Freud expone sus ideas acerca de los sueños, ante maestros de la Facultad de Medicina.

Gustavo Klimt escandaliza con sus murales en la Universidad.

Arthur Schnitzler publica *La ronda*.

Se inaugura el Cine Erika, considerado como el más antiguo del mundo.

Durante el otoño de ese fin de siglo, Freud inicia el análisis de Dora. La anterior cronología se nutre de diversas fuentes bibliográficas, pero, en particular, deben ser nombradas las siguientes: el primer tomo de la ya citada biografía de Freud, escrita por Ernest Jones (1953), la cronología resumida de Jonathan Miller (1972), el ensayo *"Freud's Vienna"* de Bruno Bettelheim (1956), el libro de José María Pérez Gay (1991) titulado *El imperio perdido*, y también *Freud, Dora, and Vienna 1900*, de Hannah S. Decker (1991).

Antes de indagar sobre Dora, su entorno psicofamiliar, y los descubrimientos finiseculares de Freud, insistiré un tanto, mencionando algunas ideas acerca de los factores socioculturales, brevemente anotados en la diacronía psicohistórica, que pudieran haber influido en el pensamiento freudiano; así, Martin Esslin (1972) asevera en su estudio *"Freud's Vienna"*, que a finales del siglo, la sexualidad en dicha ciudad:

> "...Estaba caracterizada por una apertura carente de sentimientos de culpa, lo cual la distinguía radicalmente de las obsesiones y represiones de la Inglaterra victoriana o de América" (p.51).

Tal liberación; aunada al antisemitismo y la rígida familia judía patriarcal, intervinieron según el colegir científico de aquella época, en las contradicciones conflictivas de origen inconsciente, pero, a la par, sobredeterminadas por el exterior, influyeron, sí, en la población judía femenina que Breuer y Freud trataban; es decir, diría en la actualidad postmoderna Gérard Mendel (1983), ese puente de ida y vuelta que comunica el adentro y el afuera. Para este psicosocioanalista, en cada uno de nosotros coexisten dos personalidades, una *psicofamiliar infantil,* interiorizada en la relación temprana padres-hijos y, otra *social*, bastante más extensa, que nace, renace y cambia, mucho más rápido que la inconsciente, o, podríamos agregar, la preconsciente.En general, concordamos mucho con los planteamientos de Gérard Mendel.

Otra visión emparentada con lo anterior, es la de Bruno Bettelheim (1989) quien reconoce, a la vez, dos realidades, una interna y otra externa; aunque, según su argüir, Freud, en *Die Traumdeutung* privilegió la investigación del mundo psíquico interno, despegándose del traumático medio externo, que por lo demás era difícil de modificar. El epígrafe tantas veces citado –nos recuerda Bettelheim-, de *La interpretación de los sueños*, es paradigmático al respecto. La frase de Virgilio lo dice todo:

<<*Flectere si nequeo superos, Acheronted movedo*>>.
(Si yo no puedo mover el cielo, he de remover el mundo subterráneo).
Friedrich Heer (1972) mantiene una posición similar al escribir:
> "Inspirados por Freud, los médicos, psicólogos y escritores judíos
> de Viena, empezaron a explorar este mundo subterráneo. Ellos
> concluyeron que la sociedad enferma (en la dolorida ciudad de Viena)
> y el ego trastornado de los sujetos, se infectaban y envenenaban
> mutuamente" (p.13, m.t.).

Sobre lo antes acotado, de nuevo, es Gérard Mendel (1972) quien
ilumina este campo tan discutido en la actualidad postmodernista y lo hace
desde su enfoque *Socio psicoanalítico*, en especial, cuando alerta acerca
"de la regresión de lo político al plano de lo psíquico" (p.13). Él, sin caer
en reduccionismos sociologistas, o psicologistas, o fisiologistas, advierte:
> "Cuando el conflicto no puede expresarse en el nivel político, lo hace
> recurriendo a los materiales y elementos del nivel inmediatamente
> subyacente, o sea, el nivel psíquico. Y si este nivel está lesionado,
> se manifiesta por medio del nivel inmediatamente inferior, el
> fisiológico" (p.19).

Cabe aquí mencionar lo que Jean-Francois Lyotard (1979) nombró
Condición Postmoderna, aunque en capítulos ulteriores retomaré el
concepto. Lyotard escribe:
> "Este estudio tiene por objeto la condición del saber en las
> sociedades más desarrolladas. Se ha decidido llamar a esta condición
> <<postmoderna>>. El término está en uso en el continente americano,
> en pluma de sociólogos y críticos. Designa el estado de la cultura
> después de las transformaciones que han afectado a las reglas del
> juego de la ciencia, de la literatura y de las artes a partir del siglo
> XIX. Aquí se situarán esas transformaciones con relación a la crisis
> de los relatos" (p.9).

Paso ahora, al Freud de finales del siglo XIX, y para ello me valgo de dos
ensayos escritos casi cien años después, me refiero a "Edipo: el descifrador
de enigmas" (Solís, H., 1991-a) y "Freud: el descifrador de sueños" (Solís,
H., 1991-b). Entramos, pues, al estudio psicodinámico del maestro vienés,
en una primera aproximación y me seguiré apoyando para las cartas en la
edición de Nicolás Caparrós.

El caso Sigmund Freud (I)

"¿Crees en verdad que alguna vez se podrá leer en esta casa una placa de mármol que diga: Aquí se le reveló al Dr. Sigm. Freud el enigma de los sueños el 24 de julio de 1895" (Caparrós N., 1997, Tomo II, p.451).

El acotado fragmento, viene en la célebre carta 137 (12-6-1900) con destino a Fliess, donde Freud evoca la madrugada aquella cuando se despertó por lo que ahora se conoce como "sueño de la inyección de Irma". Ese fue el primer sueño "que sometí a una interpretación detallada" (Freud, S., 1900-a, p.128, vol., IV).

¿Quién fue Irma? Para Didier Anzieu (1959, Tomo I, p.163) su nombre real era Anna Hammerschlag Lichtein; según el médico personal de Freud y después psicoanalista, me refiero a Max Schur (1972, p.,80) la paciente fue Emma Eckstein; en cambio, la certera flecha del arquero Emilio Rodrigué (1996) es categórica: "Irma es Freud" (p.,35 Vol. I.). De acuerdo, ¿quién es el que sueña? En nota a pie de página, Rodrigué defiende "la paternidad de la idea", remontándose a su novela *Heroína* donde, en efecto, agrego yo, aparece lo siguiente: "-Pero entonces Irma es Freud. Sí y no" (Rodrigué, E., 1969, p., 74). En *Sigmund Freud. El Siglo del Psicoanálisis*, el dilecto colega es más explícito:

"Ya he dicho de que se trata: Irma es Freud. Mejor dicho: Irma es el Freud por venir. La garganta de ella, como luego veremos, representa y anticipa la formación maligna que lo acechará a él en el futuro. Tal vez en el fondo de este sueño histórico se encuentre el deseo de muerte. Esta pulsión tomaría la forma de un pacto fáustico por el que se entrega la vida a cambio de la fundación de la ciencia del siglo" (p. 35).

Dante principia *La divina comedia*, así: "A la mitad del viaje de nuestra vida", y Freud por ahí caminaba cuando cursó su crisis de la mitad del vivir, con una depresión existencial y su respectivo duelo corporal (Solís, H., 1982). En 1895, ya cercano a los cuarenta, él reconoce con desaliento que su apetito sexual decae, la necesidad del tabaco aumenta, el temor a morir lacera y, un triste corazón desfallece. Hay quienes opinan que la cardiopatía de aquel entonces fue resultado de una intoxicación nicotínica; otros indican como causa una miocarditis postinfecciosa; Max Schur (1972) quien lo atendió durante sus últimos once años, pensó, *a posteriori*, en una insuficiencia coronaria ligera (pp. 49-62).

Didier Anzieu (1959) ha sido el colega que mejor estudió dicha fase vital de Freud, y citando a Elliott Jaques (1966) describe la crisis de la mitad del existir, como una reelaboración de la posición depresiva infantil (Klein, M., 1935). Este duelo existencial es doloroso, aniquilante, aunque puede ser también trascendental. La gran mayoría de los actos creativos importantes acontecen a una edad promedio de treinta y siete años de edad. Si el hombre o la mujer, geniales en verdad, poseen en su adentro psíquico más amor que odio; podrán, sublimando, crear una obra que simbólicamente sea dadora de otra vida, óptima en el sentido de subsistir a la que va declinando. "Pero esta crisis constituye un pasaje difícil –alerta Anzieu- del cual no todos salen bien librados, y que Jaques compara con el descenso de Eneas a los infiernos" (p.145).

Si Dante requirió de Virgilio, apuntaría yo aquí, Freud necesitó de Robert Fliess.

En octubre de 1896 muere el padre de Freud; ese duelo paterno, ambivalentemente vivido en sus sueños fue un evento determinante para que el maestro emprendiera su más heroica odisea: el autoanálisis. Esto sucedió –lo anoté ya en la cronología- durante 1897, mientras él vacacionaba en Aussee, empero, su interés por los sueños, lo señalamos en el caso Emmy, llegó al grado desde ese entonces, de trocar su "lecho habitual por uno más duro" (p.84) para poder inducir, lograr, retener e interpretar su material onírico.

Estando en Aussee, aparte de los sueños y sus asociaciones, emergieron recuerdos infantiles, algunos de ellos encubridores; él analizó, además, sus actos fallidos o sintomáticos, amén de la información materna, acerca de los primeros años infantiles; sin embargo, lo que más contó fue la tránsferocontratransferencia circular e intersubjetiva, con su endiosado Fliess y, el material proporcionado por sus pacientes. Así se fue gestando el gran libro. Freud lo admite:

> "Advertí que era parte de mi autoanálisis, que era mi reacción frente a la muerte de mi padre, vale decir, frente al acontecimiento más significativo y la pérdida más terrible en la vida de un hombre" (Freud, S., 1900-a, p.20, vol., IV segunda edición, prólogo, 1908).

Tres días pasados del fallecimiento paterno; el hijo en duelo le comunica a Fliess: "me dejó bastante deshecho..., incidentalmente, el pincel de cocaína ha sido puesto a un lado" (Caparrós, N., 1997, p.200, Tomo II, carta del 26-10-1896). En la misiva subsecuente refiere el sueño "se ruega cerrar los ojos", que viene siendo una denegación onírica del soñante:

"Tengo que contarte un bonito sueño de la noche siguiente al entierro: yo estaba en un local y *allí* leí un letrero 'Se ruega cerrar los ojos'.

"Enseguida reconocí el local como la peluquería adonde acudo a diario. El día del entierro tuve que esperar *allí* y por eso llegué un poco tarde al velatorio. Mi familia estaba disgustada conmigo, porque yo había dispuesto un entierro sencillo y tranquilo... También les disgustó mi retraso.

"La frase del letrero tiene un doble sentido y en ambas direcciones dice: Hay que cumplir su deber para con los muertos. (Disculpa, como si yo no lo hubiera hecho y necesitará indulgencia)... El sueño es, por lo tanto, un efluvio de esa tendencia al autorreproche que regularmente surge en los vivientes" (Carta del 2-11-1896, p.202).

Tal culpa de sobreviviente, por el deceso del padre y, el deseo desde siempre de poseer a la madre, se disfraza apenas en la carta número 64 (31-5-1897) donde se relata un sueño con su hija mayor, quien en el subsiguiente octubre, cumpliría once años:

"Hace poco soñé con sentimientos cariñosísimos hacia Mathilde... Naturalmente, el sueño muestra cumplido mi deseo de sorprender a un *Pater* como causante de la neurosis" (Caparrós, N., 1997, Tomo II, p.253).

Como se ve; al maestro le era relativamente aceptable, cuando menos en sueños, reconocer el ligamen incestuoso hacia la hija; empero, un vínculo de tal índole con su madre, quedaba denegado mediante el desplazamiento onírico. Sin embargo, en el Manuscrito N, (aquí cito a Masson) adjunto a la misiva 64, él menciona, por primera ocasión, la conflictiva edípica:

"Impulsos hostiles en contra de los padres (el deseo de que ellos deberían morir) son también constituyentes integradores de neurosis... Parecería que este deseo de muerte se dirige en los hijos contra el padre y en las hijas contra la madre" (Masson, J. M., 1985, p.250).

De nuevo, su propia mamá, permanece negada, aunque es una ausencia presente como lo veremos en la correspondencia del otoño de 1897 (Núms., 69, 70 y 71). En la 69, fechada 21-9-1897, le externa a su confidente Fliess: "Ya no creo más en mi neurótica" (Caparrós, N., 1997, Tomo II, p.267). En la 70, del tres de octubre, refiere él cómo sus sueños lo llevaron hasta su tierna infancia; expone así, que a los dos y dos años y medio se despertó su libido hacia <<*matrem*>>, durante un viaje con ella de Leipzig a Viena, cuando pasaron una noche juntos, teniendo, él, la oportunidad de verla <<*nudam*>>. "Madre" y "desnuda", escritas al igual, que antes <<*pater*>>, en un idioma extraño, antiguo, como si fueran, en verdad, "lengua muerta". Otro dato importante, es el reportado por Max Schur (1972) en el que se específica la edad de tres años y medio a cuatro, como lo más probable para lo acontecido.

En la 70 (3-10-1897) y la 71 (15-10-1897) se cuenta e interpreta el sueño de "la maestra en cosas sexuales", a saber, su niñera católica, quien "es la seductora, la madre aparece como un objeto inerte de deseo sin historia, que está ahí" (Caparrós, N. 1997, Tomo II, p.274). La que si está, es la maestra sexual iniciándolo en las prácticas masturbatorias. Rememora, además, un recuerdo pantalla recurrente desde las reminiscencias infantiles:

> "No encuentro a la madre en ningún sitio y lloro desesperadamente. Mi hermano Philipp (20 años mayor que yo) me abre un armario[*Kasten*] y tras no encontrar a la madre tampoco ahí, lloro todavía más, hasta que ella, esbelta y hermosa, entra por la puerta" (Caparrós N., Tomo II, p.278-9).

Freud, en su autoanálisis, relacionó ese recuerdo encubridor, con el encarcelamiento de la nana por ladrona; asociando armario con el modismo vienés cajón (*Kasten*). El gran temor del niño Freud, era si su mamá al igual que la nodriza había desaparecido, o sea, estaba "encajonada". ¿Perderla a ella, por acción del padre? Líneas adelante, en la ya histórica carta 71, el maestro se autointerpreta:

> "También en mi he encontrado el enamoramiento hacia la madre y los celos contra el padre y ahora los considero como un acontecimiento general de la primera infancia... De ser esto así, se comprende el cautivante poder del rey Edipo a pesar de todas las objeciones que esgrime la razón contra la presuposición del hado" (p.279).

En la página siguiente, en una nota a pie, Nicolás Caparrós invita a la reflexión:

> "Retengamos en este momento, puesto que estamos en una perspectiva histórica, qué significa y qué limita la enunciación del Complejo de Edipo, ahí reside la humana grandeza de la historia psicoanalítica" (p.280).

Breve reflexión metodológica

Me seguiré guiando, reitero, en la seminal propuesta de Freud (1922[1923]) sobre un *Método* psicoanalítico para la indagación de fenómenos anímicos inaccesibles de otra manera, y en la *Teoría* que comprende una serie de conocimientos psicológicos así adquiridos, que han constituido paulatinamente nuestra disciplina científica y, en la *Técnica* terapéutica aplicada en la práctica clínica que validan dichas investigaciones, en especial, el *proceso tránsfero-contratransferencial* en las perturbaciones neuróticas, aún tratándose de casos con mediana o corta duración como lo fueron algunas histéricas de los *Estudios*, y será el historial de Dora. Con ella me auxiliaré, también, en la hermenéusis freudiana y de algunos otros autores que iré citando.

DORA (1882-1945)

Continúo jornada resaltando la amplitud, profundidad, y pertinencia científica, como aparato crítico y hermenéusis clínica en la bibliografía del gineceo sobre este caso, que, en justa medida se ha convertido en la bandera del psicoanálisis feminista; por el momento solo menciono a determinadas autoras, cuyos nombres y títulos de sus aportaciones, lo dicen todo: Juliet Mitchell (1966-1974) y sus dos libros sobre *Psychoanalysis and feminism*; Claire M. Brody (1984) con su compilación *Women Therapists working with women. New theory and process of feminist therapy;* Claire Kahane (1985), y su *In Dora's case. Freud-Hysteria-Feminism*; Jessica Benjamin (1984-1988) estudiando *"The Convergence of Psychoanalysis and Feminism: Gender Identity and Autonomy"* y *Los lazos de amor, Psicoanálisis, Feminismo y el problema de la dominación*; Hanna S. Decker (1991) con su documentada obra *Freud, Dora, and Vienna 1900*; Nancy J. Chodorow(1989-1991) con el ensayo *"Freud y las mujeres"*, más su libro *Feminism and Psychoanalytic theory*; Lisa Appignanesi y John Forrester (1992) con Freud's women; amén de Elisabeth Roudinesco y Michel Plon (1997) desde su *Diccionario de psicoanálisis*, y Julia Kristeva (1999) escribiendo sobre el genio femenino, la vida, la locura, las palabras, de Hannah Arendt.

Me apoyaré en dichas fuentes, aunque la exégesis primordial se centrará en el historial de Dora y el hilo de Ariadna partirá desde la siguiente recomendación del maestro:

> "Por la naturaleza de las cosas que constituyen el material del psicoanálisis, se infiere que en nuestros historiales clínicos debemos

prestar tanta atención a las condiciones puramente humanas y sociales de los enfermos como a los datos somáticos y a los síntomas patológicos. Por sobre todo, nuestro interés se dirigirá a las relaciones familiares de los enfermos. Y ello no sólo en razón de los antecedentes hereditarios que es preciso investigar, sino de otros vínculos, como se verá" (Freud, S., 1905 [1901], Vol. VII. P.18, mis cursivas)

Inicio entonces con el nombre que Freud escogió para Ida Bauer. Según se relata en la Psicopatología de la vida cotidiana, Dora era el supuesto nombre de la niñera de Rosa, hermana menor del maestro. Dicha sirvienta en realidad se llamaba Rosa como su patrona, y para evitar malentendidos, ella cambió su nombre por el de Dora (Freud, 1901, p.p.234-235). Reflexionemos entonces, acerca de lo ocurrido al principio de la última sesión de Dora:

-<<Sabe usted, doctor, que hoy es la última vez quevengo aquí?>>
-No puedo saberlo, pues usted nada me ha dicho.
-<<Sí; me propuse aguantar hasta Año Nuevo; pero no quiero esperar más tiempo la curación>>.
-Usted sabe que tiene siempre la libertad de retirarse. Pero hoy trabajaremos todavía. ¿Cuándo tomó usted la decisión?
-<<Hace14 días, creo>>.
-Suena como si se tratase de una muchacha de servicio, de una gobernanta; un preaviso de 14 días.
-<<Una gobernanta que dio preaviso había también en casa de los K. Cuando los visité en L., junto al lago>> (Freud, S., 1905 [1901]. Vol. VII, p.92).

¿Pondría un Freud resentido, el nombre de Dora a Ida Bauer, por sentir que la "floreciente muchacha, de rostro inteligente y agradable" (p.22) se había portado con él, como una criada insolente? No se niega tal posibilidad.

Otra versión interesante se encuentra, en el libro *Psychoanalysis the impossible profession* de Janet Malcolm (1980, p.96) donde ella y "Aaron Green", el psicoanalista entrevistado, consideran que Freud no fue hasta el fondo en su autoanálisis al respecto. Si lo hubiera hecho, se asegura en el texto, el maestro habría descubierto que Dora procedía de Pan-dora. Creo yo, que eso no sucedió por la dolorosa resistencia contratransferencial de compararse Freud con el imprudente Epimeteo, sí, aquel mítico curioso que no acató el consejo de su hermano Prometeo, y destapó la caja de Pandora, donde permanecían encerradas todas las calamidades de la humanidad. Parece ser, que fue Ida Bauer, al suspender el análisis quien cerró la caja; demasiado pronto por cierto, pues en el adentro inconsciente, como enseña positivamente el mito legendario, tan sólo quedaba la esperanza de su curación.

Una tercera hipótesis la desarrolla Hanna S. Decker (1991) en *Freud, Dora, and Vienna 1900*, donde ella plantea la probabilidad de que el seudónimo Dora viniera de Dora Breuer (ambas nacieron en 1882). Esta Dora es la hija nacida meses antes de la finalización del tratamiento de Anna O. Según Decker, dicha elección sería una muestra más de la animadversión de Freud con su antiguo y valorado protector.

La familia de Dora y su devenir existencial

Ida Bauer nació en Viena, dentro de una familia económicamente acomodada, siendo ella la segunda en nacer. El primero, de nombre Otto Bauer (1881-1938) creció al lado materno, mientras Dora se alineó con el papá. "Así, la usual atracción sexual había aproximado a padre e hija y, a madre e hijo por el otro" (p.20). Ya de mayores, Otto e Ida, en verdad, se comportaron como dos buenos hermanos.

La mamá Katharina Gerber (1862-1912) fue el objeto interno transferido a Freud, por Dora y su papá e, influyó en el tratante, quien también la devaluó:

> "No conocí a la madre. De acuerdo con las comunicaciones del padre y de la muchacha. –dejó escrito él-, no pude menos que formarme esta idea: era una mujer de escasa cultura, pero sobre todo poco inteligente, que..., concentró todos sus intereses en la economía doméstica, y así ofrecía el cuadro de lo que puede llamarse la <<psicosis del ama de casa>>. Carente de comprensión –remata Freud- para los intereses más vivaces de sus hijos" (p.19).

En cambio, el padre, Philipp Bauer (1853-1913) contemporáneo de Freud y los dos, empecinados fumadores de puro, era la persona dominante "tanto por su inteligencia y sus rasgos de carácter como por las circunstancias de su vida..., de vivacidad y dotes nada comunes" (p.18). Tenía a la vez otra historia: tuerto de nacimiento y sifilítico desde antes del matrimonio, había sido objeto de una enérgica cura antiluética por Freud, con resultados sorprendentes, por su buena evolución.

"A esta feliz intervención –refiere el maestro vienés-debí, sin duda, que cuatro años más tarde el padre me presentase a su hija, claramente enferma de neurosis, y transcurridos otros dos años la pusiese bajo tratamiento psicoterapéutico" (p.19).

En 1888, el señor Bauer contrajo tuberculosis, y hubo de trasladarse con la familia a Merano, en el Tirol. Ahí conoció a Hans Zellenka (el señor K.) y, a Guiseppina o Peppina (la señora K.) joven italiana, bella e histriónica, quien requería frecuentemente de curas en sanatorios. Todo parece indicar, que la *donna* pronto se convirtió en amante de Philipp Bauer y, ella sería su indispensable acompañante y asistente, cuando el padre de Dora sufrió un serio desprendimiento de la retina del ojo sano y corría el riesgo de quedar ciego.

Hanna S. Decker (1991) también describe la sintomatología abdominal y vaginal de la gonorrea transmitida a la señora Bauer por su descuidado marido; malestares con los cuales se identificó Dora (p.p.51-52).

Tanto Freud como Decker, proporcionan suficientes datos indicativos del porqué el análisis se sesgó; el señor K., fue la amistad que acompañó a Philipp, el padre, en la primera consulta por el problema sifilítico; añádase que Freud era ya propiamente el médico de la familia pues había tratado a Malvine, tía paterna de Dora, menor que el papá, quien padecía una grave psiconeurosis, soportaba un desdichado matrimonio, y muriera un poco más tarde de un marasmo galopante; con ella Dora a su vez se identificó. Atendió, a la par, a Karl el hermano mayor, quien era un solterón hipocondríaco, socialista e instructor temprano de Otto Bauer, hermano mayor de Dora.

Los padres de Sigmund Freud y Philipp Bauer provenían de regiones vecinas, Moravia y Bohemia, dedicándose ellos a la industria textil, arribando los dos a Viena alrededor de 1860. Sus hijos crecerían en el distrito de los judíos pobres: Leopoldgasse. En 1900, año en que fue analizada Ida; Dora, vivía ya, a tres cuadras de Berggasse 19, donde consultaba Freud.

Es obvio, pues, que la lucha entre los géneros, tenía los dados cargados hacia el androceo machista. Freud, independientemente de su vida personal conservadora; había tenido un padre con tres matrimonios, uno de ellos negado, en la penumbra histórica familiar; entonces, no extraña que Freud se hiciera de la vista gorda, ante el licencioso comportamiento de su ex-paciente Philipp, y frente a las flagrantes actividades seductoras de el señor K., con quien el reprimido maestro "espejeaba", como lo había hecho años antes con el cuñado de Elisabeth. La negación, ahora, sería: "Hans Zellenka desea a Dora, yo no". Ese era el verdadero discurso en lo latente. Es factible, por ende, que con semejante doble moral, él haya también soslayado en el historial de Cecilia, la abierta infidelidad del varón Leopold von Lieben, con su amante Molly Filtsch, triángulo sucedido durante el curso del tratamiento (Decker, H.S., p.p.110 y 240). Otto Bauer tampoco sancionó el adulterio del padre. Lo que es más; todavía en el presente, dicha ideopatía se mantiene e influye en la práctica psicoterapéutica, donde la condición femenina cuenta. Páginas adelante retomaremos esta cuestión.

La información anterior me servirá para ilustrar ciertos hechos clínicos, aún pobremente investigados, a nombrar, los fenómenos que Heinrich Racker (1948, p.138) llamó: paratransferencias y paracontratransferencias, mismos que determinaron, propongo yo, el contubernio incestuoso colectivo en el caso Dora. En capítulos ulteriores, además, serán ejemplificadas dichas colusiones inconscientes y alianzas conscientes, sobretodo en las terapias de grupos, familias y parejas, donde las formas paras de las tránsferocontratransferencias son más evidentes; lo mismo ocurre en los análisis didácticos, tanto individuales como grupales (Solís, G.H., 1992, 1996-a, 1996-b, 1997-a, 1997-b, 2000-a,b,).

Racker describe éste concepto en su trascendental ensayo "La neurosis de contratransferencia" presentado ante la Asociación Psicoanalítica Argentina, en septiembre de 1948 y publicado en el *International Journal of Psychoanalysis* (Vol., 34, 1953), mismo texto que aparece en el libro Estudios sobre técnica psicoanalítica; sí, ahí, en una nota a pie de página se explica que:

> "Así como el analizado, además de su transferenciacon el analista mismo, establece transferencias con personas cercanas al analista (familiares, otros analistas, etc.) así establece también el analista, además de su contratransferencia con el analizado mismo, contratransferencias con personas cercanas al analizado. Las primeras podrían llamarse Para-transferencias, las últimas Para-contratransferencias" (p.138).

¡Qué personajes dramatizaron *actings*, en éste "fracaso positivo" de la infancia del psicoanálisis? ¿Quienes fueron sujetos y objetos, intersubjetivos, de paratransferencias y paracontratransferencias?

La lista es demasiado larga: Freud, Dora, Philipp, Katharina, el señor y la señora K., Otto Bauer, más la gobernanta enamorada del patrón y lectora del sexólogo Paolo Mantegazza. Todos ellos, consciente e inconscientemente estaban involucrados en un pacto perverso y negado; bastante similar al del

Edipo Rey de Sófocles, según el colegir de Steiner (1985) en su artículo *"Turning a blind eye: The cover up for Oedipous"*, donde el colega apunta con propiedad hermenéutica, que tanto Edipo como Yocasta, Creon, Tiresias y el coro de los ancianos, denegaron la ominosa realidad durante 17 años; cumpliendo así con el colusivo pacto de actuar "como si nadie viera". Lo mismo pasó con Dora y su medio sociofamiliar.

Por tales motivos, la exégesis se enfocará a los discursos manifiesto y latente, de los protagonistas, que intervinieron en las vicisitudes intersubjetivas; pero antes, cederé la narración a James Strachey (1953):

"El siguiente resumen cronológico, basado en los datos que figuran en el historial, puede facilitar al lector el desarrollo del relato:

Año	Edad de "Dora"	
1882		Nacimiento
1888	6 años	El padre enferma de tuberculosis. La familia se traslada a B.
1889	7 años	Enuresis.
1890	8 años	Diseña.
1892	10 años	Su padre sufre un desprendimiento de retina.
1894	12 años	El papá presenta un ataque de confusión y es atendido por Freud. Migraña y *Tussis Nervosa* en Dora
1896	14 años	Escena del beso
1898	16 años	(A comienzos del verano:) Dora acude por primera vez al consultorio de Freud. (A fines de junio:) Escena en el lago. (Invierno:) Muere la tía de Dora, quien reside a la sazón en Viena.
1899	17 años	(Marzo:) Apendicitis. (Otoño:) La familia abandona B., y se traslada a la ciudad donde se hallaba la fábrica del padre.
1900	18 años	La familia se traslada a Viena. Intentó de suicidio. (de octubre a Diciembre) Tratamiento con Freud.
1901	19 años	(Enero:) Redacción del historial clínico.

| 1902 | 20 años | (Abril:) Última oportunidad en que Dora acude al consultorio de Freud". James Strachey (1953, O.C., Vol., VII, P.6.). |

Anoto enseguida información adicional sobre Ida Bauer y sus circunstancias, como seguimiento del caso, sustentándome en Appignanesi y Forrester (1992, p.p.164-167).

Año	Edad de "Dora"	
1903	21 años	Dora se casa con Ernst Adler, ingeniero ycompositor frustrado de música, nueve años mayor que ella, quien laboraría más tarde en una fábrica de su suegro.
1905	23 años	Nace su único hijo Kurt y ella se convierte al cristianismo. Publicación de su historial clínico.
1907	25 años	Otto, su hermano, se recibe de abogado.
1912	30 años	Muere la madre por un cáncer de colon.
1913	31 años	Fallece el padre de tuberculosis.
1914	32 años	Otto, a la edad de 33, contrae matrimonio con Helen Landau, 10 años mayor que él, y madre de tres hijos; poco después, Otto pide consultar con Freud y, este le sugiere que deje la actividad política.
1915	33 años	El marido de Ida Bauer es mandado al frente de combate, donde resulta lesionado de la cabeza y los oídos, quedando incapacitado de la audición, del equilibrio y de la memoria.
1917	35 años	Otto retorna a Viena al ser liberado de prisión por el ejército ruso.
1918	36 años	Otto es nombrado Ministro de Relaciones Exteriores.
1922	40 años	Ida Bauer es consultada en dos ocasiones por el psicoanalista Felix Deustsch, quien la identifica como Dora. Ella sufría de un síndrome de Ménière, amén de otras psicosomatizaciones; se quejó del esposo y de Kurt, su hijo adolescente, más no de su hermano Otto con quien mantenía una buena relación afectiva.

1925	43 años	Kurt continúa su carrera musical, al igual que su papá, empero, con mayores logros; siendo maestros de él: Reinhardt, Volksoper y Toscanini. En un festival de Salzburgo conoce a Herbert Graf, o sea, el pequeño Juanito, quien también destacaría en el mundo de la música.
1926	44 años	Otto inicia el idilio con la militante socialista Hilda Schiller-Marmorket, quien sería su amante, mientras él vivió.
1932	50 años	Ernst Adler, marido de Ida, fallece de una enfermedad cardíaca. Durante ésta década, Dora adquiere merecida fama como jugadora y maestra de *Contract bridge*, siendo su pareja en el juego de cartas Frau Zellenka, la adorada señora K.
1937	55 años	El unigénito Kurt se casa y se traslada a Checoslovaquia.
1938	56 años	Muere en París de un infarto cardíaco, Otto Bauer.Tanto él como Ida, habían sido fumadores patológicos. Otto es sepultado con honores por el gobierno de Francia. Kurt emigra a los Estados Unidos.
1939	57 años	Muere Sigmund Freud en Londres. Dora ayudada por su hijo Kurt, deja Viena, viajando a Francia y posteriormente a Nueva York.
1943	61 años	Kurt se casa por segunda ocasión, estableciéndose en San Francisco, donde llegará a ser Director de la Opera.
1945	63 años	Muere Ida Bauer invadida por un cáncer de colon.
1957		Felix Deutsch publica *"A Footnote to Freud's "Fragment of an Analysis of a case of Hysteria"".*

Bien; me valdré, ahora, del resumen que Élisabeth Roudinesco y Michel Plon (1997) hacen del caso Dora:

> "La historia de Ida Bauer es un drama burgués tal como se lo encuentra en las comedias de bulevar de fines del siglo XIX. Un marido débil

e hipócrita engaña a la esposa, ama de casa estúpida, con la mujer de uno de sus amigos, durante unas vacaciones en Merano. Primero celoso y luego indiferente, el esposo engañado trata de seducir a la institutriz de sus hijos. Después se enamora de la hija de su rival, y la corteja cuando se encuentran en su casa de campo, en las orillas del lago de Garda. Horrorizada, la joven lo rechaza, le da una bofetada y le cuenta la escena a la madre, para que ella se lo diga al padre. Este último interroga entonces al marido de la amante, el cual niega categóricamente los hechos que se le reprochan. Preocupado por proteger su propia relación, el padre culpable hace pasar a la hija por fabuladora y la manda a atenderse con un médico" (p.87).

Los personajes por orden de aparición serían: Dora la adolescente cursando por una crisis de identidad, Philipp el padre, negador incestuoso, Katharina la madre con defensas obsesivas psicóticas, Peppina (señora K.) la amante bien pagada, Hans (señor K.) el seductor sociópata y alcahuete, la institutriz de los K., objeto de acoso sexual, dando un preaviso de deserción laboral, y, "*last but not least*" Sigmund Freud y sus familias externa e interna. Se podría agregar en ese elenco a la gobernanta que leía a Mantegazza, a Otto el socialista romántico, a Klara Zellenka la niña que había de morir y, a Malvine la tía paterna, figura identificadora importante.

Con tantos protagonistas, los triángulos, o si se indaga más, poliángulos, resultan ser numerosos, tanto en lo manifiesto como en lo latente; por ende, las formas de paratransferencias y contratransferencias son múltiples: Freud-Dora-Señor K.; Freud-Dora-Señora K.; Freud-Dora-Gobernanta instructora sexual; Dora-papá-mamá; Dora-Señor K.-Señora K.; Dora-Papá-tía Malvine; Dora-Señora K.-Klara (la hija); Dora-Papá-Gobernanta; Dora-Otto-Papá; Dora.Otto-Mamá; Philipp Bauer-Señor K.-Señora K.; Freud-Fliess-Dora; Freud-Breuer-Dora; Freud-su esposa Martha-su hija mayor Mathilde de 13 años; Freud-Dora- La interpretación de los sueños. En fin.

Nancy J. Chodorow (1991) denuncia la ceguera de Freud sobre:
"su obvia y virulenta transferencia negativa hacia Dora" (p.285) en línea de complicidad con Philipp Bauer a quien no "condena aún sabiendo que la entregó a la edad de catorce años a un hombre mayor, Herr K., a quien tampoco condena, a pesar de que K., aceptando gustoso el regalo, intentó seducirla" (p.289).

Todo esto, nos lleva de la mano al inconsciente social, desde donde el afuera es negado, racionalizado y defendido a ultranza por la ideopatía masculina dominante, que Jessica Benjamin (1988) nombra "Relación amo-esclava". Pasemos, entonces, aunque sea en forma breve, al debatido asunto de la lucha entre los géneros, tema polémico según el discurso de las partes, subjetivos comúnmente.

La condición femenina en el tiempo de Dora

Condición-Condicionar, del latín *Condicio-Onis*=Decretar, estipular, circunstancia, estado o manera de ser, contrato, cláusula, ha sido utilizado por autores tan conocidos como Andre Malraux (1931), quien tituló así a su novela autobiográfica La condición humana, y más recientemente Jean-Francois Lyotard (1979), se valió del término en su ensayo La condición postmoderna. Haré lo mismo, para no caer en el inconveniente reduccionismo biológico, que podría evocar la palabra género, que bien conocemos deviene después, durante la evolución epigenética temprana en un constructo psicosocial. El modelo que me centrará en esto, es el Biopsicosocial del colega George Engel (1982), fundamentado en la complementariedad interactiva de la terna Biológica, Psíquica y Social, misma que en las sucesivas fases del desarrollo vital, irán alternando predominio. El investigador con mayor historia en el campo es Robert J. Stoller (1985) quien en su libro *Presentations of Gender*, describe la Identidad nuclear de género, como resultado de, A) una "fuerza" biológica, B) la asignación del sexo al nacer, C) las actitudes parentales, en especial la materna, y, CH) el yo corporal. Ahora bien, los 2 últimos items, si se cumplen adecuadamente, cimentarán, según Stoller, la positividad "Biopsíquica" de los primeros 2 o 3 años (pp.10-14), empero, cuando existen serios trastornos en la identidad de género, debidos a causas genéticas y endocrinológicas, el autor insiste más sobre los factores biológicos, aunque no soslaya los elementos psicosociales (pp.65-76). Un surco similar cultiva el epistemólogo Edgar Morin (1985,1991) con su propuesta de un Circuito Bio-Ántropo-Cerebro-Psico-Cultural, en su "Pensamiento Complejo Multidimensional".

El término Género, proviene del latín *Genus*=Especie, gen, nacer; entramándose, así, la filogenia evolutiva y lo ontogenético que es concepción, vida intrauterina, nacimiento, y lo "Biopsíquico" temprano. Es aquí donde se reeditan la prehistoria del género femenino, las fantasías pre y postconceptivas (Feder, 1998), la impregnación hormonal del cerebro gineceico y, el júbilo o desencanto ante la información: es una niña.

¿Entonces qué?,¿la mujer nace o se hace?

Dicha interrogación, la esgrimió Ernest Jones (1927) en su trabajo "El desarrollo temprano de la sexualidad femenina", influido por el discurso transgresor de Melanie Klein, y décadas adelante, Lacan (1960) retomaría la pregunta en sus "Ideas directivas para un congreso sobre la sexualidad femenina" y, aquí, en Monterrey, Ana Jocabed Ballos y Milady Vargas (1992) presentaron "Una mujer. ¿Nace o se hace?", partiendo del SIR (simbólico, imaginario y real) de Lacan (1953).

¿Sería acaso Dora, una hechura contratransferancial de Freud? Una idea de Emilio Rodrigué (1996, Vol., I, p.401) es cautivante al respecto con su visión lacaniana:

> "Lacan, desde su articulación de lo real con lo simbólico y lo imaginario, hablará de lo inconsciente como lo real, de la clínica como lo imaginario, y de la teoría como lo simbólico".

Bien, continúo: en una evolución epigenética funcional, la circularidad intersubjetiva interviene en la niñita quien nace, sí, pero después renace, es decir, se va haciendo otra mujer mediante las identificaciones primarias con la madre y más adelante con la díada parental, logrando, así, su identidad femenina primaria, alrededor de la primera mitad del tercer año (Stoller, R., 1985, p.11), etapa donde, al género biopsíquico se suma lo psicosocial. La imagen corporal (Schilder, P., 1935), a esa edad, está ya en franco desarrollo, registrándose, entonces, las autorepresentaciones del *Self* corporal, y las representaciones de sus objetos externos. La Mismidad se va obteniendo a través de la Otredad deseante, léase el deseo de los otros; por eso, la identidad genérica Biopsicosocial se sustenta, reitero, en lo genético, la neuropsicofisiología, las circunstancias psíquicas prístinas, los procesos identificatorios y lo que Maurice Merleau - Ponty (1945) llamó intersubjetividad. Estas confirmaciones o desconfirmaciones, cuentan desde el primer gemido hasta el último estertor; por ello, la mujer nace (el protosoma es femenino en ambos géneros) se hace, o se deshace. Tal es la condición femenina.

El cuerpo de la mujer es un silente contador de historias no verbales, ocurridas mucho antes que antes. El hemisferio cerebral derecho femenino, visceral, materno y afectivo por antonomasia (Watzlawick, p..1978; Liaño, H., 1998), más la amígdala gineceica, almacenaron dichas reminiscencias innombrables, seculares, transmitiéndolas en la tierna infancia a los sitios somáticos del protoafecto preverbal, precursor, éste, del "aparato de sentir sentimientos", sean estos negativos o positivos, como los consideran en las neurociencias. Por ello, razono yo, que el cuerpo es una sensible grabadora, donde las protofantasías dictaron sus memorias más antiguas, mismas que requieren desciframiento, valiéndose del lenguaje corporal simbólico,en Dora paradigmático y que Freud había empezado a interpretarlo desde el caso Cecilia. Peter Gay (1988) acota a Freud sobre este punto:

> "El que tiene ojos para ver y oídos para oír –escribió Freud en un fragmento célebre- se convence de que los mortales no pueden guardar ningún secreto. Si la boca está en silencio, murmuran con las puntas de los dedos, la traición se abre camino por todos los poros de la piel" (p.20).

Juan Vives (2000) sembrando en terreno conocido, afirma que la madre es la gran transmisora de la cultura, por ser ella promotora de afectos y pensamientos, desde el nacimiento. Cultura, añado yo, viene de *cultus*=cultivo. No extraña, pues, que el gineceo haya sido el creador de las dos culturas primigenias; agricultura y puericultura, saberes dedicados al cultivo de la tierra y de los niños.

La condición femenina en el tiempo de Dora, era un entramado de roles, normas, leyes, clases sociales, grupos étnicos e ideologías negativas, es decir, ideopatías (Solís, H., 1998-a). En discurso de Marx y Engels (1845-1846) sería:

> "Las ideas de la clase dominante son las ideas dominantes en cada época; o, dicho en otros términos, la clase que ejerce el poder material dominante en la sociedad es, al mismo tiempo, su poder espiritual dominante" (p.45).

Entonces, nosotros los del androceo, tenemos por reconocer, insisto, sin negaciones o racionalizaciones de falsas conciencias, producto del inconsciente social; que la supraestructura dominante fue, y es, machocéntrica y sociopática, aunque algo está cambiando, no tanto por el orden establecido, sino por el gineceo instituyente y, es de esperar, en lo por venir, una circularidad dialéctica complementaria.

Marie Langer (1951, p.p.10-13) en semejante línea, señaló en su obra Maternidad y sexo que ya para la mitad del siglo XX la condición femenina estaba en pleno cambio, mismo que no se ha detenido. Así, con una bien ganada libertad sociocultural, erótica y política, más una mejor planeación de la maternidad, que facilita la sublimación instintiva en otras áreas y, evita a la fémina esa excesiva represión de sus impulsos sexuales, han hecho casi desaparecer, cuando menos en las clases media y alta, la gran histeria del siglo XIX; sin embargo, ahora la mujer padece más de problemas psicosomáticos y, en particular, serias disfunciones procreativas; en el presente agregaríamos a ello: los problemas en la alimentación, las distimias, el síndrome de estrés postraumático, la adicción a psicofármacos, los trastornos limítrofes, en fin.

Emilio Rodrigué (1996), por lo demás, evocando a una prominente psicoanalista escribe:

> "Julia Kristeva, que, desde los tiempos de la revista *Quel Tel*, se interesa por los guiones posibles, se pregunta cuál podría haber sido el futuro de Dora si Freud, enel momento oportuno, le hubiera brindado la interpretación mágica capaz de retenerla en el diván. Una posibilidad es que hubiese unido fuerzas con su hermano, al que admiraba, convirtiéndose en una militante socialista. Es posible. ¿O habría desembocado en una vida plena de madre burguesa y ama de casa no psicótica? Difícil. "¿Se habría vuelto una mujer contestataria, de moral libre, anarquista? ¡Una Dora-Gertrude Stein?" *Chi Lo sa*" (pp.416-417).

La frase acotada al final pertenece, por supuesto, a Kristeva y se encuentra, nos informa Rodrigué, en *"Dora gynecophyle"* (*Magazine Littérarie*, 1990, p.38.)

LAS TRANSFERENCIAS

"Quien, como yo, convoca los más malignos demonios que moran, apenas contenidos, en un pecho humano,y los combate, tiene que estar preparado para la eventualidad de no salir indemne de esta lucha".
Sigmund Freud (1905-[1901] p.96).

El maestro sabía, que algo en él, había fallado. Honestidad obliga. Se refería, en efecto, al universal fenómeno de las transferencias humanas. El término, desde un punto de vista psicoanalítico, tenía muy corta historia; lo encontramos en los Estudios sobre la histeria y en La interpretación de los sueños, aunque con un sentido algo diferente. Es en Dora, donde por vez primera, los hilos rojos de las transferencias se enredan, desenredan y vuelven a enredarse, en un proceso psicoanalítico de tan sólo once semanas; corto, sí, pero, sin duda, de lo más valioso en nuestra prehistoria y el de mayor vigencia en este tiempo que pasa, a grado tal, que lo valoramos como un paradigma.

"¿Qué son las trasferencias?" (p.101)[1] se cuestiona un Freud sorprendido y fascinado. Él se contestó:

> "Son reediciones, recreaciones de las mociones y fantasías que a medida que el análisis avanza no pueden menos que despertarse y hacerce conscientes; pero lo característico de todo el género es la sustitución de una persona anterior por la persona del médico. Hay trasferencias de estas que no se diferencían de sus modelos en cuanto al contenido, salvo en la aludida sustitución. Son entonces, para continuar con él simples reimpresiones, reediciones sin cambios" (*ibid*).

Esa fue la descripción clásica del transferir clínico, que sería enarbolada como dogma del proceso por la ortodoxia freudiana a ultranza; a pesar de que el mismo Freud, además de dicha forma restringida de transferencia, había ampliado su concepto al escribir:

> "Otras proceden con más arte; han experimentado una moderación de su contenido, una sublimación, como yo lo digo, y hasta son capaces de devenir conscientes apuntalándose en alguna particularidad real de la persona del médico o de las circunstancias que lo rodean, hábilmente usada" (*ibid*).

En lo antecitado; aparte de objeto transferencial, el analista es un sujeto, presentado como persona real, a saber: género, edad, estado civil, singularidad histórica y caracterial, jerarquía profesional, tipo de consultorio, monto de honorarios, etc., etc. Lo último, que es un añadido mío, queda actualmente inserto en la intersubjetividad y las modalidades paras de tránsferocontratransferencias. Sin embargo, para el maestro, contaba ante todo, el transferir pulsional durante el proceso:

> "La transferencia, destinada a ser el máximo escollo para el psicoanálisis, se convierte en su auxiliar más poderoso cuando se logra colegirla en cada caso y traducírsela al enfermo" (p.103).

---

1 Respetamos la traducción de Übertragung= Trasferencia, de José L. Etcheverry (Amorrortu editores) aunque, en el *Diccionario de términos alemanes de Freud,* se prefiere "Transferencia", palabra que es más común (Hanns, L., A., 2001). En adelante, alternaré, en éste y otros términos ambas traducciones.

El maestro Freud, admitió su falta en 1901 al declarar: "Yo no logré dominar a tiempo la trasferencia" (*ibid*). Y, en el añadido de 1905 explicó la razón arguyendo que fue por "la trasferencia vengativa que ella hizo después sobre mí" (p.106). Habrían de pasar cinco años para que, él pariera, el paradigma de la contratransferencia; lo formuló en "Las perspectivas futuras de la terapia psicoanalítica" (1910). Estas son sus palabras:

> "Otras innovaciones de la técnica atañen a la persona del propio médico. Nos hemos visto llevados a prestar atención a la <<contratransferencia>> que se instala en el médico por el influjo que el paciente ejerce sobre su sentir inconsciente, y no estamos lejos de exigirle que la discierna dentro de sí y la domine. Desde que un número mayor de personas ejercen el psicoanálisis e intercambian sus experiencias, hemos notado que cada psicoanalista sólo llega hasta donde se lo permiten sus propios complejos y resistencias interiores" (p.136).

En ese mismo artículo, él sugirió un autoanálisis constante de todo aquel en práctica analítica, empero, poco después en sus seminales "Consejos al médico sobre el tratamiento psicoanalítico" (1912) cambiaría de idea, al aseverar que el autoanálisis sin tratamiento personal era insuficiente, pero, si el terapeuta se analizaba con otro colega, su autoanálisis ulterior sería, sin ninguna duda, de gran utilidad profesional e íntima. Cinco lustros adelante, en "Análisis terminable e interminable" (1937), Freud sugeriría un análisis periódico en todo practicante analítico, que podría ser cada cinco años (p.251).

Bien; más de cien años pasados desde el caso Dora, la Transferencia –Contratransferencia– Proceso, sigue siendo objeto de múltiples investigaciones y divergencias capitales. De momento, y como pertinente estímulo para continuar con el estudio del transferir-contratransferir en el corto proceso, entre Ida Bauer, Sigmund Freud, y su ya mencionado entorno; me permito externar lo considerado en la actualidad como contratransferencia y proceso, sin soslayar a la transferencia; pues ésta resulta ser el motor pulsional de la tríada, y por ello seguirá siendo nuestro objeto principal de indagación clínica.

Primero: ¿qué se entiende ahora por contratransferencia? Me basaré de nuevo en Heinrich Racker (1960) quien mantiene su vigencia en el tema:

> "Las diferencias en las diversas acepciones del término pueden sintetizarse diciendo que para unos la contratransferencia es todo lo

que surge en el analista como respuesta psicológica frente al analizado, mientras para otros no todo eso debe llamarse contratransferencia" (p.p.159-160).

No obstante; el pasado presente en el aquí y ahora, cobra relevancia intersubjetiva:

"Sabemos, por cierto, -puntualiza Racker-, que factores actuales, reales, externos de la situación analítica en general y del analista en especial, tienen una influencia importante en la relación del analizado con el analista, pero, por otra parte también sabemos que todos estos factores presentes son vivenciados sobre la base y según el pasado y la fantasía, es decir, sobre la base de la predisposición transferencial" (p.160).

Las tránsferocontratransferencias en el proceso

Willi Baranger (1959) mantuvo una posición paralela a la de Racker, cuando investigó el "campo bipersonal creado por la transferencia del analizando y la contratransferencia del analista" (p.389). Más adelante, el matrimonio Baranger (1969), delineó la circularidad dialéctica, intrapsíquica e interpersonal, de la siguiente manera:

"La dinámica de la situación analítica depende tanto de la personalidad del analista, técnica personal, instrumentos y marco de referencia, como de la caracterología del paciente, conflictos y resistencias..., ambos son participantes en el mismo drama" (p.59).

Grinberg, Langer y Rodrigué (1968) son a la vez certeros al declarar que "La historia del desarrollo de la contratransferencia como instrumento es importante. Nació en Londres –refieren ellos- y luego vino al Río de la plata" (p.218). Así fue; Paula Heimann (1950) en una abierta y valiente refutación, se enfrentó a su genial aunque impositiva analista Melanie Klein, demostrando que la situación analítica, no podía ser de una sola vía: la transferencial. "Mi impresión –escribió convencida- es que no se ha puesto suficiente énfasis sobre el hecho de que es una relación entre dos personas".

Lo anotamos antes. Si bien Freud fue el pionero en el estudio del binomio transferencia-contratransferencia, y mucho de ello se lo debe a Bertha Papenheim e Ida Bauer; cierto es también que algunos otros más se abocaron al espinoso tema: Ferenczi (1909) en su libro sobre técnica psicoanalítica, Simmel (1926) inaugurando el campo de las contraidentificaciones, Reich (1928) explorando las transferencias caracteriales y las reacciones del analista,Fenichel (1941, 1945) señalando los problemas tránsferocontratransferenciales, y Winnicott (1947) admitiendo desde su vivencia personal el odio contratransferencial en ciertos casos. No obstante, las verdaderas aportaciones, reitero, calificando a la díada analítica como interactiva, acontecieron en los años cincuenta. Aparte de la ya acotada Paula Heimann (1950), siguieron Margaret Little (1951) con semejantes ideas, Robert Fliess[2] (1953) y León Grinberg (1956) sistematizando las contraidentificaciones proyectivas, Bion (1957, 1959, 1963) y sus formulaciones acerca de la parte psicótica de la personalidad neurótica, los ataques al vínculo y la capacidad de *reverie* materno, Searles (1959) con "el esfuerzo de volver loco a la otra persona", Cesio (1958, 1960) y el "núcleo aletargado, aletargante", Baranger (1961) y el objeto muerto vivo; más, ante todo, en éste último, su reconocida e inveterada posición frente a las "neurosis ideológicas" (1957) consecuencia de la conjunción entre lo individual yla "patología social", denunciada antes por Freud (1930) en *El malestar en la cultura*.

Sobre el mismo terreno bipersonal de Willy Baranger huella la ponencia "Patología de la transferencia y contratransferencia en el psicoanálisis actual", escrita por él en coautoría con Madeleine Baranger y el maestro de las fobias Jorge Mom (1978), donde se ejemplifica clínicamente "la perversión del campo" bipersonal. ¡Pensemos en Freud-Dora! En tal condición, el análisis propiamente dicho se relega a un segundo plano, es decir, se pervierte el fin. Aquí intervienen los nefastos núcleos resistenciales en ambos polos, petrificándose el "baluarte" defensivo en una perversión retroalimentada recíprocamente. Un año después, Willy Baranger (1979) ampliaría el foco bipersonal a multipersonal, tratándose entonces de dos, tres, o mas protagonistas, donde pasado, presente, futuro, regresión, mundo externo e interno, historia, ideopatía, formas para de tránsferocontratransferencias, sujetos, objetos y singularidades caracteriales, constituyen lacanianamente un colectivo "campo intersubjetivo", donde todo se repite, se repite y se repite. No existe un proceso dinámico. Sobre eso versa el ensayo "Proceso y no proceso en el trabajo analítico", fruto también de los Baranger y

---

2 Hijo de Wilhelm Fliess

Mom(1982). Ellos alertan aquí sobre la perversión de procrear clones a igualdad y semejanza de nuestras teorías. Transcribiré un acápite, pensando en Dora de nuevo:

> "Como las monas de alambre cubierto de piel que usa la psicología animal en algunos experimentos sobre la crianza de monitos, el analista "programado" con un prejuicio acerca del proceso analítico "fabrica", si puede, pacientes ortopédicos más o menos semejantes a un ser humano "curado" " (p.543).

Semejantes aportes sobre el campo bipersonal, donde el analista o maestro "programado", "fabrica" analizandos o alumnos en instituciones de formación, fueron presentados en el Pre-Congreso Didáctico Latinoamericano de Monterrey: Claudio Lacks Eizirik (1996), Marcio de F. Giovannetto (1996), Odilan de Mello Franco (1996), María Olympia de A. Ferreira y Nilda J. Parada (1996), más Luis Carlos Mabelde (1996).

A manera de reflexión clínica en marcha; redundo insistiendo sobre un aspecto trascendental en el proceso tránsferocontratransferencial, que es, la intervención tanto de factores conscientes como preconscientes e inconscientes, en ambos lados del río heraclíteano; por ello cobra suma importancia la aportación de Charles Chediak (1979) quien indica la existencia fenomenológica de contrarreacciones positivas y negativas en la conciencia del terapeuta vinculadas con su enfermo. Así, reaccionamos frente a la información inicial del analizando, desde el marco referencial teórico que tengamos, materializándose, ahí, una respuesta general ante la singularidad de ese sujeto y su futuro análisis, o sea, se establece una relación interpersonal consciente, instalándose, así, identificaciones empáticas o antipáticas, que influyen en la alianza terapéutica. En parecida interacción está la transferencia que uno vive con el analizante, pues nos revive, casi por ósmosis, nuestras más antiguas relaciones de objeto. Sin embargo, nos advierte Chediak, la contratransferencia propiamente dicha, viene siendo la sumisión reactiva frente al rol objetal asignado a nosotros por el analizando. Esta última toma de posiciónes lo que Racker (1960) describió como contratransferencia complementaria, y Simmel (1926), Fliess (1953), más Grinberg (1956) llamaron contraidentificaciones proyectivas. Acerca de este polémico tema, dos obras son muy recomendables, el Diccionario del pensamiento kleiniano de Hinshelwood (1989) y las Conferencias clínicas sobre Klein y Bion, compiladas por Robin Anderson (1992). De mi parte debo decir; que me cuento en el grupo orientado al planteamiento de un todo contratransferencial, incluídas las contrarreacciones y las formas paras, durante el devenir del proceso dinámico.

Proceso del latín *processus*=progresión por etapas sucesivas, tipifica clínicamente la dinámica del transcurso terapéutico y, dinámica, deriva de *dina*=fuerza; por lo tanto, la intersubjetividad tránsferocontratransferencial, tiene que ser valorizada como el dínamo impulsor del tratamiento. Freud, lo consignamos en el caso Elisabeth, delineó tres períodos analíticos: inicial, intermedio y terminal. Muchos agregamos a eso una fase postanalítica (Solís, 1981). La identidad del quehacer psicoanalítico se legitimiza en la rigurosa práctica de dichos paradigmas; lo mismo obliga en las psicoterapias dinámicas. Hannah S. Decker (1998) en un ensayo reciente, también dedicado a Dora, reconoció que el aprender "acerca de la transferencia no solo ha revolucionado la psicoterapia, sino que ha clarificado al fenómeno transferencial como un hecho ubicuo" (p.114, M.T.). De acuerdo.

Lacan (1951) en su renombrado ensayo "Intervención sobre la transferencia", alude al "efecto *Zeigarnik*", que sería esa evocación nostálgica, frustrante, de incompletud; consecuencia de una tarea inconclusa, que nos deja una *Gestalt*, en tiempo suspendido, congelado. Tal es el "efecto *Zeigarnik*", vigente aún en algunos de nosotros, deseosos de volver una, dos, tres, y muchas veces más, para contemplar al maestro, ahora sí, en una finalización venturosa del proceso analítico con Dora, a quien Freud amó sin saber que la amaba, digo, es un decir de Lacan (1953). Freud y Dora, fueron mensajeros fóbicos de un incesto fallido de total penetración con otro ser.

En dialéctico colegir, ¿sabría Freud lo que Dora quería? La respuesta es no, y si releemos ciertas líneas escritas por Ernest Jones en 1955, bien se puede afirmar que jamás lo llegó a conocer:

> "Hay poca duda de que para Freud la psicología de la mujer fue más enigmática que la del hombre. Él, una vez le dijo a Marie Bonaparte: La gran pregunta que nunca ha sido contestada, misma que yo, no puedo contestar todavía, a pesar de mis treinta años de investigar el alma femenina es, 'Qué quiere la mujer'" (Vol. 2, p.421, M.T.).

Si ahora preguntáramos a Hegel (1807) al respecto, él nos contestaría, que la respuesta no puede ser única, ni reducida al concepto de género; sino expresión genuina de la singularidad del sujeto, situación existencial que comprende la autoconciencia real de la mismidad subjetiva, en perpetua interacción dialéctica con la alteridad de afuera, y, el "yo soy yo, y mi circunstancia", complementaría Ortega y Gasset (1914).

Retornando al Lacan de 1951, acotamos su apreciación del proceso analítico, como "una relación de sujeto a sujeto" (p.37) y, en párrafos subsecuentes utiliza a veces cursivas para destacar que el "Psicoanálisis es una experiencia dialéctica" (p.38) donde "el sujeto no es ya sino objeto" (*ibid*). Por ello, Lacan insiste en la intersubjetividad de Merleau-Ponty (1945) y en la fenomenología de Hegel (1807) e, intenta con el caso Dora "definir en términos de pura dialéctica la transferencia" (p.40).

Algunos avatares en la tránsferocontratransferencia, creación compartida por una Dora deseante y un Freud fascinado con su violación psíquica, ya los he reseñado antes; vuelvo a ellos, no obstante, rindiendo justicia a quien después del maestro vienés, los describió complementándolos. En efecto, Lacan (1951) empatizando con Ida Bauer, indaga desde ella, la afirmación o no de una realidad en entredicho; tal sería un primer desarrollo de la verdad (p.40), y pasada la primera puesta a prueba del analista, "Dora Lacan" se cuestiona:

> "¿...irá a mostrarse tan hipócrita, como el personaje paterno?, Dora se adentra en su requisitoria, abriendo un expediente de recuerdos cuyo rigor contrasta con la imprecisión biográfica propia de la neurosis. La señora K... y su padre son amantes desde hace tantos y tantos años y lo disimulan bajo ficciones a veces ridículas. Pero el colmo es que de este modo ella queda entregada sin defensa a los galanteos del señor K..., ante los cuales se hace de la vista gorda, convirtiéndolo así en objeto de un odioso cambalache" (p.40).

Un dato importante, como ya lo registré en la sucinta cronología de Strachey (1953) es, que Ida Bauer tan sólo tenía 14 años, cuando acaeció el acoso sexual de Hans Zellenka, mediante la escena del beso robado y resulta factible, que ella aún no menstruara. Es conocido que el gineceo de aquel tiempo, presentaba su menarquia alrededor de los 16 años.

Prosiguiendo con Freud y Lacan; el término Dialéctico será retomado aquí, como algo que es construcción de un diálogo (Ferrater Mora, J., 1983, p.113). *Ergo*: tanto el Fedón, como la República y el Fedro, son ejemplos fundantes de ese "arte dialéctico", cuyo paradigma actual es el proceso psicoanalítico. Sin embargo, no todo son ideas o fantasías inconscientes, no, existen, a la par, realidades materiales, históricas, sociopáticas, colectivas e individuales. Por ello recurro otra vez al sintético pensamiento de Ferrater Mora, quien lúcidamente resume:

> "Por lo tanto, la dialéctica marxista –que fue elaborada más bien por Engels que por Marx- no se refiere al proceso de la "idea", sino a "la propia realidad". El uso de la dialéctica permite comprender el fenómeno de los cambios históricos (materialismo histórico) y de los cambios naturales (materialismo dialéctico). Todos estos cambios se hallan regidos por las "tres grandes leyes dialécticas": La ley de la negación de la negación, la ley del paso de la cantidad a la cualidad, y la ley de la coincidencia de los opuestos" (p.115).

Los protagonistas del *"Dora's affair"*, nunca llegaron a negar las negaciones, racionalizaban o mentían a sabiendas; no dieron tampoco el salto cualitativo, ni hicieron uso positivo de la negatividad, pues no reconocían las coincidencias o puntos ciegos en el pacto perverso colectivo. Freud, inducido por tantas identificaciones proyectivas, negaba y no negaba su rol de Celestina analítica; aunque reconoció las múltiples ganancias primarias y secundarias de la enfermedad (nota agregada en 1923, p.39). Es factible, sin embargo, que no se percatara de las propias.

Si bien la nota se escribió en dicho año; el concepto de ganancia de la enfermedad aparece desde la carta 76, fechada 18 de noviembre de 1897 (Caparrós, N., Tomo 2, pp.294-295) en donde, Freud dirigiéndose a su aún idealizado Fliess, le dice: "Esta mañana temprano he tenido una agradable sensación, como si hubiera logrado algo importante"; poco después refiere que eso pudiera ser "...el descubrimiento de los motivos eficaces actuales que me *llevan a aceptar el estar enfermo*" (mis cursivas). Nicolás Caparrós indica al final de la carta, que ello fue "el descubrimiento del <<beneficio secundario de la enfermedad>>" (p.295). Freud (1909 [1908] p.209) acuñaría la frase "refugio en la enfermedad" y, tiempo adelante sería mucho más preciso en sus Conferencias de introducción al psicoanálisis, al apuntar:

> "En condiciones corrientes advertimos que la escapatoria en la neurosis depara al yo una cierta e interior ganancia de la enfermedad. Y en muchas situaciones de la vida, a esta se asocia una ventaja exterior palpable cuyo valor real ha de tasarse" (Freud, S., 1916-1917, p.348).

Y pasada una década, Freud (1926 [1925]) vería a la ganancia secundaria como una resistencia nada fácil de solucionar (p.95). En suma: la ganancia primaria correspondería al inconsciente del sujeto, y la secundaria sería el beneficio que obtiene el enfermo a través de la sintomatología.

He agregado yo una ganancia terciaria también muy resistente, si es la familia o su entorno cercano los beneficiados al tener un paciente en su territorio como depósito de la patología grupal y, otra más, que llamé cuaternaria si ciertas instituciones vienen siendo las favorecidas por patologías sociales (Solís, 1981-b, 1983-a, 1983-b, 1984, 1994-a, 1994-b). Estas dos últimas, serán ejemplificadas cuando lleguemos a las terapias dinámicas de grupos, familias, parejas y socioanálisis institucional.

Lacan (1951) no andaba de ninguna manera descaminado al denunciar que "no todos los "beneficios" de la neurosis son para el exclusivo provecho del neurótico" (p.46). Así, Philipp Bauer, acaso no ayudaba económicamente a los señores K., y ella, relata Freud, "había averiguado cuán provechosamente pueden usarse las enfermedades" (p.35). Claro, el señor Bauer le hacía grandes regalos y Peppina "le aceptaba dinero, pues hacía gastos que era imposible que solventase con sus recursos propios o los de su marido" (*ibid*). Total, todos salían ganando en ese pacto perverso, pues para encubrir su idilio, el señor Bauer se volvió "particularmente generoso con la madre y con ella (Dora)" (*ibid*). Estamos entonces ante ganancias primarias, secundarias y terciarias.

"Un segundo desarrollo de la verdad" (Lacan, J. 1951, p.41) incluye el reconocer la complicidad de Ida Bauer misma, en especial con Hans Zellenka. Ese acto dialéctico verbal y no verbal, lo había sufrido Freud al reportar:

> "Así, el señor K., pudo obsequiar a Dora un ramo de flores todos los días y por todo un año mientras él estaba en el lugar y, aprovechar cuanta oportunidad se le ofreció para hacerle costosos regalos y pasar en su compañía todo su tiempo libre, sin que los padres de ella discernieran en esta conducta al carácter de un cortejo amoroso" (p.32).

Las ganancias de Ida Bauer y Peppina, al fin histriónicas, eran transparentes en demasía, manteniendo referencia obvia, con las ausencias del redomado seductor (parece ser que Hans, intentó también seducir a la doméstica de ellos y, esta dio un preaviso de 14 días). Este dato lo recalcó Dora en la última sesión, como ya fue registrado. Hans Zellenka era agente viajero de ventas, por lo cual, durante tres, cuatro o cinco semanas se encontraba ausente. En ese lapso, Peppina florecía en salud, mientras Dora desfallecía corporalmente. A la llegada del señor K., su esposa se marchitaba y Dora resplandecía.

Lacan escudriñando siempre la verdad oculta; más que un transferir paterno como pensaba Freud, propuso, no soslayemos, que cincuenta años después, propuso, sí, una transferencia materna desplazada a Peppina: "Dora por una identificación al padre" (p.41) se fascinó de ella. Freud no estaba tampoco tan errado, leamos: "Cuando Dora hablaba de la señora K., solía alabar su <<cuerpo deliciosamente blanco>> con un tono que era más el de una enamorada que el de una rival vencida" (p.55).

Y, qué de los celos. Ida Bauer aseguraba que la gobernanta lectora de Mantegazza, la trataba bien con el único objetivo de conquistar a su papá, de quien ella se había prendado. Por eso la hizo despedir. "Dora" envidiaba celotipicamente a la señora K., porque ésta era la preferida del padre y la adoraba, siendo "Dora" la excluída; amén de sentirse traicionada por ciertas infidencias de la ingrata Peppina. Cuestión de triangularidades. Logramos llegar así, a "Un tercer desarrollo de la verdad: La atracción fascinada de Dora hacia la señora K." (Lacan, J., 1951, p.42). El siguiente acápite de Lacan quien por supuesto acude a Freud, es meridiano:

> "El señor K..., solo tuvo tiempo de colocar algunas palabras, es cierto que fueron decisivas: 'Mi mujer no es nada para mí'. Y ya su hazaña recibía su recompensa: una soberbia bofetada, la misma cuyo contragolpe experimentará Dora mucho después del tratamiento en una neuralgia transitoria, eso viene a indicar al torpe: 'Si ella no es nada para usted, ¿qué es pues usted para mí' " (p.46).

Otro de los tropiezos de aquél Freud, insisto yo, que aún no leía su obra completa; fue la para-contratransferencia con Hans Zellenka. Lacan es contundente al señalar:

> "Y el hecho de haberse puesto en juego en persona como sustituto del señor K..., había preservado a Freud de insistir demasiado sobre el valor de las proposiciones de matrimonio de aquél" (p.47).

El maestro vienés, en efecto, sesgó el análisis hacía un transferir paterno:

> "Desde el comienzo fue claro que en su fantasía yo hacía de sustituto del padre, lo cual era facilitado por la diferencia de edad entre Dora y yo" (p.103).

Lo anotamos anteriormente, Mathilde, la hija mayor de Freud tenía ya 13 años. Su nombre, bien se sabe, fue en honor de la Sra. Breuer. Freud, en la carta del siete de Mayo de 1900 le confiesa a Fliess su típica "reacción de aniversario", al declarar:"Ciertamente, ya tengo 44 años y soy un viejo judío israelita un tanto andrajoso" (Caparrós, N., Tomo 11, 1997, p.446) y, casí al final de la misiva se declara "psíquicamente impotente" (*ibid*). Así seguiría, con apuros económicos, y pérdidas afectivas importantes. Un día después, de que lo dejara Dora, le escribe a Fliess y se queja de sus "escasos pacientes" (1-1-1901, p.465). También se despide de él:

> "...ahora que tu última carta ha roto el alarmante silencio. No pude decidirme a presionarte una vez más pidiendo una respuesta, cuando habías demostrado tan claramente que escribir te resultaba tedioso y que no tenías ninguna necesidad de comunicación" (*ibid*).

Las calamidades en ambos son relatadas; así sabemos que los Fliess habían estado en Viena, pues la madre de ella se encontraba bastante delicada, en peligro de muerte; y Minna, la adorada cuñada de Freud, a su vez, estaba enferma, sufría de taquicardia dolorosa e hipertermia fluctuante. La mamá del querido Wilhelm también se hallaba en malas condiciones de salud. Casi al término de la misiva Freud se lamenta:

> "Ciertamente, no puedo olvidar con facilidad la visita de tu esposa y los pocos momentos de conversación que tuvimos..., permíteme preguntarte si debemos esperar para intercambiar cartas, a que llegue un momento que no nos depare nada difícil de soportar. ¿No significaría esto pedir demasiado y demostrar muy poca amistad?" (*ibid*).

En nota a pie de esa misma página, Nicolás Caparrós refiere:

> "Puede verse de manera clara que la actitud de Fliess es ya de distanciamiento, la cuestión de la "bisexualidad" será sólo la disculpa final".

Elongando esa última hipótesis un mes adelante (30-1-1901), aludiendo al concepto de "bisexualidad", creación de Fliess, y relacionándolo con Dora el maestro vienés concluye: "...el papel principal lo desempeña la antítesis entre una tendencia hacía el hombre y otra hacia la mujer" (Caparrós, N., p.469). Para Vives (1988) sería la búsqueda de la identidad femenina.

El vínculo homosexual entre ellos dos se tornaba meridiano y, en la correspondencia del 7 de agosto de 1901, Freud le comenta a Fliess acerca del "hermoso ejemplo del tipo de logros en que podría sublimarse la correcta andrófilia del hombre" (*ibid*, p.483).

Retornando con las identificaciones masculinas de Dora, y su ginecofilia, Freud evidentemente las había detectado, veamos:

> "Creo entonces no equivocarme al suponer que el hipervalente itinerario de pensamientos de Dora, que la hacía ocuparse de la relación de su padre con la señora K., no estaba destinado sólo a sofocar el amor por el señor K., amor que antes fue consciente, sino que también debía ocultar el amor por la señora K."(p.56).

Líneas después viene el colofón freudiano:

> "Estas corrientes de sentimientos varoniles o, como es mejor decir, ginecófilos han de considerarse típicos de la vida amorosa inconsciente de las muchachas histéricas".

Y, en nota agregada en 1923, él acepta:

> "A medida que me voy alejando en el tiempo de la terminación de este análisis, tanto más probable me parece que mi error técnico consistiera en la siguiente omisión: No atiné a colegir en el momento oportuno, y comunicárselo a la enferma, que la moción de amor homosexual (ginecófila) hacia la señora K., era la más fuerte de las corrientes inconcientes de su vida anímica" (p.104-105).

Sobre esto mismo, ya transcurridos 28 años, Lacan dejaría por escrito:

> "Así pues Dora se ha identificado al señor K...,como está identificándose a Freud mismo (el hecho de que fuese el despertar del sueño "de transferencia" cuando percibió el olor de humo que pertenece a los dos hombres no indica, como dijo Freud que se tratase de alguna identificación más reprimida, sino más bien que esa alucinación correspondía al estadio crepuscular del retorno al yo)" (p. 43).

En relación a este primer sueño, debo insistir, que el padre Philipp, a su vez, era un gran fumador de puros. También eran fumadores, lo dijimos páginas atrás, Dora y su hermano Otto.

Reiterando sobre la ginecofilia de Ida Bauer, ¿procederá de ahí, la idea de Julia Kristeva, desde la cual –lo planteó Rodrigué (1996, pp.416-417)-, ella auguró, dentro de otros destinos, la posibilidad de que Dora hubiera llegado a ser una figura literaria como la ginecofílica Gertrude Stein? "Una rosa, es una rosa, es un rosa". Pudiera ser. Freud mismo reportó que Ida Bauer "acudía a conferencias para damas y cultivaba estudios más serios" (p.22).

Freud, seguramente proyectándose en Fliess, pero escribiendo acerca de Dora, habría de formular que: "Las psiconeurosis son, por así decir, el negativo de las perversiones" (p.45). Claro, el maestro también sufría de reminiscencias y del efecto *Zeigarnik*, dígalo si no su tantas veces acotada sentencia: un "no" inconsciente no existe en absoluto" (p.51).

El devenir histórico, bien se sabe, es el óptimo partero de la verdad psíquica. Dora y Peppina –manes de la sublimación- llegarían a ser, lo señalé en el seguimiento del caso, sí, buenas amigas y una excelente pareja jugando al *Contract bridge*.

En lo concerniente al intenso vínculo erótico Freud-Fliess, el testimonio definitivo aparece en la misiva a Ferenczi, fechada, octubre 6 de 1910, donde Sigmund Freud, autoanalizándose escribiría:

> "Después del caso Fliess, en cuya superación me he visto recientemente ocupado, aquella necesidad se ha extinguido. Una parte del investimiento homosexual ha sido retirada y empleada en el ensanchamiento de mi propio yo. He tenido éxito allí donde fracasan los paranoicos" (Caparrós, N., Tomo III, 1997, p.207-208).

Ginecofilia, androfilia, bisexualidad psíquica, *ménaje a Trois,* sociopatía, incesto desplazado; todo eso fue "actuado" demaneracolusiva y en para-tránsferocontratransferencias, insisto,en el caso Dora, principalmente por Philipp Bauer, Hans Zellenka y Sigmund Freud, pero, a la vez, por elgineceo, en especial Dora y la señora K. Es factible que de ahí parta la pregunta que Lacan disparara en 1960, o sea: "Por qué falta un mito analítico en lo que se refiere al interdicto del incesto entre el padre y la hija" (Escritos I., p.300). Aquí, resaltaría yo, se habla nada más de la cultura occidental, en la oriental si existe la prohibición del incesto padre-hijo, pero no para el interdicto madre-hijo, por lo cual el incesto mamá-hijo es común. De todas maneras lo mítico, los sueños, el síntoma, los actos fallidos, y la acción sintomática, vienen siendo, con el libre asociar discursivo los derivados del inconsciente. Entramos así a la hermenéusis clínica de lo manifiesto y lo latente.

Los sueños transferenciales

Todo sueño repetitivo es claro indicio de un conflicto intrapsíquico en el sujeto. Dora no fue la excepción. Los mitos a la par según el argüir de Freud (1908-[1907]) resultan ser los sueños diurnos del pueblo. En verdad, si bien el inconsciente es el único "onírico-mito-poyético", existen a la vez en el afuera detonadores que influyen en el soñar del dormir y la vigilia, así como también en los mitos modernos. Langer, M. (1957), Solís, H. (1988). El sueño recurrente es la carta de presentación inconsciente en muchos procesos de análisis, por ende, su mutabilidad dialéctica durante el proceso terapéutico es evidencia firme del cambio psicoestructural. En Ida Bauer no fue así, como lo muestra el segundo sueño; anuncio definitivo de su partida. La repetición, cual ciego repetir caracteropático no elaborativo, donde se desea el no deseo, o la total ausencia del mismo, o de plano la repugnancia ante el acoso erótico; es bastante diferente a la repetición de una Dora deseante, quien pide, otra vez más, la ayuda del padre y la comprensión de su analista en aquellas once semanas de proceso analítico.

Estoy entones frente al primer sueño transferencial, y procedo a la exégesis freudiana del mismo teniendo yo como foco, el indagar lo que después en "El hombre de las ratas" Freud llamaría Complejo paterno. El sueño es corto; por lo tanto elaborativo, vía regia, en efecto, para explorar al inconsciente.

"En una casa hay un incendio –contó Dora-; mi padre está frente a mi cama y me despierta. Me visto con rapidez. Mamá pretende todavía salvar su alhajero, pero papá dice: <<No quiero que yo y mis dos hijos nos quememos a causa de tu alhajero>>. Descendemos de prisa por las escaleras, y una vez abajo me despierto" (p.57).

En las "Palabras preliminares" del historial, Freud nos comunica, que los esclarecimientos del padecer de Dora, "se agruparon en torno de dos sueños –uno narrado hacia la *mitad de la cura y el otro al final*–, que puse textualmente por escrito enseguida de terminada la sesión" (p.9, mis cursivas). El maestro pensó originalmente titular el ensayo sueños e histeria (p.10), lo cual no fue así, pero, en esencia, sus conceptos si lo fueron, y construirían un puente entre la interpretación de los sueños (1900) y lo que vendría después, a decir, los tres ensayos de teoría sexual (1905), que constituirían otro enlace más para llegar al caso Juanito (1909).

Ahora bien, como el objetivo primordial en esta heurística viene siendo y, así seguirá siendo, el estudio de la tránsferocontratransferencia-proceso, me limito, en lo posible sólo a lo correspondiente a dicho paradigma clínico. El maestro externa, que la recurrencia del primer sueño databa del año 1898, teniendo entonces Dora 16 años; tiempo aquel cuando acaeció la proposición amorosa del señor K., en el lago, presentándose el sueño por tres noches sucesivas, inmediatas a la declaración de amor. La cuarta ocasión sucedió en Viena, durante el proceso regresivo-progresivo del análisis. La escena del beso en la tienda con escaleras había sucedido cuando Dora tenía 14 años. De modo que llovía sobre mojado.

Comienzo entonces el escrutinio onírico con: "en una casa hay un incendio". La aplicada analizanda aportó un suplemento revelador al día siguiente de contado el sueño; se trataba de una sensación hipnapómpica alucinatoria de modalidad olfativa. El Profesor la describe:

> "Había olvidado contar que todas las veces, tras despertar, había sentido olor a humo. El humo armonizaba muy bien con el fuego, *pero además señalaba que el sueño tenía una particular relación conmigo, pues cuando ella aseveraba que tras esto o aquello no había nada escondido, solía oponerle*: "Donde hay humo, hay fuego"" (p.65, mis cursivas).

Lo recalcamos con antelación y Freud a su vez lo advirtió:

> "...el señor K., y su papá eran fumadores apasionados, como también yo lo era, por lo demás. Ella misma fumó en su estadía en el lago, y justo antes de iniciar esa vez su desdichado cortejo, el señor K., le acababa de liar un cigarrillo"(*ibid*).

Freud utilizará con Dora, como lo inauguró con Irma, su muy peculiar método de interpretar los sueños en forma molecular; primero dividiéndolos en partes, pidiendo asociaciones, restos diurnos, recuerdos, ocurrencias al respecto, valiéndose de todos los recursos disfrazadores al servicio de la censura, enmascarados en el contenido latente de la figuración de deseos, a destacar: desplazamiento, condensación, simbolización, transformación en lo contrario, analogías en sonidos, significación de palabras, llegando así a la interpretación molar del sueño como un todo. Con Ida Bauer, nace la exégesis onírica transferencial, aunque incompleta pues Sigmund Freud todavía no comprendía el contratransferir, ni conceptualizaba aún las identificaciones bisexuales del Edipo simple (positivo o negativo) y, lo más comúnmente observado, el mixto o completo (Freud, S., 1923). El maestro, no obstante, se muestra hábil en el manejo del "hilo rojo" conductor de la transferencia y sus manifestaciones para:

"Por último, recogiendo los indicios que hacen probable una transferencia sobre mí, porque yo también soy fumador, llego a esta opinión: un día se le ocurrió, probablemente durante la sesión, *que desearía ser besada por mí.* Esta fue la ocasión que la llevó a repetir el sueño de advertencia y a formarse *el designio de abandonar la cura*" (*ibid*, mis cursivas).

Lo último estaría en la frase final del sueño: <<Descendemos de prisa por las escaleras, y una vez abajo me despierto>> (p.57). Oliendo a humo, reiteraría Dora, en las cuatro ocasiones del sueño.

En nota a pie de página, el analista dejaría escrito una parte de la interpretación:

"El núcleo del sueño podría traducirse tal vez con estas palabras: <<La tentación es muy fuerte. ¡Querido papá, protégeme como lo hacías cuando yo era niña, para que no moje mi cama!>>" (p.64).

"Mi padre está frente a mi cama y me despierta. Me visto con rapidez" (p.57).

Dora recuerda asociando y en respuestas ante un Freud preguntón y curioso, que a la siesta del día de aquel viaje matutino por el lago, cuando el señor K., "había osado hacerle una propuesta amorosa" (p.24), ella se había acostado sobre el sofá, como era su costumbre, en el dormitorio de los K., para dormir un poco y:

"Me desperté de pronto y vi al señor K., de pie frente a mí...".

-Vale decir, -interroga Freud- ¿tal como su papá estaba en el sueño frente a la cama de usted?

-"Sí. Lo increpé, preguntándole qué buscaba" (p.59).

Aparece allí una condensación onírica en Edipo positivo donde se fusionan, un antiguo deseo con el padre de quien Dora quedó prendada, procedente del inconsciente reprimido infantil, re-significado ulteriormente, en acción diferida con el señor K., y re-editado a posteriori durante el corto, aunque intensivo análisis. Philipp Bauer, Hans Zellenka y Sigmund Freud, vendrían siendo los objetos incestuosos. Sin embargo, en el sueño también ocurren espejeos con la madre, identificaciones desde un Edipo negativo, que le permitieron a Freud cierto entendimiento del proceso; empero, la interpretación del transferir y el para-transferir materno quedó inconcluso, de tal modo que, el vínculo homosexual con la señora K., no fue completamente dilucidado en el análisis y, al parecer, sólo encontró vía de sublimación, muchos años adelante cuando Peppina e Ida Bauer, integraron la anteriormente reportada triunfal pareja en el *Contract bridge* de aquella Viena sollozante, en vísperas ya de la segunda guerra mundial. Prosigo:

> "Mamá pretende todavía salvar su alhajero pero papá dice: <<No quiero que yo y mis dos hijos nos quememos a causa de tu alhajero>>" (p.57).

Alhajero, es una palabra, que en el desplazamiento simbólico popular rinde tributo a los genitales femeninos. El alhajero de la mamá Katharina, en el sueño, podría ser una modalidad identificatoria de Dora, quien desde un deseo reprimido por la censura, quiere dar al papá lo que la madre le niega o, a la vez, anhelar conceder al señor K., lo que su esposa le prohibe, o, ¿acaso quería también con Freud? No soslayemos que la chica fue en su infancia, favorita única del padre, y su analista era blanco de múltiples transferencias; amén de que en la escena del beso, lo anotamos antes, Dora tenía casi la edad de Mathilde, hija primera del matrimonio Freud.

¿Existiría entonces, otra segunda posibilidad? A saber, que Dora se identificara con el papá y deseara el <<Cuerpo deliciosamente blanco>> (p.55) de la adorada Peppina, o de la gobernanta que leía al sexologo Mantegazza, o del mismo Freud, él, como buena madre.

Una tercera hipótesis; a la cual me adhiero, tendría raíces en el Freud de 1923, citado en párrafos anteriores, pero, a la par, se apoyaría en los ensayos de Lacan: La familia (1938), "El estadío del espejo como formador de la función del yo tal como se nos revela en la experiencia psicoanalítica" (1949), y "La significación del falo" (1958). Un selectivo resumen del pensamiento de Lacan, manteniéndome en el caso Dora, sería: en el primer tiempo edípico, cuando apenas se va estableciendo el estadío del espejo, la madre aparece como quien tiene el falo y por ello (deseo del deseo del otro), el niño es el falo. Trátase de la prístina dupla madre fálica-bebé Narciso. El peligro psíquico mayor aquí, es la reinfetación Narcisa. En el segundo tiempo edípico se inicia, en el óptimo de los desarrollos infantiles la tan necesaria separación de la díada materno-filial, mediante la indispensable interdicción paterna. El padre es ahora el falo, un privador doble: decreta la castración simbólica castrándo a la madre, y despojando al bebé, o la beba, en la condición de Ida Bauer, sí, despojándola del objeto de su deseo, pues la bebita deja de ser el falo de mamá. El padre surge ahora como el que dicta la ley reemplazando el dominio materno e instaurando el nombre del padre.

El rescate de la niña, sigo pensando en Dora, empieza cuando el poder se transmite de mamá a papá; si ella lo facilita miel sobre hojuelas. Los pasos serían: -con mamá no- conmigo si... -conmigo tampoco- con otro sí...

Katharina Bauer desde su "neurosis de ama de casa", -prefiero "neurosis", en lugar de "psicosis"- se hallaba, sí, incapacitada afectivamente para ceder completamente el poder. Su caracteropatía compulsiva le exigía mantener en el afuera, cuando menos en su casa, un orden y una limpieza tal, garantía imaginaria de que su adentro no estaba desordenado, ni sucio. Tampoco su libertino consorte quien, a la par, nunca tomó en serio el mando.

En el tercer tiempo del Edipo el padre tiene que aceptar la ley, o sea, debe ser castrado. El falo se inserta así en la cultura. Falo y ley son algo que están mucho más allá del individuo. La beba viéndose en la otra, su madre, experimenta por vez primera la vivencia de completud, o no, imaginaria por supuesto; pasándose, así, del autoerotismo freudiano y la imagen Kleiniana del cuerpo despedazado, al narcisismo especular, que estructura, en dicho estadío al sujeto psíquico naciente, contra la dispersión psicótica, lográndose ser lo que en verdad se es. Ahora mal, si la pareja parental se halla integrada por una mujer controladora, obsesiva y, un padre débil, sometido, la fémina puede llegar a ser el falo, la ley, entonces, la interdicción paterna será deficiente, más con el niño, en este caso Otto. El gran mérito de Lacan reside en colocar al padre como el corresponsable y diferenciador del niño evitando así problemas en la identificación de género; posición adoptada en Argentina por Mauricio Abadi (1960), quien nombró al padre, partero psicológico del hijo; concepto, que, Margaret Mahler (1975) sistematizaría como un renacimiento, o sea, el nacimiento psicológico del bebé. Como es lógico suponer, nada de ello, debe ser estatuto autocrático masculino, si no más bien, circularidad complementaria compartida y funcional, donde a la vez cuenta, el *reverie* materno estudiado por Bión (1963) y la maternalización satisfactoria de Winnicott (1965). Nada de esto aconteció en Ida Bauer; ella siempre suspiró por una buena madre.

Por todo lo antedicho es plausible inferir, que Dora permaneció oscilando, ambivalentemente, entre identificaciones maternas y paternas. He allí, su bisexualidad psíquica; la cual Freud, desde su propia femineidad, negada en aquel tiempo, no la vivenció contratransferencialmente, privilegiando el transferir paterno; presente, si, pero no el único operante. Si seguimos a Lacan en este punto, situaríamos el conflicto intrapsíquico en El segundo tiempo edípico.

Paso así al segundo sueño transferencial. "Cuando me lo contó, -Freud es el relator- yo aún no sabía –me enteré dos días después- que sólo nos quedaban por delante dos horas de trabajo" (p.104). A continuación el sueño, largo por cierto, lo cual indica, interpreto yo, que, es resistencial. Lo escrito entre paréntesis, son notas a pie de página del mismo Freud.

"Ando paseando por una ciudad –Dora es quien habla- a la que no conozco, veo calles y plazas que me son extrañas. (Después hizo a esto un importante agregado: en una de las plazas veo un monumento). Después llego a una casa donde yo vivo, voy a mi habitación y hallo una carta de mi mamá tirada ahí. Escribe que, puesto que yo me he ido de casa sin conocimiento de los padres, ella no quiso escribirme que papá ha enfermado. <<Ahora ha muerto, y si tu quieres (Agregado posterior: Después de esta palabra había un signo de interrogación, así: <<quieres?>>) puedes venir. Entonces me encamino hacia la estación ferroviaria [*Bahnhof*] y pregunto unas cien veces: << ¿Dónde está la estación?>>. Todas las veces recibo esta respuesta: <<Cinco minutos>>. Veo después frente a mí un bosque denso; penetro en él, y ahí pregunto a un hombre a quien encuentro. Me dice: <<Todavía dos horas y media>> (Al repetir el sueño una segunda vez dijo <<dos horas>>) Me pide que lo deje acompañarme. Lo rechazo, y marcho sola. Veo frente a mí la estación y no puedo alcanzarla. Ahí me sobreviene el sentimiento de angustia usual cuando uno en el sueño no puede seguir adelante. Después yo estoy en casa; entretanto tengo que haber viajado, pero no se nada de eso.... Me llego a la portería y pregunto al portero por nuestra vivienda. La muchacha de servicio me abre y responde: <<La mamá y los otros ya están en el cementerio [*Friedhof*]. (En la sesión siguiente hizo dos agregados a esto: con particular nitidez, me veo subir por la escalera, y tras su respuesta me voy, pero en modo alguno triste, a mi habitación, y ahí leo un gran libro que yace sobre mí escritorio" (p.83).

El Profesor fue sincero al reconocer que:

> "La interpretación de este sueño no avanzó sin tropiezos. A raíz de las peculiares circunstancias en las cuales interrumpimos el análisis-circunstancias enlazadas con su contenido-, *no todo quedó aclarado*" (p.84, mis cursivas).

En efecto; había una persistente ceguera del transferir y paratransferir homosexual; que todavía se mantiene en las últimas líneas del Epílogo, escritas en 1905, donde Freud aún insiste en el complejo paterno. Tengo yo la idea que, él, se analizó en los dos sueños de Dora. Ahora más, si retomamos El caso Sigmund Freud, tendríamos por recordar, que Jacob, su padre, había fallecido en 1896 y, el idilio con Fliess, estaba semiapagado desde 1902. Leamos, pues, lo que el maestro vienés, dejó para la posteridad:

"Si el primer sueño dibujaba el apartamiento del hombre amado y el refugio en el padre, vale decir, la huida de la vida hacia la enfermedad, este segundo sueño anunciaba que se desasiría del padre y se recuperaría para la vida" (p.107).

En 1902, Dora y Freud se encontraron de nuevo en Berggasse 19. Ella proporcionó información reciente, probatoria de que tanto el padre como el señor K., y, en cierta medida el mismo Freud, la habían tratado injustamente. El Profesor a unas cuantas líneas de concluir el historial; perdonó a la chica su transferir vengativo, y reconoció desde la primera frase un error contratransferencial:

"No sé que clase de auxilio pretendía de mí, pero le prometí disculparla por haberme privado de la satisfacción de librarla mucho más radicalmente de su penar" (p.106).

Ida Bauer, en verdad, fue una incomprendida; pero parió, mediante la ayuda de Sigmund Freud, el más importante de todos sus historiales clínicos.

Para el maestro, "el padre enfermo y muerto", venía siendo una manía de venganza (p.86), contra el papá Philipp, el señor Zellenka y, el propio analista. También; desde la bisexualidad psíquica de Dora, aparece el deseo, en inversión onírica, con Peppina; y, al igual, que en el primer sueño se anuncia la deserción del análisis.

"Veo después frente a mí un bosque denso; penetro en él". La alusión a los genitales externos femeninos es bastante clara. La estación ferroviaria [*Bahnhof*] y el cementerio [*Friedhof*] como "patio de vías" y "patio de paz", amén de "*Vorhof*", como vestíbulo, literalmente "patio anterior". Todo ello expresaba los deseos y peligros que Dora afrontaba por lo cual era mejor terminar la relación analítica. "Me pide que lo deje acompañarme. Lo rechazo, y marcho sola".Las "dos horas", indicaban que faltaban "dos sesiones" para dejar la terapia.

En una extensa nota a pie de página Freud resume la interpretación del segundo sueño. Es un texto elaborativo, previo al epílogo del caso. Tomaré los fragmentos más significativos:

"Añadiré —escribe el Profesor— algunas observaciones sobre el edificio de este sueño, el cual no se deja comprender tan a fondo que se pudiera intentar su síntesis..., puede destacarse la fantasía de venganza contra el padre: Ella se ha ido arbitrariamente de casa; el padre enferma, después muere... Entretanto..., se ocultan los pensamientos de venganza contra el señor K., a los que ella ha encontrado una salida en su conducta hacia mí...Por último..., escondidos en lo más profundo (el del amor hacia la señora K.), el hecho de que la fantasía de desfloración se figure desde el punto de vista del hombre (identificación con el admirador que ahora está en el extranjero)... En este sueño hallan su cumplimiento mociones crueles y sádicas" (p.97).

Procedo enseguida con Erik H. Erikson (1950, 1964, 1968), quien avala gran parte de lo anotado en el aparato crítico referido ya en páginas anteriores. Dicho autor con sus conceptos epigenéticos sobre las crisis del desarrollo humano durante las fases vitales, con sus realidades psíquicas y actualidades históricas, nos aporta ideas esclarecedoras acerca de este discutido caso; en especial, el atinado estudio de la crisis o confusión de identidad en la adolescencia. Su ponencia de 1961, ante la Asociación Psicoanalítica Americana, editada el año siguiente y, expandida en el libro *Insight and responsibility* (1964), dedicado por cierto a su exanalista Anna Freud. Ahí retoma Erikson la centenaria pregunta, que según él, nos hemos hecho muchos psicoanalistas: *"What was it Dora wanted from Freud?"* (p.166).

Bueno –contesta Erikson (pp.166-175)-, Ida Bauer, en realidad histórica, material, anhelaba hallar una escucha honesta en relación a sus traumáticas circunstancias externas; Freud, en cambio, estaba embelesado con la realidad psíquica inconsciente. El padre Philipp confiaba en que su antiguo médico colocara a su hija en razón, mientras mamá Katharina cuidaba celosamente la casa y, Otto aprobaba el contubernio. El señor K., proponía un cambalache, y Peppina triangulaba. Dora cursaba una intensa crisis confusional adolescente –esto se trabaja también en *Identity youth and crisis* (1968)- y requería con vehemencia, que alguien le aclarara algunas cosas. Su deseo era justo. Una muchacha que es besada sin su consentimiento, a los 14 años de edad y, objeto después de una invitación para algo más íntimo, a los 16; aún no posee, afirma Erikson, un *"mature ego"* (p.170) que le permita comprender por completo tales situaciones externas, mucho menos la realidad psíquica interna; teniendo eso presente, nos alerta el autor, debemos de guardar sumo cuidado, en no confundir, ciertas conductas adaptativas, aunque inmaduras, con *"actings out"*; sobretodo en la fase adolescente y, en la adultez temprana. Dora quería que Freud la ayudara en su búsqueda de la verdad; que le confirmara su relato; necesitaba a alguien sincero, fiel y, aliado de ella, que fuera su mentor; si eso hubiera ocurrido, Freud sería para Dora una *"new person"* (p.173), lo cual no sucedió; más parece que los dos sueños de ella, fueron pantallas, insisto, donde el maestro veía su propio inconsciente y aprendía el quehacer psicoanalítico. Fue un excelente aprendiz.

Abundando sobre el tema, y como cierre del capítulo, revisaré de manera breve, a Phillip McCaffrey (1984) quien en su obra *Freud and Dora, the artful dream*, insiste firmemente, en que el maestro fue parcial en su labor interpretativa, sobretodo en el segundo sueño, donde faltó a las reglas fundamentales propuestas por el mismo en la interpretación de los sueños (1900). McCaffrey aboga por el examen hermenéutico del soñar, viendo dicho fenómeno como una creación literaria donde existen contenidos manifiesto y latente, un argumento, personajes protagónicos, escenarios, afectos, lenguaje simbólico, deseos, etcétera. Dicha metodología, añado yo, había sido aplicada por Fairbairn (1940) en el primer artículo (p.24) de su Estudio psicoanalítico de la personalidad, en el cual elongando a Freud propone que todas las figuras aparecidas en el sueño son partes del mundo interno del soñante. En nuestro medio nacional Gloria Prado (1992), a su vez, ejerce la exégesis de los sueños y del acto creativo literario, transitando por vías hermenéuticas semejantes.

Phillip McCaffrey aporta sólidos argumentos a favor del sentido artístico del sueño; que tomaría, sí, elementos disparadores de los restos diurnos históricos, materiales y manifiestos; empero, el acto creativo lo pariría el inconsciente, la realidad psíquica y su censura; ahí, en lo latente se debe escudriñar lo oculto, los significados. En tal labor de exégesis onírica pensaría yo, el lápiz del creador interno más que escribir con la punta, lo hace con el borrador.

En la actualidad postmodernista Dora no sería tratada con un psicoanálisis clásico sino más bien mediante una psicoterapia dinámica individual, o grupal, de preferencia la última, pues en esta los ideales, las crisis del desarrollo, la condición femenina y las realidades históricas, se comparten y elaboran, a veces frente a una pareja terapéutica heterogámica.

El maestro, después de abandonar la teoría de la seducción infantil o adolescente, soslayó la enorme importancia del trauma externo, léase incesto, maltrato físico, acoso sexual, violencia intrafamiliar, que Masson

(1984) denuncia en *El asalto a la verdad. La renuncia de Freud a la teoría de la seducción.*

Sin embargo, él seguiría en su constante heurística. Entramos así, al fascinante análisis de un niño fóbico llamado Herbert Graf, hijo por cierto de una exanalizada de Freud.

EL CASO JUANITO:
EL ESCLARECIMIENTO Y DISCERNIMIENTO
DE LA SEXUALIDAD INFANTIL

"En general, y para mi sentir, ciertas cosas son veladas en exceso. Es sano mantener limpia la fantasía de los niños, pero esa pureza no se preserva mediante la ignorancia. Antes bien, creo que mientras más se oculte algo al varón o la niña, tanto más maliciarán la verdad..., el niño entra en contacto con otros niños, caen en sus manos libros que lo inducen a meditar, y los mismos tapujos con que sus padres tratan lo que empero él ha comprendido no hacen sino atizarle el ansia de saber más. Y esta ansia satisfecha sólo en parte, sólo en secreto, exacerba el corazón y corrompe la fantasía; el niño ya peca, y los padres todavía creen que él no sabe qué es pecado"
Multatuli (1906).

La cita epigráfica se encuentra en el pequeño ensayo de Freud, (1907) "El esclarecimiento sexual del niño (Carta abierta al doctor M. Fürst)". Ahí, en una nota a pie de página, James Strachey (1959) refiere:

"Multatuli, 1906, I, pág. 26 [<<Multatuli>> es el seudónimo de un conocido escritor holandés, E.D. Dekker (1820-1887), cf. La respuesta a una encuesta "Sobre la lectura y los buenos libros"]" (p.116).

Así es; en el breve artículo aludido por Strachey, el pensador y filántropo Multatuli, encabeza la lista de los diez <<buenos>> libros, escogidos por Freud (1906).

Trátase de sus cartas familiares Briefe Werk. Los otros nueve seleccionados, tenían en común recuerdos remotos, siendo ellos:

Kipling, *Jungle book.*
Anatole France, *Sur la pierre blanche.*
Zola, *Fecondité.*
Merejkovsski, *Leonardo da Vinci.*
G. Keller, *Leute von Seldwyla.*
C.F. Meyer, *Huttens Leztetage.*
Macaulay, *Essays.*
Gomperz, *Griechische Denker.*
Mark Twain, *Sketches.*

Retornando a la carta abierta dirigida al médico de Hamburgo, M. Fürst, dedicado, él, a la medicina e higiene social, y benévolo crítico de Los tres ensayos de Teoría Sexual (Freud, 1905), texto pionero acerca de la sexualidad infantil. Freud expresa en dicha misiva, que el interés del niño porlos enigmas de la creación es precoz, "su apetito de saber sexual, se exterioriza en una época de la vida insospechablemente temprana" (p.117).

La curiosidad medular infantil es, primero, la diferencia anatómica entre ambos sexos, y segundo, de dónde vienen los bebés (M.C.). Tal era la situación de los casos presentados; uno de ellos "el pequeño Herbert", después se conocería como "Juanito". Ahora sabemos que "el pequeño Hans" se llamaba en la vida real Herbert Graf. El esclarecimiento sexual de los infantes para calmar en ellos un tanto, su "apetito de saber", debe empezar siempre en el hogar y enseguida en la escuela. El discernimiento de la escoptofilia temprana es gradual, y requiere de instrucciones pertinentes en el medio escolar,"vale decir, no después de los diez años" (p.121). Las peores instituciones educativas en este renglón, serían las *católicas* (M.C.). En el artículo se menciona la "encantadora carta de esclarecimiento que una señora Emma Eckstein presenta como escrita para su hijo de diez años" (p.120). Esta había sido redactada por Emma en 1904, ya ella como analista practicante; misma que según Max Schur(1972, p.80) era Irma, la del sueño *Princeps* de Freud. Emma Eckstein fue también aquí no hay duda ninguna, la del descuido quirúrgico de Fliess quien dejó una gasa en el seno maxilar de ella. La educación sexual, propone Freud, tendría que ser completa y general sin reclamos morales, pues para el colegir del maestro resultaría inoperante. Acoto ahora las líneas finales del trabajo:

> "Vuelve así a demostrarse cuán poco inteligente es poner remiendo de seda a una chaqueta andrajosa, cuán imposible es llevar adelante una reforma aislada sin alterar las bases del sistema" (p.121).

"Sobre las teorías sexuales infantiles" (Freud, 1908), fue un proseguir el surco, marcado ya en los Tres ensayos de Teoría Sexual y, en la "Carta abierta" al doctor Fürst, que sería prolongado más adelante con el caso Juanito. Eso le ganaría al joven Freud, el mote de pansexualista, y, a la par, el epíteto de machocéntrico. El maestro, haciendo conciencia de ello aclaraba:

> "Debido a circunstancias externas e internas poco propicias, las comunicaciones que siguen se refieren predominantemente al desarrollo sexual de uno de los sexos, a saber, *el masculino*" (p.189, mis cursivas).

Las nuevas ideas, contradictorias a la supuesta inocencia del mundo infantil, sacudieron a la pacata sociedad de Viena:

"Casi sin aviso previo, con ideas como la fertilización a través de la boca y el nacimiento a través del ano, el carácter sádico del coito entre los padres, y la posesión de pene en los individuos de ambos sexos" (J.Strachey, 1959).

Añádase, además, "la envidia al pene", "el complejo y la amenaza de castración", "la mujer con o sin pene", "el complejo nuclear de la neurosis", equivalente, éste, a lo que ulteriormente se llamaría complejo de Edipo (Freud, 1910). La subsiguiente cita corresponde a "Sobre un tipo particular de elección de objeto en el hombre", donde el maestro, aplicándolo al pequeño, escribe:

"Empieza a anhelar a su propia madre en el sentido recién adquirido y a odiar de nuevo al padre como un competidor que estorba ese deseo; en nuestra terminología: cae bajo el imperio del complejo de Edipo" (p.164M.C.).

El de dónde vienen los bebés persiste como curiosidad central infantil y, en los albores del siglo XX la observación del nacimiento en los animales, resignificó, la fantasía del parto por vía anal mediante la idea de la cloaca. El afán indagatorio encontró a su vez en lo lúdico otro recurso heurístico con actividades como "jugar al doctor o, a la mamá y al papá", con la idea cuando menos preconsciente de "averiguar qué hacían juntos los padres y de dónde, pues, salen los hijos" (Freud, S., 1908, p.201).

Adentrándonos así al caso Juanito, es conocido que en un principio "no se consignaba que este trabajo fuera <<de>>Freud sino <<comunicado>> por él" (Strachey, 1955, p.4). En 1924, él informó que la historia había sido publicada con el expreso consentimiento del padre; amén de que la mamá era una ex analizanda del maestro. Agréguese a ello, que Max Graf, papá del pequeño Hans, jugaba a las cartas con Freud. La primera hipótesis del trabajo fue:

"¿Será acaso imposible averiguar inmediatamente en el niño, en toda su frescura vital, aquellas mociones sexuales y formaciones de deseos que en el adulto exhumamos con tanto trabajo de sus enterramientos" (Freud, S., 1909, p.7-8).

Líneas adelante, el investigador nato declara:

"Con ese propósito suelo yo, desde hace años, instar a mis discípulos y amigos para que compilen observaciones sobre esa vida sexual de los niños que las más de las veces se pasa hábilmente por alto o se desmiente adrede" (p.8).

Como resultado de dicha exhortación; el papá de Juanito, al percatarse que su hijo presentaba demasiado interés porlas cuestiones sexuales; decidió llevar anotaciones periódicas al consultorio de Berggasse 19, comenzando de esta manera el primer análisis infantil supervisado; nació también así la *"One person family, therapy"* (Szapocznik, J.; et al, 1990), cuya prístina aplicación la efectuó el familiólogo Murray Bowen (1972) tratando, él, a su propia familia de origen.

Freud, antes de reportar las notas paternas en relación a Juanito y su entorno sociofamiliar señala:

"Sus padres, que se contaban ambos entre mis más cercanos partidarios, habían acordado no educar a su primer hijo con más compulsión que la requerida a toda costa para mantener las buenas costumbres; y como el niño se iba convirtiendo en un muchacho alegre, despierto y de buena índole, prosiguió con toda felicidad ese ensayo de dejarlo crecer y manifestarse sin amedrentamiento" (p.8).

Todo lo contrario aconteció, en otro renombrado ejemplo. Hago, pues, un pertinente espacio para contarles algo, acerca del pequeño Sigi, y sus circunstancias familiares, mismas que podrían ayudarnos para comprender la escoptofilia sublimada del inquieto investigador y, algunos derivados caracteriales en su conducta futura.

El caso Sigmund Freud (II)

Como el estudio por desarrollar se sustenta en la teoría dinámica y sistémica de los grupos familiares, he seleccionado cuatro fuentes bibliográficas: "Hacia la diferenciación del sí-mismo en la familia de origen" de Murray Bowen (1971), Familias y terapia familiar de Salvador Minuchin (1974) Genogramas en la evaluación familiar de Mónica McGoldrick y Randy Gerson (1985), más *"Freud's Family"* de Peter Reder (1989), amén de otras referencias complementarias, entre las cuales no podía faltar Ernest Jones, (1953). Antes de exponer más adelante las psicoterapias dinámicas postmodernas; en "La familia del pequeño Sigi", retomaré parte de lo ya referido como Caso Sigmund Freud, complementándolo con información adicional y ésta segunda parte.

Desde la teoría y práctica clínica de Murray Bowen (1971), es plausible demostrar que el pequeño Sigi perteneció a una familia disfuncional, indiferenciada, masa cerrada con evidente confusión intergeneracional. En el sentido del familiólogo estructural Salvador Minuchin (1974), estaríamos ante una familia aglutinada con límites difusos entre el subsistema parental y, el filial fraterno, con serias fallas en la jerarquía paterna; pues, éste, era, una figura ausente, periférica, facilitadora del extremo apego vincular entre Sigiy su mamá. El genograma familiar realizado por McGoldrick y Gerson (1985), muestra que Jacobo el padre, se había casado tres veces; primero con Sally Kanner, de quien tuvo dos hijos, Emmanuel y Philipp; después vino el matrimonio con Rebeca su segunda mujer, de la cual poco se sabe; y la tercera esposa fue, por supuesto, Amalia Nathanson, joven de carácter dominante, madre de Sigmund (1856), Julius (1857), Anna (1858), Rosa (1860), Marie (1861), Dolfi (1862), Paula (1863) y Alexander (1866). Peter Reder (1989), al alimón efectúa su propio genograma aclarando, que sobre algunos hechos, adiciones, fechas y omisiones, no hay un definitivo acuerdo entre los historiadores. Tanto Reder como Paul C. Vitz (1988), se basan en el libro de Mariane Krull, *Freud und sein Vater* (1979), Munich: C.H. Beck; y *Freud and his father* (1987), London: Hutchinson. Más después retomaremos las interpretaciones de Krull, acerca del supuesto *"Affair of Amalia and Philipp"*, insinuado apenas por Ernest Jones (1953, p.9-11, Vol., I). Aquí no se debe soslayar que Anna Freud supervisaba dicha edición, y su antiguo pretendiente le había dedicado la Obra, de modo que, respeto obliga.

Cuando hablo de genogramas me refiero a la genealogía familiar representada en diagramas; en los cuales hay claves identificatorias de géneros, jerarquías, orden de nacimientos, muertes, enfermedades físicas importantes, patología mental, profesiones, oficios, divorcios y, avatares intergeneracionales, (en el caso de la familia Freud se reportan cinco generaciones). Sin embargo; no presentaré genogramas en gráficas porque mi objetivo es señalar nadamás los puntos sistémicos cruciales en el caso Sigi. Cuando en páginas adelante reitero, presente "La familia del pequeño Sigi", caeré en repeticiones, empero, complementaré las ideas que, enseguida expongo.

La genealogía de Amalia Nathanson fue mucho menos complicada que la de Jacobo Freud; sus padres Jacob Nathanson y Sara Wilenz provenían de Odessa, pero residían en Viena desde que era niña; dos de sus hermanos permanecieron en aquella ciudad y, ella solía visitarlos en las vacaciones de verano. Amalia contaba con veinte años cuando se casó con Jacobo de cuarenta.

El seis de mayo de 1856 nace Sigi; tenía un abundante cabello negro, volador, que dio motivo a la mamá para llamarlo "mi pequeño moro". Además –refiere Jones– el bebé había nacido con la cabeza orlada por membranas fetales, señal infalible para la orgullosa madre de que su hijo sería famoso; poco después en una pastelería, cierta mujer añosa le predijo a la "mamá cuervo", que ella había traído al mundo a un gran hombre. Sigi, ya con once años cumplidos, fue reconfirmado de su sino grandioso cuando en un restaurante, alguien, improvisador de versos, le auguró que llegaría a ser Ministro. Según Amalia, todo eso se cumpliría en su "Sigi de oro" (Jones, E. 1953. Vol. I, p.4-5).

Sigi fue sin duda el hijo consentido de una joven madre con mando indiscutido, casada con un cuarentón improductivo, quien algunas veces, ante urgencias monetarias dependía del auxilio económico de la familia Nathanson. La tríada, "madre dominante –hijo predilecto- padre marginado", es disfuncional (Haley J., 1978), aunque en ocasiones; aquel pequeño con auténtica confianza de ser el favorito de mamá, tal como Sigi fue por toda su vida, adquiere la firme seguridad, producto de una autoestima realista de llegar a ser un triunfador *summa cum laude*; para seguir, así, obteniendo los necesitados aplausos de mami y, en edípicos casos, vencer al padre. McGoldrick y Gerson (1985), abundando sobre este triángulo existencial, lo valoran como sigue:

> "Entre paréntesis, una relación de intimidad así con la madre no necesariamente debe ser una experiencia dañina... Descubrimos que fue común en muchas personas famosas que investigamos, incluyendo a Sigmund Freud, Franklin Roosevelt, Harry Truman, Frank Lloyd Wrigth, Douglas McArthur y Jimmy Carter, para nombrar a algunos. En la mayoría de los casos, el padre era una figura débil, un fracasado o estaba ausente durante la mayoría de los años de crecimiento del niño" (p.118).

El padre de Sigi si bien distante, intentó siempre ser democrático. Cuando el último de los hijos nació, Jacobo convocó a "una asamblea familiar" donde se decidiría el nombre del menor. Sigi con diez años de edad propuso el nombre de Alejandro, justificándolo mediante una arenga en la que relataba como "El Grande", había conquistado Macedonia. Ganó la votación por unanimidad. En 1875 el clan Freud-Nathanson se mudó del barrio judío pobre de Leopoldstadt a la Kaiser Josepstrasse, donde Sigi, ya cercano a los veinte años, continuó siendo un privilegiado materno pasando a ocupar el *"cabinet"*, un largo aunque estrecho cuarto con ventana a la calle separado del resto de la familia; mismo que tenía cama, sillas, "closet", más un escritorio con lámpara de petróleo para la lectura nocturna, mientras en las demás habitaciones había solamente velas; el estudio del aplicado estudiante se fue llenando de libros dando pie al padre, a que lo reprendiera pues no era posible pagar tanta deuda. La sobreprotección de Amalia, sin embargo, imperaba, así, las prácticas de piano autorizadas en un principio a la hermana Anna, tuvieron que ser suspendidas por la madre porque las estridencias molestaban a Sigi. Jones refiere que ahí feneció la vocación musical materna y, esto repercutió posteriormente (p.17, Vol. I).

La confusión intergeneracional en la saga Freud, fue producto de mitos, secretos, distorsiones e imaginario familiar. Peter Reder (1989), lo apuntamos antes, revisó importantes investigaciones reveladoras de datos mantenidos ocultos por la familia, incluida en esto, la segunda Anna Freud. Ahora sabemos, que Sally Kanner primera esposa de Jacobo, aparte de Emmanuel y Philipp, concibió dos hijos más quienes murieron en la tierna infancia; después nada se sabe de Sally. En 1852, Jacobo se casa con Rebeca quien terminaría suicidándose al saber que su marido había embarazado a otra mujer. Se arguye también que en realidad Rebeca fue la mujer de Joseph, hermano de Jacobo; agregado a todo eso, según Reder, hay claras evidencias que tanto Joseph como Emmanuel y Philipp, se involucraron en negocios clandestinos, sucios, e implicados también más adelante en la falsificación de billetes.

Otro testimonio controvertido es el acta de nacimiento de Sigi; donde se asienta el seis de marzo de 1856, y no el seis de mayo, como fecha en que nació el bebé. Jones (1953, p.1) asegura que sólo se trató de un acto fallido del empleado local.

Entremos ahora, al íntimo aposento triangular de las escenas primarias universales, iniciado ya en El caso Sigmund Freud (I) (Cap. 3).Ahí, y directamente vinculado con el esclarecimiento y discernimiento de la sexualidad infantil, se relata e interpreta el sueño de "la maestra en cosas sexuales", quien entrenara al pequeño en la práctica de experiencias masturbatorias. Cuando redacté aquel apartado aún no leía yo el libro *Sigmund Freud's christian unconscious*, de Paul C. Vitz (1988), en el cual encontré el verdadero nombre de la nana católica, a saber, Resi Wittek y no Mónica Zajic, como se afirmaba. Todo parece indicar que la confusión de los primeros historiadores partió del hecho que los renteros y vecinos de habitación de los Freud, se apellidaban Zajic. A la vez, en dicho examen sobre la infancia erótica de Sigi, precursora capital de sus investigaciones ulteriores, anoté un conocido recuerdo pantalla, encubridor y recurrente, desde sus reminiscencias más antiguas. Lo retomo aquí como documento introductor al supuesto *"Affair of Amalia and Philipp"*. Un Sigmund adulto recuerda:

> "No encuentro a la madre en ningún sitio y lloro desesperadamente. Mi hermano Philipp (veinte años mayor que yo) me abre un armario [*kasten*] y tras no encontrar a la madre tampoco ahí, lloro todavía más, hasta que ella, esbelta y hermosa, entra por la puerta" (Nicolás Caparrós, Tomo II, p.279).

Freud en su insólito autoanálisis relacionó dicho recuerdo encubridor con el doloroso encarcelamiento de la nana, acusada de ladrona por Amalia y Philipp.(Jacobo andaba de viaje), asociando armario con el modismo vienés cajón (*kasten*). El enorme temor de Sigi, era, si su mamá al igual que la nodriza había desaparecido, es decir, estaba "encajonada".

Centremos entonces la atención a los primeros tres años de Sigi. Estando Amalia embarazada, y pasados ya siete meses de matrimonio, el padre de su marido muere, en febrero de 1856, tres meses antes de que naciera Sigi, quien recibió el nombre judío de su abuelo Schlomo y, el alemán de Sigismund como era la ley; además, cuando él nació ya tenía una familia extensa, pues su medio hermano Emmanuel se había casado con María, y pasado un mes de la boda Amalia-Jacobo (nombre del papá de ella por cierto), nació José. En 1856 el medio hermano menor Philipp, aún soltero y con la misma edad de Amalia, vivía en la calle frente a ellos y, Emmanuel a unas pocas cuadras de ahí. En noviembre de ese mismo año nace Paulina, hermana de José; por esas circunstancias el pequeño Sigi tuvo dos compañeros de juegos, uno nueve meses mayor, y Paulina cinco meses menor. Total; la confusión intergeneracional fue tremenda pues Sigi tenía dos medios hermanos que parecían tíos y, a la par, un medio sobrino y una media sobrina. Pero, aparte de ello poseía también dos mamás: Amalia y Resi la nana católica. Según Ernest Jones (1953, Vol. I, p.10), para los ojos de Sigi existían varias parejas; Emmanuel y María con quienes José y Paulina algo podían tener; Jacobo y la nana como un par de figuras no tan jóvenes, autoritarias y prohibidoras; Amalia y Philipp los menos viejos, quienes en la fantasía de Sigi "habían cooperado en la producción de la usurpadora Anna" (*Ibid*). La duda confusional era, ¿por qué, el que duerme con mamá es Jacobo?

Paul C. Vitz (1988) sostiene la idea de las dos madres de Sigi; pues durante los primeros 32 meses (anteriores al nacimiento de Anna), la mamá había estado embarazada 18 meses (gestaciones de Sigi y Julius), por lo cual la *"Nannie"* Resi Wittek cobró mayor importancia (p.7). Julius segundo hijo de Jacobo y Amalia nació, según Peter Reder, cuando Sigi tenía 17 meses, ¿prematuro?, recibiendo ese nombre en honor del hermano más joven de Amalia, gravemente enfermo de tuberculosis pulmonar, quien fallecería cinco meses después de nacer el sobrino; éste, a su vez, murió a los seis meses de edad debido a una fulminante gastroenteritis. Las muertes del abuelo paterno, el tío materno y un hermanito, en tan corto tiempo, influyeron en los padres de Sigi, dejando huella en el pequeño, y posiblemente se resignificó ese duelo, a *posteriori*, con las muertes sucedidas en el Caso Elisabeth.

Retornando al tema de las dos madres, Paul C. Vitz (1988) ahondando sobre éste tópico hace referencia al trabajo de Freud sobre Leonardo donde se analiza el cuadro "La virgen y el niño con Santa Anna", en el que tanto la abuela Anna como la madre María parecen de la misma edad. Vitz, acreditando la interpretación de Freud al respecto destaca que, en efecto, las dos mamás de Leonardo fueron Caterina, una muchacha campesina y la aristocrática Donna Albiera con quien se casó más adelante Ser Piero da Vinci, padre de Leonardo. Según Vitz, por ser una persona mayor Ser Piero, representaría para Freud un Jacobo proyectado. En la pintura las dos madres del niño Jesús, serían María y Anna. Además, desde el colegir de Freud la misteriosa sonrisa y esa enigmática mirada de La Mona Lisa, se identifican claramente en la virgen María.

"La infancia de Leonardo –expone Freud- había sido justamente tan asombrosa como este cuadro. Había tenido dos madres; la primera fue la verdadera, Caterina, de cuyo lado lo sacaron cuando tenía entre tres y cinco años, y la otra, una joven y tierna madrastra, la esposa de su padre, Donna Albiera" (Freud, S., 1910, p.106).

La infancia de Leonardo explicaría el porqué María y Anna aparentan casi la misma edad; al alimón, el imaginario infantil de Sigi, determinaría la curiosidad científica del Freud adulto por investigar la vida de otros personajes míticos o históricos, como Edipo y Moisés, quienes a la vez tuvieron dos madres; no extraña tampoco la razón freudiana de recomendar el Leonardo da Vinci de Merejkovski (1902) como uno de los diez <<buenos>> libros escogidos por Freud (1906), ni sorprendería a nadie, que la segunda Anna Freud, su última hija nacida en 1895, también creciera bajo el cuidado de dos mamás, Martha y Minna Bernays, quien fue parte capital en la casa de Freud, desde 1896 en adelante; cuñada a la que muchos historiadores vinculan sentimentalmente con el creador del psicoanálisis (Roudinesco, E.; Plon, M., 1997, p.97-99).

Vitz y Reder apoyándose en variadas fuentes pero especialmente en *Freud and his father* de Marianne Krüll, y la biografía de Ernest Jones; arguyen que el *"sexual affair"* entre Amalia y Philipp, aconteció cuando Sigi tendría alrededor de tres años, poco antes de que la familia Freud partiera inesperadamente de Freiberg. En aquel tiempo Jacobo viajaba constantemente debido a su negocio de lana, permaneciendo ausente del hogar por varias semanas. Amalia, Philipp y Sigi, quedaban solos. Influyó, a la vez, el hecho de que en Freiberg vivían a lo mucho un centenar de judíos, siendo entonces bastante reducida la población femenina joven; Amalia era atractiva, voluntariosa, y seguramente frustrada en su matrimonio con un *looser*. Hay obvias evidencias en reminiscencias, recuerdos encubridores, algunos ya referidos, sueños, asociaciones sobre ellos, digamos como muestra lo de la Biblia Philippson, es decir Philipp-son, alusiones al nombre de Alejandro, en fin; circunstancias que hicieran pensar al curioso y precoz Sigi, acerca de si en el nacimiento de su hermanita Anna, algo tenían que ver su mamá Amalia y Philipp, pues fueron ellos, como pareja "sospechosa", quienes aparecían en los derivados inconscientes testimoniales (Jones, E., 1953, p.9-13; Vitz, P.C., 1988, p.39-42; Reder, P., 1989, p.95). En suma, el pequeño Sigi, sigo a Bowen (1971) y, a Minuchin (1974), creció en un medio familiar donde los triángulos se geometrizaban, pues el quién es quién, podrían ser muchos.

Otra prueba indicativa del *"affair"*, relatada en el libro de Vitz, proviene de la comunicación personal dada por Peter Swales, donde él informa, que Philipp partió rumbo a Inglaterra, instado por su padre Jacobo quien algo o mucho sospechaba y, ya nunca más visitó a su padre y Amalia, aunque sí a Sigi en Leipzig. La duda celotípica de Jacobo se fundaba también en el hecho, de que la nana católica Resi Wittek, principal testigo de cargo, fuera encarcelada por hurto a petición de Amalia y Philipp, estando el jefe de la casa fuera.

"En conclusión –corona Paul C. Vitz- aunque ninguna de las evidencias presentadas por Krüll o, algunos otros autores,son concluyentes de un verdadero "*affair*" Amalia-Philipp;si tomamos conjuntamente dichas evidencias, cuando menos psicológicamente, tal "*affair*", llegaría a ser una parte significativa de la psicología freudiana, y ciertamente ayuda a comprender el persistente interés de Freud sobre la sexualidad infantil, la infancia de las grandes figuras con linaje ambiguo, y los conflictos entre padre e hijo; dándonos, además, suficiente luz para entender el rechazo de Freud hacia su papá" (p.44).

Alumbraría por supuesto también con meridiana claridad la celotipia del maestro ante su prometida Martha Bernays, tal como se muestra en Cartas a la novia (Freud, S., 1963), a la par que su conducta fóbica, desplazada del padre, y daría pie, a la fascinación heurística en el análisis freudiano de la escena primaria en el sueño del Hombre de los Lobos. Lo mismo ocurre en nosotros los psicoanalistas, con cierto grado de confusión, al leer o escribir sobre este tema tan íntimo, donde uno reflexiona acerca de sí mismo.

Ahora más, la idealizada imagen materna que tenía Freud, no era real. Amalia es descrita como alguien muy diferente al retrato hablado del Sigi adulto; leamos a Roudinesco y Plon (1997):

> "Ernest Jones da un retrato preciso de esa mujer vivaz, bella, narcisista, tiránica con los hijos, egocéntrica, dotada de un humor mordaz, y capaz de pasar sus veranos en Ischl, jugando a las cartas con sus amigas, hasta una hora avanzadade la noche: 'A los noventa años, se negó a recibir un magnífico chal que le querían regalar, diciendo que <<la envejecería>>' [...]. Cuando apareció una fotografía suya en un periódico, comentó: 'Qué mal retrato, tengo el aspecto de una centenaria' "(p.350).

Amalia falleció a los 95 años de edad en 1930. Freud no asistió al funeral. Como él murió en 1939 no llegó tampoco a conocer el triste destino de sus cuatro hermanas quienes perecieron en el holocausto: Adolfine en Theresiensdat, María y Pauline en Treblinka y Rosa en Auschwitz (Reder, P., 1989, P.97).

La aglutinación indiferenciada del clan Jacobo-Amalia, bien podría indicar el porqué, tanto Sigmund como su odiada hermana Anna, se casaron con dos miembros de la familia Bernays, y por supuesto la adopción de Minna. Sigmund nombraría Anna (1895-1982), a su última hija, empero, ella era una relegada pues antes de Anna se nombraron a Matilde (1887-

1978) y, a Sofía (1893-1920). Es obvio que los rivales de Sigi fueron José y Paulina los medios sobrinos, y Julius más Anna sus hermanos pequeños. El androceo de Sigmund-Martha fue de Martín (1889-1967), Oliver (1891-1969) y Ernest (1892-1970). Martha murió en 1951 a los noventa años de edad. Anna Freud segunda sería la Antígona deEdipo Freud.

La familia original de Sigi ilustra paradigmáticamente el perfil histórico-caracterológico, de aquellos que llegamosa ser psicoterapeutas, seamos o no médicos, Sigi lo fue, Anna segunda no. La temática acerca de nuestros orígenes motivacionales me ha interesado desde y para siempre (Solís, H., 1968, 1994-a,b, 2000,2001), por lo cual me ocuparé de ello en trabajos posteriores. Por el momento sólo señalaré algunos datos:

1. Identificación con:

a) Padres médicos, o psicoterapeutas, o maestros.

b) Figura materna como *imago* que cura o enferma enfamilias indiferenciadas.

Familiares cercanos en el campo de la salud, (enfermería, trabajo social, etc.).

c) Médicos que atienden a la familia de pertenencia.

El juego infantil del doctor o de papi o mami; abuso sexual temprano.

1.1.-Protoangustia en la infancia de muerte o enfermedad física, propia, o de otros.

1.2.- Antecedentes de psicopatologías personales o familiares.

1.3.- Fobias o contrafobias negadoras.

1.4.- Hipocondriasis física o psíquica.

1.5.- Fantasías de salvación o de ser salvado, ¿quién rescata a quién? Curiosidad precoz por el cuerpo propio, o de los otros.

1.6.- Ser hijos parentales, generatividad, sublimaciones reparadoras depresivas.

1.7.-Pseudo-reparaciones maniacas.

1.8.- Identificaciones positivas o negativas, familias "internas" y "externas"

1.9.- Tipos caracteriales: narcisista, histriónico,depresivo-masoquista, obsesivo-compulsivo.

Freud en su Presentación autobiográfica (1925[1924]), más que destacar su inclinación médica, privilegió su vocación de hermenéuta psíquico:

> "En aquellos años –declaró un Sigi consagrado por su grey- no había sentido una particular preferencia por la posición y la actividad del médico; por lo demás, tampoco la sentí más tarde. Más bien me

movía una suerte de apetito de saber, pero dirigido más a la condición
humana que a los objetos naturales" (p.8).

Fue así como el maestro aprendió "a discernir la verdad de la admonición
de Mefistófeles" (p.9):
> "En vano rondará usted de ciencia en ciencia, cada quien sólo aprende
> lo que puede aprender" (Goethe, Fausto, parte I, escena 4).

Juanito (Herbert Graf, 1903-1973)

Con el caso Juanito -lo anotamos anteriormente- se inaugura el análisis
infantil, la supervisión y, el enfoque terapéutico familiar; además de ser
el primer testimonio clínico que recorre el proceso evolutivo de un niño,
desde tener él tres años, hasta los cinco. Inclúyase en eso, que a los tres
años y medio de edad ocurrió el nacimiento de Hanna, su hermanita,
siguiendo a ello un primer sueño del pequeño y, un año adelante la fobia
a los caballos. Esta última fue tratada mediante estrategias construidas por
Freud, que comprendían maniobras cognoscitivo-conductuales, más el
estudio dinámico, incluido en ello, una sesión única de terapia vincular en
pareja padre-hijo.

La Hanna de Juanito vendría a resignificar en el Sigi analista, a la 'nana'
Resi Wittek, a la Anna primera su hermana, a la Anna segunda su hija y, a la
Santa Anna del cuadro de Leonardo a, excepción del trágico final de Hanna
Graf, "que se suicidó en los Estados Unidos a principios de la década de
1950" (Roudinesco, E.; Plon, M., 1997, p.420). OtrasAnnas significativas
para Freud fueronAnna O. (Berta Pappenheim) y Anna Lichtheim (Irma?) a
quien según Roudinesco y Plon, Anna Freud debe su nombre (p.550).

Los padres de Herbert conocían a Freud desde 1900 pues la mamá Olga
König-Graf actriz de teatro había estado en análisis con el maestro. Max Graf
abogado y musicólogo casado con Olga desde 1898, entraría así al exclusivo
círculo privado del Profesor siendo invitado en 1902 a las reuniones de la
Sociedad Psicológica de los Miércoles, llegando a pertenecer, a su vez, al
selecto grupo que jugaba a las cartas con él. La Roudinesco y Plon, reportan
que Freud "concurría a las fiestas familiares de los Graf y le había regalado
al futuro Juanito, en su tercer cumpleaños ¡un caballito para balancearse!"
(p.418).

La epistemofilia temprana de Juanito se centró desde los tres años, sobre la diferencia y el tamaño del <<hace-pipí>> de papá, mamá y, el suyo propio. "Apetito de saber y curiosidad sexual parecen ser inseparables entre sí" (p.10) resaltó el maestro; siendo así, el proyecto metodológico de la indagación acerca del <<hace pipí>> se extendió, a vacas que dan leche, leones de zoológico, caballos de orinar torrencial y, locomotoras echando fuera chorros de agua. De dicha manera el neonato descubridor de enigmas se "convierte en investigador" (*Ibid*). Líneas adelante Freud refiere en relación a Juanito:

> "Al rato agrega, reflexivo: "Un perro y un caballo tienen un hace-pipí; una mesa y un sillón, no". Así ha conquistado un signo esencial para distinguir entre un ser vivo y una cosa inanimada" (*Ibid*).

Juanito, impulsado por su ansia escoptofílica, prosigue explorando y cuestionándose determinadas circunstancias a saber: ¿Por qué su mamá desnuda no posee un hace-pipí como papá o del tamaño de los animales grandes? O, la inquietante duda: ¿Si alguien no tiene un hace pipí orinará por el ano? (Angustia de castración). O, la vital interrogación. ¡Entre el "hace-pipí" y el "hace popó", existirá una cavidad cerrada que se abre para el nacimiento de los bebés? (Idea de la cloaca en animales y humanos).

Sigi Freud el sempiterno heurístico, sin duda "espejeaba", el alimón con Max Graf, ante el pequeño Juanito; y quien esto relata, insisto a propósito, al igual que algunos lectores del caso clínico, más si fuimos niños obsesivos, es decir, investigadores precoces, seguramente que vivenciarémos una íntima y lacerante sensación de *dèjá vu*, o sea, el haberlo visto ya, o vivido antes; o, todo lo contrario, tener la firme convicción de estar frente a un *jamais vu* (jamás visto): franca negación resultante de una defensiva amnesia infantil traumática de índole represiva, lo cual ocurre frecuentemente en personalidades histriónicas. El Narciso más que seres vivos, registra objetos inanimados, animales domésticos y paisajes.

Un fenómeno debe diferenciarse en este momento; una situación es la del obsesivo adulto, que suele evocar en sus asociaciones regresivas reminiscencias muy tempranas y, otra bastante distinta la del sujeto ya adolescente tardío, que no recuerda en absoluto lo sucedido en su infancia tal como aconteció en Herbert quien aún después de leer su propia historia publicada, no recordó los hechos comunicados a Freud por su padre; es obvio que entre esos sucesos estaban los enseguida descritos:

"Su interés por el hace-pipí no es, sin embargo, meramente teórico; como cabía conjeturar, ese interés lo estimula también a tocarse el miembro. A la edad de 3 ½ años, su madre lo encuentra con la mano en el pene. Ella lo amenaza: "Si haces eso, llamaré al doctor A., para que te corte el hace-pipí. Y entonces, ¿con qué harías pipí?" (p.9).

El hijo contestó: "Con la cola {popó}".

Esta "linda madre", "tan buena y devota", semejante a la imagen idealizada de Amalia mamá de Sigi, no podría nunca jamás ser considerada por Freud como castradora; mucho menos siendo Olga König-Graf ex-paciente del supervisor de Juanito. El maestro vienés cultivó siempre una marcada idealización con sus ex-analizandas, algunas de ellas brillantes sin lugar a duda: Helene Deutsch, Lou Andreas-Salomé, Anna Freud (su hija), Joan Riviere, Alix Strachey, Ruth Mack Brunswick, Marie Bonaparte, Marianne Kris, y la poetisa Hilda Doolittle.

El mayor acontecimiento en la vida infantil de Juanito, también ocurrió a los tres años y medio, cuando vino el nacimiento de su hermanita Hanna. Ciertos indicios esclarecedores en parte, permitieron al pequeño Herbert dubitar acerca de la tan mentada cigüeña: un doctor llega a la casa; Juanito es retirado de su mamá; gemidos de ella; agua sanguinolenta, en fin, Freud ve la escena desde el consultorio.

"Pone un gesto tenso, muy desconfiado, frente a todo lo que ve y *sin duda se ha afianzado en él la primera desconfianza hacia la cigüeña*" (p.11 cursivas del maestro).

Poco después le dicen que tiene una hermanita; él reacciona con celos y devaluaciones: "no puede hablar", "no tiene dientes". Herbert se enferma de las anginas y, en medio de la fiebre se lamenta: "yo no quiero tener ninguna hermanita". Una semana pasó y mientras bañaban a Hanna el observó: "su hace-pipí es todavía chico... ya cuando crezca se le hará más grande" (p.12).

Tres meses adelante el destronado niñito relata el siguiente sueño:

"Hoy, cuando estaba dormido, he creído yo estoy en Gmunden con Mariedl" (*Ibid*). El padre informa al Profesor Freud, que Mariedl es hija del propietario de la casa de veraneo que rentan; ella tiene 13 años y ha jugado a menudo con Juanito. "Cuando el padre le cuenta a la madre su sueño en presencia de él, Hans le observa, rectificándolo: "No con Mariedl; yo totalmente solo con Mariedl" (*Ibid*). Como estamos ante un sueño infantil la deformación procedente de la censura es mínima, siendo la interpretación del contenido latente sencilla; tratase del cumplimiento desplazado de un deseo incestuoso: Mariedl=Mamá Olga. La intrusa de Hanna no aparece, tampoco el padre.

El afán exploratorio del pequeño Hans, persiste mediante preguntas, dibujos, juegos, conductas poligámicas con niñitos mayores y niños casi de su edad; aquí, por supuesto, el vínculo amoroso es homosexual. "¡Nuestro pequeño Hans parece realmente un dechado de todas las perversidades!" (p.15), externa el Profesor. Mientras tanto, Max Graf le sigue entregando notas de evolución:

> "Hans, a 4 ¼ años. Hoy a la mañana, como todos los días, Hans es bañado por su mamá y, tras el baño, secado y entalcado. Cuando la mamá le entalca el pene, y por cierto con cuidado para no tocarlo, Hans dice: "¿Por qué no pasas el dedo ahí?"
> Mamá: "Porqué es una porquería"
> Hans: "¿Qué es? ¿Una porquería? ¿Y por qué?"
> Mamá: "Porque es indecente".
> Hans (riendo): "¡Pero gusta!" (p.18).

La posterior actividad onírica de Juanito muestra que la censura empieza a mandar. "Es su primer sueño que se ha vuelto irreconocible por desfiguración" (*Ibid*).

"Hans, 4 ¼ años Sueño. Hoy a la mañana acude Hans y cuenta: "Escucha, hoy a la noche he pensado: "Uno dice ¿Quién quiere venir conmigo? Entonces alguien dice: Yo. Entonces tiene que hacerlo hacer-pipí" " (p.19).

Ulteriores preguntas del padre Max, quien muestra una perspicacia psicológica nada común, llevan a Herbert al conocido "juego de las prendas" con amiguitos, entre ellos las niñas Olga (nombre de la mamá) de siete años, y Berta de cinco. El papá intuyendo algo latente pide al hijo relate el sueño otra vez y, en esa segunda ocasión se reemplaza el "entonces alguien dice" por "entonces ella dice". El sueño imita, pues, a ese juego infantil, pero el castigo sería el hacer pipí, mejor dicho, alguien tiene que hacerlo hacer pipí a él. Freud nos ayuda explicitando:

> "El sueño reza, pues, traducido: "Yo juego con las niñitas a las prendas. Yo pregunto: ¿Quién quiere venir conmigo?" ella (Olga o Berta) responde: "Yo". Entonces ella tiene que hacerme hacer pipí". (Asistirlo al orinar, cosa que evidentemente le resulta grato a Hans) (*Ibid*).

Un año después Juanito suplica al padre lo lleve hasta detrás de la casa vacacional en Gmunden para que nadie lo mirara mientras orinaba:

"Eso significa, creo, -colige Freud-, que el año pasado le era grato ese mirar de las niñas, pero ahora ya no lo es. El placer de exhibición sucumbe ahora a la represión" (*Ibid*).

Es posible advertir que entre Max, padre externo de Juanito y, el padre simbólico (Freud), principia a emerger una competencia y, a veces, nosotros los lectores no sabemos bien a bien, quién es el interprete de ciertos eventos. (Ver nota de los Strachey en la página 17). En semejante clima de escalada simétrica competitiva, estaría el significativo hecho de un Max Graf, sin entrenamiento como psicoterapeuta; analizando más tarde a Olga, su primera esposa. Él, posteriormente, tendría dos matrimonios más. Ronald W. Clark (1980) en su libro "Freud. El hombre y su causa", acota testimonios del padre de Juanito donde él critica a su antiguo supervisor por erigirse en nuevo profeta creador de una religión, severo y estricto con sus apóstoles, de quienes no permitía desviaciones heréticas, dogmático e intransigente. "Por su ciencia hubiera roto con sus amigos más íntimos y seguros" (p.121).

La introducción del caso Juanito termina así:

"De la época que siguió al regreso a Viena, [de Gmunden], el padre ha fijado aún esta observación":

"Hans (4 1/2 años) mira de nuevo cómo bañan a su hermanita, y empieza a reír. Se le pregunta: "¿Por qué ríes?. Contesta: "me río del hace-pipí de Hanna". "¿Por qué?" "Porque el hace pipí es muy bonito".

"La respuesta es, naturalmente, falsa. El hace-pipí se le antoja cómico. Por otra parte, es la primera vez que admite de ese modo, en vez de desmentirla, la diferencia entre genital masculino y femenino" (p.20).

En los poderes de la palabra textos reunidos por la Asociación Mundial de Psicoanálisis (1996) integrada por miembros lacanianos; escritos, compilados por Jacques-Alain Miller y Judith Miller, hija de Jacques Lacan; ahí, la Escuela de Orientación Lacaniana se encargó de estudiar el caso Juanito, haciendo referencias críticas desde el lugar del Padre, los malentendidos del lenguaje, el uso equívoco del símbolo, las homofonías, los transferires materno, paterno y con el Profesor Freud, del niño Herbert, y las interpretaciones de ellos al respecto (p.73-80). Todo eso, en evidente espejeo con la analista de niños Francoise Dolto (1987) y sus Diálogos en Québec, donde ella plantea que:

> "...castración no es en absoluto la mutilación del órgano, sino la prohibición de satisfacer el deseo en el mero cuerpo a cuerpo; esta prohibición es la que permitirá al deseo satisfacerse por la palabra, por el amor, por la cultura. La castración simbolígena no es mutilación" (p.258).

Para Dolto, esa fue la gran equivocación de Freud en el caso Juanito, "gracias a la cual inauguró el análisis de niños" (p. 259). En verdad psíquica, Hans fantaseaba que su pene se le iba a caer; simbólicamente así fue. El deseo de la madre de Juanito cayó al nacer la hermanita" (p. 259). Según Herbert, él:

> "...Ya no existía para su madre; ella le mintió, puesto que cuando él le preguntó: "¿Tienes tú una cosita de hacer pipí", ella le respondió: "¡por supuesto!" Por supuesto, ella tenía cómo hacer pipí, pero no tenía *una* cosita de hacer pipí" (*Ibid*, cursivas del texto).

Desde la hermenéusis de Francoise Dolto, el hijo cuestionaba a su madre Olga: "¿Tienes tú un pene?", y, ella contestó: "Por supuesto, tengo uno":

"Desde ese momento, para él, del lado de la madre quedó instalado el engaño: como ella tenía un pene, no tenía ni necesidad ni deseo de un hombre" (*Ibid*).

En efecto; la madre prefería a la niñita Hanna y según el sentir de Juanito, ya no quería a papá, ni a el mismo; por lo demás remata Dolto:

> "...El padre Freud y Juanito se marcharán por un lado, mientras que la madre se quedará con su hija y su criada. En la neurosis de Juanito se trataba, por lo tanto, de la mutilación del pene uretral y no de la castración edípica; no había Edipo en juego. Juanito entraba entonces en el Edipo, pero como los padres no eran el soporte de un amor genital el uno para el otro, él se detenía en: "Si no tuviera pene mi madre me amaría más" (*Ibid*).

Para Dolto, el sujeto inconsciente se construye en la palabra del otro; la ética consiste en sostener al pequeño en su deseo, pasión que no conoce contrario, pues, como dijo Freud, en el inconsciente deseante nunca existe un No. En Juanito, la imagen del papá no se integró en el triángulo edípico. La Ley del interdictor "amado" por la madre, no se escuchó: "con ella no".

Por ende, desde el deseo, no hubo el objeto identificatorio estructurante.

"Sólo es posible que un chico se enorgullezca de su sexo de varón si el padre, en la vida real de la familia, ocupa el lugar del hombre, deseado por la madre. Lo mismo para la niña en su relación con la madre" (*Ibid*).

En el quehacer clínico de Francoise Dolto, la intersubjetividad en el proceso analítico tenía que llegar al máximo de intensidad. Ella, aunque lacaniana, le apostaba a la contratransferencia.

La fobia de Juanito

"Estimado profesor: le envío otro pequeño fragmento sobre Hans... Me tomaré la libertad..., de visitarlo mañana... Sin duda ha sido una hiperexcitación sexual por ternura de la madre, -informa Max resentido- pero no se indica el excitador de la perturbación. El miedo de que *un caballo lo muerda por la calle* parece entramado de alguna manera con el hecho de que le asusta un pene grande... Salvo el miedo de andar por la calle, y su desazón al atardecer, sigue siendo el mismo, divertido, alegre" (p.21 cursivas en el texto).

En el principio de 1908, Hans cuenta con 4 3/8 años. Una mañana aparece en la recámara de los padres, llorando; la mamá le pregunta por qué llora y él refiere un sueño:

> "Cuando dormía he pensado tú estabas lejos y yo no tengo ninguna mami para hacer cumplidos". [Nota del padre: "cumplidos" es la expresión del hijo para "acariciar"] (p.22).

Total, un sueño de angustia y pérdidas: "Si yo no tuviera ninguna mamá, si tú te fueras", se lamenta el pequeño desconsolado, sentimental. "Por desgracia –reporta el padre ya celoso- cuando él estaba con ese talante elegíaco, la mamá lo acogía siempre en el lecho" (*Ibid*). La ansiedad fóbica situacional, mientras tanto, va en aumento e invade la casa. Hans anuncia que el caballo mordedor "entrará en la pieza" [recámara]. Herbert, no obstante, persiste en sus prácticas autoeróticas, ¿tendré todavía mi pene?, mientras su madre insiste en reprenderlo. Empero, se interroga Freud, ¿por qué es al anochecer cuando Juanito exterioriza "el miedo de que el caballo entre en la pieza?" (p.25). El maestro, "paracontratransferencialmente", declara inocente a su ex analizanda Olga, escribiendo, "debemos tomar partido a favor de su buena, y por cierto que harto cuidadosa madre" (p.25). Pero; cavila de seguro el chico, ¿será el pene de mamá tan grande como en las bestias? El padre Max se mantiene encaprinado e, inculpa a la seductora mamá de "ternura hipertrófica" y de estar siempre dispuesta para recibir al hijo, en su lecho.

Durante la supervisión o, análisis de control, como se llegaría a nombrar, Freud acordó con el papá, en llamar "tontería" a la fobia, y que dijera al niño que éste quería muchísimo a la mamá y deseaba ser aceptado siempre por ella, en la cama. Se indicó, además, al padre, se internara en el camino del franco esclarecimiento anatómico-sexual e, informara al pequeño en alguna oportunidad apropiada, que tanto Hanna, como él ya conocía, y su madre, no poseían pene alguno (*Ibid*). Alguien podría objetar en este momento desde una lectura lacaniana, que Juanito de una manera ilusoria, toma más en consideración, lo que no está, y nunca estuvo, entendámos la presencia de una ausencia significante para el deseo. La madre Olga, en verdad física, no tiene pene, empero, posee Falo (su hijo Herbert). El Falo imaginario es todo aquello que proporciona completud a una falta en la subjetividad (cuerpo, pene, poder, dinero, etc.), condición preferencial para el deseo del otro. El Falo simbólico, en cambio, no está caracterizado por la oposición ausencia-presencia, sino por la posibilidad de sustitución, reemplazo; circularidad intersubjetiva, de dar y recibir, tener y perder (castración simbólica), sin embargo, no se puede ser. En el tercer tiempo del Edipo lacaniano, se configura la metáfora paterna, como una operación, que en lo simbólico, pone el nombre-del-padre, en sustitución por el deseo-de-la-madre y su producto (sujeto narcisista), induciendo, así, la significación fálica, que haría emerger al individuado Juanito, como sujeto singular. Esto al parecer no aconteció (Vallejo, A., 1980, p.53-56). Lo que sí sucedió, fue lo ahora conocido como proceso paralelo.

Rudolf Ekstein y Robert Wallerstein (1958) en su tratado *The teaching and learning of Psychotherapy,* investigación realizada en la Escuela Menninger de Psiquiatría durante diez años e, inspirada por el trabajo de la psicoanalista Joan Fleming (1953), describen, sí, "el proceso paralelo", dedicándole un capítulo de ese libro: *Supervisor and Student-Therapist and Patient-Parallel Process* (Cap. XI, p.177-196).

Actualmente se comprende como "proceso paralelo", a la gran diversidad de fenómenos tránsferocontratransferenciales y sus modalidades paras, inducidos abierta o sutilmente al terapeuta, por el paciente o sus allegados (familia, maestros, amantes, jefes, etc.), transmitidos después en cadena al supervisor encargado del caso. En condiciones ideales, que son las menos, el psicoterapeuta entiende el proceso curativo y lo comunica adecuadamente al instructor, facilitándole su labor de maestro-guía en la terapia. Estamos, entonces, en un "proceso paralelo" positivo, donde el viaje de ida: enfermo-terapeuta-supervisor, y su vía de retorno: supervisor-terapeuta-paciente, es funcionalmente operativo. Una segunda situación se establece cuando el profesionista en entrenamiento, no ve con claridad la problemática del doliente psíquico y los conflictos con su entorno; pero, el experto con mayor experiencia clínica sí la ve, instruyendo con ello al tratante y, éste a su vez lo aplica en el enfermo. La tercera posibilidad se presenta cuando tanto el paciente o sus familiares como el terapeuta y su supervisor, no logran dilucidar qué está pasando en el proceso psicoterapéutico, lo cual habla de un "proceso paralelo" negativo, mismo que, en general, es transitorio, aunque a veces se recomienda supervisar la supervisión.

Reflexionando en retrospectiva desde las antedichas ideas; es posible el conjeturar que, en el caso Juanito, acontecieron una variada gama de adversas circunstancias transferenciales, que alteraron el proceso: un niño fóbico Hans al igual que Sigi, una madre seductora Olga, ex–analizanda del maestro, en quien él rememoraba a su joven madre Amalia, un Max Graf, que seguido le resucitaba al viejo Jacobo, su padre, además de ser músico, nacimiento de la hermanita Hanna causante de celotipia en Juanito, y que, a Freud le re-significaba en efecto retardado, a otra Anna, usurpadora también. La pugna Max Graf-Sigmund Freud en *status nascendi* reeditaba pleitos de más lejos. No se puede ni debe negar, que Freud amó y odió, a figuras que restaran sus deseos omnipotentes: Jacobo, Julius, Philipp, Breuer, Fliess, después seguirían: Adler, Jung, Ferenczi.

Retomaremos, entonces el historial de Juanito señalando hechos ilustrativos del "proceso paralelo", que a veces fue negativo, en otras ocasiones resultó positivo, pero, desde y para siempre es y será el paradigma creador de las psicoterapias infantiles, la supervisión de un caso, el seguimiento del mismo hasta la muerte de Herbert Graf en 1973, la *one person family therapy*, el enfoque cognoscitivo dinámico, la corroboración de una "neurosis infantil" y su posterior amnesia, más, sobretodo, la puesta en acto de reacciones y contrarreacciones, tránsferocontratransferenciales en el proceso terapéutico, que, por lo demás algunos consideran meramente psicoeducativo.

Un evento reforzante de la fobia fue el hecho quirúrgico de extirpar las amígdalas a Juanito. Los caballos mordelones, por cierto, eran blancos, ¿cirujano con tapaboca blanco en la operación? Como la fobia se había intensificado al grado de ser casi incapacitante, es decir, Herbert ya no salía de la casa; el supervisor indica al padre terapeuta, que Juanito debe, poco a poco, enfrentar tal situación acompañado por papá o mamá. Max le dice que su miedo "perderá fuerza si sale de paseo más a menudo" (p.27). La terapia conductista entraba en acción.

Hans colaboraba aunque seguía insistiendo que los temores de salir se debían a que él se pasaba "todas las noches la mano por el hace-pipí" (*Ibid*). El dilema se mantenía, ¿quién es el o la causal del síntoma? ¿Juanito, la madre, el padre?

Vemos ahora al terapeuta Max Graf intentando persuadir al pequeño paciente Herbert Graf a que visite al supervisor Sigmund Freud. En casa se quedaría Mami, Hanna y la mucama:

> "¿Quieres ir conmigo el lunes a casa del profesor, que te puede sacar la tontería?"
> Él: "No".
> Yo: "Pero si él tiene una nenita muy hermosa" (p.29).

La "nenita" se llamaba Anna y tenía trece años. La entrevista con el Profesor Freud, él mismo la relata:

> "Esa tarde me visitaron padre e hijo en mi consultorio médico, ya conocía yo al gracioso hombrecito, [No menciona lo del regalo de un caballito para jugar] y siempre había tenido gusto de verlo, tan amoroso por su seguridad en sí mismo.No sé si se acordaba de mí, pero se comportó de manera intachable, como miembro enteramente razonable de la sociedad humana. La consulta fue breve" (p.36).

El padre terapeuta informa en la corta sesión, que la fobia de Hans no había aminorado [golpe al supervisor desde el transferir negativo de la "neurosis de supervisión"]. Freud "al ver a los dos así, sentados enfrente" (*Ibid*), contrarreacciona defendiendo su jerarquía superior y mostrándoles algo, "que me resultó comprensible se le escapara justamente al padre" (*Ibid*). La evidencia clínica no detectada por el inexperto tratante, era, que lo negro alrededor de la boca del caballo mordedor, tenía aspectos de rostro humano. En este instante algún lector hermeneuta exclamará: "¡El caballo es Max, el padre castrador del hijo!" Freud, al comando ya de la terapia insiste sobre el intenso amor del pequeño por su mami y, el temor inconsciente al castigo paterno, por querer tanto él a la mamá; enseguida, el Profesor explora la pugna entre ellos dos, realizando lo que actualmente se conoce como "terapia vincular breve"; en este caso de pareja padre-hijo, donde se interpretan los vínculos externos e internos, circulares e intersubjetivos, entre ambos contendientes, más que todo, los agresivos. En efecto, habían reñido recientemente, tanto verbal como físicamente (cabezazos y manotazos), empero, a Hans, lo que más lo impresionó fue lo dicho por el profesor, quien sabía desde antes que él viniera al mundo, que sería un hijo enamorado de su mami y temeroso del papá.

En el camino de regreso al hogar, Juanito, idealizando, preguntó al padre:

"¿Acaso habla el Profesor con el buen Dios, pues puede saber todo desde antes?" (p.37).

El "proceso paralelo" negativo había sucedido así: Juanito sin estar consciente de ello permaneció fóbico (ganancia primaria de la enfermedad), agrediendo de esa manera al padre (beneficio secundario del síntoma) y, Max depositó ese enojo en Freud, quien ante tal impacto contrarreacciona eximiéndose de responsabilidad alguna y culpando al terapeuta de incapacitado; indicándole, además, sus puntos ciegos y substituyéndolo transitoriamente como analista, aunque "fanfarroneando" en tono de chanza. Sin embargo, el "proceso paralelo" positivo, supervisor-terapeuta-paciente, pronto se recuperó.

"Desde esa consulta, recibí informes casi diarios sobre las alteraciones en el estado del pequeño paciente. No cabía esperar que mi comunicación lo librara de su angustia de un golpe, pero se demostró que ahora le era dada la posibilidad de presentar sus producciones inconsciente y desovillar su fobia. Él siguió desde ese momento un programa que yo pude comunicar de antemano a su padre" (*Ibid*).

Las instrucciones, lo señalamos antes, fueron conductistas; adelantándose Freud a lo que hoy es de sobra conocido, los buenos resultados sintomáticos en el doliente fóbico con dichas estrategias. Lo que es más; hay en esta época postmodernista una fuerte tendencia para integrar en el tratamiento de las fobias, los enfoques cognoscitivos-conductuales y las psicoterapias dinámicas, es decir, lo mismo que el profesor implementó en el caso *Juanito* hace casi una centuria. Poco tiempo después de la consulta en *Berggasse 19*, Freud reporta: "se comprueba la *primera mejoría sustantiva*" (*Ibid*, las cursivas son del Profesor). Juanito ya puede permanecer una hora enfrente de su casa viendo pasar carruajes impulsados por caballos. Al anochecer dice: "Si ya vamos a la puerta de calle, también iremos al parque" (*Ibid*).

Enseguida seguirían paseos a sitios fobígenos para Hans y, él, asegura, que "no todos los caballos blancos muerden" (p.39).

El proceso continuó y, el papá terapeuta se mantiene conteniendo las angustias del hijo paciente, relacionadas a que, tanto mamá como papá lo abandonen a él (¿temor-fantasía-deseo, premonitor de un próximo divorcio?). ¡Y Hanna la usurpadora reinando como preferida! Se laboraron, a la vez, las homofonías de palabras significativas del conflicto intrapsíquico, lo cual condujo al escrutinio de las ansiedades de separación, muerte, y, urgencia de reunión. La angustia fóbica focalizada, cedió lugar entonces, a una ansiedad flotante cuyo foco latente parecía ser el coito de los padres. El papá negó siempre, que Hans hubiera sido espectador de la escena primaria.

Max :"¿entonces por qué tienes miedo en verdad?"

Hans: "Yo no lo sé, pero el Profesor lo sabrá. ¿Crees tú que él lo sabrá?" (p.41).

El padre sintió el golpe devaluador del hijo, e, ignoró la respuesta-pregunta; dirigiéndose a la indagación analítica de los caballos que se tumban, pero después muerden como aseguraba Juanito. Freud en nota a pie de página, le concede la razón a Hans "por inverosímil que suene era unificación. El nexo es, en efecto, como se revelará, que el caballo (el padre) lo morderá a causa de su deseo de que él (el padre) se tumbe" (p.43). No extraña, por ende, que Juanito reanude su juego favorito, donde en ese juego termina mordiendo a papá. Freud, quien regalara –lo repetimos-, un caballo de juguete al menor, interpreta:

> "En consecuencia, él es el caballo, él muerde al padre; por lo demás, así se identifica con el padre" (p.45).

La identificación paterna es, al alimón, también con el supervisor:

> "Escucha, -le dice Hans al papá. Yo estoy contento; cuando puedo escribir al profesor, siempre estoy contento" (p.49).

Max no le hace caso, aunque el informe fue conjunto, y procede con la exploración acerca de las preocupaciones sobre la alimentación y las heces. Juanito, así era, padecía desde hacía algún tiempo de constipación y su mamá Olga hubo de consultar al doctor L, quien recetó dieta, laxantes y enemas, pues el síntoma se había incrementado. Hans sentía la panza muy llena, y su persistente curiosidad obsesiva por los excrementos propios, y de los demás miembros familiares, aparte de los animales, lo llevaban a pensar en Hanna, no pasaba de ser un *lumpf*, una caca nacida por el ano.

El proceso identificatorio, no obstante, prosigue:

"Vamos frente a la casa. Está muy contento y, como brinca de continuo cual si fuera un potrillo, le pregunto: "Escucha, ¿quién es en verdad un caballo de diligencia? ¿Yo o mami?"

"Hans (con prontitud): "Yo, yo soy el potrillo" " (p.49).

Dejo ahora pasar, a propósito; varias páginas con material de notas para la supervisión donde Freud percibió algo, que él a veces hacía, y nosotros lo hacemos a la par con él en la actualidad, consecuencia del proceso tránsferocontratransferencial. Él advierte:

"Me veo precisado a intercalar aquí algunas palabras. El padre pregunta demasiado y explora siguiendo *sus propios designios*, en vez de dejar exteriorizarse al niño mismo. Por eso el análisis se vuelve *opaco e incierto*. Hans va por su camino y no rinde nada cuando se le quiere sonsacar algo fuera de este" (p.54,55, mis cursivas).

Max, enseguida, escuchando las instrucciones del Profesor se mantiene en el foco de la neurosis infantil evitando dentro de lo posible el contraidentificarse en ella.

Yo: "Estando tú ahí cuando mami bañaba a Hanna, ¿quizá deseaste que ella soltara la mano para que Hanna se cayera adentro?"

Hans: "Sí" (p.57)...Al anochecer, mi esposa me cuenta que Hans estuvo en el balcón y luego dijo: "He pensado que Hanna estaba en el balcón y se ha caído" (*Ibid*)... El deseo reprimido de Hans es harto transparente. La mamá le pregunta si preferiría que Hanna no estuviera, y él responde que sí" (*Ibid*).

En notas posteriores se continúa el hilo rojo del conflicto:

Yo: "¿Qué preferirías? ¿Qué Hanna no hubiera venido al mundo o que esté en él?"

Hans: "Preferiría que ella no hubiera venido al mundo" (p.60)...

Yo: "Por eso has pensado, cuando la mami la baña; "ojalá saque las manos", y entonces ella se caería adentro del agua..."

Hans: (completando): "...y se moriría".

Yo: "Y así te quedarías solo con mami. Y un muchacho bueno no desea eso".

Hans: "Pero tiene permitido pensarlo".

Yo: "Pero eso no está bien".

Hans: "Pero si el lo piensa, es bueno escribírselo al Profesor" (p.61, cursivas del texto).

En nota a pie de la misma página, un Freud alborozado exclama: "¡Bravo, pequeño Hans! No desearía para los adultos un entendimiento mejor del psicoanálisis" (*Ibid*).

El gran enojo para con la madre emergería del inconsciente reprimido tiempo adelante; en realidad psíquica, Olga no era la abnegada figura que Freud delineaba.

Yo: "En verdad, ¿a quién te gustaría más pegarle: a mami, a Hanna o a mí?"

Hans: "A mami?"

Yo: "¿Por qué?"

Hans: "Me gustaría pegarle" (p.68).

Max sigue reportando que su hijo, en la calle, manifestó que los carros mudanceros, carboneros y diligencias, eran carruajes con cesta de cigüeña: "Vale decir, pues: mujeres grávidas", interpreta Freud (p.68).

Hans persiste en su denodado afán de discernimiento; ya no tanto en lo referente a las diferencias anatómicas de los sexos; sino sobre el eterno dilema infantil, ¿de dónde vienen los bebés?, ¿de mamá y por dónde?, ¿y papá tiene algo que ver en ello? Los juegos auxilian al pequeño en dicho esclarecimiento:

"¡Busquen niños, ayer he puesto un huevo!.. De verdad. Papi, ¿cuándo crece un pollo desde el huevo?" Max le aclara eso.

Hans: "Bueno, dejémoslo con la gallina, entonces crece un pollo. Empaquémoslo en la cesta y hagámoslo viajar" (p.72).

Freud relata que eso fue un golpe audaz, Hans se ha apropiado de la conducción del análisis... y en una brillante acción sintomática comunica:

"*Vean ustedes, así me represento yo un nacimiento*" (*Ibid*, cursivas del texto).

Después de esa identificación regresiva con la mami Olga, Juanito progresa hacia el papi; prosigue así, la constitución o construcción del sujeto inconsciente.

Hans: "papi, ¿has visto ya muchas veces cómo un caballo tiene algo negro en la boca?"

Yo: "Lo he visto a menudo por la calle... ¿En Gmunden estabas a menudo en la cama con mami?

Hans: "Sí"

Yo: "Y entonces le has tenido miedo a papi?"

Hans: *"Tú sabes todo, yo no he sabido nada"* (cursivas en el texto, p.75).

Max es ahora como el profesor, "lo sabe todo": no extraña entonces, que la transacción del 30 de abril sea sospechosamente democrática (p.80). Hans ha estado jugando con sus hijos imaginarios. El padre pregunta:

"¿Cómo es que todavía viven tus hijos? Ya sabes que un varón no puede tener hijos".

Hans: "lo sé. Antes yo era la mami, *ahora soy el papi*".

Yo: "¡Y quién es la mami de los niños!"

Hans: "Bueno, mami, y tu eres el abuelo".

Yo: ¡O sea, te gustaría ser tan grande como yo, estar casado con mami, y que ella tuviera entonces hijos".

Hans: "Sí, eso me gustaría, y la de Lainz (Madre de Max) es entonces la abuela" (*Ibid*, cursivas del texto).

Ya casi a punto del desenlace terapéutico; el supervisor Freud, Abuelo analítico de Juanito, tomando en cuenta el diálogo antecitado comenta:

"Todo termina bien. El pequeño Edipo ha hallado una solución más feliz que la prescrita por el destino. En lugar de eliminar a su padre, le concede la misma dicha que ansía para sí; lo designa abuelo, y también a él lo casa con su propia madre" (p.80).

En Enero de 1908, teniendo Hans 4 ¾ años, con el episodio del caballo blanco con rostro humano, que se cae, da comienzo la fobia. El 1° de Mayo del mismo año a mediodía, Juanito acude al padre y le dice:

"¿Sabes una cosa? Escribámosle algo al profesor".

Yo: "¿Qué es?" (p.81).

Juanito cuenta que esa mañana fue con todos sus hijos imaginarios al inodoro. Primero él defecó y orinó y, ellos lo miraron. Luego los sentó en el inodoro, y los hijos hicieron *lumpf* y pipí; enseguida Hans les limpió el trasero con papel; en suma, lo que se hace con los hijos. A la tarde se aventura por primera vez hasta el parque. El padre terapeuta le reporta al profesor:

"Por el camino nos cruzamos con una diligencia, que él me enseña: "¡Mira, un carruaje con cesta de cigüeña!". Si como está planeado, vuelve a ir conmigo mañana al parque, la enfermedad se podrá considerar curada" (*Ibid*).

El 2 de Mayo por la mañana, temprano, Juanito acude al padre y relata:
"Escucha, me he pensado hoy una cosa... *Ha venido el instalador y*

con una tenaza me ha quitado primero el trasero y después me ha dado otro, y después el hace-pipí" (*Ibid*, cursivas del texto).

Freud confirma al padre, quien aprehendió la fantasía de deseo y comunicó al hijo "la única interpretación autorizada":

Yo: "Él te ha dado un hace-pipí *más grande* y un trasero *más grande*".

Hans: "Sí".

Yo: "¿Cómo los de papi, porque te gustaría ser el papi?".

Hans: "Sí, y también me gustaría tener unos bigotes como los tuyos y ese pelo" (señala el de mi pecho)" (*Ibid*, cursivas del texto).

Freud informa, que en los días siguientes la madre en repetidas veces expresó su alegría por el restablecimiento del pequeño (p.82). El padre, diríamos en el presente, se mantenía idealizado en un Edipo negativo. Así permanecería toda la vida.

La última nota de Max, una semana después, refleja "el efecto *Zeigarnik*".

"El resto no solucionado es que Hans se devana los sesos para averiguar qué tiene que ver el padre con el hijo, puesto que es la madre quien lo trae al mundo. Se lo pude inferir de preguntas como: "¿No es verdad que también soy *tuyo*?". (Quiere decir, no sólo de la madre). No tiene en claro la razón por la cual me pertenece. En cambio, no poseo ninguna prueba directa de que él, como usted opina, haya podido espiar un coito entre los padres" (p.83, cursivas del texto).

Epicrisis y seguimiento

En la autocrítica preliminar del Profesor, él como buen Narciso obsesivo, se adelantó a los posibles ataques de sus opositores, quienes seguramente esgrimirían dos objeciones. La primera sería que Juanito no era un niño normal, sino enfermo; de modo que toda generalización carecería de rigor científico. Freud, refuta esto, arguyendo que las fobias son presencia frecuente en el desarrollo infantil. La segunda comprendería la falta de valor objetivo, escribe el maestro, de ese "análisis realizado por un padre prisionero de *mis* opiniones teóricas y aquejado de *mis* prejuicios" (p.84, cursivas en el texto). Freud exonera al pequeño del efecto sugestivo, aunque no soslaya ciertas distorsiones subjetivas. Para mi; la principal interferencia en el tratamiento fue "el proceso paralelo" que se escenificó entre paciente, padre terapeuta y Freud, tal como se planteó hace algunas páginas, empero, el caso Juanito, animó a un regular número de analistas a tratar familiares: Sigmund Freud, Carl

Jung, Hermine von Hug-Hellmuth, Melanie Klein, Etc. Desafortunadamente a Hug-Hellmuth la estranguló su sobrino adolescente Rolf Hug, quien vivía con ella y, era su paciente (Maclean, G.; Rappen, U., 1991).

Otro elemento obstaculizador de la terapia, insisto de nuevo, fue Olga König, la "bella madre, que en un conflicto de juventud, había contraído neurosis y hube yo de atenderla en aquella época" (p.113). La mami de Hans, recordemos, había sido actriz de teatro y, al profesor le fascinaban las féminas del medio artístico; no es sorpresa pues, que él tomara partido con ella. El ejemplo de arrobamiento más célebre fue con Ivette Guilbert, cantante francesa, modelo de Toulose-Lautrec, a quien el Profesor conoció durante su estancia en París, manteniendo ellos una larga amistad. El seis de Mayo del año de su muerte, ella lo visitó en Londres, dejándole una fotografía autografiada, donde escribió: "¡Con todo mi corazón!" (Gay, P., 1988, p.711). Ernest Jones, por seguro afirmaría, que fueron idilios sublimados, porque el maestro era "*uxoriousness*" es decir: un monógamo enamorado de su esposa (Vol. I, p.4).

¿Qué aportaciones teórico-técnicas brinda Freud en el caso Juanito? Las nombraré, sin soslayar que varias de ellas provienen de los historiales clínicos ya reseñados, serían: las triangulaciones intersubjetivas infantiles, el Edipo en desarrollo, la angustia y el complejo de castración, las epistemofílias y epistemofóbias, la madre con pene, la neurosis de la infancia...

"Las histerias de angustia –insiste el maestro- son las más frecuentes entre las psiconeurosis, pero sobre todo son las que aparecen más temprano en la vida: son, directamente, las neurosis de la época infantil" (p.95).

Prosigo con las aportaciones de Freud: la diferencia anatómica de los sexos, el de dónde vienen los bebés, las angustias de separación y reunión, la seducción materna, las prácticas de masturbación, el regreso al seno materno, la bisexualidad psíquica, el retorno de lo reprimido, la pulsión adleriana de agresión, el simbolismo lingüístico, la curación "*con nuestras palabras*" (p.98, cursivas en el texto), las identificaciones, la sublimación...

"El padre llegó a observar que simultáneamente a esta represión sobrevino en él cierta sublimación. Desde el comienzo de su estado de angustia, Hans mostró mayor interés por la música y desarrolló sus dotes" (p.111).

Continúo con ambivalencia afectiva, la tetralogía de filicidio, parricidio, matricidio y fratricidio, el pensamiento mágico, los mitos, la cloaca, el nacimiento anal, la precocidad intelectual...

"Por un muestreo de fuente norteamericana, por ejemplo, -escribe Freud- he podido ver que una elección de objeto y unas sensaciones amorosas igualmente tempranas no son tan raras en niños varones; y lo mismo se sabe de la historia infantil de quienes después son reconocidos como <<grandes>> hombres, de suerte que uno opinaría que la temprana madurez sexual es un correlato infaltable de los intelectuales, y por eso en niños dotados se la hallará con mayor frecuencia de lo que se esperaría" (p.114).

Leámos, además, las ganancias primaria y secundaria de la enfermedad, (a lo cual yo agregaría, reitero, la terciaria, o sea, el beneficio de la pareja teniendo un hijo enfermo, como foco distractor de los conflictos conyugales, y la cuaternaria (Freud como investigador)...

"Me está por parecer que hacemos demasiado caso a los síntomas, y muy poco a aquello de lo cual surgen... Yo podría imaginarme, entonces, que fue benéfico para nuestro Hans haber producido esa fobia, porque ella orientó la atención de los padres... Yo me inclino a pensar así, pero no sé si muchos compartirán mi juicio, y tampoco sé si la experiencia me dará la razón" (p.115).

Adicionece la importancia de los sueños, dibujos y juegos infantiles, la supervisión del análisis infantil, el arte interpretativo, las estrategias conductistas, el "*one person family therapy*", la terapia vincular de pareja padre-hijo, la sesión única, y más que todo el proceso tránsferocontratransferencial y sus formas paras.

> "No puedo sofocar aquí –protesta el profesor- la asombrosa pregunta: Estos que combaten mis puntos de vista, ¿de dónde sacan el saber, que tan seguros de sí mismos exponen, sobre si las pulsiones sexuales reprimidas desempeñan un papel en la etiología de la neurosis y cual sería ese papel? Lo pregunto porque ellos le cierran la boca a los pacientes tan pronto como empiezan a hablar de sus complejos y de los retoños de estos; las comunicaciones mías y las de mis partidarios son la única ciencia que les es asequible" (*Ibid*).

Estoy con Freud, pero debo circunscribir mi acuerdo clínico; en especial, lo correspondiente al sujeto que sufre, habla y escucha. El principio ético de todo psicoanalista médico debe de ser, tal como lo plantea Miguel Ángel Zarco:

> "...El de una medicina más bien hipocrática que ausculta, es decir, que escucha y espera a que por fin alguien hable por cuenta propia y

deje de estar atrapado por "el discurso del amo", que devenga sujeto (los sellos rojos de los LP's RCA tenían un perro que escuchaba atento *"His master's voice"*) (Zarco Neri, M.A., 2001).

En la primavera de 1922, se presentó en Berggasse 19, un joven que declaró ser el "pequeño Hans", ahora de 19 años. Freud se alegró mucho de verlo pues lo había perdido de vista apenas dos años de concluido el tratamiento, ¿divorcio de los padres?, y, teniendo el Profesor como diez años sin noticia alguna sobre su destino.

"La publicación de este primer análisis realizado en un niño había provocado un escándalo grande, y una indignación mayor; le profetizaron al pobre joven una gran desgracia por haberlo <<despojado de su inocencia>> a edad tan tierna y convertido en víctima de un psicoanálisis" (p.118).

Nada de eso se cumplió, reporta Freud, después del reencuentro pues Juanito aseveraba hallarse totalmente bien, sin males ni inhibiciones; había cursado su pubertad sin problemas y superado el divorcio de los padres. Tanto Max como Olga se habían casado de nuevo, empero, Herbert, quien vivía solo, mantenía con los dos buenas relaciones, aunque deploraba el no estar cerca de Hanna, su hermanita, misma que, lo anoté antes, se suicidaría treinta años adelante.

Hans comunicó también, que cuando leyó su historia clínica, no se vio en ella, se le antojó ajena, no se reconoció, ni pudo acordarse de nada, si acaso de ciertas pálidas reminiscencias de las vacaciones a Gmunden.

Elisabeth Roudinesco y Michel Plon (1997, p.412-419) hacen referencia al texto de Max Graf "Reminiscencias sobre el Profesor Sigmund Freud", publicado en 1942, donde el padre relata los odios, pasiones y conflictos, que suscitaba la intransigencia del maestro vienés durante las reuniones científicas de los miércoles. Sobre el caso Juanito, no externó comentario alguno.

Herbert Graf en sus Memorias, expresa ya en el ocaso de su vida, algo sorprendente para algunos lectores no analíticos del caso clínico; su fervor y admiración por el padre Max, no empleando en cambio, ni tan solo una palabra acerca de su madre Olga, ni tampoco sobre el suicidio de Hanna, su hermanita. Juanito al convertirse en adulto,sufrió una disociación defensiva; por un lado sus éxitos profesionales como músico, por el otro sus fracasos afectivos. No superó el Edipo.

A través de su idealizado padre, él conoció a Gustav Mahler (ex-paciente de Freud), Arnold Schonberg, Richard Strauss y Oscar Kokoschka. Max siempre le ayudó económicamente. Las innovadoras puestas en escena, creaciones de Hans, más las novedosas escenografías wagnerianas, le valieron fama en Europa. Richard Wagner era el modelo del papá, y Max le había dedicado dos obras. Vinieron los años del nazismo y padre e hijo se exiliaron en los Estados Unidos... Ahí Herbert Graf, llegaría a ser titular de la *Metropolitan Ópera House* de New York, colaborando estrechamente con Arturo Toscanini y Bruno Walter (También ex-enfermo de Freud).

Su justo renombre lo llevó a Salzburgo, donde conoció al musicólogo Kurt Adler, hijo de Dora; enseguida vendrían Verona, Milán, Venecia y Florencia, donde trabajó para María Callas. Posteriormente sería Director de la Ópera de Zurich y del Gran Teatro de Ginebra.

Contrario a lo escrito por Freud sobre el joven Herbert, éste no logró nunca reponerse del pasado, y su vida amorosa estuvo jalonada de sufrimientos:

"Atormentado por conflictos conyugales, volvió a analizarse con Hugo Solms, quien en 1970, cuando se realizaba en Ginebra un congreso de psicoanálisis lo indujo a presentarse con Anna Freud, visita que no tuvo consecuencias" (Roudinesco y Plon, p.418-419).

Hans murió el 5 de Abril de 1973, afectado por un cáncer renal incurable.

A finales de los años cincuenta del siglo pasado, estando yo en formación psiquiátrica en los Estados Unidos, el admirado maestro Levin, ex-analizando de Brill, me comentó durante una supervisión, que en cierto nosocomio mental de la ciudad de New York, el personal contaba con justo orgullo, que en ese sitio había trabajado como *attendant* de enfermería, alguien llamado Herbert Graf, quien como currículo psicológico dijo ser Hans. Meses después, la misma anécdota se la escuché a un residente mexicano de ese hospital. Por ser tan bella la historia, aún si no es verídica, deberíamos creerla en memoria a Juanito.

CASO EL HOMBRE DE LAS RATAS

El Hombre de las Ratas I

"Por lo demás, es posible indicar una fórmula respecto de la formación del carácter definitivo a partir de las pulsiones constitutivas: los rasgos de carácter que permanecen son continuaciones inalteradas de las pulsiones originarias, sublimaciones de ellas, o bien formaciones reactivas contra ellas"
(Freud, S., 1908-a, "Carácter y erotismo anal", p. 158).

Las psicohistorias caracteriales de los dos obsesos por estudiar, El hombre de las ratas y El hombre de los lobos, nos remiten inevitablemente al carácter personológico de Freud y, al mismo tiempo nos mueven a la indispensable reflexión sobre nuestra propia caracteropatía, que viene siendo el instrumento de trabajo cotidiano con los pacientes. El espejeo consciente o inconsciente es más factible ante el primer caso, que frente al segundo, pues Ernst Lanzer, El hombre de las ratas, abogado de 29 años; si seguimos la clasificación de Otto F. Kernberg (1976), correspondería a un nivel psicoestructural de personalidad, neurótico intermedio, con ocasionales regresiones en situaciones de estrés a un comportamiento limítrofe (*Borderline*). En cambio, Sergei Constantinovich Pankejeff, El hombre de los lobos, si lo analizamos en forma diacrónica y sincrónica bien podría hacernos pensar en un obsesivo compulsivo con un trastorno límite de la personalidad.

En 1923, Freud comunicó en una nota agregada al final del historial clínico, que Ernst Lanzer El hombre de las ratas había muerto en la primera guerra mundial, "como tantos otros jóvenes valiosos y promisorios" (p. 194, Vol., X. O.C., Amorrortu editores, Ob. Cit.).

El 23 de Junio de 1979, Roland Jaccard publicó en Le monde, un homenaje necrológico dando cuenta que Serguei Pankejeff, El hombre de los lobos, había fallecido en Viena a los 92 años de edad:

"Nadie duda que el cine, después el teatro y la ópera, se adueñaron pronto de esta existencia funambulesca, romanesca y patética, que refleja sorprendentemente las crisis, los dramas y las angustias de este siglo" (p. 18, traducción de Aracelia Sanmiguel Garza).

Sobre ambos personajes me seguiré ocupando en páginas futuras, y de momento, por considerarlo pertinente como preámbulo al tema, me detendré un tanto para revisar desde la singularidad del sujeto, su condición caracterial. Sin embargo, es necesario precisar, qué, es, lo entendido por carácter, personalidad e identidad, pues en lo personal estoy con aquellos que honrando a Freud y al joven Wilhem Reich, todavía sostenemos que todo psicoanálisis o psicoterapia dinámica, es un análisis del carácter, aparte de lo sintomático.

El diccionario de Joan Corominas (1961) enseña que carácter deriva de la raíz latina *carácter*, o sea, "hierro de marcar ganado", y de *charactereris* que significa "estilo caracterial". Proviene a la vez del griego *kharacter*, cuyas denotaciones son "carácter distintivo", "marca" y "figura". Voltaire (1764) en su clásico diccionario filosófico prefirió las palabras "impresión"y "señal". Él dejó escrito: "Es lo que ha grabado en nosotros la naturaleza" (p. 109).

En "Acciones obsesivas y prácticas religiosas" (Freud, S., 1907), ensayo publicado antes que Ernst Lanzer iniciara su análisis en octubre de 1907, mismo que duraría once meses; ahí Freud expone ideas fundamentales sobre lo caracterológico, que posteriormente desarrollaría en "Carácter y erotismo anal", El hombre de las ratas, "La predisposición a la neurosis obsesiva",y Tótem y tabú. La denominación Neurosis obsesiva, debida al maestro había aparecido por vez primera en la carta dirigida a Fliess el siete de febrero de 1894 (Caparrós, N., 1997, Tomo II, p. 67).

El Profesor vienés preclaro ejemplo de los Narcisos obsesivos, complementario edípico en mi tipología (Solís,H., 1983), era, en efecto, obsesivo, fóbico, hipocondríaco, celotípico, omnipotente, profético, supersticioso, telepático, creativo, genial, y por supuesto un dios fascinado por revelar los mitos, la religión, el pensamiento mágico, lo oculto, el remoto pasado, las biografías, el arte antiguo, los clásicos, la plástica, el lenguaje, la pintura, en fin, él estaba irremediablemente predestinado para la exégesis de las deidades terrenas; incluso su movimiento psicoanalítico fue mesiánico-religioso. No extraña, por ende, que, en el ensayo Freud equipare el ceremonial del paciente obsesivo con el del creyente religioso, interpretándolo como un psicomecanismo defensivo frente al embate de pulsiones inconscientes, sexuales y agresivas. El paquete defensivo caracterial, que después lo enriquecería con El hombre de las ratas, comprendía la represión, el desplazamiento, la formación psíquica reactiva (transformación en lo contrario) y, el simbolismo. Se describe también la secuencia tentación-angustia de expectativa-castigo; más la conciencia de culpa, que reaparecerá en "los que delinquen por conciencia de culpa" (Freud, S., 1916) y en el último capítulo de El yo y el ello, donde se interpreta la "reacción terapéutica negativa" como resultado de un sentimiento inconsciente de culpa (Freud, S., 1923). El párrafo más difundido de "Acciones obsesivas y prácticas religiosas" es:

> "De acuerdo con estas concordancias y analogías, uno podría atreverse a concebir la neurosis obsesiva como un correspondiente patológico de la formación de la religión *calificando a la neurosis como una religiosidad individual y a la religión, como una neurosis obsesiva universal*" (p. 109, mis cursivas).

"En carácter y erotismo anal", de cuya parte postrera viene el epígrafe de este capítulo, Freud persevera sobre esas personas que son "*ordenadas, ahorrativas y pertinaces*" (p. 153, cursivas en el texto). Dichos rasgos caracteriales los encontramos descritos en la carta a Fliess del 22 de diciembre de 1897, donde el maestro refiere que la avaricia se halla vinculada a lo "coproerótico". La frase completa es: "apenas puedo contarte todo lo que se me resuelve (un nuevo Midas) en... mierda" (Caparrós, N., 1997, Tomo II, p. 300).

Freud aludía mediante esa oración, al simbolismo escatológico del producto final digestivo; esto lo aplicaba, a la par, al sentido y poder de las palabras y de ciertas acciones sintomáticas, donde, a veces, se tomaba la parte por el todo. Es posible que, acerca de ello pensara el extinto colega Alfonso Moreno Robles, cuando en una Mesa Redonda destacó, que si bien el mítico rey Midas transformaba todo en oro; el Anti-Midas, convierte todo en... mierda.

El Profesor insiste en el ensayo sobre los rasgos caracterológicos obsesivos, emparentados entre sí:

> "<<Ordenado>> incluye tanto el aseo corporal como la escrupulosidad en el cumplimiento de pequeñas obligaciones y la formalidad. Lo contrario sería: desordenado, descuidado. El carácter ahorrativo puede aparecer extremado hasta la avaricia; la pertinacia acaba en desafío, al que fácilmente se anudan la inclinación a la ira y la manía de venganza. Las dos cualidades mencionadas en último término –el

carácter ahorrativo y la pertinacia- se entraman con mayor firmeza entre sí que con la primera, el carácter <<ordenado>>; son también las piezas más constante de todo el complejo, no obstante lo cual me parece innegable que las tres se copertenecen" (p. 153).

La detallada anamnesis, es decir, la historia clínica en tales personas, generalmente descubre en algunas de ellas el antecedente de una encopresis infantil, placentera en verdad, y que habían sido de una terquedad extrema, a más no decir, permaneciendo en el "trono" de la bacinilla, sin que hubiera poder alguno para convencerlos de hacer popó. Con el desarrollo (período de latencia, pubertad) afloran las formaciones reactivas, los poderes contrarios, la vergüenza, el asco, la censura, el control obstinado, la moral, el aseo, la limpidez, los rígidos estereotipos, las conductas repetitivas y, en el óptimo de los casos, las sublimaciones. En singularidades menos afortunadas persiste un "carácter anal", que deviene en una "neurosis de destino". Dicha compulsión a la repetición (Freud, S., 1914), se ejemplificaría con "los que fracasan cuando triunfan" (Freud, S., 1916).

Karl Menninger (1958) comprendía como "*insight*", el reconocimiento por el paciente de que éste o aquel aspecto de sus sentimientos, actitudes, acciones, y roles adjudicados a otros, vienen siendo partes de un patrón conductual y, este es:

"Como la huella de un oso, que ha perdido ciertos dedos en una trampa hace ya muchos años, y sin embargo, la marca se sigue imprimiendo en cada paso del vivir; se halla presente en su realidad contemporánea, en sus relaciones interpersonales, y por supuesto, en su transferir analítico" (p. 147-148).

Dicho estampado caracterial persistirá obstinadamente aunque ocurran cambios circunstanciales y, a pesar de contener elementos ofensivos e injuriosos para otros, y, desgastantes en grado sumo para el enfermo. Santiago Ramírez (1975) en Infancia es destino, rememora a Menninger con unas líneas cuyas palabras finales evocan el Eclesiastés salomónico y, al modelo médico causa-efecto: lineal, determinista y, obsoleto casi ya en el comportamiento humano.

"La conducta, de la misma manera que la cicatriz en la pata de un oso, que se formó cuando era chico, no importa la naturaleza del terreno que pise, la huella será igual, repetitiva, sistemática, iterada. Lo que ha sido es y seguirá siendo" (p. 168).

José Luis González y Santiago Ramírez (1975), intercambiando ideas sobre lo caracterial, retomaron la antigua simiente freudiana. El primero creó la frase: "La neurosis es como El Bolero de Ravel". El segundo añadió La sexta sinfonía de Shostakovich (1975, p. 169). Y, en Infancia es destino, Ramírez reitera:

> "El tema de la composición musical se repite un número indeterminado de veces; los aspectos formales cambian, pero la estructura melódica persiste obsesionante, abrumadora y desesperantemente. Así la relación de objeto, la defensa, la señal de alarma y su disparo, y la distancia o lejanía son desesperadamente repetidas. Eso nos ha llevado a decir en algún trabajo que "la conducta es un trozo de historia". En los momentos actuales diríamos aún más que "la conducta es la expresión, no de un trozo sino de toda la historia del sujeto"" (p. 141).

Vale aquí remitirnos a El yo y el ello (1923) donde Freud habla de la sombra del "objeto perdido" que cae sobre el yo, investidura relevada por una identificación; todo esto en clara referencia a su artículo "Duelo y melancolía" (1917), pero en 1923 es vinculado a la constitución del yo, misma que "contribuye esencialmente a producir lo que se denomina su carácter" (p. 31). Líneas abajo recalca:

> "...el carácter del yo es una sedimentación de las investiduras de objeto resignadas, y contiene *La historia de estas elecciones*" (*Ibid*, mis cursivas).

Se podría en este instante, ¿por qué no?, hacer la difusa distinción entre desarrollos "normales" (caracterológicos) y "anormales" (caracteropatía), amén de los evidentes trastornos limítrofes y psicóticos de la personalidad, partiendo de el hecho clínico, que mientras mayor sea la disfunción, más acentuada será la repetición. Las estructuras investidas tanáticamente son inmutables, o de cambio muy lento; por el contrario, si predomina *Eros* el desarrollo caracterial es positivo.

Ramírez (1975) en "El Psicoanálisis: Ciencia, Ideología y Situación Psicoanalítica", se orienta a una visión psicosocial del carácter, acotando a Carlos Marx, quien en El capital declaró: "Mi método no parte del hombre, sino del período social económicamente dado". Un complemento a dicha frase sería:"El método psicoanalítico no parte del hombre (hombre biológico) sino del ambiente emocional dado en su historia personal" (p.

153). Líneas adelante Ramírez se refiere a Althusser, quien conceptúa lo ideológico como un sistema poseedor de rigor propio, lógica interna, y representaciones psíquicas (imágenes, mitos e ideas), dotadas de existencia histórica en el seno de una sociedad dada. "Racionalismo y empirismo en la actualidad han dejado de se rmétodos rivales para conocer la naturaleza; son –afirma Ramírez– métodos complementarios" (p. 153-154). Más que objeto, sujeto; exegéticamente observado, no cual ente concreto, sino como un Ser, creador de abstracciones. Aquí es donde el autor define su posición, y sin citar el nombre de Paul Ricoeur, pero sin duda alguna pensando en él; apunta algo, que desde la "sana sospecha", hemos ravelianamente reiterado. El añorado maestro habla:

> "Las tres grandes corrientes hermenéuticas contemporáneas son el pensamiento de Marx, el de Nietzsche y el de Freud" (p. 154).

Según Miguel Ángel Zarco (2001) uno de los tres "sospechosos", a saber, Federico Nietzsche (1881) en su obra Aurora (*Morgenröte* en alemán) diserta sobre eso que se llama el "YO", telar "de nuestro carácter y de nuestro destino", por medio del cual, en cuanto somos, "no somos lo que parecemos ser", porque:

> "...nos equivocamos leyendo ese deletreo de nuestro yo, claro en apariencia". Sin embargo, "la opinión que tenemos de nosotros mismos, esta opinión que nosotros nos hemos formado por esta falsa vía, lo que se llama el "YO", trabaja desde entonces para formar nuestro carácter y nuestro destino" (p. 64,65).

Personalidad procede del latín *persona*, "máscara de actor, el que no da la cara". En lengua Náhuatl, el "adquirir rostro" es llegar a una identidad por medio de una faz auténtica. "Rostro", enseña Miguel León Portilla (1956) mantiene evidente paralelismo con la voz griega *prosopon* (cara) "tanto en su significado primitivo de carácter anatómico, como en su aplicación metafórica de personalidad" (p. 68). Persona guarda también una obvia similitud con el siguiente e importante constructo de Winnicott (1965): "Veo el *self* verdadero como una potencia escondida, preservada por el falso *self*" (p. 9). En más de un sentido: Carácter, Personalidad e Identidad, tienen mucho en común.

Identidad, del latín *identitas*, o sea, "lo que es lo mismo", comprende la persistencia de características distintivas entre las personas, permaneciendo ellas constantes a través de los avatares existenciales. Según Kernberg (1976) a la identidad se llega mediante la organización epigenética (Erikson, E., 1950), de todas las identificaciones parciales y totales internalizadas durante el desarrollo, lo cual implica la consolidación del YO como una estructura psíquica que devendrá en *Self* (sí mismo) con un sentido de continuidad más la clara constancia en los vínculos interpersonales, y la real convicción afectiva de que el afuera confirma a la persona.

Un aspecto descuidado por la psicología norteamericana del YO, a decir, los factores psicosociales influyentes en la constitución del sujeto caracterial, será trabajado cuando lleguemos a El hombre de los lobos y, al texto cumbre del joven Wilhelm Reich, titulado con justa razón Análisis del carácter. También lo abordaremos después, al tratar el enfoque psicoanalítico en el microcosmos grupal; sustentándome en otra feliz frase de quien fuera mi analista didáctico, José Luis González: "El grupo es el bonsái de la humanidad". Los cambios psicosociales han sido y seguirán siendo determinantes, para bien o mal, en ciertas caracterologías o caracteropatías, pues participan en forma compartida en la construcción social de ciertas realidades.

En la Viena de los Estudios sobre la histeria, el gineceo era marcadamente mayoritario en las enfermedades histriónicas; ahora en nuestra condición postmoderna el androceo, sobre todo el histriónico narcisista, hace ver a don Juan Tenorio y a Giovanni Casanova, como pálidas figuras del histeriqueo. También las féminas, histriónico fálico narcisistas, aún más si atesoran rasgos obsesivos, han evolucionado positivamente y brillan con luz propia; en semejante línea, los trastornos obsesivo compulsivos de la época del Hombre de las ratas, aparecen ahora cada vez más en mujeres, y la caracteropatía obsesiva de "ama de casa" que presentaba la mamá de Dora, se manifiesta con mayor frecuencia en la actualidad intensificada por lo sociocultural. En efecto el devenir existencial del sujeto cuenta.

El Narciso positivo con predominio erótico (Solís, H., 1983), si logra fructificar sus proyectos trascendentes que le den sentido a su existir; y si es acompañado por una fémina afectuosa y maternal, llegará al tramonto haciendo buenos huesos viejos, con "generatividad" (Erikson, E., 1950, p. 215) optimismo e integridad; así, "la muerte pierde su aguijón" (p. 216) porque los padres que no le temen a la muerte trascenderán a través de hijos que no le temen a la vida (p. 218). Para Kohut (1966) el narcisista normal, si bien impulsado por ambiciones, se guía por ideales; dicho sujeto devendrá en un ser creativo, empático, mortal, sabio, con sentido del humor y, aceptando que tanto el caballo instintivo como el YO jinete llegaron juntos a viejos. Los Narcisos negativos con predominio tanático terminan amargados, resentidos, paranoides, ahogados en la hiel de su propia envidia. El obsesivo con capacidad para soportar depresiones se humedece con afectos tiernos pasados los cincuenta, mientras que el compulsivo paranoide se va quedando solo. Los ejemplos clínicos podrían seguir con caracteropatías adictivas y sociopatías limítrofes, que se componen un tanto después de los años treinta. Total, insisto, mucho dependerá de la singularidad psicohistórica del sujeto.

Ernst Lanzer (1878-1914). El hombre de las ratas.

"Y ahora voy a hablar de mi. Mi energía disponible está bastante agotada, salvo para una cosa.... Dicha cosa se trata del trabajo sobre <<El hombre de las ratas>>. Se me hace muy difícil, excede casi de mi arte expositivo y seguramente no resultará accesible a nadie excepto a los más próximos. ¡Qué chapuceras son nuestras reproducciones y qué lamentablemente desmenuzamos estas grandes obras de arte de la naturaleza psíquica!... ¡Es una pena!" Carta a Jung, 30-VI-1909 (Caparrós, N., 1997, Vol., III, p. 56).

Freud principió el análisis de dicho caso el primero de octubre de 1907, y su terminación fue en julio de 1908. Él presentó parte del material clínico en cinco reuniones de la Sociedad Psicoanalítica de Viena (Nunberg, H.; Federn, E., 1962, Vol., I) y, posteriormente en abril 26 de 1908, en El Primer Congreso Internacional de Psicoanálisis en Salzburgo; lo expone ante 42 miembros de seis países (Alemania, Austria, Estados Unidos, Hungría, Inglaterra y Suiza), a pesar de que el tratamiento aún no concluía. En ese Congreso Ernest Jones conoció a Freud y, escuchó la disertación del Profesor, que sin nota alguna, subyugó al auditorio durante cinco horas. En *Free Associations, Memoirs of a Psychoanalyst* (Jones, E., 1959), él refiere que la "fascinante exposición" fue "un banquete intelectual y artístico" (p. 166). Elisabeth Roudinesco y Michel Plon (1997), a la par, valoran la historia del Hombre de las Ratas como "la mejor construída, la más estructurada,la de mayor rigor lógico" (p. 637). Sin menospreciar dichas afirmaciones, existían en el texto algunos pasajes ininteligibles que el mismo Freud reconoció desde la ya citada carta a Jung. Sobre, esto, él informá en 1923:

> "Por eso reproduzco aquí un pequeño diagrama mediante el cual
> mis traductores {al inglés}, el señor y la señora Strachey, quisieron
> ilustrar la situación existente al terminar las maniobras militares..."

[El diagrama original, -aclaran los Strachey- tal como figura en las ediciones alemanas de 1924 en adelante, era por desgracia totalmente incongruente con algunos de los pormenores que se presentan en el historial clínico. En consecuencia, para la presente edición se dibujó uno enteramente nuevo, teniendo en cuenta además el material de los <<Apuntes originales>>]"(Freud, S., 1909, O,C., Amorrortu, p. 166-167).

Abundando al respecto, Steven Marcus (1984) en su obra *Freud and the culture of psychoanalysis*, es tajante: "*La narrativa en el Hombre de las Ratas* no tiene nada comparable con Dora" (p. 89 mis cursivas).

Las circunstancias externas por las que el Profesor pasaba durante la redacción final del manuscrito en aquel verano de 1909; estuvieron relacionadas con los prolegómenos inherentes al viaje, en el que Freud, Jung y Ferenczi, llevarían "la peste" a los Estados Unidos. Ahí se incorporaría a ellos tres, uno más, a nombrar, Ernest Jones, quien vendría de Toronto Canada. Tal sería el selecto cuarteto asistente a la *Clark University*, en aquel ardiente verano que registraría el punto intensamente álgido de la relación Freud-Jung y, el anuncio de futuras disidencias: Alfred Adler y Wilhelm Stekel en 1911, enemigos del recién erigido Carl Gustav Jung; suizo éste, ario por supuesto, descendiente de pastores, y lustros después en 1934 antisemita declarado. Era un pleito de etnias, pero también de desacuerdos con Freud, incluido en ello lo ideológico. Adler era marxista y amigo personal de León Trotski.

Ernest Jones en sus *Memoirs*, indica, sin embargo, el año de 1908 y, el Primer Congreso Internacional de Psicoanálisis en Salzburgo, como el arranque de la competencia entre Freud y Jung. Éste último, según Jones, minimizó al Profesor nombrando a ese histórico evento "Congreso de Psicología Freudiana". Jones protestó en vano y, en sus memorias escribió: "...tal término ofendía mis ideas de objetividad en el trabajo científico" (p. 165). A Karl Abraham, quien conoció a Jung cuando ambos fueron asistentes de Eugen Bleuler en Burghölzli, tampoco le simpatizaba, desconfiaba abiertamente de él. La correspondencia de Freud con los tres demuestra las razones de Abraham y Jones, los puntos ciegos del maestro vienés, y la naciente sociopatía de Jung (*Sigmund Freud-Karl Abraham Correspondence*, 1907-1926, Freud, E.; Abraham, H., 1965; *The Freud-Jung Letters*, McGuire, W., 1974; *The Complete Correspondence of Sigmund Freud and Ernest Jones*, 1908-1934, Paskauskas, R. A., 1993).

A tales aconteceres debemos resaltar el natural disgusto de los analistas de Viena, quienes se sentían injustamente relegados por Freud.

La odisea psicoanalítica a la *Clark University* de Worcester Massachussets y su retorno, cursó por múltiples vicisitudes de índole ambivalente más luchas de poder, relatadas en la biografía oficial de Freud (Jones, E., 1955, Vol.2), en las *Memoirs* del mismo Jones (1959) y recientemente en las obras de Saul Rosenzweig *why Freud fainted* (1878) y *the historic expedition to America* (1994) donde se describen esos avatares a la luz de aquellos datos e interpretaciones, suplementados ahora con mayor información; sobre dicho surco nació mi ensayo *"Sigmund Freud: Del lontananza al postmodernismo terapéutico"* (Solís, H., 1999).

En selectiva síntesis reseñaré algunas circunstancias de Jung y Freud, antes, durante y después del viaje. Jung era candidato único a la presidencia de la recién gestada Asociación Psicoanalítica Internacional, siendo así propiamente el príncipe heredero del trono correspondiente a Sigmund Freud. Empero, él enfrentaba situaciones profesionales e íntimas, delicadas en grado sumo, pues hacía poco había finiquitado mediante una flagrante bellaquería el conocido *"affair"* con su ex-analizanda Sabina Spielrein, nacido éste en una actuación tránsferocontratransferencial cuando ella tenía diecinueve años. La decisión oportunista se debió a las imperativas demandas de Emma, su esposa, y también ex-paciente; más las fuertes presiones del propio Freud, quien intentaba desactivar el estallido político institucional, que se veía venir.

Los conflictos continuaron; estando ya los tres en Bremerhaven visitaron el tradicional Essinghaus, donde Freud urgido quizá por una molesta cruda, ordenó de inmediato les sirvieran vino. Jung abstemio desde años atrás, deseoso de brindar por la trascendental misión, suplicó al maestro lo convenciera de poder tomar una copa. El Profesor lo sintió como un honroso cumplido y, el trío festejó jubiloso. Sería por la bebida, o por la insomne noche anterior, o por la intensa resaca, o por su fobia social; lo cierto fue que el padre del psicoanálisis consumió vino con inusitada rapidez y constancia; renunciando a comer salmón, especialidad de la casa y, empezó a sudar profusamente hasta sufrir un desmayo. Mientras le auxiliaban; el delfín del reino psicoanalítico se convirtió en su analista e, interpretó, que la lipotimia era una acción sintomática de alguien sintiendo que lo estaban matando. El episodio lipotímico se repetiría en 1912, encontrándose también con Jung. La ruptura entre ellos era ya inminente.

Viajando en el George Washington, aconteció un hecho celotípico. Jung platicaba animosamente con William Stern, quien acuñaría poco adelante el término "coeficiente mental", cuando un colérico Freud protestó: "Bien, doctor Jung, ¿cuándo van ustedes a poner fin a esa conversación?"

El endogámico terceto prosiguió la travesía, interpretándose los sueños entre ellos mismos; lo soñado por Freud versaba sobre el futuro de su familia y el psicoanálisis. Ernest Jones (1955) considera que lo sucedido en aquel remoto viaje fue "el primer ejemplo de análisis grupal" (Vol. 2, p. 55).

En tierra americana, durante un paseo por *Central Park*, el rey y su heredero discutieron acerca de las enormes diferencias entre arios y judíos, ambos habían soñado al respecto. La escalada simétrica de poder se perpetuaba. El acontecimiento cumbre se presentó cuando ellos ambulaban a la vista del río Hudson; Ahí, sin previo aviso, Freud sufrió un vergonzoso accidente; se orinó en su ropa interior, algo inusual a sus 53 años. Jung aprovechando la ocasión ofreció su acreditado servicio de analista para interpretar el infortunio. Freud desconsolado, aceptó en un principio, pero al contar un sueño y pidiéndole Jung asociaciones sobre su vida sexual, el Profesor corrigió la distancia y terminantemente exclamó: "Basta; no puedo arriesgar mi autoridad".

Cómo interpretar la lipotimia, las triangulaciones, la incontinencia urinaria, el pleito sin fin: ¿Síndrome de abstinencia alcohólica?, ¿conversión histérica?, ¿angustia somatizada?, ¿pánico homosexual?, ¿lucha de poder?, ¿escalada simétrica narcisista?... Nada de ello se descarta.

En la *Clark University*, Freud y Jung serían nombrados Miembros Honorarios y, ambos participarían como conferencistas, además de figuras tan prominentes como Franz Boas, Adolf Meyer y William Stern. El grupo psicoanalítico estuvo integrado por Freud, Jung, Ferenczi, Jones, Brill y el anfitrión Stanley Hall. El personaje que más impresionó a Freud, lo externa en su Autobiografía (p. 48) fue William James. La conferencia analítica de mayor calidad según Saul Rosenzweig fue la de Jung (Cap. VIII), quien presentó el análisis efectuado por él, de su pequeña hija Agathe.

En el *campus* universitario Jung quedó excluido, Jones también, y la dupla Freud-Ferenczi se fortaleció; caminaban juntos programando el orden expositivo de lo que después conoceríamos como las *Cinco Conferencias Sobre Psicoanálisis* (Freud, S., 1910 [1909]), mismas que se presentaron sin nota alguna, de memoria, tal como el Herr Profesor acostumbraba. Entre muchas otras aportaciones el maestro vienés disertó sobre Anna O., Elisabeth y Juanito...

Continuaré enseguida con la historia de Ernst Lanzer privilegiando, ahora, las narrativas escritas y orales de Freud y el analizando.

Viena, 7-VII-1909

Querido amigo:

Le mando con ésta, el manuscrito del <<Hombre de las ratas>> " (Caparrós, N., Tomo II, p. 57). La carta a Jung, fue anterior al viaje. Éste aconteció el 21 de Agosto de 1909.

Del historial clínico y los "Apuntes originales", seleccionaré aquello que me permita evidenciar el proceso tránsferocontratransferencial, y su articulación teórico-clínica; pues éste caso es el paradigma histórico de la aplicación del psicoanálisis a las psicoterapias analíticamente orientadas; aquellas de contención (en el sentido contenido-continente de Bion (1963), así como también de las terapias dinámicas intermedias, breves y, en general, el tratamiento del carácter obsesivo.

Los "apuntes originales" (O.C., Tomo X, p.p.-195-249) únicos conservados por el maestro, fueron escritos al anochecer del día de la entrevista, pues"no debe usarse -advierte Freud- el tiempo del tratamiento mismo para la fijación de lo escuchado" (p. 128).

Motivos de consulta

Joven de formación universitaria con 29 años de edad, manifestando ideas obsesivas desde su infancia, intensificadas ellas durante los últimos cuatro años. Los contenidos capitales del padecer, son lacerantes temores de que algo muy serio les suceda a dos personas amadas: su padre y una dama; siente, además, impulsos compulsivos de hacerse daño, por ejemplo, cortarse el cuello con una navaja de afeitar; le aquejan, a la vez, serias inhibiciones en su concentración intelectual. En los Apuntes consta, que sólo se hacía valer profesionalmente en los tribunales, si el litigio era de carácter penal. Desde la primera sesión sedujo al analista, externando que sabía de él por la Psicopatología de la Vida Cotidiana (1901) y, hablándole de su pobre vida erótica pues había postergado su primer contacto sexual hasta los 26 años. Ernst colegía, que en el análisis la sexualidad y el pasado contaban.

En los Apuntes donde la mamá, por cierto, cobra mayor vigencia, el profesor fascinado, anotó:

> "Da la impresión de una mente clara y aguda. Tras mencionarle yo
> las condiciones, dice que debe hablar con su madre, regresa al día
> siguiente y acepta" (p. 199).

Al principio de la segunda entrevista Freud exhorta al paciente, a cumplir con La regla fundamental, o sea, las asociaciones libres; lo hace como nunca antes lo había exigido, aunque deja tribuna libre a Ernst Lanzer:

"...lo comprometo a la única condición de la cura -la de decir todo cuanto se le pasa por la cabeza aunque le resulte *desagradable*, aunque le parezca *nimio*, o que *no viene al caso* o es *disparatado*- y que le dejo libre de escoger el tema con el cual quiere inaugurar sus comunicaciones" (p. 127-128 cursivas del texto).

Ernst asocia sobre dos compañeros; uno, buen amigo, altamente idealizado, frente a quien acude cuando lo asedian impulsos criminales. Él lo contiene aseverándole que es intachable, que no lo desprecia ni lo juzga como delincuente, él es su confidente y lo anima a curarse. La segunda persona era alguien cuatro o cinco años mayor que él, cuando Ernst tenía 14 o 15, fue por un tiempo su consejero haciéndolo sentir un genio primero, y después un idiota. En realidad lo que quería aquel estudiante era conseguir el acceso a la casa de Lanzer pues estaba interesado en una de sus hermanas. Esa "fue la primera gran conmoción de su vida" (p. 128). Como se ve los primeros brotes transferenciales fueron de modalidad caracterial ambivalente. Las defensas resistenciales del carácter, en efecto, siempre vienen en paquete, y son lo primero que se debe interpretar (Reich, W., 1928, 1930).

En similares líneas de transferires y espejeos acotaré el perfil personológico que Emilio Rodrigué (1996) describe:

"Es probable que Freud se haya sentido reflejado y ampliado en el cuadro clínico de su paciente. Este joven, supersticioso *malgré lui*, podía serle familiar. Hombre culto, *á la page* con lo que sucedía en Viena, incluso el psicoanálisis. Ernst podría haber sido un candidato típico para las noches de los miércoles. Freud le tomó la expresión "omnipotencia del pensamiento", lo cual sólo tiene un paralelo en la *talking cure* de Anna O. Además, los dos compartían el amor bibliofílico" (Vol. I, p. 508, cursivas en el texto).

Otro documentado testimonio acerca de éste mismo tema, es citado por Roudinesco y Plon (1997), al rendir crédito a Patrick Mahony (1986) psicoanalista canadiense quien afirmó:

"Cuando uno compara las contratransferencias de Freud con sus principales pacientes, se tiene la sensación de que tenía más simpatía y empatía por el Hombre de las Ratas que por Dora o el Hombre de los Lobos. Si Freud fue un fiscal con Dora, con Lanzer fue un educador amistoso" (p. 637).

El libro de Mahony, *Freud and the rat man*, excelente obra, en verdad, tiene como introducción un breve texto de Otto F. Kernberg, donde éste sintetiza los aportes de Mahony, acerca del estilo lingüístico y literario del contenido comunicacional de la narrativa y las interpretaciones, tal como lo demostró antes Mahony (1982) en *Freud as a Writer*. Es lamentable, sin embargo, denuncia Kernberg, que lo escrito en alemán por Freud, se maltrate en la traducción al inglés debida a Strachey. Se destaca, además, la tránsferocontratransferencia en el proceso, los mecanismos defensivos y, en general, el genio del maestro. Un foco capital, expone Kernberg, es el considerar a la transferencia resistencial como un recurso clínico primordial, y no cual fenómeno pervasivo, aunque Freud se defendiera con intelectuaciones, sobre todo al manejar contenidos inconscientes.

En efecto; algunos pensamos que el Profesor utilizó, en más de una ocasión, instrucciones intelectualizadas de tipo psicoeducativo propias del analista obsesivo, empero, como se irá mostrando, eso facilitó la creación de lo posteriormente nombrado "Alianza terapéutica" (Zetzel, E., 1958). Elizabeth R. Zetzel, siguió laborando el concepto y lo aplicó a este historial en su artículo "Notas suplementarias sobre un caso de neurosis obsesiva" (1967), mismo que fuera seleccionado, entre otros, por Oscar Masotta y Jorge Jinkis (1973), para su libro Los casos de Sigmund Freud. El Hombre de las ratas. Ahí, la autora insiste al respecto, señalando lo conveniente de una buena interrelación:

> "Y por último –escribe-, lo que de ningún modo significa lo menos importante: las repetidas referencias de Freud a las cualidades positivas del paciente destacan uno de los principales criterios de analizabilidad, es decir, la necesidad de contar con la parte sana e intacta de la personalidad del paciente para que colabore en el manejo de la situación analítica" (p. 106).

Lo anterior transmite una obvia influencia de Wilfred Bion (1957), en particular de su estudio sobre la "Diferenciación de las personalidades psicóticas y no psicóticas", donde él propone, que en la caracteropatía psicótica, opera en forma aislada una parte neurótica o "normal"; *mutatis mutandis*, en toda personalidad neurótica se esconde otra parte psicótica. Bion se sustentó en la idea de "núcleos psicóticos", característicos de la "posición esquizoparanoide", concepto de su ex-analista Melanie Klein (1946). En dicha posición intervienen la identificación proyectiva patológica, el ahogo de los afectos, la negación, el pensamiento omnipotente fantaseado, y la escisión; sobre todo, al ocurrir fenómenos regresivos hasta lo que he llamado *"posición borderline"* (Solís, H., 1980). En tales momentos se requiere de paciencia, tolerancia y comprensión, en suma; el poder contener y transformar los contenidos agresivos del paciente. Freud lo llevó a cabo. Ernst Lanzer también cubrió su cuota. Los dos lo hicieron bien. Historia obliga.

Elizabeth Zetzel con un pie en la Escuela Británica y el otro en los Estados Unidos, ambos campos para ella familiares, visualizó los períodos transferenciales críticos, casi psicóticos, del Hombre de las Ratas como el hilo rojo del proceso:

"Yo sugeriría más bien que ese comportamiento, -refirió ella- que después de todo tuvo lugar antes de la canonización del diván, ejemplificó de manera dramática los atributos del yo que son requisitos previos de la importantísima escisión terapéutica. Se recordará que el Hombre de las Ratas tenía en todo momento conciencia de las fantasías transferenciales negativas ajenas al yo, que determinaban su comportamiento, y se sentía perturbado por ellas" (p. 107).

El constructo de "Alianza terapéutica" sería confirmado ulteriormente con el nombre de "Alianza de trabajo" por Ralph Greenson (1965, 1967), quien valoraría a dicha alianza como de igual importancia a la neurosis de transferencia. Henriette Glatzer (1978) elongando esa idea; externó desde su experiencia analítica grupal, que en éste enfoque se potenciaba su valor por la acción interpersonal de otras caracteropatías, que servían de continente a pacientes limítrofes, impulsivos o, narcisistas. Sin embargo; no debemos soslayar que también se establecen y entronizan "malas alianzas terapéuticas" (Garza Guerrero, C., 1989, p. 128), en las cuales influyen tanto factores conscientes como inconscientes; en especial, los derivados superyoicos sadomasoquistas, que Garza Guerrero rastrea hasta el constructo de Racker (1960), es decir, las tránsferocontratransferencias complementarias, donde un objeto interno del paciente induce al terapeuta, proyectivamente, a desempeñar un rol y, a veces éste se perpetúa. La patología del superyó y su difícil manejo, lo anotamos en páginas pasadas, había sido abordado ya por Freud en 1923, cuando acuñó el término de "Reacción terapéutica negativa", adjudicando la causa a un sentimiento inconsciente de culpa cuyo origen es superyoico. James Strachey (1934) en "La naturaleza de la acción terapéutica del psicoanálisis", complementaría el examen del superyó en el proceso analítico, aseverando que la interpretación transferencial era la única auténticamente mutativa, sin descartar las extra-transferenciales, que vienen siendo preparatorias; es así como el terapeuta no censurante con su actitud contenedora e interpretativa, se convierte en un "superyó funcional". Todo parece indicar, que una culpa persecutora fue la más hostigante compañera en la vida del *Hombre de las Ratas*.

Los primeros seis años

1878	Nacimiento de Ernst Lanzer, en Viena, siendo el cuarto de siete hermanos; Hilda, Katherine, Gerda, Ernst, Constanze, Hans y Julie.
1881 3 años	Ira contra el padre Heinrich Lanzer, casado con Rosa Saborsky.
1882-1883 4 a 5 años	Escena con la señorita Peter. Muerte de Catharine. Pájaro disecado.
1884 6 años	Erección; acude con la mamá y se queja de ello. Idea obsesiva de que los padres le leen sus pensamientos.

El padre Heinrich Lanzer, se había enamorado de una mujer pobre, pero se casó con Rosa Saborsky. Tenía él ya 61 años cuando nació Ernst, su primer hijo varón. Rosa era 19 años menor, sucia y desaliñada, maloliente y asquerosa. Esta madre sólo aparece, escribe Rodrigué (1996), en los *Apuntes*. Más adelante retomaremos a estos dos personajes.

El Hombre de las Ratas II

Ernst fue un niño precoz y agresivo; contaba apenas con tres años de edad cuando mordió a otro pequeño, acto que enojó mucho al papá; la reminiscencia sobre ese hecho no es clara pero la datación si lo es, por coincidir con la seria enfermedad de su hermanita Katherine, quien fallecería un año después; el padre Heinrich lo reprendió pegándole. Freud reportó así el dramático incidente:

"Y entonces el pilluelo fue presa de una ira terrible e insultaba todavía bajo los golpes del padre. Pero como aún no conocía palabras insultantes, recurrió a todos los nombres de objetos que se le iban ocurriendo, y decía: <<¡Hé, tú, lámpara, pañuelo, plato!>>, etc. El padre, sacudido, cesó de pegarle y expresó: <<¡Este chico será un gran hombre o un gran criminal!>>" (p. 161).

Al pie de la misma página del historial clínico, el Profesor agregó en una nota:

"La alternativa era incompleta. El padre no pensó en el desenlace más frecuente de un apasionamiento tan prematuro: La neurosis".

Entre los cuatro y cinco años el pequeño explorador despertó sexualmente. Lo contó en su primera entrevista analítica cuando refirió una escena con la señorita Peter, joven y atractiva gobernanta quien yacía en un sofá, ligeramente vestida, permitiéndole, ella, bajo promesa de guardar secreto le acariciara el vientre y sus genitales, quedándole a Ernst desde aquel entonces una curiosidad de atormentada excitación, de ver cuerpos femeninos desnudos (p. 130). Deseo y castigo caminan de la mano en el obsesivo: "Si yo tengo el deseo de ver desnuda a una mujer, mi padre tiene que morir" (p.131).

La muerte de Katherine (Camila para Rodrigué (1996), su hermanita de ocho años se relata en los Apuntes de la sesión del 12 de octubre, donde él asocia sobre tres recuerdos interrelacionados sucedidos durante su cuarto año y según él estos fueron los más tempranos. En el primero la hermanita es llevada a su cama; en el segundo Ernst pregunta: "¿Dónde está Katherine?", para enseguida entrar a la habitación buscando al papá quien llora desconsolado; en el tercero ve al padre Heinrich inclinado sobre la madre Rosa, quien llora. Freud concluye la extensa nota de dicha entrevista así: "Cosa rara yo no estoy seguro de si estos recuerdos son de él o de X" (p. 207). Strachey colige, que posiblemente X sea algún otro paciente del maestro vienés. De mí parte me pregunto razonadamente; sí Heinrich no será Jacobo, y Rosa llorando represente a una Amalia rediviva, amén de Katherine resignificándo en *après coup* retardado la temprana muerte de Julius y, que Ernst pudiera ser Sigi, pues en el reporte del 22 de noviembre (p. 221-222), Lanzer recupera asociando una imagen que viniera a su mente donde Freud y su esposa Martha reposan en cama y, en medio de los dos se halla un niño muerto. El analizando sabe el origen de esa imagen pues siendo él un niño de cinco o seis años, estaba acostado en medio de mamá y papá, cuando de pronto se orinó en su ropa, tras lo cual el padre le pegó y lo echó fuera. Minutos antes, en la misma sesión, Ernst confesó al analista, que se había levantado del diván para caminar por el consultorio pues tenía mucho temor de que Freud en actitud vengativa le pegara y lo *echara afuera* (cursivas en los Apuntes). El Profesor comprendiendo el transferir paterno lo interpretó así vinculándolo al duelo de culpa persecutoria que venía desde la infancia. "El niño muerto -anotó el maestro- sólo puede ser su hermana Katherine, él no puede menos que haber sacado provecho de su muerte" (p. 222). Lanzer confirmó que dicha escena evocada mediante la temprana regresión analítica, fue posterior a la muerte de ella. En la nota de la entrevista del 23 de diciembre, se retoma el tema de la "omnipotencia del pensamiento", para bien o mal, enlazándola el paciente con aquel primer fallecimiento en la familia. Freud abunda sobre eso. "Mientras yo ahora elucido las posibilidades de que él pueda sentirse culpable de esa muerte" (p. 234). El analizando refiere algo sustantivo, "que no se acuerda con anterioridad de la idea de omnipotencia" (*Ibid*). Yo continúo pensando, sí la muerte de Julius no se resignificó a *posteriori* con la muerte de Katherine. Emilio Rodrigué (1996) nos habla acerca de ciertas similitudes, veamos:

> "Hay puntos de identificación que los unen, para no decir que los amarran. Ya vimos que Freud se considera un neurótico obsesivo. Ambos tuvieron seis hermanos. Amalia y Rosa tenían 19 años menos que sus maridos. Kallamon Jacob y Heinrich eran bohemios expansivos y temperamentales. Ineficientes, con un judaísmo en vías de asimilación. Ernst duerme en el momento de la muerte paterna; Sigmund "cierra los ojos". Ambos padres tuvieron agonías lentas y murieron por insuficiencia pulmonar. Cipión, el Hombre de los Perros, se reflejaba en el Hombre de las Ratas" (p. 508, Vol., I).

El pájaro "fúnebre" o "de cadáveres" o "buitre", es el mismo Lanzer. En el Historial clínico se menciona que el enfermo era necrofílico; se sentía conmovido con todos los sepelios, asistía piadoso o las exequias, de modo que tanto hermanas como hermanos lo apodaron en plan de burla "pájaro fúnebre". Dicho comportamiento estaba ligado con la muerte en 1882 de Katherine. Freud precisa:

> "Así, en cada conflicto vital acechan la muerte de una persona significativa para ellos, las más de las veces una persona amada, sea

uno de los objetos de amor entre los que oscila su inclinación" (p. 184).

En 1884 el enfermo cursaba su sexto año cuando empezó a experimentar inquietantes erecciones; acude quejoso con la madre, le muestra el pene erecto y, poco después irrumpió la desquiciante idea obsesiva de que los padres le leían sus pensamientos. La "neurosis infantil" descrita por Freud en Juanito, la encontramos de nuevo en el futuro Hombre de las ratas. "El máximo terror de su vida" (p. 241), escribe Freud en las notas, aconteció poco antes de los 6 años. Rosa, la mamá, tenía un sombrero con un pájaro disecado. El pequeño se lo pidió para jugar y corrió con el pájaro en la mano; a este se le movían las alas y, ante el temor de que hubiera resucitado lo tiró de inmediato. El Profesor lo interpretó en la sesión del 2 de Enero como el onanismo causante de muerte.

Los Apuntes originales sobre este caso fueron rescatados junto con otros papeles inéditos en 1939, luego de la muerte del maestro en Londres, no siendo incluidos en la edición inglesa sino hasta 1955, aunque en forma parcial. El formato actual aparece en 1965 y, en la versión de Amorrortu hasta 1976. Vale destacar en este momento que, entre nosotros, sobretodo Rodrigué, priva un acuerdo casi unánime acerca de dos puntos: Primero, los Apuntes son más freudianos mientras que el Historial publicado, como veremos más adelante, muestra un tinte jungiano. ¿Oportunismo político institucional? Podría ser. Segundo, la madre Rosa de los Apuntes presenta una mayor credibilidad que la editada. Elizabeth Zetzel (1967) es categórica sobre éste punto:

> "En sorprendente contraste con la publicación de 1909, en las notas clínicas originales hay más de *cuarenta referencias* a la relación madre-hijo, sumamente ambivalente" (p. 110, mis cursivas).

Rosa Saborsky, la madre, era una mujer desaseada, impositiva, censurante, tacaña y manipuladora; quien creció como hija adoptada en la casa de unos tíos ricos donde al parecer la trataron bastante mal:

> "Ella contaba –se informa en los Apuntes– que uno de los hijos era tan sentimental que cortaba la cabeza a las gallinas para endurecerse; evidentemente, sólo era un subterfugio: le provocaba gran excitación" (p. 227).

En el reporte del 19 de diciembre, Lanzer relata que todo lo malo de su naturaleza le viene del lado materno. Rosa había tenido un padre rico, pero brutal, que maltrataba a su mujer y, esto, posiblemente dio lugar a la adopción (p. 233). La mamá, según el paciente, sufría de mal olor genital. "Ella misma dice que hiede si no se baña a menudo, pero no se puede permitir ese lujo; y esto –remata Freud- a él lo horroriza" (p. 231). En esa sesión del 12 de diciembre continúan las transferencias, así, pretende a "mi hija, que sería el partido más rico y encumbrado socialmente" (*Ibid*). Esta hija es Anna, entonces de 12 años, a quien él ve, a veces, en la escalera que conduce al consultorio. Sin embargo; el otro transferir también se presenta, "todos los miembros femeninos de mi familia se ahogan en un mar de las más diversas y asquerosas secreciones" (*Ibid*). En la entrevista que sigue cuenta enojado su hostilidad contra la madre, su obsesividad educativa y sus eructos que tanto asco le causaban a los 12 años (p. 232).

El padre Heinrich se había enamorado de una muchacha pobre, pero se casó con Rosa por conveniencia económica; el papá era de "boca sucia y le *gustaban mucho* palabras como <<*culo*>> y <<*cagar*>>, lo que espantaba mucho a la madre" (p. 224 cursivas en el texto). Había sido militar y mantenía la costumbre de usar palabras groseras. Rosa decía que era "un <<tipo vulgar>> porque no tenía empacho en echar ventosidades" (p. 228). Trabajaba en la gran industria del tío rico de su señora. Julie, la hermana menor de Ernst, se casaría con un hijo del potentado.

No obstante; el hijo buscaría años después la identificación paterna, aunque ineficientemente:

"Una vez intentó copiar al padre, -informó Freud de manera entrecortada en los Apuntes- y eso llevó a un acto vergonzoso no castigado. Era un gran puerco y por eso la madre se resolvió un día a lavarlo de pies a cabeza, cuando él tenía once años de edad. Lloró de bochorno, y dijo: <<¿Dónde me frotarás todavía? ¿En el culo?>>. Esto, dice, le habría valido la más severa paliza de su padre, si la madre no lo hubiera salvado" (p. 224).

Sabemos de antemano, lo apuntamos antes, que en la caracteropatía obsesivo compulsiva, suceden al paso del tiempo transformaciones defensivas en lo contrario; no extraña, pues, la descripción que Rodrigué (1996) hace del abogado Ernst Lanzer, cuando llegó a Berggasse 19, intentando saldar una cuenta correspondiente al padre:

"Lúcido y culto, era un avezado contador de historias, a veces divertidas; otras, siniestras; este hombre cargaba con una "neurosis obsesiva completa" de considerable porte. Pulcro y atildado, sin duda detestaría que se lo recuerde como el Hombre de las Ratas" (p. 499).

El gran temor obsesivo sádico-masoquista

En la segunda entrevista analítica, Ernst Lanzer expresa: "Quiero empezar hoy con la vivencia que fue para mí la ocasión directa de acudir a usted". Pasa entonces a contar lo acaecido en el verano de 1907, durante las maniobras militares en Galitzia, donde conoció al oficial N de origen checo (capitán Nemeczek en la realidad), hombre que "evidentemente amaba lo cruel" (Historial clínico, p. 133). Dicho capitán relató el haber leído acerca de un castigo terrorífico aplicado en Oriente. Lanzer en ese momento interrumpe su relación, se pone de pie y ruega ser dispensado por Freud, de no entrar en más pormenores sobre ese terrible tormento. El analista intuye la prematura transferencia:

> "Le aseguro que yo mismo no tengo inclinación alguna por la crueldad, por cierto que no me gusta martirizarlo, pero que naturalmente no puedo regalarle nada sobre lo cual yo no posea poder de disposición... Le dije que la superación de *resistencias* era un mandamiento de la cura que nos era imposible hacer a un lado" (p. 133, mis cursivas).

El paciente a duras penas se sometió a la regla fundamental, o sea, el decir todo lo que viniera a su mente:

> "...el condenado es atado" (se expresaba de manera tan poco nítida que no pude colegir enseguida en qué postura), "sobre su trasero es puesto un tarro dado vuelta, en éste luego hacen entrar ratas {*Ratten*} que" (de nuevo se había puesto de pie y mostraba todos los signos del horror y la resistencia) "*penetraban*". En el ano, pude completar" (*Ibid*), cursivas del texto).

En todos los instantes de la dramática exposición, el doctor Freud se percató claramente, de la insólita expresión facial del torturado enfermo; algo así como a una rara especie de "horror ante su placer, ignorado {*unbekennen*} por el mismo". Ernst prosiguió con gran dificultad, recordando, que de repente, al escuchar los detalles descriptivos del cruel capitán checo Nemeczek, lo sacudió "la representación [no dice <<deseo>> o <<temor>>. Aclara Freud, a pie de página] "de que eso suceda con una persona que me es cara" (*Ibid*, cursivas en el texto). Durante el primer encuentro o demanda de ayuda terapéutica, preámbulo del pacto analítico con su correspondiente encuadre y contrato, el enfermo le había comunicado al Profesor, lo apuntamos anteriormente, que lo aquejaban unos lacerantes "temores de que les suceda algo a dos personas a quienes ama mucho: su padre y una dama a quien admira" (p. 127). Según Lanzer, a él nunca le pasó por la cabeza el ser objeto de tal tormento. El maestro vienés iluminaría un mucho más los obscuros designios inconscientes reprimidos del carácter y la elección de neurosis, en "la predisposición a la neurosis obsesiva" (1913) donde estudia la fase pregenital "anal-sádica" y, en "Pegan a un niño" (1919) cuando investiga en cinco casos, las tres estaciones de ida y vuelta en circularidad perpetua del "sadismo-masoquismo-sadismo...", proceso altamente erotizado y agresivizado, al grado de la perversa condición humana. El sadismo es activo y el masoquismo pasivo, empero, el sujeto inconsciente es ambas cosas: el que pega y el golpeado.

Emilio Rodrigué (1996) erudito del caso, cita a E. Wilson (1950) y su obra *In Memory of Octave Mirbeau*, así como al ya acotado en inglés Patrick Mahony (1986) y su libro *Freud e o Homem dos ratas* (1991). Por ellos tres sabemos que en 1899, Octave Mirbeau publicó *El jardín de las torturas*, tratado casi pornográfico, dice Rodrigué, en el cual se describe la truculenta tortura china, referida por el cruel capitán checo Nemeczek; con la diferencia de que en el suplicio descrito por Mirbeau, interviene sólo una rata, aunque enorme. Leamos entonces:

> "Usted elige un hombre, el más joven y fuerte, con músculos muy resistentes..., lo desnuda..., lo hace arrodillar e inclinarse hacia delante, sujeto con correas... Entonces, en un gran pote, se pone una rata grande y hambrienta... Este pote con la rata dentro, se tapa herméticamente, como una enorme taza, con las nalgas del prisionero, mediante tiras ligadas a la correa de cuero pasada en derredor de sus cuadriles... La rata penetra y muere sofocada, al mismo tiempo que la víctima..., ¡es muy lindo!" (Rodrigué, E., p. 503).

"En el ano", había completado Freud, puntualizando el sitio de la penetración; estamos, pues, ante una tránsferocontratransferencia, donde los contenidos inconscientes de Ernst Lanzer, no fueron contenidos por el Profesor, que en lugar de ello, los regresó al enfermo. Sin embargo, el analista se daba cuenta, de que algo acontecía entre ellos dos.

No disponemos aquí del referente testimonial de los Apuntes, pues como informa James Strachey (p. 198) el primer tercio del manuscrito, que incluye la entrevista preliminar del 1° de octubre y las siguientes siete sesiones analíticas, o sea, hasta la del día 9 de ese mes; fueron reproducidas casi *verbatim* en la versión publicada, comprendiendo desde la página 127, a la 147, en Amorrortu. Los Apuntes editados se inician con la sesión del 10 de octubre de 1907, interrumpiéndose, sin explicación alguna, el 20 de enero del 1908. No podemos olvidar, sin embargo, que Freud siguió escribiendo en su prodigiosa memoria y, existen constancias de ello, en relación a su presentación oral del caso, ante la Sociedad Psicoanalítica de Viena en enero 22 y abril 8 de ese año y por supuesto en el Primer Congreso Psicoanalítico, como ya se reportó antes.

De modo que si volvemos a la dramática segunda sesión, en la cual Freud contrarreaccionando sádicamente, indicó de inmediato, el pudendo sitio corporal de la voraz penetración, que Rodrigué tradujera "dentro del culo" (p. 502) e interpretara como una abierta intervención contratransferencial. Entonces, si regresamos a ella constataremos, lo ya antes señalado, a repetir, que el doctor Freud no andaba tan descaminado en su práctica psicoanalítica, pues sobre esa polémica entrevista apuntó:

> "...al final de esta segunda sesión se comportó como atolondrado y confundido. Me dio repetidas veces el trato de <<señor capitán>>, probablemente porque al comienzo de la sesión le había señalado que yo no era cruel como el capitán N. [Nemeczek] ni tenía el propósito de martirizarlo innecesariamente" (p. 135).

Ernst Lanzer posiblemente no lo sabía, pero Freud obviamente sí, a saber, el origen checo del Profesor, pues él nació en Freiberg Moravia, pequeña población perteneciente en aquel tiempo a la antigua Checoslovaquia.

Retornaré ahora, o los temores incrementados por el relato del capitán cruel, escudriñando primero, lo que podría pasarle a su padre Heinrich; tenemos por recordar, que estos miedos se resignificaron a *posteriori*, pues habían empezado desde la edad de seis años. En la primera sesión, Ernst lo reconoció al decir: "Veo en eso el comienzo de mi enfermedad" (p. 130). A esa edad, el padre tenía ya 67 años y Rosa la madre 46. El paciente comunicó, reitero, que en aquel tiempo padecía de erecciones angustiantes y lo afligía la idea enfermiza de que sus papás sabrían de sus pensamientos; sentía, además, un urgentísimo deseo de ver desnudas a las muchachas; empero, tales concupiscencias, ameritaban castigo, por lo cual el pequeño sufría de un *"sentimiento ominoso, como si por fuerza habría de suceder algo si yo lo pensaba, y debía hacer toda clase de cosas para impedirlo"*

(*Ibid* cursivas del texto p. 130). Preguntado por Freud, él contesta que su padre moriría. Los pensamientos sobre la muerte del padre, agrega, "me han ocupado desde temprano y por largo tiempo, dándome gran tristeza" (*Ibid*). Con asombro, el analista escucha que el padre "ha muerto hace ya varios años". Así era, Heinrich había fallecido en 1899 contando con 88 años y, el Hombre de las Ratas 21. Dicho deceso había acontecido ocho años antes del análisis, pero, el analizando seguía pensando, que su papá podía todavía sufrir tan cruel tortura. Estaba ante el peso de una ausencia presente y una deuda por pagar.

El segundo gran temor obsesivo involucraba, repito, a una dama a quien él admiraba, de nombre Gisela. El nombre interesó intensamente a Freud, quien pocos días después que Ernst lo llamara <<señor capitán>>, para ser exactos, en la sesión número 9 del día 11 de octubre, el Profesor externó en las dos primeras líneas su telegráfica frustración:

> "Lucha violenta, día desdichado. Resistencia porque yo ayer le exigí que trajera una fotografía de la dama, vale decir, resignar su reserva respecto de ella" (p. 204).

Seguramente que Lanzer no quería juntar lo puro con lo impuro. El nombre de Gisela aparece también en la entrevista del 18 de noviembre en labios del sádico capitán Nemeczek, dando oportunidad, a la par, al salto de la liebre preconsciente del médico vienés:

> "...¿acaso durante las maniobras no le resultó en extremo molesto que el capitán N. mencionara una vez el nombre de una señora Gisela Fluss (¡¡¡), como si no quisiera contacto alguno entre Gisa y un oficial?" (p. 219).

De nuevo, el evitar la mezcla, tan común en los judíos. En nota a pie de página, Strachey nos remite al artículo "Sobre los recuerdos encubridores" (Freud, S. 1899), para explicar los signos de admiración que el maestro coloca en los Apuntes, o sea, "Gisela Fluss (¡¡¡)". En la introducción de dicho trabajo Strachey refiere que el ejemplo autobiográfico de Freud, es más bien raro, pues pertenece al tipo de los recuerdos tempranos utilizados como pantalla para encubrir un suceso posterior; por el contrario, lo comúnmente observado, es aquel recuerdo posterior que sirve de pantalla ocultadora de un evento anterior. El Profesor cuando volvió a Freiberg tenía dieciséis años y no diecisiete como figura en el texto escrito, siendo aquella la ocasión de su primer amor, claro, después de su madre Amalia. Ya con cuarenta y tres años y no treinta y ocho como se dice en la publicación, Freud evoca un recuerdo infantil de los dos o tres años, encubridor del hospedaje en Freiberg, donde vivía "una hija de quince, de quien me enamoré enseguida" (p. 306). Su nombre Gisela Fluss. Persisten pues los espejeos. Rodrigué (1996) insiste:

> "Esta afinidad encuentra su máxima expresión en el hecho de que los dos amaron a una Gisela... Los tres signos de admiración gritan ante tamaña coincidencia: ¡Las novias tienen el mismo nombre! Exclamaciones que marcan puntualmente una contratransferencia espantada: entonces vemos que Freud escribe "Gisela Fluss", como si el apellido de ambas fuese el mismo. El apellido de la Gisela de Ernst era Adler. ¿El Fluss fue un acto fallido?" (p. 508).

Hasta este momento, bien se puede afirmar, que el estilo "retórico" de Freud al escribir, tal como lo proponen Robert Holt (1965, 1974) y Patrick Mahony (1982) no aparece en el Hombre de las Ratas. Lo que impera, ahí, es la ambigüedad, lo atemporal, el manejo regresivo-progresivo-regresivo, la multiplicidad de perspectivas, el dualismo expositivo, y la oscilación perenne entre duda y certeza. Lo anterior es ejemplificado en la obra de Mahony *Freud as a Writer*, amén de señalar él en otros trabajos de Freud, la calidad imaginativa del maestro vienés, su dialogar socrático valiéndose de un interlocutor, el manejo metafórico, la constante cita de joyas literarias, etc., etc. El ensayo de Holt se convirtió en la biblia de todo instituto psicoanalítico en los Estados Unidos y se tituló "*On Reading Freud*", siendo la Introducción de los *Abstracts of the Standard Editions of the Complete Psychological Works of Sigmund Freud*, editado por Carrie Lee Rothgeb (1974). En dicha obra se procedió utilizando metodología computarizada y los resultados en algunas síntesis fueron desafortunados, en línea con el corto trabajo de Holt quien sólo vio lo único que podía ver, desde su mentalidad cuantitativa radical. El mensaje fue: Dejen ustedes de leer a Freud; sus formulaciones son "retóricas", seductoras, no presten atención a sus propuestas extremistas, inconsistentes, incompletas, dialécticas; sean escépticos acerca de sus teorías especulativas, que según Freud eran científicas, y si bien a veces tenía razón, no era por las razones que él proponía, pues estas no tenían validación como pruebas del caso, y no siempre cubrían la extensión de sus esperanzas. Total: Freud está muerto.

Es posible que sobre tal introducción estuviera pensando el colega Eduardo Dallal y Castillo, cuando en 1974 me pidió redactara el prólogo a la edición española, además de asesorar y revisar la traducción de Isabel Araujo Sherwell. El artículo de Robert Holt no se publicó. La obra se editó en 1977, mediante el patrocinio de la Subdirección de Acción Cultural del ISSTE. Las últimas líneas de mi prólogo fueron:

> "La traducción y el compendio transmiten todo aquello complicado o incompleto en la obra de Freud; empero, reflejan a la vez una característica de toda creación genial, la de resistir el embate de los años y mantenerse en pie ante críticos, tijeras, computadoras y traducciones. Así sea" (Solís, H., 1977, p. 16).

"Yo no lo sé de cierto. Lo supongo," confesó un joven poeta de nombre Jaime Sabines en 1950 y, ahora, haciendo mías sus palabras bien podría suponer que el historial clínico del Hombre de las ratas despertó en mí transferencias no resueltas del todo, digamos una deuda con el padre, ¿por haberlo superado?; y, eso, me traba la forma de escribir, tornándome más tortuosa la tarea; sumado a ello, está la situación de que éste trabajo será asesorado, y pudiera estar yo en una neurosis de supervisión. El asunto se complica aún más, pues el seis de mayo a las 6:30 de la tarde, día y hora del nacimiento de Sigmund Freud en 1856, fue también, pero muchos años después, el día y la hora en que mi padre falleció, sin poder yo verlo morir. Es probable, a la vez, que la traducción de José L. Etcheverry (Amorrortu), sobre todo en El hombre de las Ratas, me "acalambre" la mano un tanto; condición no presente con Luis López-Ballesteros y Ramón Rey Ardid (Biblioteca Nueva), edición, ésta, elegida por Eduardo Dallal, pues la consideraba, juicio que comparto, mucho más apropiada para el compendio. Pondré un breve ejemplo de resumen relacionado por supuesto con Gisela Fluss:

> "En él se suscitó el conflicto de si debía permanecer fiel a la mujer que amaba a pesar de su pobreza, o si debía seguir los pasos de su padre y casarse con la chica adorable, rica y bien relacionada que le había sido asignada. Enfermándose, evitó tener que resolver el conflicto en la vida real" (p. 171).

Retornando al historial, retomamos el "hilo rojo"del análisis durante la cuarta sesión, donde Ernst relató extensamente, el deceso del padre enfisematoso, ocho años atrás. Como el doctor encargado del enfermo había pronosticado con precisión, según su colegir, que el anciano moriría dos días adelante, al atardecer; el hijo decide ir a descansar por una hora y cuando despertó un amigo médico le dijo, que su padre había terminado. Una enfermera haría saber a Ernst, que su papá moribundo preguntaba por él, y la madre y las hermanas, sin ponerlo en palabras, le hacían reproches semejantes. Esto le había pasado ya, a Freud, con su padre Jacobo, muerto tres años antes que Heinrich, llamando, a eso "culpa del sobreviviente". Sobre dicha conciencia culpable se trabajó en las entrevistas quinta y sexta, en las cuales el analista Freud, compartiendo un duelo, explicó psicoeducativamente al analizando acerca de los efectos ambivalentes y su íntima vinculación histórica con la infancia, interpretándole, además, que la muerte del papá era un deseo reprimido en el inconsciente. El enfermo lo negó terminantemente declarando que su padre "era para él el más amado de los hombres" (p. 143). Freud, sin "cerrar los ojos" le responde, en tono amable, que ese intenso amor es la contraparte consciente del odio reprimido, recurriendo enseguida al Julio César de Shakespeare (Acto III, escena 2), donde Bruto exclama:

"Porque César, me amó, lloro por él; porque fue afortunado, regocíjome; porque fue valiente, lo venero; más porque fue ambicioso lo maté" (*Ibid*).

En la séptima entrevista, Freud instruye por enésima ocasión al analizando informándole que todo proceso analítico cursa por "continuas resistencias" (p. 145) y, éste, aludiendo a sus criminales pensamientos obsesivos, cita de memoria una sentencia de Federico Nietzsche, que se halla en las páginas de Más allá del bien y del mal (Cap. IV), misma que con propiedad declama:

"Yo lo he hecho –dice mi memoria-; "Yo no puedo haberlo hecho" – dice mi orgullo, y se mantiene inflexible-. Al fin... cede la memoria". "En esto, pues, -se queja Ernst- no ha cedido mi memoria". – Justamente- interviene el analista calmando las recriminaciones, porque usted obtenía placer de sus reproches para el autocastigo" (*Ibid*).

Ernst prosigue con la crónica de sus múltiples reproches contando que si bien en el presente está en magníficos términos con su hermano menor Hans, no aprueba su plan de matrimonio por considerarlo un disparate; "ya he tenido la idea –refiere- de viajar hasta allí {Hinreisen} y dar muerte a esa persona para que no pueda casarse con ella" (p. 146). Recuerda enseguida que siendo niños eran inseparables, queriéndose mucho, aunque él estaba gobernado por una celotipia ambivalente, pues Hans era "el más fuerte, el más bello y por eso el preferido" (*Ibid*).

Haré aquí una breve escala técnica para retomar la guía sugerida por Strachey (p. 200), que ya la manejé antes con algunas adiciones pequeñas. Similar proceder utilizaré de nuevo.

Los segundos seis años

1885 7 años	Escena con la señorita Lina. Dispara contra el hermano Hans con una escopeta de juguete.
1886 8 años	Va a la escuela. Conoce a Gisela Fluss.
1887 9 años	Muerte del padre de Gisela.
1888 10 años	Lombriz en las heces del primo.
1889 11 años	Esclarecimiento sexual. <<Cerdo roñoso>>.
1890 12 años	Se enamora de la hermana de un amigo.

Obsesión de la muerte del padre Heinrich. Eructos de la madre Rosa.

Freud al oír la declaración de celos con el hermanito Hans, le hace recordar a Ernst otra escena ya relatada (p. 129), donde estaban reunidos los dos hermanos con la señorita Lina, una cocinera y, otra muchacha. Él tendría unos ocho o nueve años (en un principio había dicho que siete). De pronto alcanzó a escuchar, que Lina decía:

> "Con el pequeño –un año y medio menor- es claro que una lo podría hacer, pero no con Ernst, remató la experta mujer, él es demasiado torpe, seguro que no acertaría". El analizando rememora. "No entendí con claridad a qué se referían, pero sí entendí el menosprecio, y empecé a llorar". Con Lina, ya mujer de 23 años y un hijo, el pequeño injuriado se había tomado ciertas libertades. "Cuando me metía en su cama –asocia-, la destapaba y la tocaba, lo cual ella consentía, quieta. No era muy inteligente y evidentemente sentía una gran necesidad sexual" (p. 129).

La venganza contra Hans, se llevó a cabo teniendo Ernst siete u ocho años. Él tomó su escopeta de juguete, la cargó con el taco, le pidió a Hans, mirara adentro del cañón, pues había ahí algo. Cuando éste lo hizo, le disparó pegándole en la frente sin consecuencias serias:

> "...mi propósito había sido causarle grave daño, me puse entonces totalmente fuera {*auser*} de mí, me arrojé al suelo y me pregunté: "¿Cómo he podido hacer eso?". Pero lo hice" (p. 146).

Ernst había cumplido ya los ocho años cuando fue a la escuela; ahí conoció a Gisa. Ella es la "dama" o la "prima", que sin ser nombrada desfila desde la entrevista preliminar, cuya fotografía, como ya se dijo, rehusa Lanzer traer al consultorio en la sesión del 11 de octubre (p. 204). Poco tiempo después, en los repasos del 27 de octubre (p. 214) se lee que la presión de Freud logró por fin la revelación del tan guardado nombre: Gisa Hertz (Gisela Adler). Líneas antes el Profesor anota en los Apuntes un sueño:

> "Se ha comprometido con la dama y, como ella va de su brazo, él dice, rebosante de dicha: "No habría sospechado que esto se realizaría tan pronto"... En ese momento ve que la dama pone una cara como si no le importara nada el compromiso. Con ello se disipa su dicha. Se dice: "Estás comprometido pero nada dichoso, hasta finges un poco de dicha para convencerte a ti mismo"" (p. 213-14).

Freud, en un paréntesis intercalado en ese sueño había escrito: "(Entiende por esto la obsesión de la abstinencia, lo cual es muy curioso y correcto, corrobora mi concepción anterior.)". Aquí el maestro hace alusión a un sueño relatado el 18 de octubre:

> "Está junto con su dama; ella es muy amorosa con él, quien le cuenta sus representaciones obsesivas y la prohibición relativa a "las espadas japonesas", cuyo sentido es que él no tiene permitido casarse con ella ni tener comercio sexual con ella. Pero eso es una idiotez, le dice él, "lo mismo me podría venir la prohibición de que yo no debo lavarme más" " (p. 212).

"Las espadas japonesas" que aparecen en el repaso del 18 de octubre; existen realmente, se hallan colgadas sobre la cabecera de su dormitorio; fueron regalo de su hermana mayor Hilda, dichosamente casada:

"La dama se encuentra en algún aprieto. El toma sus *dos espadas japonesas* y la Biblia. Con las dos en el puño se precipita allí donde conjetura que está ella. Sabe que las dos significan *matrimonio y coito*. Ambas cosas están ahora realizadas; la descubre apoyada contra una pared, encadenada con torniquetes del pulgar. El sueño parece devenirle ahora ambiguo; o bien que la libera de esa situación mediante las dos espadas, *matrimonio y coito*, o, la otra idea, que sólo a través de eso da ella en esa posición" (p. 209, mis cursivas).

Las dubitaciones de Ernst venían desde saber que la dama tan admirada durante tantos y tantos años, estaba irremediablemente condenada a no poder tener hijos, debido a la extirpación quirúrgica de ambos ovarios en 1899 (p. 169), año, por cierto, del fallecimiento de Heinrich Lanzer. Por dicha esterilidad Ernst no se decidía a casarse con Gisa, amén de que ésta lo rechazó varias veces. Además, la madre Rosa insistía, que su hijo se uniera en matrimonio con la atractiva hija de 17 años del tío rico, que la adoptara a ella. Había otro problema, que seguramente angustiaba a Ernst, su criptorquidia, pues "uno de sus testículos –escribe el Profesor- está retenido en la cavidad abdominal, aunque su potencia es muy buena" (p. 231). En efecto, las relaciones sexuales con su amante la costurera, eran satisfactorias. Un punto, sin embargo, quedaba bastante claro; la dote de Gisela, ni por asomo, podía compararse a la que obtendría la hija adolescente del industrial. Gisa era una de las primas pobres y Heinrich prefería, el ver a su hijo Ernst casado con una mujer rica. La existencia es en sí una repetición, su ejemplo más nítido es la transferencia analítica como lo continuaremos demostrando; empero, a veces, la cura vence al destino, ese otro cuarto elemento del Edipo, diría José Luis González.

Las espadas japonesas del sueño (matrimonio y coito) también se manifestaban a través del lenguaje simbólico. A Ernst le dio por pensar, que si persistía en su onanismo podía con ello causar un serio daño a la dama ambivalentemente amada, su prima. En la nota del 21 de noviembre, Freud reporta:

"...por eso se recita una *fórmula de protección*, que él ha creado *de la manera consabida mediante extractos de diversas plegarias breves* y ha dotado del <<amén>> aislante. La investigamos, ella dice <<*Glejisamen*>>" (p. 219, cursivas en el texto).

En el Diccionario del psicoanálisis dirigido por Roland Chemama (1995), el Significante es un elemento del discurso, "registrable en los niveles consciente e inconsciente, que representa al sujeto y lo determina" (p. 401). No obstante, sólo si el Significante latente es interpretado como autónomo del significado manifiesto, puede, en verdad, representar y determinar al sujeto (p. 403). En Los poderes de la palabra (1996), La Escuela de Orientación Lacaniana, señala que Freud se apoya directamente en lo no reconocido, en la literalidad del significante, en el goce pulsional del lenguaje, quedándose, no obstante, como un precursor incompleto. Los ponentes complementan la fórmula lingüística protectora de Ernst Lanzer de la siguiente forma:

> "*Glejisamen* está formado por dos partes: la primera es el anagrama del nombre de la dama; la segunda por Amén, a lo que el paciente añade una s: *Samen*, en alemán, significa esperma" (p. 83).

Ellos por supuesto rinden crédito al maestro vienés pues éste vincula el significado con lo significante, en términos de una satisfacción prohibida con su adorada Gisa; el Profesor interpreta en los Apuntes:

> "...él une su semen {*Samen*} con el cuerpo de la amada; o sea, dicho vulgarmente, se masturba con su representación" (p. 220).

El día que sigue, el analizando acude trastornado, en profunda desazón; dice que se trata de una transferencia horrible pero no puede revelarla, pues seguramente Freud no la toleraría. El Profesor llegando al minuto cuarenta de la sesión, le interpreta que es una venganza contra él, y no contándola, la injuria es mayor que diciéndola. Ernst confiesa que se trata de su hija Anna. Y, asociando recuerda una escena olvidada, donde ve el trasero desnudo de su hermanita menor Julie. "Entre sus hijos sin duda pasa lo mismo" (p. 221), le comenta al analista. Freud refiere en los Apuntes:

> "(Ha oído hablar de mi hija y sabe que tengo un hijo; quizás una fantasía con esta hija, de ser infiel a Gisa y el castigo por ello)" (*Ibid*).

Ernst se tranquiliza, pero las representaciones obsesivas lo siguen torturando:

> "A uno de sus secretarios de juzgado, un tipo sucio, se lo representa desnudo y una mujer le hace *minette* [*Felatio*] ¡De nuevo mi hija!.. Yo repito mi conferencia del último sábado sobre las perversiones" (*Ibid*).

Peter Buckley (1989) en su ensayo-homenaje, *"Fifty Years After Freud: Dora, the Rat Man, and the Wolf-Man"*, comenta:

> "Los tres casos clínicos mayores relatados, de análisis personalmente conducidos por Freud, son retratos vivos no sólo de los pacientes, sino también de cómo trabajaba Freud. Los tres casos proveen una ventana al interior del consultorio del pionero de las psicoterapias psicodinámicas" (p. 1394, mi traducción).

En páginas adelante, al estudiar los casos clínicos de Joseph Wortis, Smily Blanton, Hilda Doolittle y Abram Kardiner, narrados por ellos mismos; tendremos otras ventanas para contemplar a Freud consultando, mientras lucha por vivir.

Buckley en su aportación utiliza un marco teórico referencial y, un aparato crítico muy semejante al de los demás psicoanalistas estadunidenses y, a la vez, bastante parecido al constructo todavía aún vigente en las psicoterapias psicoanalíticamente orientadas; mismas que, debemos apuntarlo, nacieron en el vecino país después de la Segunda Guerra Mundial; a la par, es parecido al de muchos psicoterapeutas mexicanos, incluido yo, aunque aquí hacemos mayor énfasis en el proceso tránsferocontratransferencial y tomamos más en cuenta la constitución subjetiva del sujeto psíquico y corporal (Pérez de Plá,.E., 2000). En suma, el cuerpo como constituyente o no.

La Escuela del Campo Freudiano de Caracas en la Segunda parte de Los poderes de la palabra, apoyándose en Lacan cuestionan, aunque al alimón elogian y complementan el trabajo del maestro vienés:

> "En lo relativo a la transferencia, Freud es situado no en una *posición paterna de orden simbólico*, sino en una posición de *amigo, como figura especular del sujeto, mientras que su hija es una figura desdoblada* de su bienamada. Así, será por la vía de las *identificaciones* que un cierto número de problemas del Hombre de las ratas encuentran su solución" (p. 132, mis cursivas).

Se plantea enseguida, que siendo el analista Freud un amigo protector y guía; es también el confidente de las crueles obsesiones de Ernst Lanzer, así, las transferencias de éste se establecen en el campo de lo imaginario, facilitándose la emergencia de los *fantasmas* sádicos; en tal condición el transferir y paratransferir no es con un padre *simbólico*, sino con un amigo que tiene una hija rica. El Edipo masculino desde el imaginario narcisista no es ternario, sino cuaternario, pues opera la muerte imaginada. De nuevo aparece aquí, un cuarto elemento, la muerte; ya, antes, se había hablado del destino (*Ibid*, *m.c.*).

Emilio Rodrigué (1996) sembrando en ese mismo surco, abunda sobre la constelación primordial del obsesivo recalcando que no se trata de un triángulo sino de un cuarteto, por el redoblamiento de las figuras paterna o materna:

> "Esta estructura cuaternaria –insiste- describe la condición masculina, frente a la condición triangular femenina ilustrada por Dora. A través de esta estructura Lacan habla de lo "trágico de la condición humana", pues el cuarto del cuarteto es la muerte" (p. 507).

En similar posición conceptual se halla Stuart Schneiderman (1986), primer analista lacaniano en los Estados Unidos, quien en su libro *Rat Man*, se sustenta en la selección de los Escritos traducidos al inglés en 1977 y, asume un colegir parecido acerca del *Otro* imaginario; enfatizando, además, la trascendente enseñanza de Lacan, del retorno a Freud, en especial, a sus casos clínicos; arremetiendo a su vez, en contra de aquellos que los consideran anacrónicos.

El *cuerpo* y la *muerte* son los principales protagonista en el Hombre de las Ratas y, aún más en el Hombre de los Lobos como lo veremos a su tiempo.

En Lanzer influyeron la muerte de Katherine y del papá de Gisa; los impulsos homicidas hacia Hans, las fantasías de matar a los padres; el mismo Ernst juzgándose como un cerdo roñoso, cochino, olfateador, mal educado y lombriciento como su repugnante primo; agréguese a un padre y a una madre orales y anales; súmese la criptorquidia ya mencionada del muchacho, más su complejo de pene chiquito, amén del problema ginecológico de Gisela, que según Ernst provenía de un ataque sexual del padrastro, por cierto oficial militar cuando la prima pobre tenía doce años, en línea esto con la completa seguridad del analizante Lanzer, que su propio padre Heinrich había intentado violar analmente a su hermanita Julie de diez años, no pudiendo hacerlo pues esta tenía "un culo como de piedra" (p. 240). Llovía sobre mojado, puesto que el esclarecimiento de ciertas cosas sexuales se había iniciado en Ernst a los 11 años cuando un primo, después odiado, le dijo que todas las mujeres eran unas putas, incluidas Rosa la mamá, y las hermanas. Ernst le hizo una contrapregunta: "¿Crees lo mismo de tu madre" (p. 217). Mucho de lo antedicho reapareció en las transferencias analíticas, donde la analidad excrementicia en torturas, sueños e ideas obsesivas, poblaron las sesiones; así como también emergieron imágenes desestructurantes de cuerpos despedazados, consecuencia de coitos sádicos, incestuosos, embarazos, crianza de niños, etc., etc., etc., y, reitero, la muerte como destino siempre rondando; tal fue su "escuela de padecer" (p. 164). Por lo demás bien se sabe, la muerte es la única evidencia existencial, científicamente comprobada. Tal es nuestro sino.

En el apartado "El complejo paterno y la solución de la idea de las ratas", Freud pone en cursivas "complejo nuclear de las neurosis" (p. 163), frase empleada ya en "Sobre las teorías sexuales infantiles" (1908), y piedra angular de lo que un año adelante plantearía en "Sobre un tipo particular de elección de objeto en el hombre" (1910) donde, lo anunciamos antes, se nombra al padre del Complejo de Edipo. El gran Otro constituyente y significante, diría Lacan.

Complejo de *Complexio* = conjunto, unión, período, dilema, enlace de palabras, es un constructo nacido en la Escuela de Zurich. Jung lo desarrollaría empíricamente investigando la asociación de palabras. Freud tomó el término "complejo", para designar a la castración, el papel del padre y el Edipo. Según Laplanche y Pontalis (1967) este constructo comprendería:

> "Un grupo organizado de memorias e ideas con una gran fuerza afectiva, las cuales son parcial o totalmente inconscientes. Dichos complejos se constituyen en la base de las relaciones interpersonales de la historia infantil; ellos pueden servir para estructurar todos los niveles de la mente: emociones, actitudes, y conducta adaptativa" (p. 72, mi traducción del inglés).

Roland Chemama (1995), filósofo y psicoanalista, en su Diccionario ya citado, prefiere delimitar el término "complejo", al conjunto de representaciones mentales "provistas de un poder afectivo considerable y que organizará la personalidad de cada uno y orientan sus acciones" (p. 55).

La intrincada semántica nos confunde a veces con palabras como "acomplejado" o sea "lleno de complejos", o bien términos consagrados por el uso común tales como "complejos de inferioridad o superioridad". No obstante, lo que prevalece en nuestra terminología, insisto, vienen siendo los "complejos de Edipo, Electra y castración", aunque, el de "Electra", si respetamos a Esquilo, no está completamente justificado.

Bien; retornemos pues a las tránsferocontratransferencias del proceso. Estamos en la sesión del 22 de noviembre:

"Alegre, pero se siente oprimido cuando yo lo devuelvo al tema [Freud se refiere a la fórmula de protección *Glejisamen*, de la entrevista anterior]. Nueva transferencia: mi madre ha muerto. El quiere presentar sus condolencias pero tiene miedo de que [en el sueño] le aparezca la *risa* impertinente, que ya ha tenido repetidas veces a *raíz de fallecimientos*. Por eso *prefiere escribir una tarjeta con <<P.C.>>, y esto se le muda en <<P.F.>>* " (p. 221-22, cursivas en los Apuntes).

En el historial clínico todo el sueño está casi en cursivas y, en una nota a pie de página Freud explica lo de <<P.C.>> y <<P.F.>>: "{Abreviaturas corrientes de <<*pour condoler* (<<mis condolencias>>) y <<*pour féliciter>>* (<<mis felicitaciones>>), respectivamente.}" (p.152).

La intervención del Profesor acerca del sueño contado fue:

"¿Nunca pensó que por la muerte de su madre escaparía usted de todos los conflictos y podría casarse? -<<Usted se venga de mí>>, opina él.- Usted me constriñe a ello queriendo vengarse de mí" (p. 222).

Enseguida, como ya lo reportamos anteriormente, externa que se levanta del diván por temor a que su analista le pegue y lo eche afuera. "Además, -escribe Freud- él mismo se golpea durante las confesiones, cada vez más trabajosas". Se le interpreta que Freud es ahora el padre de la infancia que por su enuresis lo saca del diván analítico y lo echa afuera.

En la siguiente sesión (23 de noviembre) se mantienen las *paratransferencias*; espantado confiesa la imagen obsesiva de que la madre de Freud "asiste desesperada al ahorcamiento de todos sus hijos" (p. 223). El analista asocia la predicción paterna de que Ernst sería un gran criminal, al instante que éste cuenta lo del supuesto hermano del Profesor, asesino declarado y ajusticiado en Budapest. Freud se ríe e, informa al analizando que Leopold Freud, aquel criminal de hace ya muchos años no era su hermano. Ernst se calma, pero en la consulta siguiente expresa que "ha pensado *que si en mi familia hubiera impulsos asesinos me abalanzaría sobre él como un animal de presa para encontrar lo malo en él*" (p. 223, cursivas en el texto). Un momento después encuentra el motivo del fuerte enojo con la familia Freud. Sucedió, que en cierta ocasión su hermana Julie manifestó que el hermano menor del maestro, Alejandro, "*sería el marido*

justo para la prima Gisa, de ahí la ira (análoga al caso de los oficiales)"
(*Ibid*, cursivas en el texto).

El 26 de noviembre refiere un nuevo sueño, que es otro meridiano ejemplo de *paratransferencias*.

"Tiene 29 años. La más soberbia fantasía anal, yace de espaldas sobre una muchacha (mi hija) y la posee sexualmente con las heces que le salen del ano. Esto apunta directamente a Julie, pues él le ha dicho: <<De ti nada me resultaría asqueroso>>. Por la noche ha librado una difícil lucha, no sabe cuál. *Resulta ser: Si debe casarse con mi hija o con su prima"* (p. 224. cursivas en los Apuntes).

El Hombre de las Ratas III

Sigmund Freud persistió sobre el foco del conflicto psíquico tomando en cuenta los sueños transferenciales y la singularidad psicohistórica, caracteropática, del *sujeto inconsciente* (m.c.) así, interpretó: "...y esta vacilación se puede reconducir con facilidad a su vacilación entre *sus dos hermanas"* (mis cursivas). Anna, la hija de Freud podría ser Julie tres años menor que el enfermo, aunque la otra hermana más bien parece ser Hilde, la mayor ya casada quien le regalara las espadas japonesas y, que seguido Ernst comparaba físicamente con la prima Gisa, quien era mayor que Ernst. Leamos de nuevo al Doctor Freud en algunos fragmentos confusos de la extensa nota del 21 de noviembre donde el *cuerpo* es protagónico:

> "Cuerpo desnudo de mi madre, dos espadas hundidas lateralmente en su pecho (como una decoración, dice él después, según el motivo de Lucrecia [a pie de página se escribe: "matrona romana que se apuñaló después de ser violada por Sexto Tarquino]. El bajo vientre, y en particular los genitales, devorados enteros por mi y los niños" (p.221).

"*Fuente*, fácil: La abuela de la prima... Entró una vez en el dormitorio cuando ella se vestía, y ella dio un grito. -Yo: sin duda ha tenido curiosidad por su cuerpo, -Sobre esto cuenta un sueño de una época en que creía *que la prima tenía demasiada edad para él* (mis cursivas) La prima lo ha llevado al lecho de la abuela, ha desnudado su cuerpo y genitales, y le ha mostrado cuán hermosa es todavía a los 90 años (cumplimiento de deseo). El par de espadas son las japonesas de su sueño: matrimonio y coito" (*Ibid*).

Para el analista, su analizando se ha dejado engañar por una metáfora en la representación obsesiva y por supuesto en el sueño; el maestro vienés escribió:

> *"El contenido es la idea ascética, cómo la belleza de una mujer sería DEVORADA por el comercio sexual y la concepción de los hijos"* (*Ibid*).

Ante la interpretación de Freud, el enfermo se calma y ríe. Ahora más, si tratamos de rastrear alguna experiencia afectiva después de los seis años, donde los pensamientos del analizando no se hallen tan agresivizados o erotizados, nos remontaríamos hasta los doce, cuando los eructos maternos se tornaron nauseabundos y la idea de la muerte del padre se intensificó. Esa fue la época en que Ernst ambivalentemente se enamora de la hermanita de un amigo, "no con un amor sensual, no quería verla desnuda, era demasiado pequeña" (p.141), redactó Freud en la sexta sesión. La muchachita objeto del amor de Lanzer, sin embargo, no era todo lo tierna que él deseaba, fue, entonces, cuando le dio por pensar que si sufría una gran desgracia, ella llegaría a quererlo, y de repente se le metió en la cabeza que tal calamidad podía ser la muerte del padre. En este punto del relato me sigo yo preguntando si las transferencias de figuras femeninas (madre y hermana) no seguirán mostrando, sí, como ya lo hemos visto en las paratransferencias y por supuesto en las paracontratransferencias, la puesta en acto de otras escenas.

Los terceros seis años

1891 13 años	Exhibición de los genitales ante la señorita Lina.
1892 14 años	Él y un amigo se han contemplado recíprocamente el pene.
1893 15 años	Devoción religiosa hasta esta época.
1894 16 años	Onanismo ocasional
1895 17 años	

1896 18 años	La caracteropatía obsesivo compulsiva como una religión particular.

En la sesión del 11 de noviembre, Freud registra la exégesis dinámica de Ernst Lanzer: "Él está hecho de tres personalidades, una llena de humor, normal, una ascética, religiosa, y una viciosa-perversa" (p.217). Soñó que copulaba con su hermana Julie, sintiendo gran culpa y arrepentimiento como de quien ha cometido una falta. El padre había ya muerto. Al despertar en estado de beatitud dice "no es más que un sueño" (p.218); va enseguida al dormitorio de ella "y le pega en la cola bajo las cobijas". Asocia después que hace pocos años vio a Julie semidesnuda en la cama y luego lo abrumó una representación obsesiva, donde la madre Rosa avanzaba interrumpiendo su voyeurismo sexual: "ella ha asumido ese papel desde la muerte del padre". Cuenta también que siendo un niño se mostró desnudo ante la mucama Lise y, a los trece años, "se exhibió sin más ante Lina" (*Ibid*). La señorita Lina era bastante conocida por él, pues había trabajado con la familia Lanzer por varios años, y recién retornaba aunque por breve temporada. Es la misma que seis años antes aludiendo a algo sexual había dicho que Ernst por ser "demasiado torpe, seguro que no acertaría" (p.129). A los catorce sucede el episodio "voyeurista –exhibicionista- homosexual" con el joven Braun; ellos "se han contemplado recíprocamente el pene" (p.213). Años adelante veremos a un acomplejado Lanzer, de 22 años, a la media noche con las luces encendidas contemplándose desnudo en un espejo de pared y sumamente preocupado por su "miembro demasiado pequeño" (p.237), aunque "cierto grado de erección" lo tranquiliza. Él se imagina que afuera de la puerta se halla el padre en espera de ser recibido. Heinrich Lanzer, había fallecido un año antes. La angustia de castración, en efecto, fue desde siempre su cruel acompañante, pues en esas noches de espera angustiada también "muchas veces se metía un espejo entre las piernas". ¿Para ver, si su único testículo aún estaba ahí? No sorprende, tampoco, que cuando a los 26 años tuvo su primer coito en la exogámica ciudad de Trieste y un segundo contacto sexual en Munich, él, exclamara para sí mismo:

> "¡Ah!, es una sensación tan grandiosa. A cambio de ella uno podría hacer cualquier cosa, por ejemplo, asesinar a su padre" (p.207, cursivas en el texto).

Durante sus años adolescentes el Hombre de las Ratas sufrió de lo que décadas adelante se conocería como *Confusión de identidad* (Erikson, E.H., 1968), constructo distinto al de *Difusión de identidad* (Kernberg, O.F., 1975) característico, éste, junto con otros criterios diagnósticos, de la personalidad limítrofe. La confusión obsesiva adolescente de Ernst Lanzer, comprendía todo aquello relacionado con la identidad subjetiva de género, las dubitaciones existenciales acerca de Dios-Padre, el pensamiento mágico omnipotente, la muerte, el amor, los ideales, la vocación, el comportamiento sexual, los principios morales, la ambivalencia afectiva (amor y odio), la volitiva (lo hago o no), el castigo taliónico, en suma, el credo tan especial de esa religión privada, mosaica, es decir, de Moisés, y su Decálogo del Monte Sinaí, que constituye a la neurosis obsesivo-compulsiva, con el decreto imperativo honrarás a tus padres, amén de nueve mandamientos más; todos ellos superyoicos e idealizados a ultranza defensiva, y potencializados ahora por la tecnocracia desafectiva, la internet o dependencia racionalizada cual ideal de todo conocimiento y como corolario, un desdén ante la filosofía humanista y un dominio unilateral de la libertad económica de los potentados. Vivimos, sí, en un dominio obsesivo, con aislamiento ideoafectivo.

En este tiempo de condiciones postmodernistas y neoliberalismo económico global encontramos muchos más jóvenes o adultos con dicha caracteropatía, en ambos géneros, donde lo indicado es el análisis del carácter cara a cara, individual o de grupo. Claro que el análisis clásico sigue siendo una privilegiada elección, empero, en los casos extremos donde la psicofarmacología es un auxiliar indispensable, los enfoques cognoscitivo-dinámicos proporcionan buenos resultados.

En lo personal me fundamento en los lineamientos técnicos investigados por Wilhelm Reich (1928), en especial su trabajo "Sobre la técnica del análisis del carácter", en el cual recomienda, continuando a Freud, el análisis minucioso de las *Resistencias caracterológicas transferenciales*, labor que debe ser capa por capa, hasta llegar a las relaciones objetales primarias, el Edipo, y la angustia de castración. Otras aportaciones capitales serían *The ego and the mechanisms of defence* (Freud, A. 1936), *The psychoanalytic theory of neuroses* (Fenichel, O., 1945), *Envidia y gratitud* (Klein, M., 1957) y *Neuroses and character types* (Deutsch, H., 1965). El "hilo rojo" metodológico persiste todavía; es el de los antiguos constructores de navíos, es el hilo de Ariadna, y para nosotros, ese hilo es el paradigma de la tránsferocontratransferencia en el proceso analítico...

Estamos de nuevo con Freud y Lanzer. Es la segunda sesión analítica y Ernst recuerda que hasta los 14 o 15 años había sido un estricto seguidor del credo judío; sin embargo, a partir de entonces inició su evolución "hasta su actual condición de libre pensador" (p.135). Tal camino no era desconocido para Heinrich Lanzer, Jacobo Freud y, el mismo Sigmund. El paciente prosiguió relatando que en esos momentos las ideas obsesivas, compulsivas, contradictorias, ambivalentes y confusionales, lo abrumaban tanto o más como antes, cuando era un adolescente practicante. En aquel tiempo, por ejemplo, "si decía <<*Dios lo proteja*>> el espíritu maligno añadía rápidamente un <<*no*>> (*Ibid*). Más recientemente; el analizando alude a la primavera de 1903, es decir, hacía seis años, Ernst experimentó un vehemente deseo de conversión religiosa, situación nada ajena a la historia de Freud. El Profesor escribe en la entrevista del 27 de diciembre:

> "De pronto cayó de rodillas, sacó a relucir su piedad, se resolvió a creer en el más allá y la inmortalidad; esto significa, pues, *el cristianismo* y la frecuentación de la iglesia..., luego de haber llamado <<puta>> a la prima" (p.236 mis cursivas).

Imagínense ustedes; Ernst dando el trato de <<puta>> a Gisela, su bienamada de siempre. Cabe aquí aclarar, que el término de ambivalencia tantas veces mencionado por mí, aún no había sido acuñado. Intercalo, pues, como pertinente aclaración la nota agregada por Freud, en 1923:

> "Para esta constelación de sentimientos, Bleuler (1910) ha creado más tarde la adecuada designación de <<ambivalencia>> (p.186-187).

Así es, Eugen Bleuler en su renombrado libro *Dementia Praecox or the group of schizophrenias*, describe tres tipos de ambivalencias: *Afectiva, volitiva e intelectual* (p.53-4).

Freud que dudara de la fidelidad de Martha su novia adorada; empatizó con las dubitaciones de Ernst y por supuesto de Hamlet con Ofelia, la futura suicida. Para ella fue la cuarteta poética que bien podría ser en la actualidad un bolero de Armando Manzanero:

> "Duda de que los astros fuego sean;
> Duda de que el sol en movimiento está
> Duda de la verdad por si es una embustera;
> Más de que yo te amo, no lo dudes jamás"
>
> (Hamlet, acto II, escena 2).

Desde la supuesta verdad obsesiva, el ambivalente enamorado imaginó a Gisa como una <<puta>>. Él quien según Freud: "*Busca aislar a su prima de todo cuanto es roñoso*" (p.217), entre ello el interés económico tan caro para Heinrich y Rosa, aunque el Hombre de las Ratas (*Ratten*) asociaba esta palabra con *Raten* = cuota, dinero. ¿Él o Freud serían rateros?

En la sesión del 8 de diciembre, Ernst reprocha a su analista, de estar hurgando su nariz con los dedos, no quiere saludarlo de mano pues es un puerco que requiere de límites, "halla demasiado íntima –describe el Profesor- una tarjeta mía, dirigida a él firmada <<cordialmente>> (p.229). El registro de la sesión continúa en los Apuntes:

> "Es evidente que se defiende contra la tentación fantaseada de casarse con mi hija y no con su prima, también insultos contra mi mujer y mi hija" (*Ibid*). Enseguida un sueño: <<Otra vez ve a mi hija que *en lugar de los ojos tiene dos emplastos de excremento, es decir, que no se ha enamorado de sus lindos ojos, sino de su dinero*>> (cursivas en el texto). Asocia después con Emmy, la muchacha rica con la cual Rosa, su madre quería que él se casara. Aquí Freud agrega que también podría tratarse de la costurera amante de Ernst; pues ambas "tienen ojos particularmente bellos" (*Ibid*).

La transferencia paterna estuvo siempre presente. En el historial clínico Freud refiere que en el ocasionamiento de la enfermedad adulta, "un hilo reconducía hasta la niñez"| (p.157). Lo reprimido era la fuerte querella contra el padre, como parte primordial del complejo paterno. Esto se reeditó durante el análisis. El maestro vienés lo describe de la siguiente forma:

> "Entonces, sólo por el doloroso camino de la transferencia pudo adquirir el convencimiento de que su relación con el padre exigía real y efectivamente aquel complemento inconsciente. Pronto le sucedió, en sus sueños, fantasías diurnas y ocurrencias, insultarme a mi y a los míos de la manera más grosera y cochina, no obstante que en su conducta deliberada me testimoniaba siempre el mayor respeto. Durante la comunicación de esos insultos, su comportamiento era el de un desesperado. <<¿Cómo es posible, profesor, que usted se deje insultar por un tipo puerco, por un perdido como yo? Usted tiene que echarme fuera; no merezco otra cosa>>. Y al hablar así solía levantarse del diván y pasearse por la habitación" (p.164).

Como motivo de tal conducta en el consultorio, Ernst le externó a Freud, una fineza: el no poder soportar la explosión de tanta crueldad yaciendo cómodamente en el diván. Sin embargo, el analizando pronto descubrió otra explicación; se alejaba del Profesor para que él no lo golpeara. A veces se sentaba en el diván y entonces:

"...se comportaba como uno que, presa de una angustia desesperada, quiere protegerse de una azotaina desmesurada; se tomaba la cabeza entre las manos, cubría su rostro con los brazos, escapaba de pronto con el rostro crispado por el dolor, etc. Recordaba que su padre había sido colérico y en su violencia muchas veces ya no sabía dónde era lícito llegar" (p.164).

Para Ernst en el transferir analítico, Freud fue como un buen padre, que contenía sus agresiones, empero, a veces también operó como una figura materna. Así, en los apuntes originales con fecha del 28 de diciembre, el maestro reporta "Él está hambriento y se le conforta" (p.237). El 2 de enero de 1908 se dice "Cuando yo le ofrecí la pequeña colación" (p.243) y, el 4 de enero se informa:

"La trasferencia era que a raíz de aquella comida que le ofrecí yo saqué provecho, pues *él ha perdido tiempo y la cura durará más* (mis cursivas). Cuando preparaba los honorarios, se le ocurrió que debía pagar también esa comida, con 70 coronas. Estas provienen de una farsa de un *music-hall* de Budapest, donde el novio endeble ofrece 70 coronas al mozo si quiere realizar en su lugar el primer coito con la novia"(p.246). ¿Derecho de pernada para Freud?

Emilio Rodrigué (1996) describe la transgresión en su obra:
"En verdad, Freud hizo traer un plato de arenques ahumados que Lanzer, en la ocasión, declinó. Conviene recordar que el único paciente que compartió la mesa del Profesor fue E." (p.507).

Así fue, en la carta de Freud a Fliess del 16 de abril de 1900, el maestro alude al paciente E. (En Los origenes del psicoanálisis, de María Bonaparte, Anna Freud y Ernst Kris (1950), así como también en *The Complete Letters of Sigmund Freud to Wilhelm Fliess 1887-1904,* de J.M. Masson (1985) aparece el caso como E. Sin embargo, en la obra de Nicolás Caparrós la E., se convierte en F. (Seguramente es un error tipográfico).

En la última edición citada se comunica la deferencia del Profesor con su paciente, aparte de una histórica mención sobre la transferencia y el destino interminable de la cura.

"F. ha terminado al fin su carrera como paciente con una invitación a cenar en mi casa. Su enigma está casi totalmente resuelto, su estado es excelente y su *"carácter"* ha cambiado por completo; en cuanto a los síntomas de momento queda un resto" (Caparrós, N., 1997, Tomo II, p.442 mis cursivas).

En el comentario crítico de Caparrós se añade:

"Esta es la primera visión manifiesta del papel de la transferencia en la terapia psicoanalítica... La falta de una comprensión plena de su dinámica explica también que por aquella época Freud mantuviera contactos personales desusados con sus pacientes..., también..., la inminente ruptura con Fliess" (p.443).

Ahora más, en relación a los arenques ahumados que Ernst rechazó el 28 de diciembre; la información de Freud al respecto la encontramos en el registro del 2 de enero:

"...una fantasía de trasferencia: entre dos mujeres, mi esposa y mi madre, hay estirado un arenque que del ano de una llega al de la otra, hasta que una niña lo corta en dos pedazos, tras lo cual los dos fragmentos (están como mondados) caen..., acerca de esto, sólo la confesión *de que el arenque no le gusta en absoluto*; en una comida le sirvieron últimamente arenques [¿la invitación del 28 de diciembre?] pero no los toco" (p.240-241 mis cursivas).

Según el analista Freud la niña del sueño es su hija Anna de doce años. Líneas adelante Ernst relata que "él mismo siente a la rata mordisqueando en torno de su ano y la ve plásticamente". El Profesor liga el sueño con la picazón en el ano cuando Ernst padeció de lombrices y lo trataron con pastillas y lavativas, anudando a las lombrices, enemas y, el prurito anal, a "un placer reprimido", oculto, es decir, un erotismo masturbatorio anal-sádico, espejo del onanismo negador y, a la vez disparador de la angustia de castración.

Los cuartos seis años

1897 19 años	La masturbación es abolida
1898 20 años	Se enamora de Gisela, la pariente pobre. Obsesión de la muerte del padre. Suicidio de la costurera (la primera).
1899 21 años	Operación de Gisa. Muerte del padre Heinrich. Reaparece el onanismo. Servicio militar.
1900 22 años	Juramento contra las prácticas masturbatorias. En diciembre es rechazado por primera vez en su noviazgo.
1901 23 años	Enfermedad de la abuela de Gisela. Reaparece el onanismo.
1902 2 4 años	Muerte de la tía política y comienzo de la neurosis obsesiva adulta. Veraneo en Gmunden. En octubre el primer examen de leyes.

En relación a las prácticas masturbatorias Freud comunica, que el quehacer sexual onanista de su paciente durante la pubertad no pasó de ser un refrescamiento del autoerotismo infantil, que viene siendo, "en verdad, la expresión más nítida de la constitución sexual del niño" (p.159). Ya, en la adolescencia, "constituye la descarga de los más diversos componentes sexuales y de las *fantasías* por estos alimentadas" (Ibid, mis cursivas). Todo depende entonces de la singularidad del sujeto psicohistórico. El maestro vienés es meridiano:

> "El hecho de que tantos individuos toleren sin daño el onanismo (vale decir, cierta extensión de ese quehacer) nos enseña solamente que en ellos la constitución sexual y el decurso de los procesos de desarrollo ha consentido el ejercicio de la función bajo las condiciones culturales, mientras que otros individuos, a consecuencia *de una constitución sexual desfavorable o de un desarrollo perturbado*, enferman a raíz de su sexualidad, o sea, no pueden llenar sin inhibiciones y formaciones sustitutivas los requisitos para *la sofocación y sublimación* de los componentes sexuales" (*Ibid*, mis cursivas).

Ernst sofocó su onanismo a los 19 años, empero, éste reapareció a los 21, después de la muerte del padre y a los 23, con la enfermedad de la abuela de Gisa. Sin embargo, la tríada "masturbación-omnipotencia de pensamiento-muerte", proviene desde la tierna infancia. El duelo por su hermanita Katherine repercutió también en Freud. Él mismo lo reconoce en la sesión del 14 de octubre:

> "*Olvidado por mis propios complejos*". (mis cursivas). Por otra parte, este recuerdo, el más temprano, de los 3 ½ años (la hermana tenía 8), armoniza bien con mi *construcción* (mis cursivas). La muerte lo ha tocado de cerca, *realmente ha creído que uno muere si se masturba*" (p.207, resto de cursivas en el texto).

El Profesor desde la entrevista anterior (12 de octubre) ha destacado:
> "Aquí no puedo abstenerme de compaginarle el material disponible en un episodio: que él antes de cumplir 6 años ha rendido homenaje al onanismo, que el padre se lo ha prohibido y por ello la amenaza: <<Eso lleva a la muerte>>, y quizás usara también la de cortar el miembro" (p.206).

El quehacer onanista emergió de nuevo a los 21 años "*poco tiempo después de la muerte del padre*" (p.160) y, él en cumplimiento parcial del Servicio Militar. Entre la media noche y la una de la mañana Ernst "esperaba la visita del padre a la hora de los espectros", veía su pene desnudo y se masturbaba. Este hecho referido antes, Freud lo interpreta mediante una *construcción (m.c.)*.

"...me atreví a formular una *construcción* (mis cursivas): de niño, a la edad de 6 años, él ha cometido algún desaguisado sexual entramado con el onanismo, y recibió del padre una sensible reprimenda. Este castigo habría puesto fin al onanismo, sí, pero por otra parte dejó como secuela una inquina inextinguible contra el padre y fijó para todos los tiempos su papel como perturbador del goce sexual" (p.161).

En nota a pie de página James Strachey resalta el gran valor de la construcción interpretativa que comprende la interrelación dinámica entre la realidad actual con los objetos externos, el proceso transferencial y, el pasado infantil:
> "La importancia que para la técnica del psicoanálisis tienen <<construcciones>> como estas fue examinada por Freud en uno de sus últimos trabajos, <<Construcciones en el análisis>> (1937-b)".

La intensa angustia de castración en el *Hombre de las Ratas*, acorde con el colegir freudiano y lacaniano, es la principal opositora del goce sexual, es el anti-deseo; surge a la vez de dicho complejo edípico el pensamiento mágico, omnipotente, de la vida en el más allá y, el retorno de los finados desaparecidos, ahora como aparecidos espectrales. Esto resulta ser desde los deseos contrariados una persecución fantaseada y, al alimón un reto retaliativo maniaco al nombre del padre, es, en fin, la ley destronada, más imaginada, que simbólica. De cualesquier forma la muerte propia para todos nosotros es la castración final, siendo los rituales negadores del duelo expresión singular de la religión íntima de cada uno. En Ernst la necrofilia estuvo siempre presente en sus representaciones obsesivas, eso le valió, lo referimos antes, el apodo de "pájaro fúnebre"; súmese a ello las ideaciones suicidas y los múltiples decesos que lo atormentaron, aunque algunos fueron negados, como ejemplo, el suicidio de la costurera que trabajaba en la casa, cuando él tenía 20 años, a quien él abordara pero sin comercio sexual, en repetidas ocasiones, a pesar del declarado disgusto de Lanzer por ser ella muy exigente, pues requería de confirmaciones amorosas, de alguien que como típico obsesivo caracterial, aislaba el afecto de sus pensamientos:

> "Ella se quejaba –anota Freud el 23 de diciembre- de que no la querían; lo provocó de manera directa para que le asegurara que la quería, y se desesperó mucho cuando él se negó rotundamente. Algunas semanas después ella se arrojó por la ventana. No lo habría hecho si él hubiera anudado una relación con ella. Así, uno exterioriza omnipotencia concediendo amor o denegándolo, en la medida en que uno posee el poder de hacer dichoso a alguien" (p.235).

El Profesor indica la disociación ideo-afectiva del paciente; sin faltar en su registro ese dejo irónico tan característico del humor negro judío:

> "Al día siguiente, dice asombrarse de no sentir arrepentimiento tras haber descubierto eso, pero opina que ya estaba ahí (¡excelente!)" (*Ibid*).

Otro suicidio más, resultado "de un amor desdichado" (p.239) sucedió cuando Lanzer tenía unos 17 años. Se trataba de un primo, hijo de una hermana de la madre Rosa:

> "Él pensó que Hilde, de quien {su primo} había estado muy enamorado era sin duda la causa. Esta tía materna se le veía en estado tan deplorable, tan quebrantada, que él juró, a causa de la madre, no

matarse nunca, no importa lo que pudiera sucederle, aún un amor desdichado" (p.239-40).

El suicida, enseñaba Felipe Pinel (1804), era aquel con deseos "siempre contrariados" (p.19) y, no, acaso, en las líneas inaugurales de *El amor en los tiempos del cólera*, alguien cuenta la triste historia del suicida gerontofóbico Jeremiah de Saint-Amour, (don Emilio el Belga, tal como se recuerda en *vivir para contarla*), quien despidiera su vida con un sahumerio de cianuro de oro. García Márquez (1985) lo relata en soliloquio del doctor Juvenal Urbino:

"Era inevitable: el olor de las almendras amargas le recordaba siempre el destino de los amores contrariados".

"Amores contrariados" son dos palabras iterativas, obsesivamente rememoradas en el primer tomo de las memorias de García Márquez (2002) y, en *Memoria de mis putas tristes* (2004).

La caracterología obsesiva, hamletiana, es una clara muestra de deseos contrariados donde cuentan las defensas, lo defendido, el conflicto intrapsíquico, y las relaciones objetales externas, espejo y eco de las internas. El vínculo obsesivo se mantiene mediante un control disciplinado a ultranza, por ello, el sujeto raramente se suicida. Enrique Pichon-Rivière (1980) en su libro póstumo *Teoría del vínculo*, propuso la valoración del vínculo como una relación más o menos constante con un objeto interno; constituyente, éste, de una estructura endopsíquica determinante de un patrón caracterial de conducta ideoafectiva con los objetos externos; estos corresponden a la relación psicosocial, en cambio, el carácter sintónico del sujeto inconsciente, siempre pertenece a la interrelación interna (p.35-6). El obsesivo con núcleos masoquistas organizados a un nivel neurótico, es un sujeto –nos advirtió Wilhelm Reich (1928)- que busca a primera vista solamente martirios, castigos, aunque, su deseo prístino sea un vínculo pidiendo amor, por el cual se debe pagar un precio. La fórmula caracterial sería: sufrir para merecer el amor anhelado. Todo será cuestión de cubrir la cuota. ¿Saldará su deuda Ernst Lanzer? Freud pagó algo por adelantado publicando el caso, y finiquitó la cuenta conservando los *Apuntes*. Por lo demás, ¿por qué a los sobrevivientes de un difunto se nos nombra deudos? ¿Acaso por ser *existentes*? La angustia existencial de *estar en el mundo (Dasein)* será una anticipación del *Ser* para la muerte. ¿De existentes pasaremos a trascendentes? Gianni Vatimo (1985) considera que el nihilismo consumado de Nietzsche "es un llamado que nos exhorta a la *despedida*" (p.31).

¿Quedaría Gisela la prima pobre dentro de la deuda paterna, por estar el hijo desobedeciendo la *Ley* del padre? *¿El Hombre de las Ratas*, en verdad, adoraría a la prima o, ella tan solo sería su posesión retaliativa más cara? Además, bien lo sabemos, Gisa resultaba ser el desplazamiento exogámico del vínculo incestuoso de Ernst con sus hermanas Julie e Hilde.

El 6 de enero el paciente refiere el siguiente sueño:

> "Va al dentista para hacerse extraer un diente enfermo. Éste le arranca uno, pero no es el correcto, sino uno levemente afectado contiguo a aquel. Una vez que está fuera, se manifiesta asombrado *por su tamaño*" (p.246, mis cursivas).

Ernst había llegado a la sesión alegre y sonriente, "como si tuviera un as escondido"; después de contar el sueño asocia que así es; él requiere la extracción de un diente pero rehusó la intervención, pues "los dolores dañarían de algún modo a su prima" (Ibid). El maestro pregunta si el analizando sabe "¿qué significado tendrían los sueños de dientes?" Ernst lo recuerda oscuramente, algo como la muerte de parientes. En cierto sentido si –le dice el Profesor-, son sueños onanistas, de pérdidas, desplazamientos "de abajo hacia arriba"; el arrancarle un diente equivale simbólicamente a la masturbación, es el "arrancarse una". El enfermo sigue asociando e informa que la costurera, su actual amante; no aquella suicida de hace nueve años, lo está arruinando económicamente y él no sabe exactamente cuánto le cuestan sus servicios sexuales al mes; aparte de los préstamos monetarios a sus amigos; dinero correspondiente a su amada Gisa. Freud, entiende bien el significado del diente incorrectamente extraído, aunque grande, pero no lo interpreta. ¿Deseo cumplido en el sueño? ¿Masturbación con la representación psíquica de Gisela? ¿Castración como castigo? ¿Sueño transferencial donde Freud es el dentista inepto? ¿Muerte de la novia? Caracterialmente todo puede ser y, el despilfarro de dinero en Lanzer, es la clara expresión de deseos contrariados donde triunfa el impulso, al ser vencida la defensa.

El sueño típico del diente o los dientes que se caen, superiores o inferiores, lo estudia Freud (1900) en *La interpretación de los sueños* y, en nuestro medio nacional Gutierre Tibón (1972) publicó *El mundo secreto de los dientes*, donde recoge las aportaciones de Freud, Lorand, Feldman, Aberasturi y mi monografía "Enfoque Psicosomático en Odontología" (Solís, H., 1968).

El as en la manga defensiva se reporta el 7 de enero, es el beneficio *primario y secundario* de los síntomas pues ha vuelto a ser gentil con la costurera; pero había olvidado su preservativo. "Es por ejemplo, *coitus interruptus*, impotencia, malestar" (p.247, cursivas en el texto). Enseguida externa un complemento acerca del sueño de la sesión anterior diciendo, que el diente grande no parecía diente, sino más bien un bulbo de tulipán o rodajas de cebolla. El asociar ulterior: orquídea = criptorquidia = operación de los ovarios en Gisela, no lo recorre, comenta el maestro vienés, aunque Ernst si se remonta a la operación de 1899, cuando "en ese tiempo estaba fuera de sí de celos" (p.248) pues un joven médico visitó en el postoperatorio a Gisa y metió la mano bajo las cobijas, no entendiendo, él, si eso era correcto; tampoco comprendió el hecho, que ella mostrara mucho valor durante la intervención quirúrgica, por el contrario "tuvo la estúpida idea de que había sido porque le gustaba enseñar a los médicos su hermoso cuerpo". El analizando Lanzer se asombra entonces de que su analista "no considere tan estúpida esa idea" (*Ibid*).

De ese hermoso cuerpo, el novio celotípico había oído hablar desde 1898, contando Ernst con veinte años de edad. Fue el tiempo cuando su hermana mayor Hilde le comentó que Gisela tenía un hermoso cuerpo. Eso lo impresionó mucho, tanto más viniendo la descripción de Hilde, quien era una mujer de cuerpo muy bello. "Esta es quizá la raíz de su amor –consignó en los *Apuntes* el Profesor-. La prima pobre supo entonces de qué hablaban y se puso roja" (p.248). La costurera T., que luego se mataría, dijo saber bien en aquel tiempo "que la prima era oficialmente considerada por él, la más hermosa de las mujeres" (*Ibid*). Ahora más, si el diente del sueño es un "pene muy grande solo puede ser el del padre" (*Ibid*). Ernst lo admite por fin como una venganza contra su papá Heinrich.

En mayo de 1902 teniendo el enfermo 24 años, acontece la defunción de la tía política y la visita que Ernst hizo a la funeraria. El tío viudo había exclamado lamentándose: "Otros maridos se lo permiten todo, ¡y yo he vivido sólo para esta mujer!" (p.139). Lanzer supuso que "el tío aludía a su padre y ponía bajo sospecha su fidelidad marital" (*Ibid*). Dicho evento resignificó la muerte paterna "y empezó a martirizarlo horriblemente, a punto tal de tacharse de criminal" (*Ibid*). También en ese mismo año, se manifestaron conductas suicidas y una seria incapacidad para el trabajo intelectual.

"Cierto día –refiere Freud ampliando la nota del 10 de octubre-, durante unas vacaciones veraniegas, [en Gmunden] le vino de pronto la idea de que era demasiado gordo {*dick*} y debía *adelgazar*. Empezó a levantarse de la mesa antes de los postres, a correr por la calle sin sombrero bajo el solazo de agosto y a subir luego los montes a paso de carga, hasta que debía detenerse bañado en sudor. Por otra parte, una vez salió a la luz sin disfraz el propósito suicida detrás de esta manía de adelgazar: encontrándose sobre una escarpada ladera, de pronto le fue pronunciado el mandato de saltar abajo, lo cual le habría significado una muerte segura" (p.149, cursivas en el texto).

El analizando anudó esta "actuación" sin sentido, con el hecho de que por aquel tiempo su idolatrada Gisa se encontraba en Gmunden acompañada de un primo inglés que la cortejaba y, Ernst montó en colérica celotipia; su nombre era Richard y le llamaban *Dick* ("Gordo" en alemán). Lanzer lo quería matar "por eso se impuso como autocastigo la pena de aquella cura de adelgazamiento" (*Ibid*).

En julio de 1902, Lanzer intentará presentar el primer examen profesional de su carrera como abogado, mismo que será postergado por algún tiempo, destino que correrán las subsecuentes fases del mismo en 1903, y más adelante. Éste proyecto inconcluso con "efecto *zeigarnik*", se coronará hasta después de su análisis como lo veremos en el corto seguimiento del caso. Dicho rasgo caracteropático tan común en los obsesivos del mundo *psi*, influye en nuestros propios planes de concluir tareas vitales y por supuesto, contratransferencialmente, en los análisis de cada paciente que tratamos con idéntica problemática de incompletud existencial.

Los quintos seis años

1903 25 años	(Enero) Examen. Plan de matrimonio. Exacerbamiento de la neurosis obsesiva. (Julio) Examen. Gisela lo rechaza por segunda vez.
1904 26 años	Primer coito (Trieste).
1906 28 años	Sueño de las espadas japonesas.
1907 29 años	(Agosto) Maniobras militares en Galitzia. (Octubre) Comienzo del tratamiento.
1908 30 años	Terminación del análisis. Seguimiento

1910 32 años	Se casa por fin con su querida Gisela Adler.
1913 35 años	Ernst se recibe de Abogado.
1914 36 años	Muere el Hombre de las Ratas en La Primera Guerra Mundial.

El complejo paterno

Tomando en cuenta la repetición sintomática del neurótico obsesivo-compulsivo bien se puede aseverar, que cuando Ernst Lanzer cumplió treinta años también cumplió cinco veces los primeros seis años de su vida. Los aquejados por esta caracteropatía se hallan mayormente destinados para repetir fracasos en lugar de sumar triunfos; estamos ante una "neurosis de destino". Roudinesco y Plon (1997) comentan al respecto:

"En este sentido, como lo ha subrayado Patrick Mahony, el encuentro entre Freud y el Hombre de las Ratas fue "una versión vienesa del drama de Sófocles que enfrentaba a Edipo y la Esfinge". Puso en escena la esencia del amor edípico a la madre y el odio al padre" (p.639).

Oscar Abelardo Masotta (1930-1979) introductor del lacanismo en Argentina y España, pensador sartreano, más, psicoanalista de tiempo parcial, protegido de Enrique Pichon Rivière y compañero de brega de Juan David Nasio, inspirador de Emilio Rodrigué y defensor de la comunidad *Gay*; dejó una tarea inconclusa al morir a los 49 años de edad, debido a un cáncer pulmonar consecuencia de un tabaquismo inveterado. Él en 1973 publicó en Buenos Aires "Consideraciones sobre el padre en El Hombre de las Ratas", en *Cuadernos Sigmund Freud*, ensayo reeditado como *Introducción de Los casos de Sigmund Freud Vol. 3*. Ahí, Masotta plantea que *La función del padre*, es, lo que Ernst Lanzer desde su condición de *sujeto* trata de reconstruir:

"Comprenderíamos entonces –resume Masotta- que los conceptos lacanianos de *metáfora paternal, nombre del padre, deuda simbólica y Ley* vienen a llenar un lugar vacante en la teoría post-freudiana" (p.9, mis cursivas).

Más adelante afirma: "lo que hay que investigar no es una co*nducta* sino un *anhelo* (*Wunsch*): el veto, el deseo de la muerte del padre" (p.11, cursivas en el texto). Páginas después él se pregunta, "si la madre desea o no al padre" (p.19), para enseguida indicar la vital importancia de Gisa como el verdadero objeto vedado: "el padre no prohíbe *la madre* al sujeto, sino que..., prohíbe *la otra*" (*Ibid*). Es decir, Gisela la pariente pobre, a quien también la madre vetaba. Esta dama cuyo nombre y fotografía no debían juntarse con lo impuro, era la representante de un desplazamiento, lo hemos reiterado, desde la madre y las hermanas. En el *Original Record*, lo primero que llama la atención del hermenéuta freudiano, es la referencia desde un principio a la mamá. Masotta lo señala así:

> "El paciente no ha querido hacerse cargo de la herencia familiar después de la muerte de su padre, y debe consultar con su madre sobre los honorarios propuestos por Freud. ¿No hay algo ahí que obliga a pensar en una peculiar manifestación del *délire du toucher*? ¿Si el dinero del padre lo embaraza no será porque ese dinero proviene de la *línea* de la madre? (*Ibid*, cursivas en el texto).

El hijo Ernst tampoco podrá "imaginizar un hijo" (*Ibid*), por eso Gisela, la estéril, es un objeto necesitado desde el inconsciente familiar. El problema capital en Lanzer era la precaria identificación con el padre y sus emblemas:

> "¿Pero, qué *emblemas*? Esa falta en el matrimonio de sus padres, la falla que deja aparecer la palabra mentirosa del padre y esa "fechoría" como dice Lacan, cometida en el ejército y que el *mito familiar* no permite olvidar" (p.20, mis cursivas).

El concepto de *mito familiar* había sido descrito siete años antes del ensayo de Masotta, por el familiólogo Antonio J. Ferreira (1963), leámos.
"...El mito es para la familia lo que las defensas son para el individuo; ya que en su función de *defensa grupal* el mito promueve la homeostasis y la estabilidad de la relación" (p.160, cursivas de Ferreira).
Masotta concluye su ilustrativo trabajo destacando, que la *función* del padre *debe comprender por decreto psicosocial* lo simbólico, éste padre debe caer bajo su propia *Ley*. Además, el *sujeto* amerita estar inserto en la línea *diacrónica* (a través del tiempo) de las generaciones. La *madre*, a su vez, tiene que transmitir el mensaje del *padre* como *Ley*, y, a manera de colofón iterativo: "...la relación del padre con la ley debe ser observada en sí misma" (p.23-4, mis cursivas). Gran parte de lo anterior no se logró en el

desarrollo epigenético del *Hombre de las Ratas*, aunque sí se escenificó en la transferencia; más que todo en las resistencias caracteropáticas y, en la transferencia como resistencia.

¿Cómo estaba constituido el paquete caracteropático defensivo de modalidad obsesivo-compulsiva, en el *Hombre de las Ratas*?

En el historial clínico, Freud describe diversos psicomecanismos: represión, desplazamiento, formaciones reactivas (transformaciones en lo contrario), racionalización, intelectualización, anulación retroactiva (hacer y deshacer, para mi "complejo de Penélope"), aislamiento ideo-afectivo, idealizaciones, negación y proyección. Habló también de defensas primarias y secundarias.

Aquí vale la razón de aclarar, que los conceptos freudianos de represión primaria y secundaria, vistos como defensas en el desarrollo infantil y, en el devenir del sujeto, fueron retomados en El caso Schreber (1911 [1910]) y, descritos por Freud en tres fases:

La primera consiste en la *fijación* o represión primaria, precondición de toda represión futura, secundaria; estaríamos entonces ante un retardo o inhibición del desarrollo infantil, detención pasiva a la cual se vuelve mediante la regresión psíquica, comportándose el sujeto tal como si fuera el niño que permaneció inconsciente. *La segunda fase* es la represión propiamente dicha, secundaria, perteneciente a un YO de más alta estructuración, inconsciente también, pero susceptible de conciencia, psicomecanismo defensivo esencialmente activo. Esta represión de experiencias o fantasías desagradables, siempre contiene un enlace inconsciente con lo anteriormente reprimido. *La tercera fase* –destaca el Profesor- es la mayormente sustantiva, patológica y, acontece cuando falla la represión secundaria e irrumpe lo por el maestro llamado *retorno de lo reprimido*. Aquí la irrupción proviene desde el punto de fijación y por ende contiene un componente ignorado, desconocido (p.62-3). No sería sino hasta "Lo ominoso" (1919) cuando Freud explicaría el retorno de lo reprimido como una fantasía inconsciente que se re-significaba en forma siniestra frente a una realidad externa parecida. Eso fue lo sucedido durante la regresión analítica de Ernst Lanzer, donde se revivieron *aprés coup*, las fijaciones de la infancia, ejemplicándose así el *Complejo Paterno* con sus precarias identificaciones transformadas en lo contrario, es decir, idealizaciones en lugar del padre persecutor. Las defensas obsesivas en general cumplieron con su deber de proteger al Hombre de las Ratas de un quiebre psicótico.

El punto nodal en Ernst Lanzer fue el imperativo impulso de tener que pagar la "pequeña" deuda de los quevedos a un oficial militar. Este pasaje del historial, lo adelantamos previamente, es, junto con el tormento de las ratas, el más cargado de angustia confusional y simbolismo multívoco. La deuda masculina con el padre, nunca *se paga del todo*, aunque si preguntamos al poeta Nobel Rudyard Kipling, él, desde su conocido poema nos diría que *se paga con los hijos*, y Lacan complementaría: el padre debe caer bajo el peso de su propia *Ley*, tal es el precio de su deuda. El tormento dilemático del Hombre de las Ratas, siempre fue de pulsiones contrariadas, pues si se unía a su idolatrada Gisela, la doblemente prohibida, por ser ella higuera estéril, no podría nunca darle un *hijo*.

Gran parte de los datos apuntados como acontecimientos correspondientes a los *quintos seis años*, han sido ya tratados en pasadas páginas; sólo resta ahora mencionar que Ernst Lanzer terminó su análisis con Freud en el verano de 1908, teniendo él treinta años; dos años adelante se casa por fin con Gisela Adler, su prima idealizada ambivalentemente y, en 1913 a los treinta y cinco años de edad, pasados ya once largos años desde su primer examen, Ernst Lanzer se gradúa de abogado. En agosto de 1914 se da de alta en el ejército imperial y, en noviembre de ese mismo año es capturado y hecho prisionero por los rusos, desapareciendo posteriormente. Según Emilio Rodrigué (1996) "Ernst Lanzer murió, poco después del inicio de la Primera Guerra Mundial, en una trinchera, probablemente rodeado de ratas" (p.508).

CASO EL HOMBRE DE LOS LOBOS

HOMBRE DE LOS LOBOS I. Y UNA PERTINENTE DIGRESIÓN SOBRE LOS CASOS DE WORTIS, BLANTON, DOOLITTLE Y KARDINER.

"Finalmente, tal vez sea legítimo llamar la atención sobre el extraordinario talento literario con que Freud expuso el caso. Enfrentaba una tarea de pionero: la de ofrecer una descripción científica de sucesos psicológicos cuya novedad y complejidad no habían sido jamás imaginadas. El resultado es una obra que no sólo elude los peligros de la confusión y la oscuridad sino que, además, mantiene fascinado al lector desde el principio hasta el fin" (p.9).

Nota introductoria al Hombre de los Lobos
James Strachey

Serguei Constantinovich Pankejeff (1887–1979) más conocido como "El Hombre de los Lobos" sobrenombre que le otorgara en 1926 Ruth Mack Brunswick quien fuera su analista, después de Freud; viene siendo justificadamente el caso clínico freudiano con un mayor seguimiento, pues en *The Wolf–Man by the Wolf–Man. The double story of Freud's most famous case*, editado por Muriel Gardiner (1971) se publican en la primera parte *Las memorias* del paciente; continuándose en la segunda sección con las reminiscencias de un Serguei ya senecto, acerca de su análisis con el maestro vienés; incluyéndose, a la vez, en esa parte del libro los historiales clínicos escritos por Sigmund Freud (1918–[1914]) y Ruth Mack Brunswick (1928); después, en el último apartado Muriel Gardiner refiere los acontecimientos principales de Pankejeff desde 1938 hasta 1970. La colega en sus consideraciones, externa sus impresiones diagnósticas, reportando una buena evolución. El volumen se enriquece con una *Introducción* de Anna Freud, once paradigmáticas fotografías familiares de Serguei y, una portada donde se muestra el cuadro *El sueño de los Lobos*, pintado en la adultez por quien lo soñó cuando era un niño. Del obituario de Roland Jaccard en 1979, transcribí sus líneas finales en las páginas iniciales del capítulo introductor a los historiales del Hombre de las Ratas y el de los

Lobos; lo presentaré completo al reseñar más adelante el breve ensayo de Jaccard sobre Pankejeff.

Existen, bien se sabe, un reducido número de analizandos e investigadores, que describen al maestro trabajando. Sin embargo, los recuerdos de Serguei en relación a sus análisis y vínculos afectivos con Freud, son insuperables. Me detendré, además, en las historias de vida analítica con Freud, de Joseph Wortis, Smiley Blanton, Hilda Doolittle y Abram Kardiner, porque sus testimonios personales, son de gran valor en el examen que se hace del Profesor vienés, como terapeuta.

Josep Wortis (1906–1995)

Añadiré pues, dichas autorías dedicadas a ese tema; primero, el polémico *Fragments of an analysis with Freud* de Joseph Wortis (1954), quien fuera tratado por el maestro del 9 de octubre de 1934 al 31 de enero de 1935, siendo él recomendado por Adolf Meyer, líder de la psiquiatría norteamericana y cabeza principal del Johns Hopkins Hospital; también fue apadrinado por el ampliamente reconocido Havelock Ellis. Tanto éste último como Meyer no eran psicoanalistas. El neoyorkino Wortis, hábil ganador de becas y claro ejemplo de narcisopatía, se había graduado como médico en Viena, retornando a los Estados Unidos en 1932, teniendo su entrenamiento psiquiátrico en el prestigiado *Bellevue Psychiatric Hospital* bajo la dirección de Paul Schilder Director de investigación, mismo que le reforzó sus firmes ideas socialistas. El óptimo comentario crítico en relación a las *Notas* redactadas por Wortis, después de las sesiones y con la venia de Freud, se debe al sexólogo Havelock Ellis, quien desde Londres envió una carta a Wortis fechada septiembre 14 de 1936. Acotaré dos párrafos:

> "Yo considero las *Notas* muy valiosas y que deberían ser publicadas *someday*, después del deceso de Freud y quizás en forma anónima. Sin embargo, las *Notas* no revelan nada acerca de usted. Su valor es que ellas constituyen *an analysis of Freud* y una precisa revelación de su técnica. Yo no creo que algún otro registro similar –si este existe– llegue a ser publicado" (Wortis, J., 1954, p.173, mi traducción, las cursivas son del texto).

Líneas adelante Havelock Ellis se cuestiona sobre la "precisa revelación de su técnica", al escribir:

"Yo estoy casi temeroso, que las *Notas* puedan en una edad futura ser consideradas como una *reductio ad absurdum* del psicoanálisis: Pero *anyhow*, ellas serán valiosas" (p.174, cursivas del texto).

En 1932 Joseph Wortis mandó una carta a Sigmund Freud, donde expresaba sus deseos de llegar a conocerlo, empero, no quería abusar del tiempo de alguien tan ocupado. En mayo 21 de ese año el Profesor contestó interpretando: "Gracias a usted por su amable nota y por la buena voluntad de renunciar a la visita" (Wortis, J., 1954, p.6–7). Y, en el prefacio de ese libro se lee: "Yo no tengo intención de perpetuar la discusión del material de mi propia persona" (p.viii). En realidad psíquica, las resistencias de Wortis, como pronto se verá, eran intensas y refractarias a más no poder.

El contenido manifiesto del reportaje, en efecto, es un "análisis salvaje" acerca del maestro, llevado a cabo por un pésimo aprendiz de brujo, que sesión tras sesión cuestionaba a un Freud próximo a morir. Todo el tratamiento fue en idioma alemán. Escogeré información de algunas notas complementarias, contradictorias, o ratificadoras de El caso Sigmund Freud, e, intentaré mantenerme en el hilo rojo de la tránsferocontratransferencia–proceso.

El primer encuentro con el Profesor duró quince minutos y, ocurrió a principio de septiembre del 1934, siendo recibido por una doméstica, ¿Paula Fichtl?, en un apartamento suburbano de Viena donde Freud atendía temporalmente. Wortis lo dibuja como alguien corto de estatura e, intensamente pálido, con un discurso bajo y desarticulado, quizá debido a la prótesis mecánica bucal, que le producía mucho malestar. Se habló de las cuotas que cobraba el maestro y la de otros analistas, subrayando Freud que por el momento estaban agotadas las becas de análisis gratis para americanos. Como Wortis venía becado desde los Estados Unidos, tendría que consultar con sus patrocinadores si se analizaba con el *Herr Professor*, con su hija Anna, o, algún otro más. Al despedirse Wortis dijo que Ellis le comentó las malas noticias sobre la pobre salud de Freud. Éste expresó: "Todos esos reportes son falsos" (p.10). El maestro fallecería cinco años después.

El segundo encuentro fue de media hora, el primero de octubre, en el mismo sitio, y Wortis externó que recibiría pronto 1600 dolares; Freud calculó al respecto, informando que eso cubriría cinco sesiones semanales por cuatro meses. Más adelante Joseph comunicó que actuaba en contra del consejo de Ellis. El Profesor replicó diciendo que Ellis rechazaba el psicoanálisis y eso podría pasarle también a Wortis, tal como sucedió con el ministro Pfister. Lo importante en todo aspirante era su propio análisis, remató Freud y, ante la información de Ellis, que el maestro nunca había sido analizado, éste contestó: "No había nadie, que me analizara. Pero yo descubrí el análisis. Esa es excusa suficiente para mi" (p.17). Al término de la reunión el maestro declaró convencido: "Yo prefiero diez veces más a un alumno, que a un neurótico" (p.18). Es de sobra conocido, que en esos años casi todos sus analizandos eran candidatos.

En la sesión de octubre 9 se explicaron las reglas del contrato analítico, incluido en eso un período de prueba por dos semanas donde ambos constatarían si era factible o no continuar trabajando. Wortis acorde con ello se colocó en el diván sin poder asociar libremente, temiendo la regresión y sólo de pasada relató tener ciertos tonos depresivos y algunas molestias somáticas. La crítica capital dirigida a Freud fue si éste no estaría generalizando su concepto de represión, pues una fue la época juvenil del Profesor y, otra muy diferente la neoyorkina de Joseph. Además, él pensaba que la ciencia burguesa, al igual que Freud, enfatizaba demasiado el asunto del dinero y soslayaba las relaciones humanas positivas.

Reseñando la segunda entrevista (octubre 10, 1934) y teniendo ya de acompañante a un enorme perro a sus pies. ¿Sería "Jo–Fi" la perra favorita de Freud?... El relator refiere despiadadamente, que el viejo estaba ya medio sordo, exigiéndole, que hablara más fuerte, sintiéndolo Wortis petulante y escéptico, aparte de no saber el nombre del museo donde se encontraba "La Virgen de las Rocas" de Leonardo, así como ignorar también quién era el compositor Dukas. Freud reconoció su nula inclinación por la música. Sin embargo, el "Ser psicoanalítico" se mantenía vivo. Al narrar Joseph en la entrevista, que le fue muy difícil dejar a su novia en los Estados Unidos cuando vino a Europa por primera vez, –ella, ahora, su esposa y acompañante–; el roble añoso musitó: "Hay un elemento de dependencia en cualquier relación, aún con un perro" (p.23).

En octubre 15 el joven irreverente entró al sagrado aposento de *Berggasse 19*. Su carácter envidioso era evidente en su tempo devaluador: "Otra hora sin novedad" (p.27), reportó, igual según él a las dos anteriores; el consultorio acorde con la descripción de Joseph, se hallaba en "una simple residencia vienesa en el primer piso de una casa ordinaria en una parte ordinaria de Viena. Había además una carnicería en la planta baja" (*Ibid*). Wortis procede enseguida a comentar que la entrada principal presentaba un gran deterioro, y la sala de espera, estaba en desorden y sobrecargada de libros, cuadros, diplomas, fotografías y grados honorarios de muchas tierras. De las fotografías una era excelente; correspondía al ya mencionado Havelock Ellis, el médico y escritor inglés, quien siendo homosexual era una autoridad en el campo y, el maestro vienés había citado su término "autoerotismo" en Los tres ensayos de teoría sexual (1905). La dedicatoria escrita por el afamado sexólogo decía "Con sincero aprecio y admiración". También encontró Joseph la biografía de Ellis, obra de Goldberg, dedicada al "Profesor Freud". Se exponían, a la vez, varias fotos tomadas en la Clark University en 1909 con Stanley Hall y Jung. Además entre muchos otros libros destacaban los poemas de H.D (Hilda Doolittle). Wortis despectivamente opinó: "Ninguno de ellos parecía, que hubieran sido muy leídos" (p.28). Al final de la sesión el escindido paciente, informó, que Ellis le había aconsejado por carta que mejor consultara con Wilhelm Stekel (p.29).

Las discusiones persistieron durante las subsecuentes entrevistas; versaban sobre temas psiquiátricos, socialismo, política y, el relato de sueños, la mayor parte de ellos intelectualizados defensivamente; llegando así, a la sesión del 22 de octubre donde Joseph refiere, que su esposa y él deseaban tener un hijo, pero no se decidían aún. El profesor señaló, que era el tiempo adecuado pues su señora tenía ya 28 años. Wortis dijo, que lo comentaría con su mujer y, ella, seguramente tomaría muy en cuenta el consejo del maestro. Las líneas finales del reporte mantienen el clima reiterativo de disputa ya consignado:

> "Freud, de nuevo, encontró ocasión para hablar fuertemente en contra de Stekel. "Stekel", dijo, "va y le dice al enfermo desde un principio usted odia a su padre y tiene una fijación con su madre", lo cual solamente estimula el antagonismo del paciente. La siguiente vez que usted le escriba a Ellis, dígale a él, que debería estar avergonzado de haberle recomendado a Stekel, en cualesquier sentido" (p.41).

La experiencia didáctica–analítica, continuó, y los sueños proliferaron. En octubre 29, recibe Joseph permiso de leer los trabajos de Freud (p.50), lo cual facilita al supuesto enfermo su lucha resistencial dando lugar al Profesor a criticarlo, "usted debe aprender a citarme correctamente" (octubre 31). En noviembre 2, aparece Meyer en un sueño y Wortis interpreta que bien podría ser Freud, pues los dos representaban a la psicología burguesa. El maestro replica de inmediato, arguyendo, que eso, lo esgrimen solamente los comunistas (p.59). Durante la entrevista del 6 de noviembre, Wortis atacó de nuevo y Freud respondió, desde su contratransferencia; la escisión se mantenía, siendo Ellis idealizado y Freud devaluado. Éste se lamentó, que años atrás Ellis escribiera señalando al psicoanálisis como no científico y asegurando que los psicoanalistas eran un "puñado de canallas" (p.65). Las diatribas del paciente se eternizaron dando pie al maestro para una merecida confrontación; todo eso, indicó, no parece "ayudar a su análisis" y sólo es resultado de "resistencias de carácter" (p.81). La justa interpretación no le gustó, en lo más mínimo, al analizando. Sesiones adelante y, a propósito de los "sueños de caída", cuya interpretación freudiana aludía a feminidad, homosexualidad, dar a luz, o nacer; el analizando retó al analista cuestionando si ello podría evidenciarse científicamente por el método estadístico. El maestro contestó, al alumno: "Esa es una típica idea americana. Ustedes no pueden estudiar la psicología mediante estadísticas" (p.86).

La polémica se prolongó durante todo el mes de diciembre, pues el delicado tema de la homosexualidad había cobrado importancia estelar; vista, ella, por el Profesor, como una defensa, ante la psicosis. Wortis quien pretendió en un principio, investigar con Ellis dicho problema, no concordaba con el pensamiento ni el método psicoanalítico.

"Usted todavía no aprende el significado de inconsciente", protestó Freud airado e, insistió. "Usted debería simplemente dar sus asociaciones y no evaluarlas. Usted parece no tener fe en el método de las asociaciones libres" (p.102). En diciembre 20, el analizando se quejó de que el analista lo quiere correr, no deseando ya educarlo, pues piensa que Wortis no desea aprender. "Está usted temeroso de insultarme", dice el alumno, contestando el maestro: "Usted debe aprender a absorber cosas y no a revertirlas. Usted debe cambiar ese hábito" (p.114). El maestro vienés prosiguió atacando las resistencias narcisistas y la falsedad de su transferencia positiva (diciembre 21, 1934, p.116–118) y, en la entrevista del 31 de diciembre, el Profesor remata: "La persona que no ha visto la operación en su propio inconsciente no puede verla tampoco en los otros" (p.127). Discutieron, a la par, sobre una cita de Goethe, y el enfermo se llevó del consultorio a su apartamento un libro del preclaro escritor para checar bien la fuente, después lo regresó sin comentarios.

En enero 3, el analizando habló maravillas de los choques insulínicos de Manfred Sakel. El analista le señaló, que eso era una estratagema de distracción resistencial. "Aquí nos estamos moviendo –advierte Freud– hacia el fin del análisis y usted no capta todavía sus fundamentos" (p.127). Poco después el maestro taladrando las defensas narcisistas es tajante:

"Si alguien me pregunta sobre cierto talentoso Wortis, que vino a estudiar conmigo, diré que él no aprendió nada de mí y negaré toda responsabilidad" (p.128). Nadie podría dudar, mucho menos yo, que Sigmund Freud, aún en tránsferocontratransferencia, fue valiente confrontando la caracteropatía resistencial del paciente; práctica cada vez menos frecuente en los análisis didácticos actuales, donde, a ciertos candidatos "especiales", no se les debe tocar, ni con el suave pétalo de una interpretación del carácter envidioso.

El resto del mes de enero persistió el iterativo *Bolero de Ravel* y la cruenta competencia ideológica. En la entrevista del día 29, discutiendo sobre comunismo, Joseph habló de Trotsky, quien residía en Viena desde hacía varios años, reuniéndose con Adler en el Café Central, Freud desde su pensamiento burgués fue inflexible: "Comunismo y psicoanálisis se enferman juntos" (p.161).

Durante la última sesión (enero 31 de 1935), Wortis mencionó el haber tenido una breve plática con Stekel y, que éste habló muy bien del maestro. "Todo eso es una pose –respondió el Profesor–. Él juega un rol de discípulo mientras asume privilegio de un superior" (p.163). El analizando soñó, además, lo que bien podría ser un deseo de amable despedida; "Cierto favor..., quizás una foto" (p.164). Freud seguramente pensando en la costumbre suya de obsequiar una fotografía autografiada a quien concluía satisfactoriamente su tratamiento, expresó: "Si usted lo dice seriamente, yo nada más puedo decirle –aunque usted pueda no creerme– que no poseo ninguna, empero, tengo libros míos y con gusto le daré uno". Le regaló un ejemplar de las *New Series of Psychoanalysis* y, a petición de Wortis escribió "Sigmund Freud", agregando: "Sólo anoté mi nombre, en general, no me gustan las ceremonias" (*Ibid*).

Después de ello se dramatizó por última ocasión la eterna polémica. Freud defendiendo el capitalismo y Wortis el comunismo. Casi al final el maestro externó, que Wilhelm Reich, "un psicoanalista talentoso, muy probablemente tendría que dejar el movimiento, porque era un comunista que alteraba sus puntos de vista" (p.165). Así se dijeron adiós.

En octubre de 1935, nació el primer hijo de los Wortis; con júbilo lo notificaron al maestro vienés. Éste contestó amablemente: "¡Mi bienvenida al joven ciudadano del mundo!" (p.170). La felicitación era una evidente referencia a la frase marxista, entonces de moda. Mientras tanto, el fanatismo antifreudiano de Wortis se declaró abiertamente, viéndose él "profundamente involucrado en la excitación de introducir el tratamiento de choque insulínico en los Estados Unidos" (p.171). Años adelante publica su polémico libro *Soviet Psychiatry* (1950) y, en el capítulo V, *"Psychoanalysis and Psychotherapy"* (p.71–102) arremete en contra de Freud, tildándolo de psicologista; soslayando así, según él, toda influencia social y la causalidad biológica de las psicosis; amén de haber fundado una iglesia en Viena, adonde algunos peregrinos norteamericanos –él en su tiempo– acudían a rendirle culto; en suma, la psiquiatría soviética demostraba, concluyó Wortis, que el psicoanálisis no era científico.

Smiley Blanton (1882–1966)

Smiley Blanton fue, a su vez, uno de aquellos peregrinos. Él se analizó con Freud desde septiembre de 1929 hasta junio de 1930, y durante tres períodos subsiguientes de dos semanas cada uno, en 1935, 1937 y 1938. El *Diary of my Analysis with Sigmund Freud* (1971), fue encontrado por su esposa y colega Margaret Gray Blanton en 1966, año en que murió su marido. En la *Introducción* del libro Iago Galdston denuncia los testimonios "aventurados". de "publicistas profesionales", cuyas narrativas no pasan de ser "caricaturas" o "reseñas novelescas" (p.13). Galdston insiste, además, acerca de lo ya recalcado antes con Wortis, leamos:

> "Sólo unos pocos escribieron sobre su experiencia con Freud, y como era de esperarse, cuentan más de Freud como persona que de Freud como terapeuta, menos de sus historias como caso y más de la impresión que Freud les causó. Al leer tales "revelaciones" – digamos por ejemplo las de Adolf Stern, Roy Grinker, y, para agregar una curiosa, la de Joseph Wortis– uno se sorprende por el hecho de que como podía esperarse, *lo que se observaba dependía de la personalidad y el carácter del observador"* (p.14 mis cursivas).

Más adelante, Galdston concluye la *Introducción* de las Notas así:
> "Estas no contienen revelaciones nuevas o sobrecogedoras, pero ofrecen el placer de ver a un hombre grande y extraordinario *a través de los ojos de otro"* (p.15 mis cursivas).

Veinte años después, Paul Watzlawick, y Peter Krieg (1991) compilarían *El ojo del observador. Contribuciones al constructivismo. Homenaje a Heinz von Foerster.*

La paracontratransferencia del maestro fue bastante tierna con la doctora Blanton; quien era analizanda de Ruth Mack Brunswick, por lo cual venía siendo su nieta analítica. En la primavera de 1931, ambos se encontraron en la salida del edificio donde operaba el cirujano bucal, que atendía al senecto Sigmund ("boca triunfadora"). Ella lo saludó con un devoto "buen día Profesor". Éste, extendiendo la mano musitó "¡Margaret de Smiley!", y, acercándola a un rayo de luz, contempló su cara bajo el ala amplia del sombrero de paja, diciéndole:

> "Bien, bien. ¡A menudo he recomendado el análisis para hacer más feliz a la gente, pero no me di cuenta que también podía hacerla más joven!" (p.54).

En agosto 17 de 1935, Smiley Blanton suplicó a su analista si podría firmarle un ejemplar que traía consigo de la Interpretación de los sueños, añadiendo, sin embargo, con timidez, «si no es su costumbre hacerlo, lo entenderé», ante lo cual Freud replicó: «¿Por qué no para usted?», escribiendo enseguida. «A mi querido Dr. Smiley Blanton 17–8–1935, en recuerdo" (p.71–72).

Durante la sesión del primero de agosto de 1937, Smiley comentó desde el diván que Iago Galdston había sido rechazado por el Comité de Educación de la Sociedad Psicoanalítica de Nueva York, ante lo cual Freud señaló: "Ese parece ser un punto de vista estrecho". Luego Blanton continuó informando que dicho colega le había pedido llevar un libro escrito por el Profesor, para su dedicatoria. Como el maestro no respondió verbalmente, el analizando entendió su silencio. 34 años después, Galdston redactaría como ya lo indicamos, la *Introducción* del libro que selectivamente reseñamos. Al final del reporte de ese día, Smiley, escribió:

> "Freud parece estar más enérgico y alerta que cuando lo vi dos años atrás. Parece muy frágil, pero sus movimientos son tan veloces como siempre. Y resulta claro que su pensamiento no ha perdido nada de su destreza y astucia. Su oído parece un poco deteriorado, pero no peor que dos años atrás" (p.77).

En agosto 13 de ese mismo año, el analizando se despide con un deseo. "Me gustaría volver". Se le contestó de manera realista. "Si yo estoy aquí, puede hacerlo" (p.88). Blanton lo volvió a ver, pero en Londres, el 30 de agosto del año 1938. Lo recibió la inseparable Paula, servidora incansable del maestro. Del reporte destacan algunas líneas:

> "En medio de la hora, interrumpió para decirme, "tengo una dificultad más, debida a mi edad... perdóneme". Correctamente, supuse, que la dificultad se debía a un ligero aumento de la próstata... La impresión

general que tengo de Freud es de agudeza, jovialidad, vivacidad, y hasta alegría" (p.91).

Durante la sesión del primero de septiembre, Smiley se percató, que en lugar del perro chino, estaba ahora un pekinés. Freud informó: "Ella está en cuarentena y saldrá en tres meses, esta es muy tímida" (p.95).

Al final de la entrevista de septiembre tres, el viejo tronco ya por caer, moriría en 1939, habló de una reciente intervención y otra más por seguir:
"Está es mi décima segunda operación en quince años. Es un sarcoma, por supuesto. No debe haber sido muy maligno, o no hubiera durado quince años" (p.98).

El vínculo afectivo de Blanton hacia el maestro vienés fue totalmente distinto al de Wortis. Es muy posible, que por ello, hace cerca de treinta años en una entrevista mía, imaginada, con el *Herr Professor* y, aludiendo a la obstinada insistencia de Wortis en fotografiar a Freud, éste declará: "...él se analizó, con todo y cámara fotográfica" (Solís, H., 1978, p.107). Así pensaba el maestro, en efecto, de Joseph Wortis. Con los Blanton, todo parece indicar, que fue una historia de amor. Lo cual sucedió también con la dama ha comentar.

Hilda Doolittle (1886–1961)
Nacida en Bethlehem Pennsylvania, hija del Profesor Charles L. Doolittle, Director del Observatorio Astronómico Universitario por muchos lustros; casada con el poeta Richard Aldington (1892–1962) seis años menor que Hilda y, ambos, con el tiempo, llegaron a ser fieles seguidores del movimiento imaginista de Ezra Pound (1885–1972), a quien ella conoció en Filadelfia cuando era una adolescente (H.D., 1956, p.97). H.D., contaba ya con 47 años al emprender su análisis en Viena, teniendo Sigmund Freud 77. El tratamiento comprendió el bienio 1933–1934.

Roudinesco y Plon (1997) refieren que la obra *Tribute to Freud* (1956) redactada por Doolittle, consta de dos partes, la primera "El Adviento", una serie de *Notas* tomadas diariamente durante la cura y, "Escrito sobre el muro. Reminiscencias de un análisis con Freud", un relato compuesto diez años más tarde (p.235). Sin embargo, Merrill Moore en la Introducción de 1956, escribió: "Cuando H.D. publicó por vez primera este trabajo en una

Revista Inglesa, llevaba el título *"Writing on the Wall"*" (p.VIII). Es claro, agrego yo, que así se conmemoraba el centenario del nacimiento de Freud.

Merrill Moore, psicoanalista y poeta, considera que *Tribute to Freud*: "Cristaliza un gran contenido en unas pocas palabras. Su significado puede ser diferente para cada individuo, pero esto es parte de lo que significa para mi: la pared es Realidad, el artista es el Creador. Se crea proyectando; el artista (o el soñador) proyecta lo que está en la mente de él o de ella en la pared de realidad, la cual es una pared del mundo. H.D., ha documentado su propia escritura en la pared, y su registro es mucho mejor que aquel potencialmente efectuado por cualquier recurso electrónico" (p.VIII, mi traducción).

Para Moore la historia va de Viena a Londres, "pero la fantasía recorre desde el antiguo Egipto hasta la eternidad" (p.VII). Y, aunque escrito en eso que solemos llamar prosa, "tiene el efecto de un largo poema dramático" (p.VIII).

H.D. era bisexual, conformando con los años un cuarteto sumamente notorio dentro del mundo psicoanalítico. Estuvo integrado por H.D., su amante bisexual Winifred Bryher, quien posteriormente fuera amante de Walter Schmideberg, quien había sido esposo de la psicoanalista Melitta, hija de Melanie Klein, y, terapeuta, después del maestro, de Hilda Doolittle. Walter, bisexual y alcohólico, moriría tiempo adelante por complicaciones de su etilismo crónico.

Roudinesco y Plon (1998) relatan que Hilda Doolittle publicó anteriormente "una novela autobiográfica que describe los desgarramientos de la bisexualidad en una mujer enamorada de un hombre y de otra mujer" (p.235). Ella, además, antes de su análisis con Freud había tenido encuentros con Havelock Ellis y, un breve tratamiento con Hans Sachs quien la refirió con su después idolatrado maestro. El análisis de Hilda fue cubierto por su amante Winifred Bryher.

H.D., dedica las primeras nueve páginas del libro Tributo a Freud, al acaudalado y brillante *Flying Dutchman*, cuyo nombre era J.J. Van der Leeuw, quien aspiraba a ser psicoanalista y que fallecería trágicamente al estrellarse piloteando su propio aeroplano. Esto sucedió durante el otoño de 1934, cuando ella retomaría su terapia. Inició la sesión dando un sentido pésame al maestro por la dolorosa pérdida del prometedor discípulo con quien la poeta había intercambiado sesiones en 1933. El Profesor amablemente le dijo: "Usted ha venido a tomar su lugar" (p.6).

Ahora más; la intersubjetividad siempre prevaleció entre ellos, sobre todo en el regalo de flores. Hilda sabía bien que las favoritas del querido Profesor eran las gardenias, empero, en Viena, no se conseguían fácilmente; por ello, en los cumpleaños del seis de mayo, ella le obsequiaba orquídeas al igual que los demás. No fue si no hasta 1938 en Londres, cuando la poetisa le mandó gardenias con una tarjeta donde se leía: "*to greet the return of the Gods*". En noviembre 28 de ese mismo año, desde *Maresfield Gardens* el maestro contestó:

> "Querida H.D.
>
> Recibí hoy algunas flores. Por casualidad o intenciones suyas, ellas son mis favoritas, las que más admiro. Algunas palabras "*to greet the return of the Gods*" (*other people read: Goods*). Sin nombre. Sospecho que usted es la responsable del regalo. Si he acertado no me conteste, empero, acepte mi cordial agradecimiento, por ese gesto tan encantador. De cualesquier modo, suyo cariñosamente
>
> Sigm. Freud" (p.14, mi traducción).

El dejar en inglés ciertas líneas, es decir, sin traducir al español, se justifica por lo escrito durante el otoño de 1944 donde H.D., comenta:

> "Las flores y las palabras tienen esto en común, ellas son lo que yo quería y esperaba encontrar del Professor, "*to greet the return of the Gods*". Es verdad, "*other people read: Goods*". Una gran mayoría de gente ha leído "*goods*" y continuará haciéndolo. Pero el *Professor* conocía, el debe haberlo conocido, que, por implicación, él mismo ya contaba como un inmortal" (p.95–96).

H.D., pensaba que *Bergasse* debería ser nombrada *Freudgasse* (p.13).

La Escuela de Orientación Lacaniana (1996) destaca como determinantes psicohistóricos de las "visiones" que llevaron a H.D., con Freud: la muerte de Helen, madre de la poetisa y, el nacimiento de la hija de ésta. Doolittle había llamado a sus experiencias extrañas, "el escrito en la pared", "la visión de la Medusa", "el personaje del doble de Van Eck" e, interpretó sus visiones como "un deseo oculto de fundar una nueva religión [...] una extensión de la mente del artista" (Los poderes de la palabra, p.113). Freud complementaría la interpretación del fenómeno alucinatorio como "una especie de representación o de entretenimiento para su madre; el deseo de unión con ella" (p.114). Por cierto, una de sus visiones en la pared era con Winifred Bryher, su amada amiga (H.D., 1956, p.70). "Nosotros mismos somos libres de imaginar, de reconstruir, aún de *ver*" (p.116) y, líneas adelante, la genial imaginista describiría la patología limítrofe al señalar una "*border–line*", vagamente definida, un espacio no explorado, que separa al neurótico del insano grave. No olvidemos que el mentor de Hilda, fue Ezra Pound, quien terminó sospechosamente en un manicomio, al parecer, para evadir una acusación penal por ser pro–nazi.

"Entre sus visiones Freud había privilegiado "el escrito en la pared", y comunicó a su analizanta, que lo consideraba el "síntoma más peligroso, el único verdaderamente peligroso". En primer lugar, Freud había preguntado de forma exhaustiva detalles sobre esa alucinación visual: si podría repetirla con los ojos cerrados, si se había asustado, su tamaño, iluminación del cuarto, posibles reflejos o sombras, el tiempo real de su duración, la hora del día en que había ocurrido... Se puede pensar que Freud quería primero asegurarse del diagnóstico" (Los poderes..., P.113–114).

¿Sería H.D., *Borderline*? Debo guardar suma prudencia al respecto, todavía más tratándose de una poeta imaginista, pues en ocasiones, suelen acontecer regresiones psíquicas como si alguien soñara despierto y, ella, bien podría ser un claro ejemplo. Cuando estudiemos el historial del "Hombre de los Lobos", retomaremos dicho tópico, abundando sobre lo que he nombrado: "Regresión a la posición *Borderline*" (Solís G., H., 1980) y, además, lo referente al carácter *Esquizotípico*, o bien el síndrome esquizo–toc (trastorno obsesivo–compulsivo).

Una frase con cursivas de Freud, aparece dos veces en la narrativa literaria de Doolittle. "Yo soy un anciano. *Usted cree que no vale la pena amarme*" (mi trad., p.21 y 93), "lo que se podría comprender –se dice en *los poderes...*– como el intento, que hizo Freud de relanzar, en el análisis, su lugar como causa del deseo" (p.115). Es decir, estimular el transferir potencial. Otra sentencia del maestro vienés. "No me agrada ser la madre transferencial", es, a su vez, interpretada por la *Escuela de Orientación Lacaniana,* del siguiente modo:

> "...podríamos tomarla literalmente, y considerar que Freud prefería el lugar del padre. Freud considera que Doolittle –y ella nos lo hace saber en su testimonio– tenía un gran apego a su madre, y que a su analizante le convenía que él ocupara el lugar de padre" (p.115).

Viene ahora, otra pertinente digresión ocupándome del caso de "La joven homosexual" (Freud, S., 1920), aunque éste no fue propiamente un análisis si no más bien una "exploración analítica" (p.156), pues nunca emergió "en ella nada parecido a una trasferencia sobre el médico" (p.157). Esta muchacha de 18 años bella e inteligente, ha llegado a ser, a la par con Dora, un estandarte erecto del feminismo radical. El maestro atisbó, que la adolescente arrastraba desde sus años infantiles un acentuado <<complejo de masculinidad>> (p.161) y, una potente envidia al pene, sin embargo, no soslayó su firme ideología:

> "Era en verdad una feminista, –declara Freud–, hallaba injusto que las niñas no gozaran de las mismas libertades que los varones y se rebelaba absolutamente contra la suerte de la mujer" (*Ibid*).

Demanda paterna de consulta: Que la chica abandonara por completo su notoria conducta homosexual. Ella se había apasionado de una dama aristocrática, transgresora, bisexual, y diez años mayor, quien para los padres, era una *cocotte* (p.141). El papá descrito por el discurso masculino de Freud, era un hombre rico, socialmente encumbrado, serio, respetable, tierno en el fondo, aunque "distanciado de sus hijos por su impostado rigor" (p.142). Su actitud ante la hija, única por cierto, siempre "estuvo movido en demasía por miramientos hacia su mujer" (*Ibid*). Ésta, aún juvenil, neurótica durante varios años, no tomó tan a pecho el comportamiento de la joven y, en efecto, "gozaba de gran consideración por parte de su marido" (p.143). Empero, la madre:

> "...trataba a sus hijos de manera muy poco equitativa, era en verdad dura hacia su hija y tierna en demasía hacia sus tres muchachos, el menor de los cuales era un hijo tardío y a la sazón no tenía aún tres años" (*Ibid*).

> La paciente, intensificó su idealizada relación amorosa: espiaba todos sus pasos, la esperaba horas y horas a la puerta de su casa, le enviaba flores; hasta que un día, el padre se topó con la hija y su amada en plena calle, las miró coléricamente y, entonces la muchacha corrió precipitándose por arriba de un muro a las vías del tren urbano que pasaba allí abajo:

> "Pagó este intento de suicidio, indudablemente real, –refiere el profesor–, con una larga convalecencia, pero, por suerte, con un muy escaso deterioro duradero" (p.142).

El papá ni siquiera después del acto autodestructivo, encontró una resignada meditación, relata Freud, como la que tomó cierto colega médico quien después de un desliz semejante, ocurrido en su familia, se condolió expresando: "¡Es una desgracia como cualquiera otra!" (p.143).

La última frase, me pregunto yo, ¿tendría alguna vinculación con el hecho del primer análisis de Anna Freud con su padre, efectuado entre 1918 y 1920, año de publicación del breve historial de la joven homosexual? El segundo, tratamiento con el papá, aconteció entre 1922 y 1924. Tiempo después estaría en terapia con Lou Andreas–Salomé. Freud también analizó a la multimillonaria Dorothy Burlinghan, nacida Tiffany (Burlinghan, M.J. 1989) y, en la biografía de Anna Freud escrita por Elisabeth Young–Bruehl (1988) encontramos unas líneas del maestro dirigidas a Binswanger en Enero de 1929, donde el Profesor externa:

> "Nuestra simbiosis con una familia americana (sin marido) de cuyos hijos mi hija se ha hecho cargo con mano firme, crece cada día más, de modo que compartimos con ellos nuestros recursos de verano" (mi trad. p.136).

Fue en el análisis de Dorothy cuatro años menor que Anna, cuando Freud se percató, y no en la "cura" de su hija, del fuerte apego afectivo, que existía entre ellas y, en ambas familias. Roudinesco y Plon (1997) complementan:

> "Esta amistad llegó a parecer sospechosa, y algunas malas lenguas las acusaron de ser lesbianas, lo que, para Anna, constituía la injuria suprema. En efecto, ella consideraba la homosexualidad como una enfermedad, contrariamente al padre. Cuando murió Dorothy, inmediatamente después de un coloquio, Anna quedó inconsolable y continuó ocupándose de los hijos de su amiga, como si pertenecieran a su propia familia. En todo caso, ésta fue una bella historia de amor y de fidelidad" (p.149).

Retomando el historial de la bella homosexual, Freud reportó: "El análisis permitió reconocer indubitablemente que la dama amada era un sustituto de... la madre" (p.149). Empero, la adolescente, si bien desde su "complejo de masculinidad" se había identificado con el padre, a la vez presentaba vínculos identificatorios con su mamá y deseaba llegar al matrimonio, tener hijos; pero, empatizando con su amada también planeaba tener relaciones homosexuales después de casada. A dicho tipo de vinculaciones hetero e isogámicas, que se describen en el caso Dora,

Freud las nombró "bisexualidad psíquica". Tal bisexualidad, sin embargo, no siempre deviene en homosexualidad actuada, más bien es excepción.

"Interrumpí, entonces, –escribe el maestro– tan pronto hube reconocido la actitud de la muchacha hacia su padre, y aconsejé que si se atribuía valor al ensayo terapéutico se le prosiguiese con una *médica*. Entretanto, la muchacha había prometido al padre suspender por lo menos el trato con la <<dama>>, y no sé si mi consejo, cuya motivación es bien trasparente, será obedecido" (mi cursiva, p.157).

La Escuela del Campo Freudiano de Caracas, en línea con la exégesis del acto suicida comunicada por Freud, a saber, que el intento autodestructivo cumplía un deseo, pues en la caída hacia las vías del tren la chica se identificaba con un objeto que cae *(niederkommt)* en el parto, o sea, el bebé. Lo anotado dramatiza una venganza por el engaño perpetuado del papá con la mamá, por ello la resentida hija taliónicamente se apasionó de la disoluta *cocotte*. La sentencia desde el inconsciente sería: "Puesto que me has engañado, tiene que ocurrirte que yo te engañe a tí" (Los poderes..., p.140). La interrupción del tratamiento según dicha Escuela lacaniana fue una "actuación", es decir, un pasaje al acto del analista quien nada más veía una sola vertiente del río transferencial, pues Freud:

"Considera en efecto que una muchacha que quiere vengarse del padre no puede seguir un análisis con él, y que mejor era que fuese tratada por una *mujer*, dado que la joven homosexual le da un lugar en la *transferencia* que implica una desautorización radical y la intención de engañarlo, como lo indica el "sueño hipócrita", que demuestra que anhela complacerle y obtener el interés del analista para decepcionarle mejor" (mis cursivas, *Ibid*).

Retornando entonces con H.D., atisbaríamos los espejeos de dos comunes historias de amor, una isogámica (Anna Freud=Dorothy Burlingham) más otra heterogámica (Hilda Doolittle=Sigmund Freud). Tanto Elizabeth Young–Bruehl (1988) como Michael Burlingham (1989) en *The Last Tiffany* han narrado las cosas de manera parecida.

En el mes de mayo, sin día marcado, de 1936, desde *Berggasse 19*, un Freud todavía sin el regalo de gardenias, contesta a Hilda, agradeciéndole las felicitaciones por ser ya octogenario, más sus "expresiones de amor [de amistad]?" (H.D., 1956, mi trad., p.179). Y el 24 de ese mismo mes el maestro enternecido concluye una misiva con estas sus palabras:

"Lo que usted me dio no fue elogio, fue afecto, y yo no requiero guardar vergüenza por mi satisfacción. La vida a mi edad no es fácil, pero la primavera es bella y bello es el amor.
Cariñosamente suyo
Freud" (mi trad., p.180).

No obstante, esa sempiterna sospecha de mi pluma dicta en este instante: toda historia de amor, si es verdadera, nunca se escribe...

Abram Kardiner (1891–1981)

Ya próximo a morir éste exanalizando del *Herr Professor* publicó *My Analysis With Freud* (1977) cuya traducción y prólogo al español se deben a Ramón Parres (1979) quien fue su discípulo en la Clínica Psicoanalítica de la Universidad de Columbia. El maestro Parres había realizado antes la traducción de Las Fronteras psicológicas de la Sociedad (1955) también de Kardiner, y su rigor metodológico lo asoció con Eli de Gortari, para traducir en 1969: El psicoanálisis como ciencia de Hilgard, Kubie y Pumpian–Mindlin.

Kardiner antropólogo y psicoanalista, junto con Benedict, Dubois, Linton y Sapir, crearon la perspectiva culturalista cuya propuesta central es el concepto de *Personalidad básica* en todos los individuos de una misma sociedad, corriente con fuerte influencia en los estudios sobre la psicología del mexicano, aunque durante los últimos lustros se cuestiona esto con deslindes críticos (Solís, H., 1971,2002).

Horace Frink (1883–1935) había recomendado a Kardiner con Freud. Frink fue tratado primero por Abraham Brill (1884–1948) y posteriormente se analizó con el maestro vienés en dos ocasiones. El Profesor lo veía como la más brillante promesa para el desarrollo del psicoanálisis en los Estados Unidos; sin embargo, Freud erró en el diagnóstico de su analizando, quien acudía con él en períodos no tan enfermos, siendo Frink un psicótico maníaco–depresivo, patología que lo llevaría a Johns Hopkins donde fue atendido por Adolf Meyer. No obstante; sus delirios nihilistas corporales y más adelante una intensa excitación maníaca, justificaron su internamiento en el *Chapel Hill Mental Hospital*, tronchándose así, por el trastorno bipolar su trágica vida (Roazen, P., 1975). Frink había analizado a Kardiner en Nueva York.

En 1921 Sigmund Freud tenía por solucionar un complicado dilema ante seis peticiones de "análisis didáctico", a las que se había comprometido pensando que una de ellas no se materializaría. Cinco candidatos serían de los Estados Unidos: Leonard Blumgart, Abram Kardiner, Monroe Meyer, Clarence Oberndorf y Albert Polon; el sexto posible era "un caballero suizo" (Kardiner, A., 1979, p.21). Todos llegaron a Viena. ¿Qué hacer? Bueno, el *Herr Professor* los citó al día siguiente a las tres de la tarde y, ésta fue su propuesta:

> "Bien señores –les dijo–, mi hija, mi mujer y yo hemos llegado a una conclusión, que espero les convenga. Mi hija Anna hizo la mejor sugerencia, ya que tiene una mente medio matemática. Pensó lo siguiente, que 6x5=30, y 5x6=30. De ahí que, si cada uno de ustedes sacrifica una hora por semana, entonces los puedo tomar a todos" (*Ibid*, p.22).

Kardiner refiere, que los seis estuvieron de acuerdo y, aquello fue el circunstancial inicio del análisis de cinco sesiones a la semana, pues antes habían sido seis. Más adelante el neoyorkino externó una justa protesta puesto que:

> "James Strachey, Alix Strachey y John Rickman del contingente inglés, no tuvieran que sacrificar una hora a la semana. Nosotros, simplemente "americanos" podíamos ser sacrificados" (*Ibid*, p.23).

Los honorarios para los "americanos" fueron de 10 dólares por sesión, que deberían ser cubiertos en efectivo; no se aceptaban cheques pues estos tan sólo podían cambiarse por coronas, moneda en ese entonces devaluada. En el bienio 1921–1922, el maestro vienés analizaba a nueve futuros colegas:

> "La mayoría de ellos se quejaban de que nunca les decía nada. Algunos se iban decepcionados y otros sentían que no habían obtenido nada de la experiencia". Kardiner reporta: "Yo obtuve mucho" (p.15).

La primera impresión de Freud, que Kardiner describe es desilusionante "esperaba a un hombre alto y tenía una voz quebradiza y rasposa" (p.21).

Al principio del tratamiento con el maestro vienés, el paciente relató dos sueños, contados también a Frink, pero, según Kardiner, no esclarecidos del todo:

"Estaba en un sótano en donde había muchos muebles viejos que habían sido desechados por inútiles o porque estaban rotos. Estaban tirados por ahí en desorden. Había un balcón en la parte de arriba a la derecha, donde estaban parados tres italianos con el pene de fuera y que me orinaban. Me sentí profundamente humillado y como un don nadie. Desperté muy deprimido" (p.58).

El segundo sueño fue por la tarde del día siguiente:
"Estaba en la cama con mi madrastra, tenía relaciones sexuales con ella, pero había algo raro en esto. Sentí que rompía algo cuando penetraba. Desperté" (p.59).

Las asociaciones del analizando en el consultorio de Frink, relacionadas al primer sueño, comprendían la angustiante narración de una demostración clínica a la mañana siguiente de dicho sueño, donde se presentó a un esquizofrénico negro, emocionalmente dilapidado pues había perdido por completo su "memoria". El empanicado Abram sintió un escalofrío recorriendo su cuerpo y musitó. "¡Dios mío, lo mismo puede ocurrirme a mí!" (p.58).

El Profesor sabía desde la entrevista inicial, que el padre del paciente golpeaba a su primera mujer, madre de Abram, cuando ellos residían en Rusia; conocía a la vez, por la información de Kardiner, que la bella y seductora madrastra Rachel Mayer, estéril por cierto y neoyorquina de corazón:

"...quería tener hijos pues en muchas ocasiones me llevaba a su cama, me pedía con insistencia que la acariciara y que mamara de su pecho. Esto era en verdad un estímulo muy intenso para un niño de cuatro años. Permanecía pasionalmente ligado a ella, pero no sin algo de desconfianza y con la constante sensación de ser un don nadie" (p.31).

El libro *Mi análisis con Freud. Reminiscencias*, tiene ésta dedicatoria: "A mi madrasta Rachel Mayer, y a mi mujer Ethel Diana".

El sentir "que rompía algo cuando penetraba" y aquel culpable despertar en el sueño vespertino, pueden ilustrar algo en relación al complejo edípico del paciente, desplazado de la mamá a la madrastra. El Profesor lo interpretó como una lucha contra la ley del padre, "es la parte afirmativa de su carácter –le dijo– y parte de su protesta masculina" (p.60). El primer sueño fue analizado por el maestro vienés, en su estilo magistral:

"El sótano con los muebles viejos, significa que esto ocurrió hace muchos años, cuando era un niño chico; las cosas desechadas son el pasado. Los italianos, son a los que más les tenía miedo. Tres italianos, significan un italiano grande: su padre. Usted se sintió chico, humillado, vencido por su padre y disminuido por él. La amnesia del negro que usted vió en la sesión clínica, fue una proyección en el futuro de lo que temía en el pasado. De lo que tenía miedo, no era de lo que iba a pasar, sino de *lo que en verdad ocurrió*, y que usted no sólo olvidó, *sino que tenía miedo de recorda*r" (p.60 cursivas en el texto).

Enseguida Freud interpretó, que el miedo a su primer analista Frink, se debía a que si él se daba cuenta de los deseos criminales para con su papá, Frink le retiraría su amor y apoyo, como tuvo miedo que su padre lo hiciera durante su niñez. El maestro vienés, sin embargo, no coronó la intervención, excluyéndose contratransferencialmente del transferir de Abram. No fue sino hasta muchos años después cuando Kardiner se percató del tremendo error que el Profesor cometió ahí:

"El hombre que había inventado el concepto de transferencia, no la reconoció cuando ocurría aquí. No se dio cuenta de una cosa. *Desde luego que tenía miedo a mi padre en mi niñez, pero a quien temía ahora era a Freud mismo*" (p.63, cursivas en el texto).

Continuando con el complejo paterno; Abram externó que durante la terapia con Frink se había sentido hondamente espantado después que se le interpretó un lapsus; pues al evocar el título de una conocida canción, en lugar de decir *Sweet Alice Bent Bolt*, dijo *Sweet Isaac Bent Bolt*, cambiando así el nombre de Alice quien muere en la balada, por el de su papá, figura altamente idealizada. Quizá por ello, o sea, el deseo reprimido de la muerte del padre, cuando Kardiner comenzó el tratamiento con Freud, éste, aludiendo a la fantasía parricida manifestada en el acto fallido, categóricamente refutó algo, que el paciente había dicho antes en la sesión:

"Dijo usted que no había obtenido nada de su análisis con el Dr. Frink, está usted equivocado. Si obtuvo algo de él". "¿Qué obtuve?" El Profesor respondió lacónicamente: "Una pequeña neurosis" (Kardiner, A., 1977, p.21).

En "Mi análisis visto desde 1976", Kardiner calificó al maestro vienés como un intérprete de sueños, brillante, comprensivo y perspicaz (p.95), amén de considerarlo genial por la reconstrucción analítica de su fobia infantil a las máscaras, que estaba vinculada con la muerte de su mamá siendo él muy pequeño; "fue una obra maestra", dejó por escrito, ya que el adulto Abram no tenía ningún recuerdo consciente –si acaso encubridor–, de haber visto morir a su madre tuberculosa (p.96). Esto sería de nuevo tratado en su reanálisis con Hans Sachs durante el verano de 1931, en Berlin.

Kardiner reconoce que su "*insight*" caracterial fue debido a su "proceso de elaboración *(Working through)*", tarea compartida con el Profesor y siempre mantenida en mente, sobre todo por su resistente soltería, que el devenir existencial solucionó con la ayuda de Ethel Diana:

> "No fue sino hasta muchos años más tarde, cuando mis deseos por la vida se iban prematuramente apagando, que tuve la fortuna de conocer y casarme con mi mujer y tener una hija adorable. A pesar de mi desastroso comienzo en la vida, al final ha resultado que he sido muy afortunado en el área en donde mucha gente falla: en las relaciones personales íntimas" (p.99).

No sorprende entonces, que Ramón Parres en el *Prólogo* a la edición española narre la petición de una fotografía a Kardiner; aparece ésta en la contraportada. Él, sentado en su estudio y muy cerca se ve otra fotografía, la que el *Herr Professor* le obsequiara el primero de abril de 1922 con la siguiente dedicatoria: "Para el doctor A. Kardiner –como recuerdo amistoso de su estancia en Viena– Freud" (p.69–70).

Paul Roazen (1995) en *How Freud worked*, reporta, a su vez, las circunstancias de diez distinguidos casos analizados por el maestro: Albert Hirst, David Brunswick, Mark Brunswick, Edith Jackson, Robert Jokl, Kata Levy, Iramita Putman, Eva Rosenfeld, Alix Strachey y James Strachey. Todos ellos describen a Sigmund Freud, empero, ninguno alcanza la estatura lograda por la narrativa del Hombre de los Lobos, del cual nos ocupamos enseguida.

EL HOMBRE DE LOS LOBOS II

"Yo, que soy ahora un emigrado ruso, con ochenta y tres años de edad; quien fuera uno de los primeros pacientes psicoanalíticos, más conocido como El Hombre de los Lobos, esté aquí sentado, escribiendo mis recuerdos de infancia".

Serguei Constantinovich Pankejeff
The Wolf–Man by the Wolfman (1971, p.4, mi traducción).

Introducción

En páginas pasadas me referí al libro del cual procede el epígrafe acotado (Gardiner, M., 1971). Ahora, para facilitar una mejor comprensión del caso clínico, apuntaré ciertos hitos biográficos, basándome en algunas fuentes, que iré citando a lo largo del trabajo. También señalaré la secuencia de ciertos eventos psicohistóricos.

1887–1891　Nace el 6 de enero en Ucrania acorde al calendario papal Gregoriano. Sin embargo, como en Rusia regía el Calendario Juliano, es decir, el de Julio César, en la autobiografía de Serguei y, en el historial de Freud, se menciona que, el nacimiento ocurrió en la Navidad del 24 de diciembre de 1886. Dos años antes había nacido Anna, quien era la predilecta del padre.

1887–1892　Todo este tiempo transcurre en la hacienda paterna dedicada a la cría de ovejas y, el cultivo de frutas. Año y medio: Malaria. Observación del coito de los padres o de su estar juntos, en el que después introdujo la fantasía de la escena primordial. Poco antes de los dos años y medio se apasiona de Grusha, doméstica a quien vio arrodillada fregando el piso, mostrándole las nalgas, ante lo cual él se orinó, esto resignificó a la madre en la escena sexual a *tergo*. Grusha lo regañó por la orinada causándole angustia de castración. Dos años y medio: Recuerdo encubridor de la partida de los padres con la hermana. En el recuerdo Serguei se encuentra sólo con la ñaña; negando así a Grusha y la hermana. Cerca de los tres años y tres meses: Queja de la madre al médico. "No puedo seguir viviendo así", escuchó Serguei. A los tres años y cuarto: comienzo de la seducción sexual hecha por Anna; poco después, amenaza de castración por la ñaña. Tres años y medio: La gobernanta inglesa Miss Owen, alcohólica y psicopática precipita en el niño la alteración del carácter. Perturbación en el comer. El mudo acarreador de agua. Posible observación de perros copulando.

Cuatro años: Sueño de los lobos, génesis de la fobia. Cuatro años y medio: Influencia de la historia bíblica. Emergencia de los síntomas obsesivos. Alucinación de la pérdida del dedo. Angustia ante la mariposa (el macaón).

1892   Cinco años: Abandono de la finca campestre. La familia radica en Odessa.

1893   Seis años: Visita al padre enfermo. Compulsión de espiración.

1895–1897   Ocho a diez años: Últimos estallidos de la neurosis obsesiva.

1904   Diez y siete años: Quebrantamiento desencadenado por la gonorrea, que le trasmitió una mujer de pueblo llamada Matrona.

1906   Diez y nueve años. En las últimas semanas del verano, Anna de 22 años se suicida por envenenamiento.

1907   Lo consultan el hipnotista sociópata Wladimir Bekhterev y Teodoro Ziehen.

1908   Veintiún años: Es atendido por Emil Kraepelin en Munich, quien diagnostica erradamente una psicosis maniaco–depresiva. Ahí Pankejeff se enamora de Teresa Keller, una enfermera del sanatorio. En ese tiempo se entera que su padre de 49 años se suicidó en Moscú, con una sobredosis de Veronal.

1909   Se trata con el doctor Leonid Drosness en Odessa. Fue una psicoterapia practicada por el primer lector de Freud en Rusia.

1910   Veintitrés años: Principia su análisis con el Profesor, que durará, desde febrero de ese año hasta julio de 1914. En una carta fechada 13 de febrero y dirigida a Ferenczi, el maestro vienés comunica: "Un joven ruso que estoy viendo..., me confesó en la primera sesión las siguientes transferencias: puñetero judío, me gustaría hacerte un coito anal y cagarte en la cabeza" (Caparrós N., 1997, Tomo III, p.127). Otra traducción de esas líneas aparece en El hombre de los lobos de Roland Jaccard (1973) donde se hace saber que el paciente "solicitó a Freud el favor de un coito anal, instándolo asimismo a defecar, colocándose de cabeza" (p.42). Eso, más acorde con la identificación materna de Serguei y el analista visto como su padre. Peter Gay en Freud. Una vida de nuestro tiempo traduce "estafador judío le gustaría darme por detrás y cagarse en mi cabeza" (1988, p.328). La transcripción al español de Ingeborg Meyer–Palmedo, en forma más amplia es:

"Un ruso joven y rico, al que acogí en tratamiento por enamoramiento obsesivo, me confesó después de la primera sesión las transferencias siguientes: embustero judío, le gustaría darme por detrás y cagarse en mi cabeza. A la edad de seis años tuvo su primer síntoma en forma de blasfemias contra Dios: cerdo, perro, etc. Cuando veía en la calle tres montoncitos de basura, le molestaban por la Santísima Trinidad, y se ponía a buscar angustiosamente un cuarto montón para destruir la reminiscencia" (Febrero 13, 1910). En *Sigmund Freud. Sándor Ferenczi. Correspondencia completa.* 1963. Vol. I. P.182–3).

1914   La terminación analítica coincide con el asesinato del archiduque Francisco Fernando, en Sarajevo, que dispararía la Primera Guerra Mundial.

1915   Se recibe en Rusia de abogado, pero meses antes se casa con Teresa Keller, un poco mayor que Serguei. Ella lo felicita deseándole "una gran felicidad en su matrimonio" (*The Wolf–Man By the Wolf–Man*, 1971, p.96). Teresa utiliza el *su*, en lugar del *nuestro (mis cursivas)*.

1919   En abril 21 visita a Freud, recibiendo un ejemplar dedicado, de su caso clínico. *Segundo análisis* entre noviembre de 1919 y febrero de 1920, Serguei no lo creía necesario.

1920   Al triunfo de la Revolución de Octubre, ocurre la ruina económica del paciente, él consigue un modesto empleo como agente de seguros en Viena, trabajando hasta su prematura jubilación. Freud lo ayudará monetariamente durante los siguientes cinco años.

1923   Visita al maestro vienés, pasada su primera operación por el cáncer, y Pankejeff se impresiona mucho.

1926   En octubre es referido para un nuevo análisis con Ruth Mack Brunswick, quien a su vez se analizaba con Freud. (En 1938 después del suicidio de Teresa, lo volverá a tratar ella por un corto tiempo. Mack Brunswick es quien lo nombra El Hombre de los Lobos).

1927   Conoce a Muriel Gardiner de 26 años, pacifista consumada, antifascista, que había viajado a Viena para analizarse con Freud, pues quería ser psicoanalista. Él la refirió con Ruth Mack Brunswick:

"Lillian Hellman, la compañera del escritor Dashiell Hammett, se apropió de su vida en el relato autobiográfico *Petimento*, llevado al cine por Fred Zinnemann en una película magnifica, *Julia*, con Vanesa Redgrave y Jane Fonda" (Roudinesco y Plon, 1997, p.395).

1938   El 31 de marzo su esposa Teresa se quita la vida suicidándose con gas. Días antes, ella había sugerido que ambos murieran así (*The Wolf Man...*, p.119). Lo dejó a manera de deseo último, al cuidado de *Fraülein* Gaby, una cincuentona con espíritu de servicio.

1939   Fallece Sigmund Freud en Londres.

1950   Se jubila anticipadamente Serguei, para poder cuidar junto con Gaby, a su madre anciana, quien morirá en 1953, a la edad de 89 años.

1951   Acontece el episodio psicótico, reactivo, traumático, breve, frente al hostigamiento de los oficiales rusos.

1955   En agosto, F.S. Weil, aplica al Hombre de los Lobos el test de Rorscharch, durante dos días completos.

1956   Pankejeff es consultado, una vez por mes, en Viena, siendo su terapeuta un psicoanalista. Más adelante otro colega lo atiende en forma más intensiva, se desconocen sus nombres.

1957   El Hombre de los Lobos empieza la redacción de sus Memorias a solicitud de la psicoanalista Muriel Gardiner, siendo, además, subsidiado por Kurt Eissler, Director en ese entonces de Los Archivos Sigmund Freud. Eissler mantendrá por veinte años un "contacto analítico" con el paciente.

1969   El Hombre de los Lobos informa, que sigue cuidando a *Fraülein* Gaby, quien a sus 85 años se halla muy incapacitada físicamente. Al parecer Serguei pagaba culpas a Teresa, su esposa suicida.

1971   Editado por Muriel Gardiner se publica *The Wolf–Man by the Wolf–Man. The double story of Freud's most famous case.*

1979   Muere Serguei Constantinovich Pankejeff en Viena, asistido por el médico y analista Conde Wilhelm Solms–Rödelheim.

Roland Jaccard, lo registramos páginas anteriores, en su obituario sobre la muerte de El hombre de los Lobos, publicado en *Le Monde*, el 23 de junio, 1979, escribe, sí, acerca de Serguei, en la sección *PSYCHANALYSE,* algunas referencias a su historia que enseguida acotaré selectivamente:

"Tuvimos conocimiento de la muerte en Viena, a la edad de 92 años, de Serguei Pankejeff, el hombre de los lobos, personaje legendario de la historia del Psicoanálisis... [Después Jaccard aludiendo a sus Memorias continúa]. Ahí se cuenta su infancia en Ucrania –él nació en las orillas del Dnieper en Kherson–... Estudió Derecho en San Petersburgo, siendo su depresión consecutiva al suicidio de su hermana Anna, en 1906, depresión que lo conducirá, primero, a Munich para ser tratado por Emile Kraepelin, una de las glorias de la psiquiatría alemana; enseguida a Viena para ahí encontrar a Freud."

"Desde la primera entrevista, él es seducido por el maestro de Viena. Serguei se alegra particularmente de ser tratado, menos como paciente, más como un joven colaborador con quien el más experimentado explora un terreno desconocido, el inconsciente.

"De una cierta manera, su análisis con Freud..., constituiría el elemento esencial de su existencia, siendo éste, el que le permitiría comprender y organizar los hechos de su pasado, así como dar la cara a los diversos suicidios que jalonearon su existencia: el de su hermana, el de su padre y, el de su esposa Teresa en 1938.

"Arruinado por la Primera Guerra Mundial y la Revolución soviética, este ruso *Nabab* [muy rico] va a llevar en Viena una vida más que modesta, sostenido primero por Freud y, más adelante, al encontrar por fin un empleo subalterno en una Compañía de Seguros.

"Durante su tiempo libre, él se dedica a la pintura y numerosos fueron los psicoanalistas que le compraron una versión pictórica del célebre sueño de los lobos, que le valió su extraño y poético sobrenombre y que Freud elucidó magistralmente en su "Historia de una neurosis infantil".

"Hasta su muerte el Hombre de los Lobos continuó sosteniendo relaciones estrechas con el círculo psicoanalítico: en 1926 consecuencia de una hipocondría delirante, él será tratado por Ruth Mack Brunswick, vinculándose enseguida con una psicoanalista americana, Muriel Gardiner, quien lo ayudará a cruzar los sombríos años de la Segunda Guerra Mundial.

"Sin el psicoanálisis, –amaba él repetir–, yo no hubiera jamás podido soportar lo que la vida me había reservado". En efecto, él debe mucho al psicoanálisis, pero éste último le debe infinitamente más: el don de una existencia que parece no haber tenido más que otro fin ni otra justificación, que el de afianzar la teoría freudiana.

"Nadie duda que el cine, después el teatro y la ópera, se adueñaron pronto de esta existencia funambulesca [acrobática], romanesca y patética, que refleja sorprendentemente las crisis, los dramas y las angustias de este siglo" (Traducción de *Le monde* por Aracelia Sanmiguel Garza, p.18).

El sueño de los lobos y la disidencia

"He soñado que es de noche y estoy en mi cama (mi cama tenía los pies hacia la ventana, frente a la ventana había una hilera de viejos nogales. Sé que era invierno cuando soñé, y de noche). De repente, la ventana se abre sola y veo con gran terror que sobre el nogal grande frente a la ventana están sentados unos cuantos lobos blancos. Eran seis o siete. [En el dibujo hecho por el soñante aparecen sólo cinco]. Los lobos eran totalmente blancos y parecían más bien como unos zorros o perros ovejeros, pues tenían grandes rabos como si fueran zorros y sus orejas tiesas como perros al acecho. Presa de gran angustia, evidentemente de ser devorado por los lobos, rompo a gritar y despierto" (Freud, S., 1918 [1914], p.29, cursivas en el texto).

El sueño fue de una inmovilidad siniestra, angustiante, lindando con el pánico de una pesadilla; sólo la súbita apertura de la ventana, y las miradas escrutadoras, asociaría enseguida, fijas en él, denotaban cierta acción. Ese fue, comentaría Serguei en el diván, su primer sueño de angustia, y según sus reminiscencias, él tendría tres, cuatro, a lo mucho cinco años. "Desde entonces, y hasta los once o doce años, siempre tuve angustia de ver algo terrible en sueños" (*Ibid*).

Aquellas miradas atentas de los lobos; inquisitivas, escudriñadoras, terroríficas, más unos "ojos ventana" observando, ¿qué significarían o resignificarían? ¿Lo ominoso familiar primitivo? ¿El retorno onírico de algo abominable reprimido en la infancia? ¿Acaso la escena primordial? ¿Quizás el parricidio–filicidio? Sófocles Freud conjeturaba así, empero, a la vez, se cuestionaba evocando el Edipo Rey: "¿Cómo hallar ahora la huella incierta de tan antiguos crímenes?" ¿Quizá descifrando el enigma de los obscuros designios inconscientes? ¿Algo conocido, y desconocido mediante la represión y, en espera de ser reconocido a través de la exégesis onírica?

Aquel sueño de diez líneas, indudablemente relacionado, según el maestro, a una escena primaria; le llevaría al Profesor una centena de páginas para su interpretación y, con ello, él sustentaría clínicamente las críticas a Jung y Adler, quienes rechazaban, más el primero que el segundo, sus ideas acerca de una neurosis infantil de etiología sexual. Jung argüía que lo fundamental en toda neurosis era el conflicto actual y, para él, las escenas infantiles evocadas por los analizandos, no pasaban de ser, meros símbolos regresivos. Adler por su parte, veía como capital en toda conducta sexual humana, los motivos egoístas, la voluntad de poder, más la pulsión de autoafirmación del sujeto. El creador del psicoanálisis fue categórico al declarar:

> "El oso blanco y la ballena, se ha dicho, no pueden declararse la guerra porque, limitado cada uno a su elemento, nunca se encuentran frente a frente. Igualmente imposible me resulta entablar una discusión con trabajadores del campo de la psicología o de la teoría de las neurosis que no admitan las premisas del psicoanálisis y juzguen artificiosos sus resultados" (p.47).

Aliados a ellos –arremete Freud– existen otros como Jung y Adler, quienes pretenden pisar el terreno del análisis y "se consideran autorizados a deducir del mismo material consecuencias diversas y a someterlo a otras concepciones" (*Ibid*). Esto último cuenta aún en la actualidad, agrego yo, para algunos "lacanianos" sin gran fogueo clínico, quienes pregonan que sólo hay un análisis auténtico, el de ellos mismos y sus analizantes.

La metodología suele sufrir sesgos desde el discurso institucional, y, las reacciones contratransferenciales del analista. Freud comprendía, que era necesario evitar las trampas de la fe, pues "es sabido que los sueños son guiables. Y el convencimiento del analizando puede ser producto de la <<sugestión>>" (p.50). Tomaba también muy en serio, las críticas de que lo contado por los pacientes no eran realidades sino fantasías, y todavía más, que, ellas "no son fantasías del enfermo sino del propio analista, quien las impone al analizado desde algún complejo personal" (p.51). Dicha autorreflexión hermenéutica, hermanada con la autocomprensión de la propia circunstancia, reside en el Quinto nivel de la exégesis neohermenéutica de Gloria Prado (1992, 1999). Si me permito, ahora, la licencia de intercambiar la palabra "texto" por "sueño" ella concluiría:

> "Y es en este momento y sólo en éste, cuando podremos decir que un sueño jamás será inagotable como tampoco existe un ser humano capaz de llegar a una comprensión absoluta del ser y del mundo" (p.27 mis cursivas).

Ahora más; si privilegiamos el valor clínico de la autorreflexión interpretativa, fijando y moviendo los ojos de la escucha en el proceso o no proceso analítico, donde en un acto dual, intersubjetivo, se regresa hasta la arqueología del sujeto psíquico inconsciente, y se progresa sobre el devenir epigenético del sujeto social, entonces, se entraría con derecho de picaporte, al sagrado recinto de Paul Ricoeur (1965, 1969), filósofo poscartesiano, exégeta de Freud y Lacan, quien asevera que, "el psicoanálisis no es una ciencia de observación, por lo mismo que es una interpretación, más comparable a la historia que a la psicología" (Ricoeur, P., 1965, p.301). Páginas adelante, él nos ayuda a entender la tarea del maestro con Serguei, al precisar: "El concepto del inconsciente adquiere consistencia y su índice de realidad queda probado en el proceso de remontarse desde el "derivado" (Prec.) hasta el "origen" (Inc.)" (p.382). Tal marcha regresiva hacia lo pre–significante y lo insignificante, muy merecedora del nombre de método analítico, "resultaría a su vez insignificante si no la adjuntamos a una problemática del sujeto; lo que a ella designa propiamente es el *sum del cógito*" (Ricoeur, P., 1969, p.197).

El inconsciente deviene así en un objeto "en el sentido que es "constituido" por el conjunto de procedimientos hermenéuticos que lo descifran" (1969, p.13). Nos encontramos entonces, afirma Ricoeur, ante dos hermenéusis, y dicha dualidad corresponde a los símbolos en sí mismos y, estos poseen dos vectores, uno regresivo, otro progresivo. "Por un lado repiten nuestra infancia en todos los sentidos, temporal y no temporal, de la repetición, por el otro exploran nuestra vida adulta" (*Ibid*, p.25).

En suma: regresión a lo abstracto, progresión a lo concreto, lo inconsciente cual destino, la conciencia como historia. Sólo mediante la "reflexión –nos advierte el filósofo– puede derivarse la subjetividad que se constituye a sí misma al mismo tiempo que se engendra esta objetividad" (*Ibid*, p.19).

Posteriormente Ricoeur abunda sobre la conciencia y el inconsciente al declarar, que "las dos hermenéuticas, aquella del Día y de la Noche, son la misma cosa. No se pueden adicionar Hegel y Freud y dar a cada uno la mitad del hombre..., es necesario decir que las dos lecturas cubren exactamente el mismo campo" (*Ibid*, p.26).

Es por ese ir y venir del proceso tránsferocontratransferencial, intersubjetivo por antonomasia, preñado de emociones primarias –"el odio es más viejo que el amor", externó Freud en 1915–. Sí, mediante dicho proceso dialéctico el cógito falso, abortado, deviene en realidad afectiva adulta, llegándose así a la cura analítica: Pienso y siento, por lo tanto existo.

Debo aquí destacar las tres modalidades de vínculos, sistematizados por Isidoro Berenstein y Janine Puget (1997), mismos que he aplicado en el estudio de parejas, familias, grupos e instituciones (Solís, H., 2003), serían los siguientes: el intrasubjetivo individual, interno, preconsciente o inconsciente, los intersubjetivos relacionales externos, y las vinculaciones transubjetivas socioculturales. La inter–subjetividad viene siendo el puente relacional entre el adentro y el afuera, por lo cual, siempre es, intra y transubjetivo e, interviene en la construcción compartida del sujeto psíquico.

Dicha constitución del sujeto inconsciente, consciente, y social, es una interconstrucción tripartita; mismidad y otredad microsociofamiliar temprana, que progresiva y regresivamente forman, transforman o deforman, de manera circular, una protoidentidad evolutiva, o si se prefiere, en co–evolución, sedimento ella de identificaciones parciales o totales de objetos; precaria identidad en constante búsqueda de reconocimiento y confirmación por los otros significativos. El "sujeto social", en tanto sujetado, es un palimpsesto, donde a través de las ataduras exteriores se ven las huellas de registros psicohistóricos antiguos.

Lo intersubjetivo, reitero, ese vínculo de sujeto a sujeto, fue caro quehacer de la mayéutica socrática en los Diálogos de Platón, confirmándose con el concepto dialéctico de Hegel (1807) en su Fenomenología y recibiendo el nombre de intersubjetividad en 1945, gracias a Maurice Merleau–Ponty en su también Fenomenología; pero no del espíritu como la de su notable maestro, sino de la percepción.

Sigmund Freud (1921) debemos lamentarlo, no logró dar el salto cualitativo, para pasar en acto trascendente, hasta el paradigma grupal intersubjetivo, muy a pesar de haber justamente aseverado:

> "En la vida anímica del individuo, el *otro* cuenta con toda regularidad, como *modelo*, como *objeto*, como *auxiliar* y como *enemigo* y por eso desde el *comienzo del sí mismo la psicología individual es simultáneamente psicología social"* (Freud, S., 1921, p.67, mis cursivas).

Familia de origen y desarrollo temprano

¿Cómo fue desde el comienzo la constitución de ese sujeto psicosocial llamado Serguei Constantinovich Pankejeff, y cuáles fueron las circunstancias externas e internas del tan discutido *Sueño de los Lobos*? ¿Y, qué del genograma trigeneracional?

El abuelo paterno, acaudalado y bien parecido, se unió en matrimonio con Irina Petrovna, joven no muy agraciada de estampa, aunque de inteligencia práctica, empujadora, dominante; siendo ella la contenedora familiar. Perdió a varios hijos en la infancia o en la tierna juventud, y siempre estuvo en espera de una hija. Cuando Lyuba llegó, bella en verdad, la madre se colmó de felicidad, hasta que la niña teniendo ocho años, enfermó de escarlatina y falleció. Su mamá Irina cayó en un duelo patológico, suicidándose y, el viudo entró en un alcoholismo galopante, contando con tres hijos, además del papá de Serguei.

Epifanio fue el hermano mayor; era brillante, bien educado, flemático, estudió Matemáticas en la Universidad de Odessa, llegando a ser un buen jugador de ajedrez; vivía aislado en sus fincas campestres, y más después partió con toda su familia a Moscú donde permaneció, casi incomunicado. El tío Pedro era el menor y con mucho el favorito del sobrino: amable, juguetón, acelerado, estudió Agricultura en Moscú; de pronto cambió de carácter, su conducta se tornó delirante, sintiéndose perseguido, por lo cual fue llevado con el famoso psiquiatra ruso Serguei Korsakoff, quien diagnosticó un trastorno paranoico. Se refugió como un ermitaño en su finca de campo, vivía entre animales y terminó sus días en un asilo. El tío Nicolás no resultó ser tan inteligente como sus hermanos; un día se enamoró y decidió casarse; entonces su papá, o sea, el abuelo paterno de Serguei, ya viudo, alcohólico y desquiciado, le disputó la novia, situación, por cierto, bastante similar a lo narrado en Los hermanos Karamazov, la genial novela de Fedor Dostoievski, misma a la que Freud (1928) dedicó un ensayo. La joven dama juiciosamente prefirió al hijo y, el padre despechado lo desheredó. Los otros hermanos, compadecidos, compartieron parte de su herencia con Nicolás, pero éste permaneció siempre como un típico clasemediero: confiable, comprometido, modesto, siendo el menos enfermo de todos. El abuelo paterno murió un año antes que Serguei naciera.

La familia de origen materno, estaba menos complicada que el lado paterno. El hermano mayor de la mamá, Alexis, era un hombre enfermizo, que fracasó en su primer matrimonio, terminando éste en divorcio; el segundo casamiento, sin embargo, fue con una linda mujer polaca, ellos procrearon dos hijos y fueron felices. Basil, el menor, era casado, siendo un deprimido nostálgico a nivel neurótico y tenía una hija de nombre Jenny; la tía Eugenia fue la más apegada al grupo familiar de Serguei, ella tuvo un hijo llamado Sascha. La información es incompleta en general y sólo destaca, que un primo hermano de la madre había sido internado en Praga por una psicosis paranoide y, que la abuela materna, distraída y alejada, vivía con Serguei y Anna, durante las comúnes ausencias de los padres. El abuelo materno ya de viejo sufrió de arterioesclerosis y, oscilaba desde un extremo al otro; pues a veces se mostraba taciturno, despegado y avaricioso, mientras que en otras ocasiones se comportaba alegre, gregario, generoso, llegando hasta la manía disparatada de querer organizar un Congreso Mundial de Esperanto, del cual sería, el Presidente.

El padre de Serguei, aquejado de crisis depresivas recurrentes, con periodos hipomaníacos, que según el hijo correspondían a su personalidad normal, fue diagnosticado como un psicótico maniacodepresivo quien se suicidó a los 49 años, contando Serguei con 21. En 1892 cuando el padre vendió la gran finca campestre y se trasladaron a Odessa; pronto se percató él del tremendo error financiero, pues la región se pobló con gente muy importante y fue el inició de una ciudad. Dicho fracaso, escribió el Hombre de los Lobos en sus Memorias, "precipitó el primer ataque de melancolía de mi padre" (p.12). Quien relata tenía en aquel entonces cinco años. Mucho tiempo adelante, en Vivir para contarla, García Márquez había de escribir, cual epígrafe personal: "La vida no es la que uno vivió, sino la que uno recuerda y cómo la recuerda para contarla" (2002).

La madre, tan distante como el padre, sufría de múltiples síntomas abdominales, algunos de ellos hipocondríacos; el hijo en sus reminiscencias refiere que a los tres años o un poco más, escuchó a su mamá decir al médico, "no puedo seguir viviendo así". No obstante, ella falleció a los 87 años y "se sintió mejor de anciana que de joven" (p.9).

Serguei, al igual que Sigmund Freud (Jones, E., 1953, Vol., I, p.4) había nacido con la cabeza orlada por membranas fetales, señal infalible, según la antigua tradición, del bebé que llegará a ser famoso; Freud creó el psicoanálisis y, el Hombre de los Lobos, colaboró en su confirmación.

Serguei o Serge Petrovich (S.P.) tenía al nacer una hermana dos años mayor que él. Anna era vivaracha, inteligente, díscola; mientras que S.P., fue un niño manso, dócil, tranquilo, y por ello "solían decir que él había debido ser la niña, y su hermana mayor el varón" (Freud, S., 1918 [1914], p.15). A los tres años y medio, Serguei se volvió irritable, nervioso y berrinchudo;

sus padres estaban ausentes y, una institutriz, Miss Owen, estaba a cargo de los niños. Ella insultó a la Nana llamándola bruja y estableció alianza con Anna, mientras que S.P., se unió estrechamente con su querida Nanya, quien llegó a ser "una de las personas más importantes en su infancia" (Aramoni, A., 1973. p.11). La abuela materna reportó a los padres, que la culpable del cambio de conducta del nieto era la institutriz, siendo ésta despedida, empero, Serguei continuó con sus síntomas. El Hombre de los Lobos, en sus Memorias, interpretó las actitudes de ella, como resultado de alguien enferma, psicopática y alcohólica (p.6). De su nana escribió:

"Ella era un alma completamente honesta y devota, con un corazón de oro. En su juventud había estado casada, pero su hijo pereció en la infancia. Así ella aparentemente había transferido todo su amor materno, de su hijo muerto a mí" (p.8).

La madre, al igual que la abuela, eran personas de sentimientos escondidos, y sólo cuando Serguei o Anna se enfermaban, la mamá les daba algo de cariño; el hijo externaría en sus reminiscencias que él deseaba estar enfermo para tener un poco de amor (p.9).

Las gobernantas fueron la ya mencionada *Miss* Owen, inglesa; luego la señorita Elisabeth, búlgara–rusa, fumadora en demasía quien leía a S.P., y la Nana, cuentos de Grimm y relatos de Mark Twain; le aterrorizaba, sobre todo, el del lobo devorador de niños; la tercera fue *"Mademoiselle"*, suiza–francesa, católica y solterona, que les leía "El Quijote" en su versión infantil, amén de libros sobre personajes históricos. Tanto la Nana como *"mademoiselle"* llegaron a su senectud, pensionadas por la familia Pankejeff. Muriel Gardiner (1971) relata que El Hombre de los Lobos, evocando a su querida Nana, "le dijo que él amaba más a su Nanya que a sus padres" (p.3). El primer tutor Alexander Jakovlovich, holandés–ruso, lo llamaban de cariño Dick y, un día se fue sin saber Serguei las razones. *Herr* Reodel, después, más que tutor, fue el maestro de alemán, y su influencia de libre pensador contribuyó para que S.P., renunciara a toda religión a pesar de haber nacido, él, la noche de Navidad. Freud, insistiendo acerca de la zoofobia comunica:

"Sabe contar también, que padecía de una angustia que su hermana aprovechaba para martirizarlo. Había cierto libro ilustrado donde se figuraba a un lobo erguido y en posición de avanzar. Cuando veía esa figura empezaba a gritar como enfurecido, tenía miedo de que viniera el lobo y se lo comiera".

El lobo de Serguei era equiparable al caballo de Juanito. Por cierto S.P., siendo pequeño dibujaba caballos que parecían lobos.

El padre lobo devorador, erguido, avanzando hacia el niño, está presente en el contenido oculto del sueño de los lobos; es el papá de pie ayuntando con la mamá *a tergo*, o sea, por atrás, como los animales. Agréguese que la nana lo había engañado, diciéndole piadosamente que Anna era de la madre y Serguei del padre; el pequeño pronto se convenció de la triste realidad, y comenzó a los cuatro años con la zoofobia, donde el lobo de "Caperucita roja", "Los siete cabritos", y por supuesto los lobos del sueño tuvieron mucho que ver, en relación a un padre vengativo.

Serguei en sus reminiscencias refiere, que su memoria más antigua, es el ataque de malaria, "era verano, yo descansaba en el jardín y aunque no tenía dolor, me sentía extremadamente miserable, supongo que por la fiebre tan alta" (p.5). Acorde a Freud, en dicha ocasión el pequeño enfermo fue trasladado a la recámara de sus padres y, ahí observó, el coito *a tergo*. Sin embargo, Roudinesco y Plon (1997) informan, que en una entrevista concedida a Karin Obholzer, publicada en 1980 sin el consentimiento del templo psicoanalítico, El Hombre de los Lobos declaró "que, sin duda alguna, la célebre escena del coito *a tergo* no había tenido lugar, porque en Rusia los niños no dormían nunca en la habitación de los padres" (p.786).

SERGUEI. HIJO ADOPTIVO DEL PSICOANÁLISIS III

"Ese príncipe ruso de fantasía,
que quería cagarle en la cabeza a su analista, llegó lejos".
Emilio Rodrigué. El siglo del psicoanálisis, Tomo 2, p.219.

Freud reporta que la exégesis del sueño de los lobos blancos, propiamente se logró durante la fase final del primer análisis después, que el maestro le notificara la terminación del mismo. En el presente se agregaría que la transferencia negativa paterna y, el contratransferir del Profesor vienés, sólo fueron, aunque parcialmente, elaboradas por Serguei en su análisis con Ruth Mack Brunswick, joya cualitativa de proceso curativo demostrado mediante la hermenéusis onírica, como lo relataremos páginas adelante.

El aviso de la terminación analítica, en un año más, fue tajante:

> "Resolví, no sin orientarme por buenos indicios en cuanto a la oportunidad, que el tratamiento debía terminar en cierto plazo, independientemente de cuan lejos se hubiese llegado" (p.12–13).

Así cedieron sus resistencias caracteropáticas, las ganancias primarias y secundarias de su condición enferma y, en un lapso verdaderamente breve se pudo intelegir su neurosis infantil, desapareciendo los síntomas; y no fue si no hasta su segundo análisis entre noviembre de 1919 y febrero de 1920, cuando el maestro trabajara ciertos "episodios patológicos que sólo podían ser aprehendidos como unos vástagos de su vieja neurosis" (Freud, S., 1937, p.221). La acotación anterior proviene de "Análisis terminable e interminable", donde el profesor añade:

> "La habilidad de una de mis discípulas, la doctora Ruth Mack Brunswick, puso término a esos estados, uno por uno, tras breve tratamiento; espero que ella habrá de informar pronto sobre estas experiencias. [Mack Brunswick lo había hecho ya en 1928]. Freud, recupera de inmediato sus reminiscencias al escribir: "algunos de esos ataques estaban referidos todavía a restos transferenciales; mostraron con nitidez, a pesar de su fugacidad, un carácter paranoico. En otros, sin embargo, el material patógeno consistía en fragmentos de su historia infantil que en su análisis conmigo no habían salido a la luz y ahora eran repelidos con efecto retardado {*nachträglich*} –no puede uno evitar la comparación– como unos hilos tras una operación [¿acaso la banda de gasa dejada por Fliess en febrero de 1895 en el seno paranasal de Emma Eckstein?] o unos fragmentos óseos necróticos [¿quizá la mandíbula cancerosa del Profesor?]. *[Encontré el historial de curación de este paciente casi tan interesante como su historial clínico"]* (Freud, S., 1937, p.221, mis cursivas).

La primera referencia a una finalización analítica, lo anotamos antes, aparece en una carta de Freud a Fliess, datada 16 de abril de 1900. En dicha misiva se informa:

> "E. Ha terminado al fin su carrera como paciente con una invitación a cenar en mi casa. Su enigma está casi totalmente resuelto, su estado es excelente y su carácter ha cambiado por completo; en cuanto a los síntomas, de momento queda un resto. Comienzo a comprender que lo aparentemente interminable de la cura es algo regular y depende de la transferencia" (Caparrós, N., 1997, Tomo 2, p.442).

En el examen del Hombre de las Ratas, hermanamos a Ernst Lanzer con el analizando E., por haber sido ambos, privilegiados con atenciones especiales del maestro; aunque a Lanzer, lo apuntamos en su momento, no fue invitado a una cena en casa sino en el mismo consultorio donde el Profesor frente a un hambriento y demandante Ernst, le ofreció arenque, pez que detestaba Lanzer y, Freud lo sabía. Otro hecho de interés lo aporta James Strachey, al final de la "Nota introductoria" de "Análisis terminable e interminable", donde aludiendo al señor E., y su "carrera como paciente", señala que posiblemente, él, había estado en terapia con Freud desde 1895, y con plena seguridad desde 1897 (p.217).

El evento clínico de la conclusión analítica fue objeto de mi inclinación heurística desde tiempo ha (Solís, H., 1977, 1981–a, 1981–b, 1989, 1993, 1997). Estoy por supuesto en la línea de Freud (1937) quien aseveró, que desde el contrato de análisis éste es terminable; aunque el aparato de analizar del sujeto psíquico siga operando en una tarea que sólo tiene término con la finitud del Ser. El postanálisis de Serguei fue paradigmático al respecto, incluido en esto, el tratamiento intensivo breve con Ruth Mack Brunswick, que bien puede ser considerado como un "*second–analysis*" y, algunas otras intervenciones pertenecientes al rango de psicoterapias de apoyo; y, sólo se lamentaría la ausencia de una terapia conyugal entre Serguei y Teresa. Claro, culpas son del tiempo y no de Freud. Muchos lustros después, Alberto G. González, la imaginaría en su excelente comunicación "La relación de pareja en el Hombre de los Lobos", publicada en 1979.

Un punto controversial ha sido desde siempre, el cómo se fija la fecha de finalización, ¿quién la hace?, ¿el propio terapeuta?, ¿el analizante?, ¿ambas partes? En mi trabajo "Terminación de análisis" (1981) afirmo que la forma más común es el acuerdo entre los dos miembros de la díada, cuando ellos consideran los objetivos coronados. Firestein (1975, 1978) apoyándose en sus investigaciones reporta que el aviso del fin, cuando menos en los Estados Unidos, oscila de unas sesiones a varios meses y, en determinados casos especiales la decisión bipartita comprende uno o dos años. Freud (1937) sostenía que en los pacientes simbióticos, extremadamente dependientes, con resistencias de adhesividad libidinal, más ganancias de la enfermedad, –pensemos en "El Hombre de los Lobos"–, su finalización analítica la debe marcar el psicoterapeuta. Reich (1930) también lo veía así, recomendando que un rol activo por parte del analista, estaba indicado cuando el enfermo carecía de figuras externas en quienes redistribuir las pulsiones depositadas transferencialmente. La conclusión del contrato, y su duración, corta o larga, suelen ser a la vez actuaciones tránsferocontratransferenciales, donde la intersubjetividad bipersonal interviene.

Los psicoanalistas laborando en enfoques individuales y grupales, eventualmente transferimos al analizando fusionado en demasía, a un grupo analítico donde es más factible la *destransferenciación* (Solís, H., 1981). En parecida medida hace algunas décadas, la poderosa influencia de Lawrence Kubie (1951) puso de moda en Nueva York, el cambio de analista en la fase terminal. No prosperó. Sin embargo, el *"second–analysis"* de Serguei, con Ruth Mack Brunswick, logró en cierto sentido la "destransferenciación" sobreidealizada, y por ende defensa, del transferir negativo con Freud. El aviso de concluir la tarea, por lo general, intensifica el proceso de separación y duelo; se termina en *crisis*, es decir, cambio. Lo antedicho no ocurre en los análisis didácticos, individuales o grupales, mismos que fenecen en *lisis*, por agotamiento, pues los analizantes seguirán manteniendo relaciones en instituciones o sociales con sus terapeutas, mucho más si estos son seres solitarios y añosos. En terapias dinámicas breves, sobretodo en el modelo de James Mann (1973), con adolescentes tardíos o adultos jóvenes, presentando conflictos de separación del medio familiar, pues ya desde el contrato inicial, se sabe que la terapia durará tres meses, comprendiendo una sesión semanal hasta completar doce entrevistas, y más que todo, en la fase final los avatares de las pérdidas resignificadas cobran mayor importancia. La condición de Serguei, como hijo adoptivo interminable, léase paciente, fue una construcción compartida entre el Profesor y ciertas mujeres analistas, pertenecientes al selecto círculo femenino de las elegidas por su padre analítico; ahí la contratransferencia y sus formas *para*, pesaron indudablemente. Paul Roazen (1971) en *Freud and his followers*, refiere que según Ernest Jones (Vol. III, p.18), las únicas cuatro damas merecedoras del preciado honor de recibir el disputado "anillo" del maestro fueron Anna Freud, Lou Andreas–Salomé, Marie Bonaparte y Catherine Jones. En verdad, complementa Roazen (p.421), también lo obtuvieron, Gisela Ferenczi, Jeanne Lampl–de Groot, Ruth Mack Brunswick, Edith Jackson, Henny Freud y Eva Rosenfeld. Henny era la esposa de Oliver, tercer vástago del matrimonio de Sigmund y Martha Freud.

Ruth Mack Brunswick (1897–1946) además de ser la segunda analista del Hombre de los Lobos, trató a su vez al futuro médico del Profesor vienés, es decir, Max Schur, así como a su señora, todo esto en 1924. Agréguese a Muriel Gardiner dos años después, más Margaret Gray Blanton en 1930 y, ya en Nueva York analizaría de 1938 a 1940, a Karl Menninger, quien siete años antes había tenido un decepcionante tratamiento con Franz Alexander (Friedman, L.J., 1990). Por esa época, Ruth Mack Brunswick analizó también a Robert Fliess, hijo de Wilhelm, que tenía como antecedente un primer análisis con Karl Abraham.

Ruth comenzó su análisis con Freud en 1922, aquejada de una hipocondría intensa; ella había estado casada con el Dr. Herman Blumgart pero su matrimonio fracasó. En Viena se enamoró de Ruth un joven acaudalado cinco años menor que ella, de nombre Mack Brunswick, quien desde 1924 era paciente del Profesor. Ambos se casarían en 1928, siendo Freud testigo del acto. Procrearon una hija. Las tránsferocontratransferencias fueron complicadas, puesto que no sólo Ruth y Mack se analizaban con el maestro, sino también David, hermano de Mack. La hipocondriasis maligna de la doctora Mack Brunswick, la orilló al abismo de la intensa dependencia a barbitúricos y morfina (ella misma se inyectaba), mientras que Mack, siendo abstemio, se convirtió en alcohólico. Roazen (1975) los catalogó como una pareja co–dependiente; Ruth constantemente atosigaba al marido por su severo alcoholismo y, él, no prestaba ninguna atención a la drogadicción de ella. Si alguno de los dos mejoraba, el otro empeoraba, o sea, interactuaban como vasos comunicantes. Su relación era adictiva, a tal grado, que cuando se divorciaron en 1937, se volvieron a casar seis meses después, para divorciarse en unos años más. El "*second analysis*" de Mack Brunswick fue durante 1945 con Herman Nunberg en Nueva York, y principiando ya el año siguiente, seis horas después de ser ella visitada por Mack, con quien sería muy amable, su ex–esposa fue encontrada en el baño; tenía fractura de cráneo y, eso, según Mack, era consecuencia de una sobredosis de barbitúricos y morfina (p.83).

A SUPPLEMENT TO FREUD'S "HISTORY OF AN INFANTILE NEUROSIS"

En septiembre de 1945, Ruth Mack Brunswick, a cinco meses de su dramático ocaso, redactó, una breve nota a manera de introducción al historial clínico publicado en *The International Journal of Psycho–Analysis* en 1928 (IX, 439). Esto fue a petición de su exanalizando Robert Fliess (1895–1971), quien laboraba sobre un libro en el cual planeaba imprimir de nuevo, algunas aportaciones capitales de ciertos seguidores de Freud. La obra se editó en 1948 con el título *THE PSYCHO–ANALYTIC READER* y como subtítulo *An Antology of Essential Papers with Critical Introductions*. Ahí se encuentran –entre otros más, también importantes– artículos de Fenichel, Tausk, Reich, Deutsch, Lampl–de Groot, Simmel y Abraham.

Además del trabajo acerca de, el Hombre de los Lobos, se seleccionó otro clásico grande de Mack Brunswick (1940) *"The preoedipal phase of the libido development"*, que continúa las formulaciones de su maestro Freud sobre las organizaciones pregenítales de la libido, escrito en 1913. Hablo de "La predisposición a la neurosis obsesiva. Contribuciones al problema de la elección de neurosis".

Ahora proseguiré con el *Supplement* de Mack Brunswick, y del material clínico tomaré primero, la serie de sueños indicativos del *proceso mutativo*, pero antes haré una revisión selectiva del "Sueño de los Lobos blancos", tal como Freud lo destacó. Aquí me auxiliaré de los Resúmenes de la Edición Standard, facilitando así la difícil tarea de esclarecer la escena primaria resignificada oníricamente tiempo adelante. El Profesor reporta que la interpretación del sueño fue una labor que duró varios años, y sólo cuando Serguei fue notificado del final analítico, pudo dilucidarse el contenido latente. En efecto, la única parte de acción en el sueño era la súbita apertura de la ventana, pues los animales sentados en las ramas del árbol estaban sin hacer ningún movimiento y sus miradas eran fijas, penetrantes. Serguei siempre había vinculado esto, con las reminiscencias infantiles de sentir pavor ante la estampa de un lobo, que su seductora e intimidante hermana Anna, le mostraba seguido, pues aparecía en un libro de cuentos. Lo que en la noche del sueño entró en acción, aparte de las huellas mnémicas del niño, fue la imagen de los padres copulando en circunstancias especialmente favorables para la observación atenta del coito. Freud consideró que la edad de contemplación fue aproximadamente de un año y medio y, el sueño ocurrió a los cuatro. La postura que el infante vio fue al papá de pie, erguido, penetrando con su pene a la mamá, inclinada ella como un animal. El Profesor pensó que la posición del cánido en el cuento "El lobo y los siete cabritos", pudo evocar al pequeño soñante, la de su padre durante la escena primaria que se construyó, oníricamente. En el presente postmoderno pensaríamos, que aquello fue una construcción compartida entre analizante y analista. Lo cierto resultó ser la figura del lobo o el apellido Wolf como disparadores de angustias resignificadas. La ansiedad era un rechazo del deseo de obtener satisfacción sexual en la misma forma que su madre, es decir, el ser analmente penetrado por su padre, lo cual se re–editó en la primera sesión con Freud. La actitud pasiva sexual frente a su padre, sucumbió a la represión y, el pánico ante el castigo del papá se desplazó a la fobia del lobo. La madre castrada era la que permitía se le subieran por detrás; y, el padre animal era el que se le trepaba.

Serguei tenía una doble identificación parental; a saber, un Edipo mixto, compuesto, que más tarde se describiría con mayor propiedad en El yo y el ello (1923). Por un lado; desde sus triangulaciones edípicas y pregenitales, se había identificado con una madre castrada, pues carecía de pene y, a la par, desde su deseo sexual, se identificaba con el pene paterno, negando así su angustia de castración, puesto que aceptaba la penetración del padre. ¿Introyección psíquica? Sus vínculos con mujeres fueron paradigmáticos y para reafirmar su masculinidad, ellas, deberían ser figuras devaluadas, inferiores, pasivas, de origen humilde; recordemos a la doméstica Grusha, a quien poco antes de los dos años y medio, o sea, tiempo posterior de presenciar la escena primaria, vio, arrodillada, limpiando el piso y mostrándole sus nalgas; frente a lo cual, el niño erotizado orinó; así se resignificaba el trasero materno en la cópula parental *a tergo*. Otro hecho también ilustrativo fue, el quebrantamiento emocional adolescente a los diez y siete años, cuando él enfermó de gonorrea, padecer transmitido sexualmente por una mujer de pueblo, pobre, de nombre significativo: Matrona. Un ejemplo más comprendería a Teresa Keller, mayor que, él, divorciada, con una hija pequeña, enferma; de cuya madre Serguei se enamoró a los veintiun años en 1908, siendo Teresa, enfermera del Sanatorio dirigido por Emil Kraepelin. La Keller llegaría a ser su esposa como bien se sabe.

Serguei se compadecía, a la vez, de personas menesterosas: mudos, tullidos, pordioseros, tísicos; eso se incrementó a los seis años cuando sufrió de la compulsión de espiración, después de visitar a su papá en el Sanatorio y verlo profundamente deprimido; aunque los miserables también representaban a dobles simbólicos de la mamá humillada en el coito *a tergo*. Es posible colegir, a la par, que dicha misericordia por los humildes, fuera una culpa obsesiva, mística, de alguien nacido en Navidad, y por ende, predestinado a levitar, poseído por un *God complex* (Jones, E., 1913).

Pasemos entonces al "*second analysis*" con Mack Brunswick.

Primer sueño: éste resultó ser una segunda versión del famoso sueño de los lobos blancos, descrito e interpretado por Freud. En el *Supplement*, Mack dejó por escrito:

> "El hecho que ese primer sueño fuera de nuevo un sueño de lobo, fue considerado por el paciente, cual corroboración de su idea, que todas las dificultades procedían de la mala relación con su padre; por tal razón, agregó él, se sentía contento de estar ahora en análisis con una

mujer" (Mack Brunswick, 1948, p.79, en el libro de Fliess, y 1971, p.280, en *The wolf–man*, mi traducción en esta acotación y en todas las siguientes).

Ella, advirtió, además, sobre un "divertido cambio sucedido: los lobos anteriormente blancos, eran ahora invariablemente grisáceos" (*Ibid*). La psicoanalista, quien conocía muy bien Berggasse 19, por ser analizanda del Profesor; ligó dicha transformación con el dato, que Serguei en más de una ocasión había visto durante las visitas al viejo Freud, su enorme perro policía de color gris, descansando, semejante a un lobo domesticado. Aparte de ello, Mack Brunswick consideraba que su presencia femenina en el sillón analítico, evadía desde la condición de género, el pánico ante un transferir homosexual de génesis paterna, que hubiera sido muy dañino para la cura, en aquellas dramáticas circunstancias donde la angustia de castración somatizada, imperaba en grado intenso. El enfermo, obsesivamente, casi psicótico, creía que su nariz sería irremediablemente destruida por el horrible hoyo situado en aquel sitio (*Ibid*).

Segundo sueño: "Él está parado en la proa de un barco cargando una bolsa conteniendo joyería –el espejo de plata y los aretes de su señora–. Él hace presión en contra de la barandilla quebrándose el espejo, y dándose cuenta, que como resultado tendrá siete años de mala suerte" (1948, p.80; 1971, p.281).

Las asociaciones acerca del sueño enseñaron que, a la proa del barco, en ruso, se le nombra nariz y, ese era el lugar anatómico donde la mala suerte empezó para El Hombre de los Lobos, mediante un delirio somático desde el cual se perdía el contacto con la realidad corporal. También aparecía en el sueño, un doble femenino del soñante, o sea, el espejo de Teresa, donde Serguei se veía insistentemente, constatando según él, los horribles estragos en una fémina castrada. La doctora Ruth lo había observado caminando desesperado en la sala de espera, examinando compulsivamente su nariz, aunque estando ya en el diván no tocaba ese punto, pues sólo hablaba del psicoanálisis como ciencia, de ser el preferido del maestro, y, alabar lo sagaz que era su analista interpretando. Ésta, mientras tanto sentía ser la verdadera predilecta del Profesor. El espejo roto significaba una resistencia a la reflexión. Un dato debe apuntarse en este momento; la joven Ruth ostenta el record del "análisis más largo realizado por Freud: se extendió entre 1922 y 1938 (con algunas interrupciones)" (Rodrigue, E., 1996, tomo 2, p.218).

El propósito del sueño para Mack Brunswick, era la revelación del ocultamiento al Profesor de las joyas heredadas a Serguei; entre las cuales estaban los aretes de Teresa. Los siete años del contenido manifiesto hacían referencia al tiempo pasado desde el último análisis con Freud en 1919. La sociopática negación fue para que el maestro vienes no cobrara y continuara ayudando económicamente al expotentado. Por cierto Ruth tampoco le pasó honorarios.

Ahora más; si bien fue el mismo analizando quien asoció dicha cantidad de años vinculándolos con el encubrimiento de las mentadas joyas, que por lo demás no tenían gran valor; el paciente, sin embargo, no veía aquello cual acto deshonesto, amén de ser Teresa, acorde con el paciente, la verdadera culpable; pues ella, según Serguei, como todas las féminas era desconfiada, suspicaz y temerosa de perder pertenencias, siendo su esposa quien sugirió omitirle a Freud esa información. Lo antes anotado contrastaba con el "profundo cambio de carácter" del *wolf man*, durante el segundo análisis, pues el sumiso Serguei, otrora dominado por mujeres (la hermanita Anna, después su mamá, enseguida Teresa) mostraba con el paso del tiempo una conducta dominante, así, controlaba a su esposa en los gastos, compraba su vestuario, criticaba a sus médicos, y también gobernaba a su mamá. Además se tornó negligente en la compañía de seguros, y cristalizó un fuerte delirio querulante en contra de los dermatólogos, queriendo matar a uno de ellos, el Profesor X, por haberle dañado su nariz. En suma, "era menos la madre sometida en el coito *a tergo*, y más el padre violento".

La competencia entre Serguei y Ruth se incrementó cada vez más, porque ambos defendían su condición de favorito del Profesor: el *"wolf–man"* insistía "en ser el único caso completo, y de larga duración publicado" por su maestro; ella replicaba arguyendo que existían otros historiales clínicos editados y, uno más prologando –sin declararlo la analista en pugna, aludiendo a su propio análisis–, aparte de cuestionar ella, la supuesta familiaridad de Serguei con los Freud, distinción que Ruth si gozaba, siendo una invitada frecuente a su casa, a pesar del enojo de Anna. El Hombre de los Lobos comentó, que él no fue objeto de invitaciones, pues el *Herr* Profesor cuidaba mucho su análisis. Total, en la tránsferocontratransferencia proceso y sus formas *para*, se reeditaba la infancia de Serguei, quien re–pedía ser el más querido por papá Freud, mientras Ruth representaba a la hermana infantil del *wolf–man*, pues aquella Anna sí era la predilecta paterna (1948, p.80–83; 1971, p.281–285).

Tercer sueño: "Una mujer portando pantalones y botas altas, está parada sobre un trineo, que conduce con gran maestría, mientras declama, excelentemente, versos en idioma ruso" (1948, p.83; 1971, p.285).

Serguei recalca que los pantalones se veían chistosos, y no enteramente prácticos para un hombre; el recitar en ruso, debería apreciarse y, él estaba obligado a reconocerlo, como el colmo de la burla. Independientemente de la obvia proyección en la pantalla manifiesta onírica, donde ella es él, o sea, el indiscutible conductor de la cura, aunque sin dominar todavía, esa lengua extranjera como es el inconsciente. De cualquier modo, el tono derogatorio de las asociaciones transferenciales, era bastante obvio; también el contratransferir fue evidente, pues en el *Supplement* se informa, que la analista nunca logró entender ninguna palabra de las frases rusas, que el analizando intercalaba con las del idioma alemán. Mack Brunswick no interpretó el sueño, esperando el siguiente.

Cuarto sueño: "Serguei se halla en la calle frente a la casa del Profesor X [el dermatólogo a quien desea matar, de la misma edad del maestro Freud]. El Profesor X es su analista, y frente al consultorio también se encuentra una vieja mujer gitana. Mientras ésta vende periódicos (yo fungí como vendedora de periódicos cuando le informé al paciente, la muerte del odiado Profesor X), parlotea sin parar, a dondequiera, al azar, empero, tan sólo habla *a sí misma* (nadie la escucha). Las gitanas por supuesto son notorias embusteras" (1948, p.83, 84; 1971, p.285 cursivas en el texto).

La analista gitana escribe. "Dos factores son evidentes aquí: primero, el *desprecio* a mí, y segundo, el deseo de regresar al análisis con Freud (Profesor X)" (1948, 84; 1971, p.285 mis cursivas).

Ante las defensas narcisistas (esquizo–maníacas) del Hombre de los Lobos; en especial, el *desprecio* dirigido a la envidiada Ruth quien apenas contaba con 29 años, mientras Serguei Constantinovich Pankejeff sumaba ya 39. Sí; frente a ese paquete caracteropático, defensivo, sintónico, donde mediante la identificación proyectiva patológica, escindida; la joven analista era una cosa devaluada y Freud se mantenía idealizado. En tal situación, Doña Ruth, desde su contratransferir, decide operar, como tiempo después lo hicieran Klein (1946), Bion (1957) y Kernberg (1975), empezando a cuestionar la aparente realidad externa, a través de aclarar, confrontar e interpretar, los mecanismos esquizoparanoides; técnica terapéutica que le dio prestigio en el manejo de casos graves: psicóticos, limítrofes, etc.

Mack Brunswick remarca a Pankejeff que, a pesar de sus múltiples cumplidos para ella; su real deseo es retornar a Berggasse 19 con Freud.

Serguei lo negó rotundamente, arguyendo que Ruth es, el importante conducto por medio del cual se obtienen los beneficios, conocimientos y experiencias del preclaro maestro, sin estar, él, bajo su influencia directa. Al preguntársele cómo se lograría ello; Pankejeff contestó que tenía la completa seguridad de ser supervisado por el Profesor, siendo éste quien la aconsejaba. Cuando Mack Brunswick aclara y confronta dicha distorsión subjetiva de la realidad, aseverándole que ella no comenta su análisis con el maestro, ni éste pregunta al respecto; frente a tal afirmación, sí, el analizando se conmociona, pues no puede creer que su ex–analista ya no estuviera al pendiente de su caso más famoso. "Él dejó mi oficina, furioso con Freud, –relata Mack Brunswick– lo cual dio lugar a un sueño donde su padre analítico es obviamente castrado" (1948, p.84; 1971, p.285).

Quinto sueño: "El padre del enfermo en el sueño es un profesor, sin embargo, bastante parecido a un músico pordiosero, conocido por él. El papá mendigo está sentado en una mesa y previene a los presentes ahí, no hablar acerca de asuntos financieros delante del paciente, porque éste es proclive a la especulación. La nariz del padre es larga y ganchuda, asombrándose el soñante, por ese cambio" (1948, p.84; 1971, p.286).

El pordiosero en realidad había tratado antes de venderle al enfermo música antigua; empero, éste no aceptó, sintiéndose después muy culpable. (Mack Brunswick nos recuerda aquí la vieja actitud conmiserativa del paciente con los limosneros). El mendigo del sueño, tenía, además, una barba semejante a la de Cristo, hijo, a su vez abandonado por el padre; asociando Serguei enseguida, sobre un incidente donde a su papá lo llamaron "*sale juif*", sin ser judío por supuesto. En suma, el músico pordiosero se parece a Cristo, al profesor del sueño, al papá de Pankejeff, siendo, además, la nariz larga y ganchuda claramente judía. Este singular cambio, que asombra tanto al enfermo, es un desplazamiento genital simbólico, de abajo hacia arriba, alusivo a la circuncisión–castración judaica. Todas esas identificaciones oníricas son el soñante mismo castrado con un hoyo en la nariz; el limosnero pedigüeño de dinero es el mismo Hombre de los Lobos, especulador de fortunas. En el sueño se muestra la rabia reprimida contra el padre por no haberlo querido y, a la par, el deseo que Freud se muriera de su cáncer, pues ya no lo quería ni como paciente; sin embargo, desde su ambivalencia, lo prefería vivo, así, seguiría disfrutando de las colectas económicas anuales, y, si fallecía, como quiera esperaba recibir algo de herencia, mínima por cierto, si se comparaba con lo heredado del padre (1948, p.84–85; 1971, p.286–287). La principal herencia, indirecta en verdad, fue la venta del cuadro con el célebre Sueño de los Lobos Blancos, que a sugerencia del psicoanalista Y., empezó a pintar en 1963 (Muriel Gardiner, 1971, p.352–353). Los dos primeros fueron para Y., y Gardiner.

Cuando se editó *The wolf–man* en 1971, con la ya referida portada del sueño, obra de un Serguei con 76 años de edad; solicité, yo, al pintor Lozano Sada, un duplicado del cuadro, que regalé a José Luis González, mi analista didáctico. Pasados unos meses, Lozano Sada llegó con un cuadro a mi consultorio diciéndome con timidez: "Este sería el verdadero sueño de un niño con cuatro años de edad". Aún conservo el regalo.

Sexto sueño: "El paciente está acostado en el diván de mi oficina. De repente aparece cerca del cielo una media luna brillante y una estrella. El enfermo sabe, que eso es una alucinación, y desesperado, pues siente que se volverá loco, él mismo se arroja a mis pies" (1948, p.286; 1971, p.288).

El agudo analizante interpreta que la luna y la estrella son símbolos de Turquía, tierra de los eunucos, o sea, castrados. Su gesto de arrojarse a mis pies –señala Mack Brunswick– significa pasividad y su insania es, por lo tanto, una castración *alucinada*, es el hoyo en su nariz (1948, p.86–87; 1971, p.288, cursivas en el texto).

"Desde la castración del padre –interpreta, ella–, y la identificación del paciente con él, y finalmente su propia e independiente castración y como consecuencia su completa pasividad; estamos entonces, aquí y ahora, ambos, acercándonos al material persecutorio actual" (1948, p.87; 1971, p.288).

Séptimo sueño: "En una calle amplia hay una pared con una puerta cerrada. A la izquierda de la puerta está un armario grande y vacío con cajones rectos y torcidos. El enfermo se halla de pie delante del armario; su esposa, una figura vaga y obscura se encuentra atrás de él. Cerca del final de la pared, pero en el lado contrario, está parada una mujer de gran estatura, pesada; quien mira como queriendo explorar toda la pared e ir detrás de ella. Empero, atrás de la pared, hay una jauría de *lobos de color gris*, avanzando con saltos amenazadores rumbo a la puerta. *Sus ojos destellantes* son evidencia de que ellos desean lanzarse en contra del paciente, su esposa y la otra mujer. El soñante está aterrorizado, temiendo que los lobos puedan romper y atravesar la pared" (1948, p.87; 1971, p.288–289, cursivas mías).

Mack Brunswick en su hermenéusis onírica, externa que la persona de gran tamaño, es una combinación de ella, y, otra mujer, en realidad bastante alta, a quien *The wolf man* ha visto. La dama tiene una minúscula cicatriz en su nariz, y para sorpresa de él, no le causa a ella ningún problema. Esa mujer por lo tanto es una persona valiente, pues no la atemorizan, ni lobos ni cicatriz nasal, la yuxtaposición indicando una conexión entre las dos.

Su esposa, la figura vaga atrás de él, escribe la analista, viene siendo el devaluado *self* femenino de Serguei. El armario vacío es el que saquearon los bolcheviques. La puerta es la ventana, que se abre en el original "Sueño de los Lobos". Se conecta así, presente con pasado, historia e inconsciente o, si se precisa el foco óptimo, la exégesis del pasado presente en un sueño actual, regresión–progresión, donde aquellos lobos blancos son ahora de color gris, y los ojos persecutores, que lo miraban fijamente, siguen siendo sus propios ojos observando la escena primaria, aunque, la mirada de aquel padre terrible tiene en el presente múltiples dobles simbólicos.

"Por supuesto, el sueño deriva su principal significancia –apunta la analista– en su contenido persecutor: para *the wolf man*, el lobo ha sido desde siempre su padre, o doctores, que están tratando de aniquilarlo. Si la puerta del sueño actual se abre (la ventana original, permitiendo la visión del coito), los lobos irremediablemente lo devorarán" (1948, p.88; 1971, p.290).

La megalomanía mesiánica se extinguió dando sitio a una pronunciada manía delirante de persecución: el pérfido profesor X, a quien otrora planeaba matar por haberle arruinado la nariz, estaba ya muerto, aunque, aún vivían impunemente algunos enemigos más: los dentistas que lo habían maltratado, entre ellos uno apellidado Wolf; Freud, en semejante línea, actuaba de manera negligente durante ese su segundo episodio nervioso, amén de despreciarlo; en general, la profesión médica estaba en su contra desde que él era un niño constantemente enfermo, indica Mack Brunswick, y comparaba el *vía crucis* de su eterno calvario con el de Jesús, abandonado por Dios Padre, como él mismo puesto que ya no era el hijo analítico predilecto de Sigmund Freud.

En éste álgido período del análisis, el enfermo se portaba de modo anormal; andaba desaliñado, sucio, sintiéndose acosado, como si los demonios lo persiguieran pisándole sus talones e impulsándolo atropelladamente de tienda en tienda para cerciorarse del estado de su nariz en algún espejo de los escaparates. En el *Supplement* se reporta:

> "Durante las horas analíticas, él hablaba salvajemente en términos de fantasías completamente fuera de la realidad; amenazó con matarnos, disparándonos a los dos, Freud y a mí –ahora que X estaba muerto– y, de alguna manera, dichas amenazas sonaban menos vacías de aquellas, que acostumbramos escuchar. Yo lo sentía a él, como

alguien capaz de hacer cualesquiera cosa, porque se hallaba en una crisis de completa desesperación" (1948, p.88; 1971, p.290).

Mack Brunswick, en contraidentificación proyectiva, empezó a recuperarse lentamente, al captar lo efectivo que había sido la megalomanía defensiva anterior; ahora, sucedía todo lo contrario, el doliente parecía hundido en una ciénaga, donde ni él ni ella podían sacarlo. No obstante, cuando el siguiente sueño se presentó, con buenos augurios; la psicoanalista aliviada, sorprendida y, enteramente convencida ya, de que, en efecto, *the wolf man*, por fin, había logrado elaborar el conflicto inconsciente detrás de sus delirios persecutorios.

Octavo sueño: "El soñante y su mamá se llevan bien en una habitación; una esquina de las paredes se encuentra cubierta con pinturas religiosas. Su madre las baja y las tira al piso. Los cuadros se quiebran haciéndose pedazos. El paciente se sorprende del acto, pues su mamá es una mujer piadosa" (1948, p.89; 1971, p.291).

La mamá de Serguei Pankejeff, lo sabemos desde el historial de Freud, fue quien desesperada, ante la irritabilidad y angustia del pequeño le relató a los cuatro años y medio, la vida de Cristo, su relación con la Navidad, y bien conocemos, día natal de Serguei. El resultado fue, que el niño incapaz de dormir por temor a las pesadillas cambió su conducta habitual por un ceremonial obsesivo religioso, el cual le permitió caer dormido de inmediato. El ritual consistía en recorrer el cuarto al tiempo de dormir, persignándose, rezando y, con franca devoción besaba los cuadros sagrados uno tras otro. Dicho ceremonial fue el inicio de la neurosis obsesiva. Mack Brunswick interpretó el sueño, tal como si hubiera leído a Paul Ricoeur, quien en 1969 –lo acotamos antes– aseveró que el inconsciente se convierte en un objeto desde el momento que es "construido" por el conjunto de procedimientos hermenéuticos que lo descifran (p.13).

"En el sueño yo soy la madre, empero, en un rol contrario al pasado histórico; ahora, en lugar de darle al paciente religión, yo la destruyo por él. En el aquí destruía su fantasía de ser Cristo, con todo lo que eso implicaba" (*Ibid*).

El transferir paterno con Freud, sobre todo el pre–edípico agresivo y, la transferencia materna superyoica, por fin, se estaban elaborando, siendo una construcción compartida por ambas partes: analista y analizante.

Lo conceptuado por Ricoeur en 1969, repito, fue la presencia protagónica de dos hermenéusis cuya dualidad corresponde a los símbolos en sí mismos y, ellos, poseen dos vectores, uno *regresivo*, otro *progresivo*. "Por un lado *repiten* nuestra infancia en todos los sentidos, temporal y no temporal de la repetición, por el otro *exploran* nuestra vida adulta" (p.25). En suma: regresión a lo abstracto, progresión a lo concreto, lo inconsciente como destino, la conciencia como historia. Es sólo, nos advierte el filósofo, "por reflexión que puede derivarse la subjetividad que se constituye a sí misma, al mismo tiempo que se engendra esta objetividad" (p.19).

Ricoeur recurre a la noche y al día, reitero, como símbolos de lo inconsciente y la conciencia, sin ligarlo al otro enigma, que según algunas fuentes (Viñar, M., 1994), la Esfinge dirigió a Edipo: "¿quiénes son las dos hermanas, que siempre se tocan pero nunca se juntan?" El hijo de Yocasta y Layo había de contestar: "el día y la noche". No, protestaría Ricoeur, "las dos hermanéuticas, aquella del Día y de la Noche, son la misma cosa. No se pueden adicionar Hegel y Freud y dar a cada uno la mitad del hombre..., es necesario decir que las dos lecturas cubren exactamente el mismo campo" (p.26).

Es mediante ese ir y venir del proceso tránsferocontratransferencial intersubjetvo, preñado de emociones primitivas, algunas de ellas sin representación verbal, como el *cogito* falso, abortado, deviene en realidad afectiva adulta, llegándose así, a la cura analítica: pienso y siento, por lo tanto existo. Para Paul Ricoeur, el psicoanálisis es una ciencia hermenéutica, por ser interpretativo; el texto es hablado, pero también los ojos del sueño cuentan historias, todo es cuestión de escuchar con la mirada.

Al siguiente día de la ruptura onírica de los cuadros religiosos; Serguei soñó de nuevo el paisaje infantil, alusivo a la escena primaria, aunque ahora existían cambios significativos.

Noveno sueño: "El paciente está de pie mirando por la ventana un prado, detrás del cual hay un bosque. El sol brilla a través de los árboles y motea la hierba; las piedras en el prado son como una curiosa sombra de malvas. El soñante considera, de manera muy especial, las ramas de cierto árbol, admirando la forma en que están entrelazadas. Él no se explica porqué no ha pintado todavía ese paisaje" (1948, p.89; 1971,p.291).

El paisaje del sueño, si se compara con aquel de los lobos blancos a los cuatro de edad, ahora, treinta y cinco años después, muestra con claridad meridiana evidencias de transformaciones paradigmáticas de un proceso mutativo:

> "Ahora el sol está brillando: entonces, la noche era siempre el
> tiempo espantoso. Las ramas de los árboles, donde los terroríficos

lobos estaban sentados, ahora están vacías, y se hallan *entrelazadas en una hermosa estampa (los padres en el abrazo sexual)*. Aquello que era aterrorizante, ominoso, siniestro, ha llegado a ser hermoso y confiable. El analizando, en efecto, no entiende, asombrado, porqué nunca antes había pintado esa escena, es decir, su falla, hasta ahora, de admirarla" (*Ibid*), mis cursivas).

Sin embargo, los testimonios de cambios endopsíquicos, no tuvieron continuidad, pues los subsecuentes sueños indicaron de nuevo sus fallas identificatorias; sobre todo en las fantasías repetitivas de ser un hombre castrado, femenino, pasivo; aunque, más que una reacción terapéutica negativa por un sentimiento inconsciente de culpa (Freud, S., 1923), semejaba, por su índole transferencial, un proceso elaborativo. Así se llega a los tres últimos sueños representativos de la cura, interpretados durante enero y febrero de 1927, meses finales del tratamiento. El material onírico anteriormente trabajado hasta el número nueve, sucedió en octubre, noviembre y diciembre de 1926.

Décimo sueño: "Un joven austriaco quien ha vivido muchos años en Rusia, y había perdido todo su dinero ahí, visita al paciente. Dicho joven tiene ahora un puesto menor en un banco de Viena. Él se queja de un dolor en su cabeza y, el soñante le pide polvo a su esposa, sin decirle a ella que lo requiere para su amigo, por temor a que ella rehúse dárselo a él. Para sorpresa del enfermo, ella le da el polvo y también un pedazo de pastel, que, sin embargo, no es lo suficientemente grande para ambos, él y su amigo" (1948, p.91; 1971, p.293).

Obviamente, interpreta Mack Brunswick, el joven austriaco es el paciente mismo. Durante su enfermedad del hoyo en la nariz, fue tratado con polvo cosmético, ahora recibe además, el premio de una pieza de pastel, sublimación que tanto desea, empero, como el premio no es para los dos, solamente el sano lo puede recibir (*Ibid*).

Por ser tan obvio, en el *Supplement* no se menciona que la esposa Teresa, viene siendo la analista, quien cumple en la transferencia la satisfacción del deseo onírico. En el siguiente sueño se revierte al padre castrado, mediante los derivados del inconsciente.

Undécimo sueño: "El soñante está en el consultorio de un doctor cuya cara es llena, redonda (como el Profesor X). El paciente tiene miedo de no traer en su cartera el dinero necesario para pagarle al médico. Sin embargo éste le dice, que la cuenta es muy pequeña, que él se daría por satisfecho con 100,000 *Kronen*. Cuando el enfermo se va, el doctor trata de persuadirlo para que se lleve algo de música antigua, lo cual rehúsa el paciente, empero, ya en la puerta, el médico lo presiona de nuevo para que tome unas postales de colores, ante lo cual él no tiene el valor de rechazar. De repente, la mujer del soñante, su analista, aparece vestida como un paje o botones de hotel, con un traje aterciopelado, azul, abombado, portando además, un sombrero de tres picos. A pesar del atuendo aniñado, más que masculino, ella luce completamente femenina. El analizando la abraza, sentándola en su rodilla" (1948, p.91–92; 1971, p.294).

La exégesis de Mack Brunswick destaca, que el temor de no poseer tanto dinero, se debía a que en la última ocasión de análisis con Freud [noviembre, 1919 – febrero, 1920], el paciente aparte de no creer necesitarlo, no tenía tampoco con que pagarle. En el primer tratamiento [1910–1914], la suma de 100,000 *Kronen*, era poca cantidad para su sólida economía; pero en la segunda vez, era demasiado, de modo que bien merecía ser tratado gratis.

La cara llena, redonda, del médico, es opuesta a la de Freud con cáncer en el paladar: delgada y enferma para el analizando. La cara saludable es una negación psíquica del padre melancólico, cerca ya de suicidarse, también del Profesor X, castrado por la muerte, y por supuesto del maestro vienés demacrado. Todos ellos sin valor alguno. Su papá, el profesor X, Freud y, el paciente son al mismo tiempo el limosnero de un sueño anterior, [quinto en esta presentación] aunque ahora Freud en lugar de venderle música antigua en el sueño, se la ofrece gratis al analizando, quien rehúsa el regalo por considerarlo poca cosa, pero no rechaza las postales baratas, que simbolizan las colectas anuales del Profesor y, el círculo íntimo de los anillos, considerado a la vez como de exiguo monto para el Hombre de los Lobos. "El significado es claro: ningún regalo es suficiente para compensar al enfermo de su pasividad involucrada en su aceptación". Los obsequios recibidos la noche de Navidad, que deberían ser dobles para él, precipitaron después del cuarto cumpleaños el sueño de los lobos blancos, la neurosis infantil y, aquellos aceptados durante toda su vida, incluidos sus análisis gratuitos, habían perdido, por fin, su valor libidinal. Las idealizaciones, a la par, se apagaban. "El doctor en el sueño es alguien particularmente inocuo, o si se quiere castrado, o mejor muerto". El regalo que más le gustó a Serguei, agrego yo, fue el de su hermana, quien al suicidarse a los 22 años, le dejó a él de 19, la herencia que le correspondía a ella.

La heterosexualidad al final del sueño es normal; debemos recordar, nos advierte Mack Brunswick, que el paciente fue seducido en edad temprana [tres años y cuarto] por su hermana mayor Anna, precoz y agresiva, quien activara su latente pasividad. La apariencia aniñada del atuendo onírico, condensa a su hermana, a los padres combinados, al transferir "ma–pa" (mamá–papá) y, por ende, a una analista con pene, es decir, no castrada (1948, p.91–93; 1971, p.294–295).

"Debe observarse, que éste es el primer sueño –se interpreta en el *Supplement*– donde la heterosexualidad del paciente, como también la transferencia erótica positiva, se manifiestan claramente. Un elemento de identificación con la mujer está sin duda presente, pero el rol capital del analizando es masculino. Aparentemente, sólo hasta éste momento, la identificación con su padre ha llegado a ser lo suficientemente fuerte para permitirle desarrollar una transferencia heterosexual normal conmigo" (1948, p.93; 1971, p.295).

Duodécimo sueño: "En el sueño final de su análisis, el paciente está caminando en la calle con su segundo dermatólogo, quien con interés grande discurre sobre enfermedades venéreas. El enfermo menciona el nombre del doctor que trató su gonorrea [a los diez y siete años] con medicación severa en demasía. Al escuchar su nombre el dermatólogo dice "no, no, no él – otro"" (*Ibid*).

Aquí el vínculo final quedaba esclarecido –afirma Mack Brunswick– entre la enfermedad actual y la gonorrea desencadenante de su primer episodio casi psicótico. Cuando en el sueño el analizante expresa que su enfermedad venérea fue tratada de manera drástica; en verdad psicohistórica, Serguei está hablando del Profesor X, cuyo tratamiento de electrólisis en la nariz, transformó, según el enfermo, una simple glándula sebácea en un horrible agujero, disparador de la hipocondriasis maligna y los delirios de persecución.

Ahora más; cuando el segundo dermatólogo diserta sobre patología venérea; no se debe olvidar, –se alerta en el *Supplement*–, que la enfermedad materna supuestamente de dicha índole, acorde con el colegir del paciente, había sido por transmisión paterna; por lo tanto, los culpables no nombrados sólo pueden ser el padre y Freud. Después de éste sueño, las "ideas fijas" delirantes, somáticas y externas, desaparecieron por completo, emergiendo de nuevo sus canales caracterológicos de sublimación; él reanudó sus actividades de pintor, que mantenía desde su juventud, se dedicó una vez más, a la lectura de obras literarias y, exceptuando el quiebre depresivo de 1938, debido al suicidio de su esposa Teresa, más la reacción psicótica breve, ante el acoso de los oficiales rusos en 1951, su evolución emocional fue satisfactoria, llegando a vivir 92 años. Ruth Mack Brunswuick en 1928, a manera de diagnóstico, dejó por escrito, que El Hombre de los Lobos, "no era típicamente psicótico, pero, esencialmente tampoco era neurótico" (1948, p.98; 1971, p.300).

En la actualidad, muchos pensaríamos, que Serguei Constantinovich Pankejeff, fue un típico caso *Borderline*; amén de ser todo un maestro en el arte de soñar... Contemplo, ahora, el cuadro de los lobos blancos y, el nogal de invierno pintado por Lozano Sada, y rememoro a un pequeño niño, que hace treinta y cinco años dijera: "ese cuadro lo pinto yo".

LA FAMILIA DEL PEQUEÑO SIGI

*-Veis ahí, Sancho, ese sauce que llora; veis allí, digo, el fiel guardián de las
cenizas del tan nombrado Segismundo Freud; él estudió castellano para leernos
en nuestra lengua, fue, escucha, quien descubrió los misterios y pesares del
alma. Sancho, que tu profuso llanto no cese; cobre él, de continuo, nuevo aliento,
y juntos, exclamemos esta proclama a manera de plegaria: ahí yace viva su
memoria; pasajero, procura saber su vida, y, así, envidiarás su muerte. ¡Vale!*

Con esa imaginaria arenga del Príncipe De Las Letras coroné un ensayo
dedicado a Freud hace más de cinco lustros (Solís, H., 1979). Ahora; dicho
acápite me facilitará la inauguración de este trabajo que, aprehende, la
temprana infancia del pequeño Sigi, su familia de origen, el matrimonio
con Martha Bernays, y su descendencia, en tres generaciones. Pecaré de
repetitivo, sí, lo cual me es inevitable, pues el entorno psicofamiliar de Sigi
y su devenir histórico, transitan por las páginas del libro, vía los *Estudios
sobre la histeria*, el autoanálisis, la *Correspondencia* con Fliess, el frustrado
pero fructuoso tratamiento de *Dora*, donde aparece el *Sigmund Freud I*, los
recuerdos encubridores, la interpretación de los sueños y, en el caso *Juanito*
con la presentación del *Sigmund Freud II*, llegándose, así, al examen
caracterial y caracteropático de él, cuando se revisan los historiales del
Hombre de las ratas y *El de los Lobos*, más las reminiscencias analíticas de
algunos pacientes, que fueron tratados por el padre del psicoanálisis ya, él,
con los años contados; me refiero al variado grupo de Joseph Wortis, Smiley
Blanton, Hilda Doolittle y, Abram Kardiner. Otra fuente viene siendo *The
Wolf-Man by the Wolf-Man*, editado por Muriel Gardiner.

Intentaré ordenar la documentación dispersa, con la intención de
aproximarme, a ese objetivo, inalcanzable, bien lo sé, de integrar vida y
obra del *Herr Professor*. Freud, junto con Marx y Einstein, conformaron
el triunvirato, que modeló la cultura en el Siglo XX (Hayden, TH.; Lord,
L.; Szegely-Maszak, M., 2003). Así, el proceso regresivo-progresivo
de la historia con su *Timing* recursivo permitirá "recuperar desde hoy el
sentido válido del ayer cual manera de dignificar la tradición" (Ulloa, F.O.,

1995). Agregaré, además, información complementaria reciente, afluentes bibliográficos, que aportan nuevas aguas al río heracliteano.

Familia de origen

La pareja humana no es una construcción compartida entre dos, sino de tres: madre, padre e hijo, la trinidad terrena. Así también la mundanal familia requiere para su constitución, cuatro o más miembros y, en su navegar existencial, si bien se puede viajar por un mismo río, cada hijo tendrá que remar en su propia canoa. Con las calendas encima los padres han de quedar como empezaron, solos, con el nido vacío, esperando la hora de decir adiós; de acuerdo, existen reglas, pero también hay excepciones. Sobre ello versará la siguiente narrativa de alguien, que fue hijo de su padre, padre de sus hijos y, acabó siendo hijo de su propia hija Anna; quien sin ser la mayor, fue su Antígona, defensora ella de leyes familiares y deberes morales, muriendo virgen, al igual que Anna O.

El pequeño Sigi nació a las seis treinta de la tarde, el seis de mayo del año 1856. Tenía él, un abundante cabello negro volador, dando motivo a su orgullosa mamá, Amalia, para nombrarlo "mi pequeño moro". Además, refiere Jones (1953), el bebé había nacido con la cabeza orlada por membranas fetales, señal infalible según su profética madre, de que ese hijo sería famoso; poco después en una pastelería cierta mujer añosa le predijo a la "mamá pavo real", que ella había traído al mundo, a un gran hombre. Sigi, ya con once años cumplidos, fue reconfirmado de su sino grandioso cuando en un restaurante alguien improvisador de versos le auguró que llegaría a ser ministro. En el colegir de Amalia Nathanson, todo eso se cumpliría en su "Sigi de oro", como ella lo llamaba (Vol. I p.4-5). Otro nacido con orla fetal, lo comunicamos, en su momento, fue Serguei Constantinovich Pankejeff, más conocido como "El hombre de los Lobos", paciente favorito de Freud. Tanto Serguei como Sigi no le fallaron al destino, cada quien a su manera.

Sigi fue sin duda desde su lugar de primogénito el hijo consentido de una joven y bella madre con veinte años de edad y un mando indiscutible, casada con Jacobo Freud, cuarentón improductivo y periférico. La tríada "Madre dominante - hijo predilecto - padre sometido" es generalmente disfuncional, aunque si ese pequeño logra obtener una plena seguridad de ser el más querido por su mamá, como Sigi lo sintió durante toda la vida, es de esperar, que esa autoestima realista brinde la confianza suficiente para llegar a ser un triunfador. *Mutatis mutandis*, con la niña predilecta del papá.

Más adelante veremos la excepción de esa regla, en el caso de la hija menor del maestro vienés, Anna Freud, quien fue la figura más trascendente del clan Freud-Nathanson.

McGoldrick y Gerson (1985) investigando mediante el genograma psicohistórico familiar el destino del hijo varón elegido por la madre, demostraron que algunos de ellos, cuando menos por afuera, digo yo, lograron ser grandes figuras. En el estudio de ellos, además de Sigmund Freud, se mencionan cinco connotados estadounidenses; tres presidentes, Franklin Delano Roosevelt, Harry S. Truman y Jimmy Carter, un general, Douglas McArthur y, el visionario arquitecto Frank Lloyd Wright. En ellos, "el padre era una figura débil, un fracasado o estaba ausente durante la mayoría de los años de crecimiento del niño" (p.118).

Es obvio, que los practicantes del paradigma grupal no comulgamos con el modelo médico causa-efecto, lineal a ultranza; nosotros como humanistas estamos con la equifinalidad sistémica, abierta, de Von Bertalanffy (1968), el constructo biopsicosocial de Engel (1982) y, la singularidad del sujeto psicofamiliar. Pondré un breve ejemplo ya anunciado, vinculado con Sigi. Su hija menor Anna Freud no fue la preferida, ese honor correspondió a Matilde la primogénita. Sin embargo, Anna reactivamente bregó, desde y para siempre, en perenne búsqueda del reconocimiento paterno, llegando a ser la Antígona de Edipo Freud y, una de las cuatro madres del psicoanálisis, junto con Helene Deutsch, Karen Horney, y Melanie Klein (Sayers, J. 1991). Ella, es la hija, que llegó a ser mamá de su papá. Ruitenbeck (1966), quita a Horney, del grupo de las madres y pone a Marie Bonaparte.

El Padre devaluado

El papá de Sigi se había casado tres veces (McGoldrick y Gerson, 1985) y, ahora sabemos a través de Peter Reder (1988), que con su primera mujer Sally Kanner tuvo cuatro hijos, dos de ellos fallecieron a temprana edad y los otros llegaron a mayores: Emmanuel y Philipp; después de la ruptura matrimonial nada se conoce de Sally. En 1852 Jacobo se casa con Rebeca quien acabaría suicidándose al descubrir que su marido había embarazado a otra mujer. Reder aumenta la confusión o el embrollo familiar al señalar que Rebeca bien pudo ser en realidad la esposa de Joseph, hermano de Jacobo, agregando a lo anterior, que tanto Joseph como Emmanuel y Philipp, se vieron involucrados en negocios sucios, clandestinos, entre los cuales estaba la falsificación de billetes. El tercer matrimonio fue con Amalia, madre de Sigi.

Otro testimonio controvertido es el acta de nacimiento del Sigi de oro donde se asienta el seis de marzo de 1856, y no el seis de mayo, como fecha de nacimiento del bebé. Jones (1953, p.1) asegura que sólo se trató de un acto fallido del empleado local. Es muy posible.

La madre idealizada

El genograma de Amalia Nathanson fue, menos complicado, que el de su poligámico consorte; su madre Sara Wilenz, y su padre nombrado también Jacobo, provenían de Odessa pero residían en Viena desde que Amalia era niña; sus dos hermanos permanecieron en aquella ciudad y, ella solía visitarlos en las vacaciones de verano.

Me centraré, ahora, en los primeros tres años de Sigi. Estando Amalia embarazada y pasados ya siete meses de matrimonio, muere el padre de su marido Jacobo, en febrero de 1856, tres meses antes de que naciera Sigi, quien recibió el nombre judío de su fallecido abuelo Schlomo y, el alemán de Sigismundo como exigía la ley y, en 1878, él lo cambió por Sigmund (Heer. F., 1972, p.6). Sigi al nacer tenía ya una familia extensa pues su medio hermano Emmanuel se había casado con María y pasado un mes de la boda Amalia-Jacobo, nacio José. En 1856 natalicio de Sigi, el medio hermano menor Philipp, aún soltero y con la misma edad de Amalia, vivía enfrente de ellos y, Emmanuel a unas pocas cuadras. En noviembre de ese mismo año nace Paulina, hermanita de José, por lo que el pequeño Sigi tuvo dos compañeritos de aventuras, uno nueve meses mayor y Paulina cinco meses menor; ellos tres participaron en juegos sexuales infantiles, que Freud recuperó en su autoanálisis. Total, la confusión intergeneracional fue tremebunda, pues el futuro Sigmund Freud tenía dos medios hermanos que parecían tíos y, a la par, un medio sobrino y una media sobrina. Si los lectores epistemofílicos no caen todavía en angustia confusional, agregaré, que Sigi también poseía dos mamás: Amalia y la nana católica Resi Wittek (Vitz, P.C., 1988). Según Ernest Jones (1953, Vol. I, p.10) para los ojos de Sigi merodeaban por ahí varias parejas: Emmanuel y María con quienes José y Paulina algo podían tener; Jacobo y la nana como un par de figuras añosas, autoritarias y prohibidoras, Amalia y Philipp, los jóvenes quienes en la fantasía del pequeño "habían cooperado en la producción de la usurpadora Anna" (*Ibid)*. Su duda confusional era, ¿por qué, el que duerme con mamá es el viejo Jacobo?

Paul C. Vitz (1988) propone la idea de las dos madres de Sigi, redundo con afanes de aclarar, pues durante los primeros 32 meses, anteriores al nacimiento de Anna la intrusa, Amalia estuvo embarazada 18 meses (gestaciones de Sigi y su segundo hermanito Julius), por lo cual la "*Nana*" cobró mayor protagonismo (p.7). Julius acorde con Peter Reder (1989) nació cuando Sigi tenía 17 meses, ¿prematuro?, recibiendo dicho nombre, en honor del hermano más joven de Amalia, gravemente afectado de tuberculosis pulmonar, que moriría cinco meses después de nacer el sobrino; éste, o sea Julius, a su vez fallecería a los seis meses de edad, debido a una letal gastroenteritis. Las muertes del abuelo paterno, el tío materno y, un hermanito, en tan corto lapso, influyeron en los padres de Sigi y dejaron huellas en el hijo, resignificándose contratransferencialmente dichos duelos, a *posteriori*, con las muertes del padre y la hermana, en el caso Elisabeth (Ilona Weiss) y del papá y la hermanita en el "Hombre de las Ratas" (Ernst Lanzer), también contó el deceso de papá Jacobo en 1896, edípicamente negado pues de ahí parte su autoanálisis, "que era mi reacción –comenta Freud en 1900- frente a la muerte de mi padre, vale decir, frente al acontecimiento más significativo y la pérdida más terrible en la vida de un hombre" (Freud, S., 1900, p.20, Vol., IV, segunda edición, prólogo, 1908). Sophie Freud, hija de Martín y nieta del maestro vienés, llegó a ser profesora emérita de Trabajo Social del *Simmons College* y, en la contraportada del libro de Louis Breger (2000) refiere:

> "En el marco de la historia de Europa, seguimos con fascinación la travesía de Freud desde una niñez pobre y plagada de pérdidas hasta la fama mundial y el exilio".

Ahora más; desde la teoría y práctica de Murray Bowen (1971) es factible demostrar, que Sigi perteneció a una familia disfuncional, indiferenciada de su grupo familiar original, en masa cerrada (Canetti, E., 1960), endogámica, y con evidente confusión intergeneracional. En el sentido de Salvador Minuchin (1974) estaríamos ante una familia con límites difusos entre el subsistema parental y el filial fraterno, con serias fallas en la jerarquía paterna, pues éste, era, una figura periférica, ausente, facilitadora del apego extremo entre Sigi y su mamá. Recobra, aquí, valor, ciertas líneas ya acotadas en el Caso Dora:

> "...debemos prestar tanta atención a las condiciones puramente humanas y sociales..., por sobre todo nuestro interés, se dirigirá a las relaciones familiares" (p.18).

Retornando al tema de las dos madres, Paul C. Vitz (1988) ahondando, acerca de ello, hace referencia al ensayo del psicoanalista Sigi sobre Leonardo, donde se interpreta el cuadro "La virgen y el niño con Santa Anna", en el que tanto la abuela Anna como María, madre de Jesús, parecen de la misma edad. Vitz complementando el análisis de Freud al respecto, destaca que, en efecto, las dos mamás de Leonardo fueron Caterina, una muchacha campesina y la aristocrática Donna Albiera, con quien Ser Piero da Vince, padre del genial Leonardo, se casó más adelante. Según Vitz, el papá del futuro pintor representaría para el Sigi adulto, un Jacobo proyectado, y las dos madres del niño Jesús en la pintura, serían María y Anna. La interpretación de Freud fue la siguiente:

> "La infancia de Leonardo había sido justamente, tan asombrosa como este cuadro. Había tenido dos madres; la primera fue la verdadera, Caterina, de cuyo lado lo sacaron cuando tenía entre tres y cinco años, y la otra, una joven y tierna madrastra, la esposa de su padre, Donna Albiera" (Freud, S., 1910, p.106).

El imaginario infantil de Sigi, es decir, la fantasía inconsciente, alimentaría la curiosidad científica del Sigmund analista, para invesigar la vida de otros personajes míticos o históricos, como Edipo y Moisés, quienes también tuvieron dos madres. No sorprende tampoco, que la segunda Anna Freud, su última hija nacida en 1895, creciera bajo el cuidado de dos mamás: Martha y Minna Bernays; ésta última, solterona, vivió en la casa del Profesor desde 1896, cuñada a la que algunos historiadores vinculan sentimentalmente con el creador del psicoanálisis (Roudinesco, E.; Plon, M., 1997, p.97-99). Sobre este supuesto idilio, se pueden consultar *Pasiones del espíritu* de Irving Stone (1971), más *Minna's story the secret love of Dr. Sigmund Freud* de Kathleen Daniels (1992).

La sexualidad infantil

Estando, ahora sí, en tesitura adecuada para escudriñar escenas primarias reales o fantaseadas, proseguiré con Reder y Vitz quienes apoyándose en variadas fuentes, pero especialmente en *Freud and his father* de Marianne Krull, más la biografía de Jones y, el autoanálisis del *"Herr professor"*; arguyen, ellos, que entre Amalia y Philipp aconteció un *"sexual affair"* cuando Sigi tendría alrededor de tres años, o sea, en pleno Edipo, sucediendo esto, poco antes que la familia Freud-Nathanson partiera inesperadamentre de Freiberg a Leipzig donde permanecieron un año; posteriormente residirían en Viena.

De aquel primer traslado en ferrocarril data la causa, descubrió el Profesor en su autoanálisis, de la intensa fobia a viajar por tren, que lo agobiara desde 1887 hasta 1899 y, que fuera resuelta mediante el análisis de sus sueños y recuerdos encubridores.

¿Cómo eran las circunstancias familiares precipitantes de la emergente partida a Leipzig en 1859?

Bueno; por aquellos años Jacobo Freud viajaba constantemente debido a su negocio textil, estando ausente del hogar por varias semanas. Sigi, Amalia y Philipp quedaban triangulados, mientras la Nana católica vigilaba. Además, en Freiberg vivían a lo mucho un centenar de judíos, siendo reducida la población femenina joven, y Philipp vivenciaba excesos propios de su juventud, frente, a una Amalia voluntariosa, atractiva, y seguramente frustrada en su matrimonio con un *Loser* el viejo Jacobo quien, no lo soslayemos, era el papá de Philipp. Total, los triángulos, aparte de Sigi y mamá se geometrizaban, pues el quién es quién, podrían ser muchos: Philipp el hijo destronando al padre Jacobo; Amalia ayuntando con su hijastro, en fin.

La duda celotípica de Jacobo a su regreso se fundaba en el hecho de que la nana Resi Wittek, principal testigo de cargo, fuera encarcelada por hurto, a petición de Amalia y Philipp, mientras el supuesto jefe de la casa estaba fuera.

Relacionando la infancia erótica e incestuosa de Sigi, precursora capital de sus investigaciones ulteriores, pues con esos ladrillos se construyó el psicoanálisis, debo anotar aquí, de nuevo, un conocido recuerdo encubridor y recurrente, rescatado por Freud en su autoanálisis, desde sus reminiscencias más antiguas, testimonio psíquico del posible *"affair of Amalia and Philipp"*. El *Professor* recuerda y, el lector entrará sin duda, a la traumática contemplación pasiva de una escena primaria.

"No encuentro a la madre en ningún sitio y lloro desesperadamente. Mi hermano Philipp (veinte años mayor que yo) me abre un armario [*kasten*] y tras no encontrar a la madre tampoco ahí, lloro todavía más, hasta que ella, esbelta y hermosa, entra por la puerta" (Nicolás Caparrós, Tomo II, p.278-279).

El maestro vinculó dicho recuerdo-pantalla con el encarcelamiento de la nana, acusada de ladrona por Amalia y Philipp, asociando armario con el modismo coloquial "cajón" (*kasten*). El tremento pánico del pequeño Sigi, era si su mamá al igual que la nodriza había desaparecido, a saber, estaba "encajonada". La esbeltez de Martha indica que ya no estaba embarazada.

Otra prueba, al parecer indicativa del incómodo "*affair*", digo, y no es una simple incomodidad el decirlo pues todos sin excepción tenemos escenas primarias reprimidas, proviene, sí, dicha posible evidencia, de una comunicación personal dada a Vitz por Peter Swales, donde éste informa, que Philipp partió rumbo a Inglaterra, instado por su distanciado padre y, que nunca jamás visitaría después a Jacobo y Amalia, aunque si, a Sigi. Éste por cierto, muchos años adelante describiría en "El hombre de los Lobos", las seis fantasías primordiales ontogénica y epigenéticamente resignificadas, a enumerar:

1.-El retorno al claustro materno, 2.-La fantasía de renacimiento, 3.-El devorar y ser devorado, 4.-La angustia de castración, 5.-El complejo de Edipo y, 6.-La escena primaria. Las tres últimas fantasías tienen como elemento común e importancia teórico-clínica, a la angustia de castración, paradigmática en Serguei, y diestramente manejada, en el segundo análisis con Ruth Mack Brunswick.

En la carta 70 dirigida a Fliess (Caparrós, N., 1997, Tomo II, p.274), Freud refiere el cómo sus sueños lo llevaron hasta su tierna infancia cuando su libido se despertó con "*Matrem*" durante el viaje de Leipzig a Viena, donde pasaron la noche juntos, y Sigi tuvo la oportunidad de verla "*Nudam*". Tanto "madre" como "desnuda" están en el texto, escritas, como "lenguas muertas", cual negación en aislamiento ideoafectivo; y si bien Freud sitúa la seductora ocasión entre los dos a dos años y medio de edad, Max Schur (1972) indica como más probable la de tres y medio a cuatro años. Caparrós, en nota a pie de página, explica la disociación defensiva, señalando a la Nana como la gran maestra de las seducciones sexuales, mientras "la madre aparece como un objeto inerte de deseo, sin historia, que esta ahí" (p.274). Es obvio, entonces, que pocos analistas freudianos consideren como realidad material e histórica el "*affair*" reseñado, por lo cual Paul C. Vitz admite:

> "En conclusión, aunque ninguna de las evidencias presentadas por Krull o algunos otros autores, son concluyentes en el verdadero "*affair*" Amalia-Philipp; si tomamos conjuntamente dichas evidencias, cuando menos *psicológicamente*, tal "*affair*", llegaría a ser una parte significativa de la psicología freudiana, y ciertamente ayuda a comprender el persistente interés de Freud sobre la sexualidad

infantil, la infancia de las grandes figuras con linaje ambiguo, y los conflictos entre padre e hijo; dándonos además, suficiente luz para entender el rechazo de Freud hacia su papá" (p.44).

De acuerdo, agrego yo, la identificación paterna de Sigi fue ambivalente; sus vínculos con el papá Jacobo, eran de odio y amor, siendo por ello su complejo edípico, mixto. El ideal de Sigi acerca de su *Padre*, en efecto, nunca se cumplió, es posible que influyera en esto la proximidad de los embarazos de Amalia y, el gran número de hermanos: Sigi (1856), Julius (1857), Anna (1858), Rosa (1860), Marie (1861), Dolfi (1862), Paula (1863) y Alexander (1866). El gran dilema de los educadores postmodernos continúa siendo; ¿Muchos o pocos hijos? La respuesta correcta depende del construccionismo social objetivo.

Jacobo Freud si bien distante, ocasionalmente intentó ser democrático. Cuando el último de los hijos nació, por ejemplo, convocó a "una asamblea familiar", donde se decidiría cómo llamar al menor. El "Sigi de oro" con diez años cumplidos propuso el nombre de Alejandro mediante una encendida arenga en la que relataba, proyectándose, cómo "El Grande", o sea, el mismo Sigi, había conquistado Macedonia. Ganó la votación por unanimidad.

Sin embargo; la admiración de un padre ideal jamás se logró. Jones cuenta una anécdota referida a Sigi cuando el muchacho tenía 12 años; su papá le dijo, que en cierta ocasión caminaba él por una calle y, un insolente gentil le tumbó su flamante gorro de piel, cayendo éste en el empedrado lodazal, al tiempo que el agresor le exigía, "judío, fuera de la banqueta". Sigi preguntó, "¿y tú que hiciste?" Jacobo contestó, "bajé a la calle y recogí mi gorra" (p.22).

En la noche siguiente de morir Jacobo, su hijo Sigmund tuvo "un bonito sueño", ahora conocido como "se ruega cerrar los ojos" (Caparrós, N., 1997, carta del 2-11-1896, Tomo II, p.202). Fue una clara defensa onírica, triunfadora, omnipotente, y negadora del duelo, además, también había llegado bastante tarde al cementerio provocando un malestar general en la familia. Por demás esta decir, que el *"Professor"* era necrofóbico, muy diferente en lo manifiesto a los "maníacos" necrofílicos, que disfrutan asistiendo a los funerales, como "El hombre de las Ratas"; por eso a Ernst Lanzer las hermanas, lo dijimos en su lugar, lo apodaron "pájaro fúnebre".

En cambio, la idealizada madre Amalia, reitero, adoró por siempre a su "Sigi de oro". En 1875, el clan Freud-Nathanson se mudó del barrio judío pobre de Leopoldstadt a la Kaiser Josepstrasse, donde Sigi, ya cercano a los veinte años, continuó siendo el privilegiado materno pasando a ocupar el *"cabinet"*, un largo aunque estrecho cuarto con ventana a la calle, separado del resto familiar; mismo que tenía cama, sillas, "closet", más un escritorio con lámpara de petróleo para su lectura nocturna, mientras en las demás habitaciones había solamente velas; el estudio del aplicado estudiante se fue llenando de libros dando pie al padre Jacobo, a que lo reprendiera pues le resultaba imposible pagar tanta deuda. No obstante, la sobreprotección de Amalia seguía imperando; así, las prácticas de piano autorizadas por ella a su hija Anna, tuvieron que ser suspendidas por la madre, pues las estridencias molestaban al consentido Sigi (Jones, E., 1953, Vol., I, p.17).

Hay algunas sombras sobre la vida íntima de Sigmund Freud; parte de ello se explica en la carta del 28 de abril de 1885, dirigida a su "preciosa amada" Martha. Ahí, le informa a la novia teniendo él 28 años:

"He destruido todas las notas correspondientes a los últimos catorce años, así como la correspondencia, los resúmenes científicos y los manuscritos de mis artículos. De las cartas, sólo he conservado las de mi familia. Las tuyas, mi vida, nunca corrieron peligro... En cuanto a los biógrafos, allá ellos. No tenemos por que darles todo hecho. Todos acertarán al expresar su opinión sobre <<la vida del gran hombre>>, y ya me hace reir el pensar en sus errores" (p.53-54).

Louis Breger (2000) reporta, que más tarde en 1907 y hacia el final de su vida, Freud realizó otras purgas de papeles personales, lo cual dificulta la exégesis del genial creador.

La gran negación y el ocaso del héroe

La idolatrada imagen que tenía Freud de su mamá no era real. Amalia es descrita como alguien bastante distinta al retrato hablado del Sigi psicoanalista; leamos a Roudinesco y Plon (1997):

"Ernest Jones da un retrato preciso de esa mujer vivaz, bella, narcisista, tiránica con los hijos, egocéntrica, dotada de un humor mordaz, y capaz de pasar sus veranos en Ischl, jugando a las cartas con sus amigas, hasta una hora avanzada de la noche: "A los noventa años, se negó a recibir un magnífico chal que le querían regalar, diciendo que <<la envejecería>> y cuando apareció una fotografía suya en un periódico comentó: <<Que mal retrato, tengo el aspecto de una centenaria>>" (p.350).

Como se ve, la subjetividad "objetiva" del "Sigi de oro" perduró toda la vida. Sigmund Freud siempre anheló morir después que su querida madre para ahorrarle así el dolor de su muerte; el destino cumplió su deseo. Amalia, al cuidado de Adolfine, a quien trataba mal, falleció a los 95 años de edad en 1930 y su adorado Sigi no pudo asistir al funeral. Como el maestro feneció en 1939, tampoco llegó a conocer el triste sino de cuatro hermanas suyas quienes perecieron en el holocausto: Adolfine, en Theresiensdat, Marie y Pauline en Treblinka y Rosa en Auschwitz, todas ellas fallecieron en 1942 (Reder, P., 1989, p.97). Sólo Anna Freud Bernays escapó de la criminalidad hitleriana, vivió hasta los 97 años en Nueva York y Alexander el hermano pequeño de Sigi falleció el año de 1943 en Toronto.

La aglutinación indiferenciada en el clan Jacobo-Amalia, bien podría explicar el porqué, tanto Sigmund como su odiada hermana Anna, se casaron con dos miembros de la familia Bernays y por supuesto la adopción de Minna, misma que solía acompañar a su cuñado en los viajes a Roma, dando más evidencias al posible romance ya señalado con antelación, ella murió de causas naturales durante la Segunda Guerra Mundial.

Las tres generaciones

Sigmund y Martha se casaron en 1886. El diez de abril de ese año, Freud le escribe a su prometida, haciendo mención a sus dos grandes pasiones:

> "El martes di una conferencia en el Club Fisiológico sobre hipnotismo. Me salió muy bien y recibí el general aplauso. He anunciado la misma conferencia para dentro de quince días en el Club Psiquiátrico y, durante las próximas tres semanas, tendré que dar aún otra conferencia sobre mis experiencias parisinas ante la Asociación Médica. Como verás, la batalla de Viena está en su apogeo, y si estuvieras aqui te diría con un beso que no he abandonado la esperanza de llamarte mi esposa dentro de seis meses.
> Buenas noches, mi dulce amada. Tuyo,
> Sigmund" (*Cartas a la novia, p.79*).

Martha era virgen y, él, con tan sólo una experiencia sexual de ocasión. Según Jones (Vol. I, p.4), Freud era "*uxoriousness*", a saber, un monógamo enamorado de su esposa. Ésta llegó a la tercera edad con todas sus manías vivas, emulando a la mamá de Dora. Así, cuando Shur examinaba a su marido durante los últimos meses de vida "Martha se oponía a que se sentara en la cama porque arrugaba las sábanas" (Breger, L., 2000, p.461). En carta de Martha enviada a Ludwig Binswanger, la Señora Freud comenta:

> "Durante los cincuenta y tres años de nuestro matrimonio jamás nos dirigimos una palabra desagradable y yo siempre intenté, en la medida de lo posible, evitarle la *misère* de la vida cotidiana. [Fue un privilegio haber podido cuidar de] nuestro querido líder" (*Ibid*).

Ellos procrearon seis vástagos:

Matilde (1887-1978). Nombrada así en honor de la esposa de Josef Breuer. Freud deseó casarla con Sandor Ferenczi en 1908, pero la elegante joven se enamoró de Robert Hollister con quien no pudo tener hijos, por ser ella estéril desde los 18 años resultado de una peritonitis de origen apendicular, la cual ameritó cirugía radical; ella fue gran amiga de Ruth Mack Brunswick, quien bien se sabe, fuera la analista, después de Freud, del "Hombre de los Lobos", una hija de Ruth llevaría por nombre Matilde.

Martín (1889-1967). Llamado así en homenaje al gran clínico Charcot (Juan Martín). Él sería abogado, editor y junto con Anna, los feos de la familia. Él y su esposa Esti, se separaron cuando huyeron de Viena; Martín radicó en Londres, mientras que Esti y la hija Sophi, emigraron a los Estados Unidos, donde Sophi desarrolló una brillante carrera como asistenta social, maestra y escritora, de la cual nos ocupamos en páginas pasadas. El otro hijo Anton Walter, fue paracaidista del ejército británico, y tras la guerra trabajó como ingeniero químico, se casó y tuvo tres hijos. Su padre Martín se unió con una mujer joven, quien lo acompañó en los años finales. Falleció en Sussex durante 1967, proscrito por la censora familiar Anna, quien "desaprobaba su vida privada" (Breger, L., p.461). El resto de sus familiares también lo condenaron. Martín había escrito en 1957, *Sigmund Freud: Mi padre*.

Oliver (1891-1969). Nombre en memoria de Cronwell, quien permitió a los judíos volver a Inglaterra; siendo el preferido de la madre Martha, estudió ingeniería y fue analizado en 1921 por Franz Alexander, empero, su inestabilidad emocional influyó en su matrimonio y profesión, convirtiéndose de por vida, en un exiliado itinerante. Él y su mujer Henny, se fugaron de Francia en 1943, pero su hija Eva se quedó con identificación no judía, aunque poco después de la guerra, ella falleció como consecuencia de un aborto provocado por substancias tóxicas. Oliver se ganó la vida durante muchos años como ingeniero en Filadelfia, antes de que él y Henny se retiraran al campo. Henny, lo señalamos antes fue, una más de las mujeres merecedoras del disputado "anillo", otorgado por Sigmund Freud.

Ernest (1892-1970) fue "el hijo afortunado", pues no siendo favorito del padre ni de la madre, resultó ser el más independiente; se graduó de arquitecto y triunfó en Londres cual constructor creativo. En 1938, al arribo de sus padres ancianos, reconstruyó *Bergasse 19* en *Maresfield Gardens*, sitio actual del *Museo Freud*. Los últimos años de su existir fueron dedicados a la preparación de un álbum gráfico sobre su distinguido papá, contando con la eficiente colaboración de la analista Ilse Grubrich-Simitis y, a la muerte de él en 1970, lo substituyó su viuda Lucie Freud, publicándose la obra en 1976 con el título: *Sigmund Freud. Su vida en imágenes y textos*. Él y Lucie tuvieron tres descendientes; el mayor, Stephen, se dedicó al pequeño comercio, Lucien, el mediano, se convirtió en un pintor de prestigio mundial, sus Cuadernos donde combinaba pintura y texto son excelentes y, un cuadro suyo *Wasteground* aparece en la cubierta de la famosa novela de Orwell 1984 (Editorial Planeta, 2004) y, el menor, Clement, llegó a ser célebre en la televisión y miembro del Parlamento. Los tres hijos de Freud, por cierto, no fueron circuncidados y, en general, su educación fue diferente a las hijas.

Sophie (1893-1920). Ella era la consentida de Martha y la más bella de todas, condición instigadora de lacerantes celos en Anna la fea. En 1920 la influenza yuguló su existencia y, ese mismmo año su padre en "Más allá del principio del placer", contó la viñeta de "el niño del carretel", hijo de Sophie Halberstadt, quien ya de grande adoptaría el apellido de su preclaro abuelo, llegando a ser psicoanalista de niños, bajo la estricta tutela de su tía Anna. Hace algunos lustros, estuvo aquí en Monterrey como invitado especial en un Congreso, su nombre: W. Ernest Freud.

*Anna (*1895-1982). La hija menor del matrimonio Martha-Sigmund, fue la patita fea, la no deseada para nacer, la "ninguneada" por todos, excepto Martín cuando ambos eran jóvenes. Ella heredó el trono de su padre, pasando a ser la principal portavoz del psicoanálisis clásico, y junto con Ernst Kriss, Kurt Eissler, más otros annafreudianos ortodoxos, mantuvieron una estricta censura en torno a las cartas y documentos, que pudieran dar una imagen de Freud acorde con la verdadera realidad histórica. Su obra completa como psicoanalista comprende 7 volúmenes, siendo ella considerada, junto con Melanie Klein, fundadora del análisis infantil. Anna fue analizada por su papá, primero de 1918 hasta 1920 y posteriormente de 1922 a 1924, y más adelante sería analizanda de Lou Andreas-Salomé. El padre Freud celaba a su hija tanto como a Martha de novia, ahuyentándole a sus pretendientes, sobre todo a Hans Lampl y, a Ernest Jones. No puedo soslayar aquí, que su primer enamorado, por cierto paratransferencial, fue Ernst Lanzer "El hombre de las ratas", quien a la vez sufría pues sus hermanas querían que Gisela la prima pobre novia de Ernst, lo fuera mejor de Alejandro, el hermano menor de Sigi. Anna la huerfanita permaneció soltera y virgen toda su vida, cuidó a su papá enfermo devotamente, llegando, el viejo idealizado, a necesitarla como nunca a nadie; también atendió a su madre Martha, quien terminó en 1951, a los 90 años de edad. Se le atribuye, además, un vínculo homosexual sublimado, lo cual narramos anteriormente, con su más querida y constante amiga, la millonaria y colega Dorothy Burlingham situación que el mismo Freud avalaba. Para concluir me valdré, una vez más, de Roudinesco y Plon (1997) quienes informan, que en 1979, tres años antes de fallecer Anna, un bisoño e irreverente analista le mandó un artículo, donde se le ponía un epitafio al psicoanálisis. Ella suspirando todavía por el idealizado padre y anhelando su aprobación, contestó:

> "Predecir la muerte del psicoanálisis está quizá de moda. La única respuesta inteligente es la que dio Mark Twain cuando un periódico anunció por error que él había muerto: <<Las noticias de mi muerte son muy exageradas>>" (p.356).

LAS TERAPIAS DINÁMICAS BREVES
DE APLICACIÓN PSICOANALÍTICA

"La terapia breve, inclusive la terapia psicoanalítica breve, tiene una historia considerable. De hecho, a veces se ha dicho que lo que Freud practicó originalmente fue, con mayor frecuencia psicoterapia breve. Ejemplos de dos casos famosos suyos en los que realmente practicó una muy breve (y efectiva) terapia, fueron sus tratamientos al director Bruno Walter por parálisis del brazo, que realizó en seis sesiones, y al compositor Gustav Mahler, a quién trató y curó de impotencia en una sola sesión de cuatro horas".
Leopold Bellak (1992).
Manual de psicoterapia breve, intensiva y de urgencia (p.4)

El caso de Bruno Walter

El estudio *"On Freud's psychotherapy of Bruno Walter"* de George H. Pollock (1975), entonces Director del Instituto Psicoanalítico de Chicago, se publicó en *The annual of psychoanalysis,* volumen III y, ahí se reporta que el tratamiento ocurrió en 1904, teniendo Walter 28 años. Vinculándolo con ello, Sigmund Freud (1905 [1904]) en "Sobre psicoterapia", insiste una vez más sobre cómo la excitación es trasladada "de lo anímico a lo corporal" (p.247), y, que, entre la técnica sugestiva y la psicoanalítica hay la máxima oposición posible:

> "...Aquella que el gran Leonardo da Vinci resumió, con relación a las artes, en las fórmulas *per via di porre* y *per via di levare*. La pintura, dice Leonardo, trabaja *per via di porre*; en efecto, sobre la tela en blanco se depositan acumulaciones de colores donde antes no estaban; en cambio la escultura procede *per via di levare*, pues quita de la piedra todo lo que recubre las formas de la estatua contenida en ella" (p.250).

De tal manera continúa Freud, en ésta su última conferencia ante el Colegio Médico de Viena, pronunciada el 12 de diciembre del año 1904, sí, prosiguió destacando, que el proceder sugestivo no presta atención al significado latente de los síntomas, sino que nada más deposita el ingrediente de la sugestión curativa. Por el contrario la técnica analítica no agrega, solo resta, preocupada por encontrar la génesis del conflicto y el entramado psíquico del problema, cuya eliminación es el objetivo. "Por éste camino de investigación –asevera– ha hecho avanzar muy considerablemente nuestros conocimientos" (*Ibid*).

No obstante, páginas después, él dedicó unas líneas alusivas al caso, que trabajaré en el siguiente capítulo, del tratamiento hipnótico de una joven madre, que no podía amamantar a sus hijos (Freud, S., 1892-93). El maestro, ahí, aconsejó tajante:

> "No se recurrirá al psicoanálisis cuando sea preciso eliminar con rapidez fenómenos peligrosos, por ejemplo, en el caso de una anorexia" (p.254).

Pollock (1975) en el acápite inaugural de su trabajo sobre Bruno Walter, indica, que una mirada al estilo técnico de Freud, "reportado por un paciente puede ser de interés y es la *raison d'étre* para éste corto ensayo" (p.287). Seguía Pollock sin mencionarlos, la huella de otros testimonios investigados en capítulos anteriores: Joseph Wortis, Smiley Blanton, Hilda Doolittle, Abram Kardiner y, ante todo el de Serguei Constantinovich Pankejeff, *El Hombre de los Lobos*.

Bruno Walter a los 25 años fue nombrado Director de la Opera de Viena en 1901, por su maestro y protector Gustav Mahler, siendo vapuleado de inmediato por los críticos, y quedando sin defensa alguna, de su otrora sostén. En ese principio de siglo se casó con Elsa Korneck y, empezó, a raíz de su nombramiento, a notar obvias deficiencias como conductor: torpeza en la mano derecha, falta de concentración al estar dirigiendo la Filarmónica, o desconcierto e ineptitud en la práctica de piano. Eso lo convenció de que algo verdadero tenían las maliciosas críticas.

"No había nada que hacer conmigo –declaró– en la autobiografía consultada por Pollock, tan solo ayudarme yo mismo. Y como el fantástico Barón Münchhausen, salí de la ciénaga impulsado por mis propias botas" (p.290).

De tal forma, Walter vetó cualesquier modo de auto observación durante la dirección, concentrándose exclusivamente en la música, saliendo del pantano y recibiendo la tan deseada felicitación del gran compositor Gustav Mahler. Seguido a esto se presentó un período de calma y, el feliz nacimiento en 1903 de su primera hija Lotte. Un año adelante con efecto retardado, a fines de 1904, se volvió a empantanar, pero ahora más severamente:

ansiedad intensa, "calambre profesional" de Director sinfónico, que más parecía una grave parálisis dolorosa en su mano derecha, con características fibromiálgicas tipo reumatoide, incapacitantes para toda actividad artística. Bruno Walter inició entonces su martiriologio, peregrinando por consultorios de médicos prominentes, y cada uno de ellos diagnosticó la presencia de factores emocionales, recomendando al paciente desde baños de lodo hasta magnetismo, sin ningún resultado alentador. Así llegó con Sigmund Freud, resignado Walter a un largo análisis, lo cual no sucedió, pues fueron nada más cinco o seis sesiones.

La primera entrevista tomó un curso inesperado para el joven Bruno, ya que Freud en lugar de preguntar acerca de aberraciones sexuales durante la infancia, como Walter suponía tomando en cuenta la fama del maestro vienés; éste sólo examinó su brazo derecho brevemente. El enfermo contó entonces la historia reciente de sus males, asociándolos con las críticas adversas e injustas sobre su inapropiada conducción musical. El analista sin prestar gran atención a ello, indagó si en alguna ocasión había estado Bruno en Sicilia, la hermosa e interesante isla italiana del mediterráneo, más griega que la misma Grecia. Ante la respuesta negativa, el terapeuta con firmeza indicó, que esa misma noche partiera Walter hacia Sicilia, olvidara todo lo de su brazo derecho y la Opera de Viena y, que por algunas semanas no hiciera nada más, excepto, el usar sus ojos. Dicho viaje sería, complemento yo aquí, semejante a las triunfales odiseas del Barón Münchhausen, narradas por Rudolf Eric Raspe (1785) y, evocadas antes a manera de identificación por el doliente. En *Las Aventuras del Barón Münchhausen*, se describe a Hieronymus Carl Friedrich, como un mitómano consumado. Su *pseudología fantástica* dio pie para que el psiquiatra Asher en 1951 nombrara a ello Síndrome de Münchhausen, agregando como criterio indispensable del diagnóstico las múltiples cirugías inducidas por los pacientes, quienes generalmente eran limítrofes. Bruno Walter no parecía ser *borderline* y, aunque él en Sicilia "se benefició del helenismo, su brazo no" (p.292).

En Genova lo esperaba su esposa Elsa, y, ambos partieron para Mónaco, Nápoles y posteriormente a Viena, donde Walter continuó su terapia con Freud. Éste lo urgió a dirigir de nuevo, tomando, él, como terapeuta, la responsabilidad del resultado. Con tal alianza de trabajo, Walter comenzó a practicar con su casi paralizado brazo derecho; enseguida utilizó a la vez el izquierdo, coronado lo anterior con movimientos de cabeza. Freud le insistía, ahora, en evitar las tácticas distractoras, exigiendo plena concentración en la partitura musical; empero, Bruno permaneció en los ensayos, dirigiendo torpemente y desesperado.

¿Su brazo derecho inmovilizado por el calambre de conductor, sería quizás el medio evitativo, para impedir la agresión física a los críticos y, al mismo Gustav Mahler, tal como lo mandaba la pulsión deseante? ¿Estará la conversión histérica masculina mayormente vinculada con impulsos agresivos, mientras la femenina es motivada por un Eros contrariado? La clínica, eterna maestra, asegura que sí.

En "Algunas consideraciones con miras a un estudio comparativo de las parálisis motrices orgánicas e histéricas" (Freud, S., 1893 [1888]) se enseña, que las parálisis o anestesias conversivas, no saben de anatomía (p.206) aunque si de emociones y, que, el *"brazo estará paralizado en proporción a la persistencia de el valor afectivo o a su disminución por medios psíquicos apropiados"* (p.208, cursivas en el texto). Líneas adelante Freud agrega que la función abolida está envuelta *"en una asociación subconsciente provista de un gran valor afectivo, y se puede mostrar que el brazo se libera tan pronto como ese valor afectivo se borra"* (p.209 cursivas en el texto).

James Strachey (1966) en nota a pie de página informa: "Una de las escasísimas ocasiones (y tal vez la más antigua) en que se presenta la palabra [*subconsciente*] en los escritos de Freud (*Ibid*).

El calambre del escritor o, en el habla (tartamudeo), guardan similitudes con el caso Bruno Walter y, el *valor afectivo*, siempre es contrariado, como se ve también en los sueños, cuando uno desea golpear a otro y, la fuerza es poca o, correr ante una emergencia, siendo la velocidad lenta. Otto Fenichel (1945, p.311-13) coloca el tartamudeo dentro de las conversiones histéricas pregenitales.

Un caso de tartamudez

En 1969, traté en Monterrey a un joven médico, que había conocido en mi clase de Psiquiatría. Su más caro deseo era ser psicoanalista, pero temía no poder lograrlo por padecer de tartamudez ocasional. Conmigo nunca tartamudeó durante las 8 sesiones semanales, que comprendió su terapia; aunque el temor de hacerlo se presentaba cada vez que hablaba de su madre dominante y su padre pasivo. El molesto síntoma aparecía frente a situaciones de estrés situacional, acompañándose a veces de eritrofobia no muy visible por su piel morena, aunque él sentía su calor facial. El trastorno de lenguaje nunca se presentó cuando cantaba en público o, hablaba inglés. Desde la primera entrevista externó que, en un principio planeaba entrenarse con nosotros en la Unidad de Psiquiatría, donde era yo director, empero, cuatro meses antes había recibido una carta de aceptación para un entrenamiento de psiquiatría dinámica en Cleveland Ohio. Ahora más, él estudió medicina en Monterrey para no tomar partido con ninguno de los padres, quienes estaban divorciados, viviendo en la ciudad de México. El hermano menor del paciente, estudiaba y trabajaba en los Estados Unidos.

El foco del corto tratamiento se limitó a la rabia contenida ante figuras autoritarias, sus fantasías omnipotentes de exhibición, la fuerte culpa por sus prácticas masturbatorias, y la dificultad ocasional para penetrar sexualmente a las mujeres, pues sufría de eyaculación precoz. Al término de su última sesión, dijo sentirse bien, agradeciendo una vez más la carta de recomendación enviada por mí a Cleveland (él conservaba la copia que yo le entregué). Me deseó suerte por mi próximo traslado a México, D.F., le expresé lo mismo en relación a su viaje, despidiéndonos con un abrazo. Cuando muchos lustros después acabé esta viñeta, un impulso nostálgico me llevó a revisar el *Roster* de la *International Psychoanalytical Association* del año 2003. Recordaba su apellido poco común, más no su nombre, pensé que si lo leía, había de recuperar ese olvido de mi memoria. Él no aparecía en el *Membership hand book*. ¿Uno más, sujetado por su caracteropatía de incompletud? ¿O, por qué no, quizás encontró el colega, otro destino más acorde con su singularidad caracterial?

Bruno Walter de nuevo

Retornando con Bruno Walter y su situación empantanada, Pollock refiere que estando en dicha condición el joven director descubrió las *Contributions to the dietetics of the Soul* de Feuchtersleben (1854) obra dedicada a la meditación, el autocontrol y, a la cura por sí mismo. La dietética era alusión a la ética mental, el poder de la fe y la voluntad de dominar "los más profundos y especiales de todos los impulsos psíquicos" (Pollock, G., 1975, p.293). A la par, Walter leía algunas aportaciones de Freud, mientras se comprometía con su terapia, convencido, que las propuestas sobre la "dietética del alma" de Feuchtersleben, y, el afán curativo de su analista resultaban ser muy semejantes.

Pollock cita, además, en su trabajo, un artículo de Richard Sterba (violinista consumado según José Luis González, quien lo escuchó), menciona, sí, "*A Case of Brief Psychotherapy by Sigmund Freud*" (1951) en el cual Bruno Walter declara que su cura se debió a la sincera y decidida recomendación del maestro, de viajar a Sicilia inmediatamente, amén de llegar con alguien confiable en todo respecto y experto conocedor de la condición humana. Sterba, analista de Marie Langer, concluye afirmando, que la contención sugestiva de Freud facilitó al bisoño conductor "recuperar el control de las funciones musculares, dominadas por inhibiciones inconscientes" (*Ibid*). Pollock culmina su estudio afirmando:

> "Una vez más, podemos especular, sin mucha conjetura, que aún las terapias breves de apoyo sugestivo, poseen su significancia intrapsíquica, sus determinantes y consecuencias" (p.295).

Tratando en este momento de aprehender las intervenciones dinámicas breves efectuadas por Freud, señalaríamos algunas ya relatadas en capítulos pasados. El primer ejemplo sería Katharina (Aurelia Öhm) quien es uno de los casos en *Estudios sobre la histeria*; adolescente que no podía respirar por una disnea incestuosa, resuelta en una sesión prolongada, o Stekel "analizado" en doce consultas intelectualizadas donde, es obvio, no existió proceso ni tránsfero-contratransferencia o, Ferenczi, atendido peripatéticamente sobre las calles de Viena o, el tartamudo -¿Max Eitingon?- al que se le recomendó en su primera y última entrevista, no permitiera a los otros le terminaran sus palabras, intervención conocida ahora como "sesión única" (Rosenbaum, R., *etal*, 1990), o Juanito (Hebert Graf) cuya terapia semeja el *one person family therapy* de Szopocznik (1990); añádase a lo anotado el estudiante de leyes, que cual Ulises redivivo intentaba evadir el servicio militar, siendo alentado de manera activa por Freud. El caso fue reportado, en creativo epígrafe por el psicoanalista Jorge de la Torre (1978) en un artículo donde escribe acerca de los encuentros clínicos breves.

Gustav Mahler y Freud

Paso así al corto encuentro terapéutico entre Gustav Mahler (1860-1911) y Sigmund Freud, pues durante 1910 el célebre compositor estaba sufriendo serios problemas conyugales. Ya desde el ensayo de Pollock (1975) sobre Walter, se indica que la negligencia de Mahler con su protegido Bruno, en parte se debía a que en 1901 el solterón Gustav se había enamorado locamente a los 41 años de la mujer más hermosa, en toda Viena: Alma Schindler (p.289). En *The life and Work of Sigmund Freud* (Jones, E., 1955, volumen 2, p.79-80) se relata que la referencia al *Herr Professor*, venía del Dr. Nepallek, psicoanalista vienés pariente de Alma. El afligido esposo aquejado de impotencia sexual, envió un telegrama desde el Tírol pidiendo consulta con el maestro y, éste, aunque no interrumpía generalmente sus vacaciones por ningún trabajo profesional, no pudo rehusar la oportunidad de atender a un paciente con categoría mayor. La respuesta fijando una cita, fue contestada por una inexplicable cancelación. Dicha contrariedad ocurrió dos veces más. Mahler además de su disfunción erótica, padecía una *Folie de doute*, neurosis obsesiva resistencial por la extrema rumiación ambivalente volitiva, del hacer y deshacer un compromiso. Finalmente Freud le comunicó, que la última posibilidad para consultar sería antes de terminar agosto, pues él partiría después rumbo a Sicilia. Total ambos se vieron en un hotel de Leyden, y posteriormente pasearon durante cuatro horas por la ciudad, llevando a cabo una especie de psicoanálisis *express*. El preclaro compositor no tenía ningún contacto previo con el análisis, empero, Freud comentó que nunca antes vivió la experiencia de conocer a alguien con tanta rapidez en el entendimiento psicológico. Mahler a la par, quedó sumamente impresionado por la siguiente observación analítica del profesor:

> "Yo tomo como un hecho –señaló Freud- que su madre se llamaba Marie; pude colegir eso, por ciertos indicios en su discurso. ¿Entonces, cómo llegó usted a casarse con Alma, mujer de distinto nombre, siendo que su madre desempeñó un rol dominante en su vida?" (p.80).

¡Mahler sorprendido contestó, que el nombre de su esposa era Alma María, pero él la llamaba Marie! Ella, Alma María, tenía por padre, al renombrado pintor (*Mahler* en idioma alemán) Schindler, cuya estatua se hallaba en el *Stradtpark* de Viena. El paseo analítico en Leyden rindió buenos resultados, pues el síndrome del cincuentón desapareció, recuperando Mahler su potencia sexual y, el matrimonio fue feliz hasta la muerte de él, acaecida infortunadamente un año adelante.

En un momento del paseo, en forma súbita, el andropáusico Gustav confesó al analista, el haber crecido con un padre brutal, quien golpeaba a su mamá. Por ello siendo puberto, él, una vez, de manera precipitada, se salió de la casa.

Éste *Complejo paterno* descrito por el *Herr Professor* en 1909, cuando analizó aquél conocido caso de neurosis obsesiva, donde mostró las fantasías homicidas contra el padre; mismas que Gustav Mahler, Sigmund Freud y, por supuesto El Hombre de las Ratas (Ernest Lanzer) mantuvieron en erupción volcánica siempre resignificada. En Mahler, el coro del último movimiento de la celebérrima Segunda Sinfonía, fue inspirado mediante el canto coral escuchado por Gustav durante el funeral de su maestro Bulow, treinta años mayor que él, de quien, según Juan Vives (1983) recibió Mahler admiración por "su maestría, su conocimiento, el manejo de la orquesta, y la perfección de sus ejecuciones; opinión que por cierto no hacía extensiva al Mahler compositor" (p.201). El vínculo ambivalente con su maestro Bulow, se había agudizado cuando éste opinó, que el primer movimiento de la Sinfonía era mediocre. Muerto el mentor a quien Gustav había sucedido como Director de la Orquesta del Teatro de Hamburgo, dio tono al postrer coro del triunfante compositor. Acerca de eso y, algo más, versa el ensayo de Vives (1983) "Algunas consideraciones sobre el proceso del pensamiento musical", donde el Complejo paterno y filial (antiedipo y Edipo) son dramatizados por Freud, Reik, Abraham y la Segunda Sinfonía de Gustav Mahler. Esta breve reseña del trabajo de Vives se limita a Teodoro Reik (1888-1969) cuyo primer análisis lo efectuó en Berlín, Karl Abraham (1877-1925), quien descalificaría a Reik como practicante psicoanalítico, por no ser médico. En la Navidad de 1925 fecha de la defunción del profesor Abraham, el encargado para pronunciar las frases obituarias resultó ser Teodoro Reik, por directa recomendación de Freud su segundo analista, sin embargo, las palabras por escribir, las del final en particular, no se le daban; como si Reik al igual que Mahler presentara un calambre de inspiración, no logrando la conclusión del discurso fúnebre; homenaje póstumo a quién lo había devaluado profesionalmente, amén de que el alemán Abraham –diría Reik- no se fascinaba con la obra de Mahler, ni apreciaba el fino humor de los judíos vieneses.

Fue, entonces, cuando mi bisabuelo analítico, erudito en la producción musical de Mahler, se sorprendió tarareando una melodía familiar, que más tarde identificó como los primeros compases corales del último movimiento de la Segunda Sinfonía mahleriana. El coro melódico se volvió casi iterativo, interminable, hechizante, obsesivo; evocándole sus pasadas circunstancias con Abraham y vinculándolo con la muerte de su admirado maestro, aunque, a la vez, odiado transferencialmente. Total, los afectos "congelados", nombrados así por Reik, se destrabaron, cuando el "aparato de pensar lo musical" empezó a funcionar. Esto, lo propone Vives apoyándose en Bion (1962). Reik durante 1953 publicó, el libro *Variaciones psicoanalíticas sobre un tema de Mahler.* De ahí procede el testimonio del desenlace, acotado por Juan Vives (p.198).

"Había decidido que la redacción de mi discurso tenía que estar terminada lo más tarde el día de Año Nuevo. Y la melodía acompañó mis pensamientos hasta que escribí la última frase; llegando a este punto se acalló" [Reik, T., 1953, p.12-13].

Teodoro Reik despadrado adolescente, en más de un sentido fue adoptado desde 1911 por Freud quien pagó su tratamiento en Berlín según Roudinesco y Plon (1997), aunque Vives (1983) reportó que Abraham lo había analizado en forma gratuita. De cualquier manera Reik era un protegido del maestro vienés y, éste lo defendió abiertamente cuando en 1925 su discípulo fue acusado de curanderismo profesional, por no ser médico. El ensayo "¿Pueden los legos ejercer el análisis?", sería publicado en 1926, así como también "El doctor Reik y el problema del curanderismo". Sobre éste mismo tópico trata mi trabajo "El analista no médico: Entrevista a Sigmund Freud" (Solís, H., 1978).

Sandor Ferenczi (1920) con sus psicoanálisis cortos, se había emancipado también del orden establecido ortodoxo, a través de su proclama a favor de una terapia activa; ésta, en el texto escrito en coautoría con Otto Rank (1924) y focalizado el meollo de la práctica en 1925 al precisarse sus contraindicaciones e indicaciones, mismas que aún se mantienen para las psicoterapias breves, sobre las cuales abundaremos más adelante. Las irreverentes innovaciones, diría, versaban sobre una mayor participación del analista, "mutualidad subjetiva", psicoanálisis abreviados con fecha límite, asociaciones propositivamente dirigidas al trauma del nacimiento postulado por Rank (1924); se consideraba, además, el fin terapéutico similar a un renacimiento angustioso con su inevitable separación (Stanton, 1991; Lorand, 1966; Eisenstein, 1966). Había de pasar un medio siglo para que James Mann (1973) honrando a Otto Rosenfeld, o sea Rank, pariera la *Time-Limited Psychotherapy* de doce sesiones semanales, modelo con el cual me identifico, pues se presta más –así nació- en programas de entrenamiento universitario.

El conflicto focal de Thomas French

Aquí es donde se logra ver mi afinidad clínica personal con la teoría y práctica del abordaje focal y, como existen sobre dicho punto, múltiples y diferentes ideas, sobre todo en grupos de terapia, externaré mi toma de posición partiendo de los contenidos oníricos *manifiesto y latente* de Sigmund Freud (1900), vía Thomas Morton French (1958), complementado él por Dorothy Stock Whitaker en colaboraciones de ella con Whitman (1958) y Lieberman (1964). Así fue el enfoque de mi primera experiencia terapeutica grupal en los Estados Unidos, misma que no funcionó bien, porque la agrupabilidad era impropia, pues todos los integrantes éramos residentes psiquiátricos, y la terapeuta ocupaba un alto puesto educativo (Solís, H., 2000-a, p.107).

El conflicto focal de French fue influido por la entonces llamada Escuela de Chicago, encabezada por Franz Alexander y su principio de "Experiencia Emocional Correctiva" (1946, 1952, 1956) en la interacción entre paciente y analista, donde éste, ante un caso de falla parental temprana, cumple en la terapia una función suplementaria, misma que dramatizaba la "Cálida Simpatía" señalada por Freud en la introducción del libro clásico de Aichhorn (1925) sobre los delincuentes juveniles.

Me permito enseguida apuntar, lo por mí considerado capital en la elaboración transformadora del sueño, y la formación de compromiso en el síntoma, sustentándome con las aportaciones referidas e intercalando algunas otras pertinentes al tema. Tratase, según mi exégesis grupal, de impulsos inconscientes, preconscientes o conscientes contrariados en grado sumo, potenciados ellos, por la dilemática existencial externa, originándose así un conflicto dinámico focal entre deseos opuestos. Stock Whitaker los denominó *perturbadores y reactivos*, entiéndase, pulsiones instintivas del *ello* y reacciones inhibitorias del superyó, sin excluir factores intrasistémicos, sobre todo del YO y las circunstancias exteriores. He, ahí, la constante diatriba de ambos frentes por encontrar una solución en el estado onírico, la sintomatología manifiesta o, el grupo terapéutico, siendo los derivados conscientes, verbales o no, digitales o analógicos, quienes indicarán en los pacientes de grupo la índole *facilitadora o restrictiva* y, en el sujeto individual la formación de compromiso tipo "impulso-afecto-defensa-síntoma", que condensaría a las partes supuestamente antinómicas. Las investigaciones de Dorothy Stock Whitaker, poseen como referencia conceptual el trabajo de Henry Ezriel (1952) "Notas sobre la terapia psicoanalítica de grupo: interpretación e investigación", donde aparecen los constructos "aquí y ahora", "tensión común de grupo" y "relación catastrófica".

Ahora también; si continuamos el camino valiéndonos de la teoría topográfica mental, sin deificar la metáfora cual dogma, y nos apoyamos en Thomas French (1958), podríamos señalar tres modalidades de conflicto focal:

manifiesto, latente y *nuclear;* compréndase, conciencia social, preconsciente o inconsciente reprimido propiamente dicho, tal como lo planteó Freud (1923) en su teoría tripartita estructural (yo, superyó y ello). El conflicto endopsíquico *nuclear* o central, es indicación exclusiva de tratamientos individuales o grupales a largo plazo; mientras que la problemática *latente* o *manifiesta*, puede ser abordada a corto o mediano lapso.

El "sentido" *latente*, preconsciente, del síntoma manifi*esto* fue detectado por Gitelson (1942, p.33) y recientemente Jorge de la Torre (1978) ha escrito a propósito de los encuentros clínicos breves donde usualmente "el terapeuta trata más con el contenido manifiesto y las defensas preconscientes del yo" (p.191). Cultivando dicho surco el *"timing"* de la intervención en el aquí y ahora lo marcará el momento crítico del contenido ya maduro, entonces, el terapeuta partero interpretará, acorde a lo sugerido por Karl Menninger (1958, p.137), sí, aplicando un "forceps bajo".

La psicoterapia focal Modelo Tavistock, ha contado con el concepto de "cristalización" del triángulo edípico según Héctor David Malan (1963), más las investigaciones de Michael y Enid Balint, quienes con Ornstein (1972) proponen una terapia breve para psicoanalistas, identificando el foco como "un instante de verdad" en "el encuentro de dos mentes", o sea, la intersubjetividad positiva, empática. Tales autores han mantenido una dilatada presencia en El Cono Sur Latinoamericano, tanto en aplicaciones individuales como grupales, a través de tres décadas con dicha práctica focal por clínicos como Hector Fiorini (1990) y Hernán Kesselman (1972). Podríamos añadir a Mauricio Knobel (1986) de Sao Paulo, Brasil, Pinkus (1978) en Italia, más los catalanes Farre, Hernández y Martínez (1992) con una clara influencia de Bion (1961, 1962), es decir, "contenido-continente", lo cual en nuestro Departamento de Psiquiatría, he llamado "psicoterapia dinámica de contención", cuyas raíces se encuentran en "Más allá del psicoanálisis: la patología preestructural" (Solís, H., 1984).

Algunas otras contribuciones recientes

En el ámbito mexicano destacan el documentado trabajo de Albores García (1992) relativo a los enfoques breves en niños, adolescentes y adultos; la excelente compilación de Mario Campuzano (1987) sobre los desastres naturales, y sus repercusiones psicológicas de estrés post-traumático, en especial las sucedidas después del terremoto de 1985, en la ciudad de México. El prólogo del libro se debe a Elena Poniatowska; y, además de Campuzano, colaboran Carrillo, Díaz Portillo, Döring, Dupont, Islas, Jinich, Pardo, Siniego, Tubert y, José Luis González. Como se comprenderá de inmediato, todas las intervenciones fueron en estados de crisis, donde el objetivo es ayudar y si esto es factible, a que el sujeto recupere su adaptación anterior, lo cual es diferente, a las terapias dinámicas breves, que intentan un cambio estructural, aunque resulte discreto y tan sólo sea sintomático. El equipo interventor trabajó con grupos de sobrevivientes, individuos e instituciones, aplicando medidas preventivas en crisis psicoeducativas, técnicas de acción dramática facilitadoras del duelo congelado, Mamut confrontativo vivencial, y, diseños tipo APA, es decir, "grupo Amplio-grupo Pequeño-grupo Amplio". Aquí no podemos soslayar, que la primera investigación sobre las secuelas crónicas en casos de catástrofe nació en 1944. Leopold Bellack (1983) la reportó:

> "El estudio pionero acerca de este tema, que involucró a un gran número de personas, fue el de E. Lindemann... ["*Symptomatology an Management of acute grief*", *Am. J. of Psychiatry*. 101: 141-148, 1944]. Examinó, él a los supervivientes y familiares de las víctimas por el incendio del *Boston Coconut Grove* y encontró que aquellos que habían utilizado la negación como mecanismo de defensa y habían fracasado en transelaborar el evento, era probable que sufrieran de una alta incidencia de perturbaciones psicosomáticas, lo mismo que de síntomas neuróticos, depresión y otros trastornos psiquiátricos, los que con frecuencia reavivaban ansiedades de la infancia" (p.97).

Las secuelas crónicas del estrés post-traumático, enfatiza Bellak, dependerán de la experiencia catastrófica en sí, más la singularidad caracterial del sujeto y sus circunstancias psicohistóricas "pasadas-presentes". Lo mismo sucede –remata Bellak- en los casos de violación sádica.

Casos de estrés post-traumático

Diez años pasados del sismo en la Ciudad de México en 1985, atendí en Monterrey a una familia reconstruida (un hijo del padre y una hija de la madre). El adolescente de quince años había perdido a su mamá en el derrumbe de un edificio en la Colonia Roma, cercano al sitio donde yo consulté hasta 1983. El niño politraumatizado de cinco años, permaneció en un corredor derruido durante treinta y dos horas hasta ser rescatado. Ésta historia la narra el papá ya que el hijo no recuerda nada. El padre cuando el terremoto, estaba de viaje. También en 1995 trataba en grupo a un joven adulto, físico-matemático, quien era huérfano paterno, pues su papá murió en los escombros de un conocido hotel capitalino. Su cuerpo nunca fue encontrado. El adolescente aún tenía un total congelamiento afectivo negador del duelo materno, y ciertas evidencias clínicas como pródromos de una psicosis por venir. El analizando grupal sufría de un duelo corporal y presentaba alexitimia (palabras sin afecto). La evolución del puberto mostraba malquerencias desde recién nacido: una madre envolvente y fría, un padre distanciado y, desde los tres años el niño empezó con comportamiento autista. En el presente lo conocemos como Síndrome de Asperger (Klin, A.; Volkmar, R., R.; Sparrow, S.S., 2000). Son pequeños que no miran de frente, solitarios, ensimismados, con rumiaciones obsesivas; carecen ellos de afectos tiernos y buena coordinación motriz. Son sumamente inteligentes. Esto último es lo único ponderado por el papá, quien presenta, a su vez, una personalidad esquizoide, siempre esquivo. Durante la década pasada el carácter del muchacho empeoró, llegando a la rígida y excéntrica caracteropatía esquizotípica. La terapia por nueve meses fue individual y familiar, suspendiéndose por razones de quiebra económica; a la par, se quebraron mis fantasías terapéuticas de rescate psíquico, no obstante haber ofrecido mayor ayuda. El chico era un patético caso de lo *negativo* y la madre muerta, investigado hermenéuticamente por Winnicott (1971) y Green (1993). En la época actual (2005) trato a un investigador universitario, en la quinta década del vivir, con un Síndrome de Asperger adulto, está casado y tiene un hijo de cinco años con el tentativo diagnóstico de autismo atípico, mismo trastorno, que el papá padecía cuando yo lo atendí también a esa edad.

El profesionista, que era por cierto, el miembro del grupo más silente, no recordaba de su infancia casi nada, pero reiteradamente tenía "*actings*" auto y heterodestructivos, amén de una fobia intensa, tipo pánico escénico. Él logró en seis años de análisis grupal buen grado de recuperación, sobre todo en su función paternal. Otro dramático ejemplo de estrés post-traumático ocurrió en 1988 cuando azotó despiadadamente a Monterrey el huracán Gilberto, dejando una enorme cantidad de muertos y desaparecidos por la furia de los ríos desmadrados. Se formó, entonces, un equipo profesional del mundo PSI, bajo la coordinación de nuestro Departamento de Psiquiatría, y, encontramos en los seguimientos, que el duelo mayormente negado correspondió, a la triste circunstancia de no haberse hallado el cadáver del familiar perdido. En los últimos años he tratado dos casos de estrés post-traumático por secuestro, empero, las intervenciones, han sido más prolongadas.

Continuaré con las terapias dinámicas breves para ulteriormente pasar a la psicoterapia psicoanalíticamente orientada de corta duración, intermedia, prolongada o, en algunos casos, casi interminable. Tubert (1989), Vives (1991), y quien esto escribe (Solís, 1972, 1985, 1989-a, 1989-b, 1995-b, 1996-a) hemos sembrado el campo. Los tres autores tenemos un vértice, que tiene suma indicación en la patología pre-estructural, donde el analista desempeña una doble función, pues, se ofrece diatróficamente como un nuevo contenedor, subjetivo sin lugar a duda, pero, además, es un analizador dinámico de lo epigénetico. Acerca de esto seguiré laborando, para después ocupar algunas cuartillas en el capítulo 18, sobre la teoría del sujeto, a repetir, la intersubjetividad, considerada actualmente, de mayor trascendencia en la teoría de la cura. No se eliminan, por supuesto, las así llamadas relaciones de objeto, pero si se clarifican.

LOS DESEOS CONTRARIADOS: UN CASO DE CURACIÓN POR HIPNOSIS (SIGMUND FREUD, 1892–93). UNA ADOLESCENTE CON ANESTESIA EN GUANTE TRATADA EN 1956

"Las sensaciones ya ingratas ya agradables, que o nacen de lo interior, o son producidas por agentes externos, y que advierten al hombre que cuide de conservar su existencia, de propagar su especie, o de ampararla en su infancia, le hacen que evitelas unas, y se complazca en las otras..., estos deseos facticios, siempre contrariados y casi nunca satisfechos ocasionan las más veces el trastorno de la razón" (mis cursivas p.19)[1].
Felipe Pinel (1801). Tratado médico–filosófico de la enagenación "[SIC]" del alma o manía.

Jacques Postel (1983) al revisar la primera edición (1801) del famoso Tratado de Pinel dedicado sobre todo a la manía, destacó "que las causas de la alienación eran o bien "predisponentes" (en gran parte hereditarias) o bien "ocasionales" (papel importante de los sucesos externos y de las emociones violentas" (p.721). Por lo referente a Freud, este diagnosticó al caso que estudiaremos "como una *histérique d'occasion* {histérica ocasional}, según la feliz expresión de Charcot" (S. Freud. 1892–93, p.151). Ahora bien, en lo correspondiente a los factores hereditarios en la bipolaridad afectiva, actualmente nadie los pone en duda. En la segunda edición (1809), sigo con Postel, que ya no llevaba el subtítulo de "manía", se clasificó a las enfermedades mentales yendo desde las formas ligeras, "ocasionales", hasta las mas graves. Un punto primordial para la época presente, es que Pinel demostró "la importancia de las relaciones con el ambiente familiar, el medio y los otros enfermos, en el desencadenamiento, la persistencia y el agravamiento de la enfermedad mental" (p.722). Algo

---

1 El epígrafe fue tomado de la primera edición castellana de 1804, cuya traducción se debió al Doctor Luis Guarnerio y Allavena, siendo editada con Superior Permiso, en la Imprenta Real de Madrid. El maestro Dionisio Nieto promovió hace algunos años desde la Ciudad de México, una edición facsimilar de la obra cumbre de Pinel, informando en la primera página: "El ejemplar de la edición castellana fue encontrado en una librería de viejo en México, y consideré de interés hacer una edición–copia para su difusión entre los psiquiatras de habla española".

más cuenta Postel: en particular, desmitifica la liberación del insano de sus cadenas en el Hospicio de Bicétre, acción, que en realidad la debemos no a Pinel, sino a su fiel celador Jean Baptiste Pussin, quien llegó a dicho sitio como un enfermo más.

No obstante, las reformas en aquellos medios hospitalarios fueron parteaguas trascendentales, que ahora multiplicamos en comunidades terapéuticas, hospitales de día, terapia de familia, análisis grupal, psico y sociodrama, intervenciones en crisis, psicoterapia dinámica breve, cursos psicoeducativos, etc., etc.

Sostiene James Strachey (1966), que la primera versión española del trabajo clínico a reseñar e interpretar, fue en 1925, siendo labor de López–Ballesteros. Él la tituló <<Un caso de curación hipnótica y algunas obsesiones sobre la génesis de síntomas histéricos por "voluntad contraria">>. Éste artículo fue contemporáneo a la *comunicación preliminar* de Breuer y Freud (1893), ameritando ser considerado como un puente entre la hipnoterapia y, el nacimiento del psicoanálisis con el caso Elisabeth (ILona Weiss) en 1892–93. La "voluntad contraria", indica Strachey, es clara referencia a la idea de Breuer acerca de los *estados hipnoides* en la histeria.

También alude; complemento de mi parte, a los deseos *siempre contrariados*. (Hoy en día decimos conflicto intrapsíquico y sus derivados sintomáticos). Impulsos contrarios, sí, en esas manías tristes investigadas por Pinel. Un ejemplo literario reciente, lo adelantamos en *El Hombre de las Ratas III*, sin duda alguna sería la gerontofobia y el suicidio anunciado de Jeremiah de Saint–Amour. <<Nunca seré viejo>>, le había dicho a su fiel amada, y para cuando la ausencia se presentara, a los sesenta años, él tan sólo pedía. <<Recuérdame con una rosa>>. Ya muy cerca del final, sentenció: <<Lo siento, pero Mister Woodrow Wilson se va conmigo>>. Así ocurrió. El doctor Juvenal Urbino encontró tendido, el cuerpo del gran danés negro de pecho nevado, junto al cadáver de Jeremiah de Saint–Amour, quien finiquitó su existir con un sahumerio de cianuro de oro. García Márquez (1985) había de iniciar *El amor en los tiempos del cólera*, mediante un monólogo interior en el cual autor y personaje se condensan, se funden. El silente soliloquio del doctor Juvenal Urbino, dedicado a su más compasivo adversario de ajedrez, es un lamento conjunto, escuchemos de nuevo los gemidos del genial creador:

"Era inevitable: el olor de las almendras amargas le recordaba siempre el destino de los *amores contrariados*" (p.9, mis cursivas).

Esos "amores contrariados", serán como un bolero de Ravel iterativo en el primer tomo de memorias del milagro de Aracataca, cuyo nombre *Vivir para contarla* (2002), justifica la autopresentación de García Márquez:

"La vida no es la que uno vivió, sino la que uno recuerda y cómo la recuerda para contarla".

UN CASO DE CURACIÓN POR HIPNOSIS (1892–93)

¿Cómo recuerda Freud a la paciente aquella, que no podía amamantar a sus hijos? ¿Y, acaso asistiría la razón al colega Juan Vives, cuando en aquél II Diálogo de COWAP (1998) en Monterrey, comentó que la susodicha enferma, más que histeria ocasional parecía sufrir un serio trastorno en la alimentación, independientemente del logro curativo sintomático?

Freud relata que la joven mamá era conocida suya desde la niñez y, que después de la hipnoterapia en el segundo puerperio estuvo bajo su observación durante mucho tiempo. La señora "de veinte a treinta años de edad..., no tenía fama de nerviosa, ni siquiera ante su médico de familia" (p.151). La madre era inestable y del padre no se refieren datos; tenía una hermana menor sana, en cambio, un hermano "pasó por una típica neurastenia juvenil que le arruinó sus planes de vida" (p.152).

Primer problema de lactación: La paciente –externa el maestro vienés– ya próximo a nacer el primer hijo de su feliz matrimonio, había decidido amamantarlo por sí misma. El parto se realizó mediante ayuda de fórceps. La madre primeriza, sin embargo, no pudo ser una buena mamá para el bebé, su leche no era abundante y, el amamantamiento le resultaba sumamente doloroso; además, ella sufrió de anorexia severa, presentando una intensa repugnancia a los alimentos, y pasándose las noches angustiada e insomne. Ésto duró dos semanas, y tomándose en cuenta la precaria situación física de mamá e hijo, se contrató a una nodriza con la cual desaparecieron rápidamente las calamidades de la madre. Freud, quien no tuvo participación alguna en aquellas circunstancias, sólo se limita a reportar: "Dejo constancia de que yo no puedo informar como médico ni como testigo de este primer ensayo de lactancia" (*Ibid*).

Segundo problema de lactación: Tres años adelante nació un segundo hijo y todo hacía suponer que se prescindiría de una nodriza, empero, los empeños conscientes de la madre por amamantar a su bebé tuvieron nulo éxito, provocándole malestares digestivos aún más penosos que la primera vez: anorexia, vómito incoercible, irritación extrema sobre todo cuando veía que traían al recién nacido a la cama; el insomnio era absoluto y, ella estaba tan desazonada por su incapacidad maternal, que los doctores Breuer y Lott, médicos de la familia, con un prestigio reconocido en Viena, aconsejaron hipnoterapia, como recurso heroico recomendando a Sigmund Freud. Éste había sido alumno de Charcot en Salpetriére desde octubre de 1885 hasta febrero de 1886, perteneciendo, pues, a la Escuela de París, es decir, neurológica; aunque en el verano de 1889 se había entrenado también en Nancy con Liebault y Bernheim, quienes eran psicologistas. El joven hipnólogo Freud aceptó el reto terapéutico acudiendo al atardecer del cuarto día:

> "La encontré yacente en cama –escribió–, las mejillas muy encendidas, furiosa por su incapacidad para amamantar al niño, incapacidad que se acrecentaba a cada intento y contra la cual luchaba con todas sus fuerzas. Para evitar el vómito, no había comido nada durante todo ese día... No me saludó como a quien podía sacarla del aprieto, sino que, manifiestamente, me aceptaba sólo a regañadientes: yo no contaba con gran confianza de su parte" (p.153).

En seguida el maestro aplicó la hipnosis; indicandoa ella fijase su vista en él, al tiempo que sugería constantemente los pródromos del dormir. Pasados tres minutos la doliente dormía plácidamente. Freud entonces contradijo los temores conscientes y las molestas sensaciones somáticas, continuando firmemente con las sugestiones posthipnóticas:

> "Usted no tiene por qué angustiarse, será una excelente nodriza con quien el niño prosperará magníficamente. Su estómago está totalmente calmo; tiene usted muy buen apetito, desea darse un banquete, etc." (*Ibid*).

La joven siguió dormida; al ser despertada del trance hipnótico, ella se mostró amnésica.

> "Antes de irme, –narra Freud– debí contradecir todavía una observación del afligido esposo, en el sentido de que la hipnosis sería capaz de arruinar totalmente los nervios de una mujer" (*Ibid*).

En el atardecer del quinto día, tanto la mamá como sus allegados, comentaron con ingrata displicencia, que la parturienta había cenado sin molestias, su noche fue de dormir tranquilo y, en la mañana se alimentó, amamantando asu pequeño sin problema alguno. No obstante; el almuerzo algo abundante le pareció excesivo y, apenas se lo sirvieron, sin haberlo probado, se desataron náuseas y vómitos, siendo imposible poner su bebé en el pecho. Total, la situación resultaba ser igual a la tarde anterior, no valiendo para nada el argüir de Freud, que si ella se había sentido bien por un medio día, eso era una clara evidencia clínica de evolución favorable.

"Entonces, –refiere el maestro categórico– en la segunda hipnosis, que llegó hasta el sonambulismo con igual rapidez, fui más enérgico y reasegurador. Dije a la enferma que cinco minutos después de yo retirarme, ella increparía a los suyos regañándolos un poco: que dónde estaba la comida, que si tenían el propósito de hambrearla, con qué creían se alimentaría al niño si no comía nada, etc. Cuando regresé al atardecer del otro día, la parturienta ya no requería más tratamiento" (p.54).

Así fue, la chica se hallaba asintomática; tenía un excelente apetito, producía abundante leche para el crío, y cuando éste mamaba de su pecho, ella no experimentaba ninguna dificultad. ¿Qué había sucedido? Desde la exégesis dinámica podemos colegir, que la "voluntad contraria" latente, proyectada en el afuera psicosociofamiliar por mandato del hipnotizador ("con qué creían que alimentaría al niño si no comía nada"), permitió a la mamá, mediante la sugestión posthipnótica, el necesario permiso para resolver ella sus "sentimientos encontrados", y de paso enfrentar a su propia madre y, a la par, cuestionar al impertinente esposo. Fue así como logró un goce pleno de su función materna. La joven señora amamantó a su pequeño durante ocho meses, teniendo ambos una fructuosa co–evolución. "Sólo hallé incomprensible y molesta –se quejó el aprendiz de brujo– que nunca se hablara entre nosotros de aquel asombroso logro" (*Ibid*).

Tercer problema de lactación: Freud relata que al año siguiente nació un tercer hijo, presentándose de nuevo la ya conocida conflictiva. La "voluntad contraria" preconsciente seguía operando, ella estaba:

"...enojadísima consigo misma por no poder eliminar con *su sola voluntad* la anorexia y sus otros síntomas. La hipnosis de la primera tarde sólo consiguió que la enferma perdiera todavía más sus esperanzas. Pero tras la segunda hipnosis, el complejo de síntomas fue extirpado también de manera tan total que no hizo falta una tercera. Y la señora amamantó igualmente a este hijo (que hoy tiene un año y medio) sin dificultad ninguna y gozó del más imperturbado bienestar" (*Ibid*, mis cursivas).

Ésta repetición de logro terapéutico facilitó a la dama abandonar su firme reserva, declarando los motivos conscientes, tanto de ella como de su marido, en contra del hábil tratante:

<<"Me daba vergüenza –dijo la señora–, que algo como la hipnosis saliera adelante donde yo, con toda la fuerza *de mi voluntad*, resulté impotente>>. Empero, –concluye el futuro padre del psicoanálisis– no creo que ni ella ni su marido hayan vencido su aversión hacia la hipnosis" (*Ibid*, mis cursivas).

El maestro pasa enseguida a la fenomenología dinámica cuya ley áurea es que, en algún lugar de la mente existen siempre, *"representaciones, expectativas* de deseos"; nombrando a ello, *"designios"*. Ahí intervienen dos destinos: uno, el significado de su satisfacción, y dos, la "incertidumbre *subjetiva*, o expectativa contraria", a su vez figurada por una suma de representaciones, que definiremos como *"representaciones penosas contrastantes"* (p.155, cursiva mía). Dichas representaciones psíquicas, vía *"disociación de la conciencia"*, se volverán *inconscientes,* estableciéndose "por así decir como *"voluntad contraria"* (p.156), mientras que la enferma, –en esta ocasión la joven incapacitada para amamantar–, permanecía plenamente consciente de su voluntad decidida, pero paradójicamente impotente, operando entonces una *"perversión de la voluntad"* (p.157). Para Freud, eso constituía una *hysterique d'occasion*, resultado de una bi–escisión ininteligible para la paciente:

"Se puede admitir aquí como causa ocasional la excitación previa al primer parto o el *agotamiento* que le siguió, puesto que el primer parto corresponde a la máxima conmoción a que está expuesto el organismo femenino, y a consecuencia de ella la mujer suele producir toda clase de síntomas neuróticos para los cuales la *disposición* dormita en ella" (p.157, mis cursivas).

Más adelante; el analista en ciernes, desde su muy particular fenomenología dinámica, colegirá que las representaciones penosas contrastantes de contrariados deseos, serían aquellas que la conciencia normal había de inhibir o rechazar, pero si la "voluntad contraria" se agota, la predisposición histérica sale a la luz y encuentra el camino hacia la conversión; tal fue el surco explorado en múltiples trabajos por el joven maestro, a reiterar: ese misterioso salto de la mente al cuerpo (p.159–60).

¿Estaremos pues, en el historial clínico, ante una conversión histérica, o quizá frente a un trastorno atípico de la alimentación, o bien un antiguo caso de co–morbilidad psíquica? Juan Vives tendría suma razón al argumentar, que en la anorexia nervosa típica se está negando lo sexual, mientras en éste material se niega el rol materno, aunque seguramente, Vives, tomando como evidencia el gran logro hipnoterapéutico de Freud, apoyaría también el diagnóstico de histeria conversiva. Agregaría yo, cual sustento clínico, la multicitada frase de Juan Martín Charcot: "La teoría es buena, pero eso no impide que las cosas sean como son". Dicha sentencia la remarcó el Profesor vienés, a manera de epitafio, en el sentido obituario, al maestro francés (Freud, S., 1893).

UNA ADOLESCENTE CON ANESTESIA EN GUANTE TRATADA EN 1956

En capítulos pasados, aprendiendo de los Diálogos platónicos acerca de la íntima vinculación alma–cuerpo, y las somatizaciones histéricas; esto último especialmente estudiado en el *Timeo o de la naturaleza*, aunque aquí, el viejo Sócrates no alcanza a perorar, encontramos, sí, grandes similitudes entre el pensamiento helénico (la mayéutica socrática más que todo) y, el psicoanálisis. Partiendo desde allá, hasta el aquí y ahora = *hic et nunc*, y valiéndonos de la hermenéutica analítica, podríamos reiterar, como preparación para el siguiente caso que relataremos, y recalcar posiblemente con mayor propiedad las propuestas del maestro en el material clínico recién descrito: la voluntad contraria, los designios inconscientes, el conflicto endopsíquico, los deseos encontrados, el lenguaje conversivo corporal, su idea del estrés (agotamiento), las censuras reprimidas que dormitaban en la paciente, los obstáculos resistenciales, las contrarreacciones con sus formas *para* en el terapeuta, así como también la *parole* gineceica.

El discurso femenino, sobre todo el histriónico, es contradictorio, ambivalente, atravesado siempre por el cuerpo, con polaridades afectivas, y seguido se somete actuando los dictados de la voz del amo. En este caso freudiano los poderes eran la madre y el esposo, o sea, la dominación puede estar en cualquier género, aunque debemos reconocerlo, el discurso masculino es falso, estereotipado, racional, desamorado, es la voz del poder. La dominación amo–esclavo descrita por Hegel (1807), es objeto en el presente de múltiples estudios críticos por parte de colegas feministas, entre ellas, Jessica Benjamín (1988) con *los lazos de amor, psicoanálisis, feminismo y el problema de la dominación*, y Julia Kristeva en *Historias de amor* (1983), *El porvenir de la re–vuelta* (1988), y *El genio femenino I.– Hanna Arendt* (1999). Aquí tanto hembristas como machistas deberíamos concientizar que la circularidad intersubjetiva, dialógica, "es una auténtica trampa en la que caen tanto amo y esclavo en su afán de alcanzar el reconocimiento" (Zarco, M. A., 2003).

El discurso masculino, modelado mediante el construccionismo social *primario*, psicosociofamiliar temprano y, dicho lenguaje será después resignificado diacrónicamente, es decir, a través del tiempo, por la construcción sociocultural *secundaria* de realidades (Berger, P.L.; Luckmann, Th., 1968). Aquí es donde cobra vigencia resaltar la obligada pregunta, ¿el hombre nace o se hace? Las dos cosas, se contestaría. Sin embargo, desde el modelo *biopsicosocial* de George Engel (1982) aplicado, a mi manera, a la construcción psicosocial de las realidades femeninas, sin duda alguna se puede asegurar que la mujer se halla sujetada mayormente por la modalidad vincular amo–esclava, amén de que el gineceo tiene un lenguaje más psicosomático, que el androceo; ellas hablan corporalmente: menarquia, ciclo menstrual, sexualidad, embarazos, crianza de los hijos, menopausia, climaterio, obesidad, dietas, "aerobics", pilates, etc., etc. En capítulos posteriores, me ocuparé de los vínculos: *intrasubjetivos, intersubjetivos* y *transubjetivos* de Berenstein y Puget (1997).

Paso, ahora, al artículo "El estrés biopsicosocial del postmodernismo" (Solís, H., 1999) donde situándome en la época de mi intervención psicoterapéutica menciono las tan conocidas tres "A", del *Síndrome General de* Adaptación ("Stress") investigado por Hans Selye (1956, 1976). Dicha tríada sería: A–larma, A–daptación y A–gotamiento. Ejemplificaré lo anterior con la ya anunciada experiencia hipnótica personal, añadiendo en el presente, información complementaria e, interrelacionando éste material con el caso de Freud, aunque los separen 64 años. La viñeta se transcribe tal como fue publicada:

> "Una catorceañera de humilde condición social, vivía un lindo romance adolescente con su novio que la quería enteramente; obrero él, y con cinco años más de camino. La relación creció intensamente erotizada y las urgencias del exceso de amor se tornaron apremiantes, provocando en la chica pálpitos de A–larma. Sin embargo, tanto sus mecanismos represivos inconscientes, como el temor manifiesto a la censura paterna, permitieron a la estrogenizada fémina mantener cierta A–daptación; empero, los jóvenes impulsos mandaron y, en una

noche tempranera las defensas se fragilizaron; en tal A–gotamiento, ella aceptó una esperada propuesta, acariciando así con su mano derecha el miembro erecto de su segundo amor. La muchacha despertó al siguiente día, después de un inquieto dormir, aquejada de una total anestesia en guante, en su mano derecha. El lenguaje corporal primitivo bien podría ser: "para que esa mano, no sienta ya nada". En 1956, siendo yo preinterno del Hospital Universitario de Monterrey, la traté mediante hipnosis" (p.156).

Por aquellos distantes años practicaba yo la hipnoterapia sobre todo en reacciones conversivas, y problemas de insomnio en pacientes psiquiátricos internados en una clínica mental privada. Utilizaba también el narcoanálisis con Pentotal Sódico, intentando explorar la "verdad" subconsciente. Además, cada semana el Jefe de Servicio Dr. Rubén Tamez Garza, me prestaba un tomo de las *Obras Completas* de Freud, en traducción directa del alemán por Don Luis López Ballesteros y de Torres (Editorial Iztaccihuatl, Ciudad de México, 1953).

Cierto día el maestro Tamez, con un dejo de satisfacción empezó a llamarme Juan Martín. Pronto capté, que ese nombre aludía a Charcot. Tamez sería mi primer analista.

Bien; siendo yo, en efecto, en aquél año, Jefe de Pre–internos en el Hospital Universitario Dr. José Eleuterio González de la Universidad Autónoma de Nuevo León (UANL) y viviendo propiamente en dicho lugar, me autoasigné el manejo de los problemas psiquiátricos que llegaran a la Sala de Emergencias. Así conocí a Lucía, la adolescente con anestesia en guante de su mano derecha.

La acompañaban sus padres, quienes cursaban la quinta década de su vida. El papá enojado, como alguien que sospecha algo oculto; la mamá compungida, viendo a su hija con preocupación. Lucía, bonita en verdad, mostraba la típica *belle indifférence* del histerismo, sin contestar ninguna pregunta. Su madre informó, que esa mañana de domingo, la hija se había levantado tarde, negándose a cumplir las tareas domésticas, pues no sentía su mano derecha. Pedí entonces el apoyo de María de Jesús Gutiérrez, compañera de guardia, indicando después a los padres que pasaran a la sala de espera general. No logramos información verbal alguna de la atractiva adolescente, permaneciendo ella, afásica, o sea, en mutismo total. Mi duda principal era, ¿por qué la mano derecha?, pues bien se sabía que las conversiones histéricas generalmente se presentaban en el lado izquierdo.

Decidí en aquella ocasión explorar la causa mediante el trance hipnótico, pidiéndose, entonces, la autorización de los papás, comunicándoles, que la Dra. Gutiérrez estaría presente; la mamá, quien actuaba cual celestina de la hija, estuvo de acuerdo, el papá me miró como exigiendo "médico sáquele la verdad". Lucía aceptó inclinando su cabeza y, esbozando una sonrisa dirigida a mí, que, en aquel tiempo contaba con 22 años. Durante el trance hipnótico, logrado rápidamente, lo único que la chica externó fue un "no", "no", que más parecía "sí", "sí". Se aplicó la sugestión posthipnótica con óptimo resultado, pues Lucía comenzó a sentir y mover su mano derecha, exclamando estar curada. Se le dio cita para el día siguiente; ahí habló de las intimidades del noviazgo y, ella misma se dio de alta. En la entrevista con los padres, se sugirió al papá celoso, permitiera al novio visitar oficialmente a la muchacha, quien por cierto era, la única que aún permanecía en el hogar. Ambos progenitores refirieron haberse casado, porque la madre se había embarazado cuando tenía ella catorce años de edad.

Como éste breve historial lo he utilizado cual ejemplo didáctico desde hace muchos años, y del mismo tan sólo imprimí la viñeta antes transcrita, viene en mi auxilio defensivo, la parte final de la ya citada frase de García Márquez, donde se enseña, que la vida es "la que uno recuerda y cómo la recuerda para contarla".

El "no", "no", era la "voluntad contraria", descrita por Freud en su caso de curación por hipnosis. La A–larma en Lucía, estaba dramatizada por la angustia somática frente al embate del incontenible apremio sexual; el aparente "sí", "sí" resultaba ser la voz del impulso erótico, pidiendo satisfacción a pesar del "no" paterno. La A–daptación fue un intento de conciliar deseos y antideseos. El A–gotamiento en el material freudiano se estelarizó en el primer embarazo, resignificándose *a posteriori*, y, en Lucía, cuando el poder de las pulsiones sexuales debilitaron sus defensas, empero, ¿por qué la mano derecha y no la izquierda? ¿Lo simbolizado sería acaso la misma parte corporal?

Sigmund Freud (1886) escribió "Observación de un caso severo de hemianestesia en un varón histérico", presentándolo en Viena, ante la Sociedad de Medicina, el 26 de noviembre de aquél año. Respondía así al reto de su maestro Meynert, quien lo había desafiado a que expusiera un caso de histeria masculina. El enfermo, un cincelador, le concedió a Freud la demostración clínica de alguien aquejado por hemianestesia conversiva en el lado izquierdo. Es interesante añadir aquí las palabras del gran Meynert, quien desde su lecho de muerte le confesó a Freud: "Yo siempre fui uno de los más clásicos casos de histeria masculina" (Jones, E., 1953). Lo admitía, el más célebre refutador del vocablo (Solís, H., 1989).

Las interrogantes anteriormente planteadas, se me fueron aclarando un tanto, cuando leí el capítulo XII acerca de la *conversión* en el libro clásico de Otto Fenichel (1945). Me refiero a la primera edición en inglés *The psychoanalytic theory of neurosis*, donde "la enciclopedia del psicoanálisis", como lo calificó su ex–analizando Ralph Greenson (1966), quien fuera a su vez el analista de Marylin Monroe, sí, Otto Fenichel dejó por escrito, que las conversiones histéricas "aparecen con mayor frecuencia en el lado izquierdo del cuerpo" (p.224). Se cita, además, en la obra, el artículo que en traducción al inglés sería "*An attempted explanation of some hysterical stigmata*" de Sandor Ferenczi (1919). Aquí tomo como referencia la primera edición americana de 1952. En dicho trabajo, el ex–analizando de Freud, en realidad, una terapia dinámica breve, presenta dos viñetas clínicas de histerias conversivas masculinas, manifestadas por anestesias y analgesias en el lado izquierdo del cuerpo. "*I recalled* –rememora Ferenczi– *that the left half of the body is á priori more accessible to unconscious impulses than the right*" (p.115, Vol., 2, cursivas en el texto). A renglón seguido el primer analista de Melanie Klein, propone la posibilidad, que en personas diestras más atentas y conscientes de su lado derecho, no irrumpen tanto los impulsos inconscientes, lo que sí ocurre en el lado izquierdo.

Fenichel añade después los aportes de Wilhelm Stekel sobre el simbolismo de izquierdo como equivocado y lo derecho como correcto. Stekel, a decir verdad, cursó a su vez una infortunada terapia breve con el maestro vienés. También Fenichel da crédito, en lo simbólico, al analista August Staerk quien equiparaba lo derecho con heterosexual, mientras que lo izquierdo significaría homosexual.

Y, uno se cuestiona, ¿Por cual oído penetraría la voz, que embarazó a la virgen María? ¿O, bien, en qué lado de Jesús se encontraban los dos ladrones, uno era bueno, el otro malo? ¿Ahora más, por qué a Jesucristo se le entrona a la diestra de Dios Padre?

De acuerdo; pues bien se sabe que, en el lado derecho de la comuna francesa se situaban los conservadores quienes creían en el Señor; mientras en la parte izquierda blasfemaba la francmasonería. Aún persiste, en el presente, la simbología en partidos y practicantes políticos y, no acaso para muchos lo izquierdo es siniestro, chueco, y si empiezas bien el día tú dices que lo comenzaste con el pie derecho, pero si eres homosexual cojeas del pie izquierdo. En fin, alguien en éste momento podría interrogarme sobre el porqué es más común el tumor maligno en el seno izquierdo, sin quedar convencido por explicaciones anatómicas. Por lo demás, al escribir estas líneas, yo me pregunto sin contestarme, ¿aquella linda adolescente, a quien traté en 1956, no sería zurda?

PSICOTERAPIA DINÁMICA EN TRASTORNOS DE LA ALIMENTACIÓN

Horst Kächele estuvo con nosotros aquí en Monterrey los dos últimos días de agosto del 2003, impartiendo un Curso Taller sobre Educación e Investigación Psicoanalítica. Se revisaron los tres volúmenes de *Teoría y práctica del psicoanálisis, I.- Fundamentos (1985), II.- Estudios clínicos (1988) y III.- Investigación (2002)*. Obra escrita en coautoría con el pionero de los investigadores alemanes en dicho campo, Helmuth Thomä , analista existencial dinámico, más clínico, que filosófico, cuyo libro *Anorexia Nervosa (1961)*, traducido al inglés en 1967, tanto nos influyera en el enfoque de lo psicocorporal. En 1963 habíamos ya fundado en Monterrey la Sociedad de Medicina Psicosomática, primera en Latinoamérica, aún operando en el presente, fundamentándonos en el modelo *Biopsicosocial* de Engel (1980), mismo que a la vez aplicamos en el Departamento Universitario de Psiquiatría.

También "tallereamos" el *Psychoanalytic Process Research Strategies* (Dahl, H.; Kächele, H.; Thomä, H.; Eds, 1988). En esa compilación se encuentran algunos trabajos clásicos acerca del proceso psicoterapéutico, a saber, los de Merton Gill e Irwin Hoffman, Lester Luborsky, Hans Strupp, Hartvig Dahl; el Grupo encabezado por Otto F. Kernberg (Koenigsberg, Rockland, Apelbaum, Carr, y Paulina Kernberg); más los investigadores de la Universidad de Ulm (Grünsig, Hohage, Kächele, Kübler, Mergenthaler, Neuder y Thomä),

Bien se puede afirmar hasta el estado actual, que los estudios cualitativos-cuantitativos sobre proceso terapéutico se centran en el vínculo interactivo entre paciente y terapeuta, visto éste, como objeto transferencial, o sujeto "real", es decir, un nuevo objeto; (Solís, H., 1984-b), ello aprehendería la relación intersubjetiva, el trabajo activo del conflicto focal preconsciente o, el foco bipersonal creado durante el proceso, mismo que resulta ser una construcción compartida entre analista y analizante. El proceso mutativo se rastrea heurísticamente, a través del cambio psíquico, en síntomas, estructuras, relaciones de amor, laborales, y del proceso de transformación en el moblaje de los sueños. (Recordemos aquí los cambios en el color de los lobos ya viejos, sus miradas nada penetrantes, las ramas del nogal abrazándose, y por supuesto el evidente material de los sueños transferenciales, *"second analysis"* del Hombre de los Lobos con Ruth Mack-Brunswick). Es obvio que, el análisis de resultados al final de los tratamientos y, el seguimiento de los casos, son testimonios de inmenso valor. Un punto capital en la mayor parte de las investigaciones es, el manejo *"Light"* de la contratransferencia, pues todo se inclina hacia el paciente, y muy poco sobre el investigador como sujeto interactuante. Otro aspecto primordial es, que para algunos destacados psicoanalistas ingleses, alemanes y franceses, la psicoterapia analíticamente orientada, aún con sus modificaciones de encuadre, sigue siendo psicoanálisis individual, grupal, de pareja, o institucional. Por ello no abundaré, acerca de la psicoterapia psicoanalíticamente orientada, pues para ello están los casos de Freud, en particular El Hombre de las Ratas.

Retornando con Helmut Thomä y su obra; en especial su apartado *"Existential Analysis and Anorexia Nervosa"* (p.283-299) donde se discute el caso de "La hija del hotelero" tratada por Roland Kuhn en 1953, mediante un *Daseinsanalyse*, cuyo diagnóstico no deja lugar a dudas; en cambio, *"The case of Ellen West"*, que Ludwing Binswanger analizara poco tiempo después, sí plantea, según Thomä, incertidumbres diagnósticas, pues aparte de Anorexia *Nervosa*, presenta la enferma comorbilidad con una posible Esquizofrenia Simple en el sentido de Bleuler (1911); lo que es más Binswanger se inclinaba por éste último padecimiento. En el presente estaría dentro de la patología pre-estructural (Solís, H., 1984-b) de la cual nos ocuparemos en el siguiente apartado.

El *Daseinsanalyse* de Kuhn se enfoca sobre el problema de la *"spatiality"* (p.283) y, Thomä lo aborda, comparándolo con sus propios casos. Él valora desde la clínica, las dificultades de la "La hija del *innkeeper* (hotelero)" para relacionar subjetivamente "adentro" y "afuera", "cerca" y "lejos", "pesado" y "ligero", "duro" y "blando", "frialdad" y "cariño", "completud" y "vacío", "cuerpo" y "cercanía física" o "afectiva". En general, la "cualidad de las cosas" permanecían en la paciente como un sistema mental, una estructura *spatial* de su existir. También el *tiempo* existencial era inaccesible (p.284) (entrecomillados de Kuhn). *"Eating"*, y su significado espacial, dentro-fuera, fue a su vez llevado durante la terapia desde lo profundo a lo superficial. En dos ocasiones antes del tratamiento ella había mejorado; una, al ser penetrada quirúrgicamente hasta su garganta en una tonsilectomía y; dos, cuando entraron al interior de su vientre para una *"normal apendectomy"* (p.285).

La enferma, en efecto, tenía ya un año de evolución cuando empezó su *Daseinsanalyse*, mismo que comprendió 18 sesiones esparcidas por doce meses y, ambas intervenciones quirúrgicas fueron "imaginadas" por Kuhn, tal como si la muchacha hubiera sido, mediante los instrumentos, "tocada en su adentro" (*Ibid*) por los cirujanos; quienes perpetraron una brutal violación de su estructura corporal defensiva, barricada psíquica, que la paciente había fortalecido continuamente desde atrás, para guardar prudente distancia con la otredad, en especial, los hombres. Un sueño fue significativo: "ella es operada en la garganta, por un doctor, con un instrumento largo, como si fuera un par de Forceps" (*Ibid*). Su aislamiento y separación existencial se mostraba, a la par, en su discurso obsesivo, pues ella reiteradamente evitaba la unión de lo que decía con sus emociones. Dicha alexitimia (palabras sin afecto) se presentaba al referir sus síntomas, historia, y vinculación con Kuhn, y le hacía pensar, en un existir sin sentido, siendo ella, nada, más, que una insignificante *nada*. Al no poder relacionarse transferencialmente, le era difícil ligar pasado con presente, o sea vincularse intra, inter y transubjetivamente. El trabajo sobre la estructura temporoespacial, le ayudó al psicoterapeuta, para hacer contacto comunicativo con la joven, cuyas experiencias previas, más algunos elementos nuevos en la relación bipersonal analítica facilitaron el cambio. De cualesquier modo la fenomenología existencial destaca, la íntima comunión vivencial interhumana, en el *hic et nunc* (aquí y ahora).

Thomä no abunda demasiado, acerca de Ellen West, la analizanda de Binswanger, por las dudas diagnósticas ya mencionadas; amén, de que la caracteropatía esquizotípica, por una posible detención en el desarrollo temprano, hacía complicado el análisis de las defensas encubridoras, relacionales, con el vacío existencial, la vida entera, el *dasein* sepulcral, la angustia fóbica de volverse obesa, el acosamiento constante, subjetivo, sus temores de vivir y morir, en fin, tal conflicto endopsíquico, se repetía en el foco tránsferocontratransferencial. Thomä, a la vez, cuestiona, que el análisis de Binswanger se centrara más en los escritos, poemas y, el diario de la paciente, argumentando también en que él sentía, a Binswanger bastante cercano a Freud, pero no tanto Kuhn; terminando de manera categórica, aceptando, así, el valor del criterio existencial clínico, empero, no comprometiéndose mucho, más bien menos, con todo aquello meramente filosófico. Thomä concluye terminantemente:

"La afirmación de los analistas existenciales de, que ellos han descubierto una vía fundamental para extender el horizonte psiquiátrico, no sobrevive el examen ante la anorexia *nervosa*" (p.299).No obstante; por las páginas del libro se rinde tributo a grandes existencialistas y fenomenólogos: Soren Kierkegaard, Karl Jaspers, Edmund Husserl, Martin Heidegger y Jean Paul Sastre. Es decir, la existencia del *Ser*, en cuanto ser.

Juan Tubert y Reyna Hernández (2003) en una publicación reciente, externan, que la filosofía existencial, aprehende una concepción amplia del sujeto psicosocial, mediante una serie de valores ideológicos frente a su perspectiva de una inevitable realidad de experiencias subjetiva, vinculares, del fenómeno interhumano y sus circunstancias. Las experiencias vitales estructuradas tempranamente, podrán ser explicadas, más nunca reducidas a dichas explicaciones, ya que esas experiencias primarias, con representaciones y significados en el adentro, sólo lograrán vivenciarse en el afuera, a través de lo así llamado "Análisis existencial" (p.168-169).

Cual colofón intermedio me permito acotar, ahora, el párrafo inaugural del trabajo de Stephen J. Walsh (1984) "Criterio Existencial en Psiquiatría":
> "El criterio psicoterapéutico existencial complementa a la comprensión biológica, psicológica, psicodinámica y social, de la manera en que el paciente experimenta el color emocional y el motivo del mismo. Es una estructura psicológica y filosófica que tiene utilidad en psiquiatría clínica y medicina, y que puede ayudar a los médicos a encontrar el verdadero sentido de la vasta combinación de síntomas y conductas que afrontan con regularidad sus pacientes. La perspectiva existencial se basa en un criterio *humanista de la psicoterapia* y recurre a la *introspección* obtenida de la filosofía y la literatura lo mismo que de la experiencia clínica" (p.553, mis cursivas).

Tratamiento de una anorexia *Nervosa* Masculina Típica

Hace algunos años(1996) Oscar Solís Olivares y, yo publicamos este caso clínico en *Scientia Poetica*, revista de nuestro Departamento Universitario de Psiquiatría (U.A.N.L.). Se presentará, ahora, un material selectivo del historial y, el seguimiento del muchacho hasta el momento actual (2005).

En abril de 1994, los autores conocimos a Severo (así será nombrado). Un día antes de su primer entrevista la directora de un importante colegio privado (médica por cierto) habló pidiendo consulta urgente para un educando adolescente; se le sugirió, amablemente, que algún familiar del joven, solicitara la entrevista. Ella estuvo de acuerdo, agregando que Severo necesitaba hospitalización inmediata, pues padecía de una anorexia *nervosa* grave desde hacía ocho meses. La cooperadora colega había consultado por teléfono a un psicoanalista y familiólogo de la Ciudad de México, el Doctor Lauro Estrada, quien aconsejó que el jovencito fuera tratado en la Unidad de Psiquiatría de la U.A.N.L. Casi al final de la llamada se le comunicó a la directora, al estilo Palazzoli (1974, 1975, 1988, 1990), que Severo era un caso insólito, pues la anorexia *nervosa* como enfermedad correspondía a mujeres:

> "Lo sé –exclamó la referente- conozco algo de eso; he sido analizada, pero ya se me agotó la tolerancia; ¿sabe doctor?, toda la familia anda mal, sobre todo la madre; es una negadora, no se percata que él puede morir. Le dije que Severo no viniera ya al colegio, no se halla en condiciones de asistir, aunque tenga los primero lugares; sus compañeros se encuentran atemorizados; disculpe doctor Solís, pero estoy segura, que Severo se está muriendo".

Esa noche, una angustiada, confundida y llorosa mamá suplicó se le concediera una consulta de emergencia. Se preguntó sobre el grupo familiar, sugiriéndosele, asistieran ella y su hijo al consultorio a muy temprana hora, el siguiente día.

"Doctor, ¿le digo una cosa?, -se escuchó desde lejos el gemido materno- mi hijito hiede a muerto. Toda la casa huele a muerto; hace ocho meses mi niñito pesaba 54 kilos, ahora pesa 31. Él come puras hojas de lechuga, nada más".

La renegación –agregamos nosotros dos- seguía siendo cuasi psicótica, pues Severo en realidad, tal como lo comprobamos después, pesaba ya 27 kilogramos, es decir, se hallaba cerca del no retorno, o sea, ese breve espacio, que separa la agonía del morir. En el interin, ambos autores nos pusimos de acuerdo, en la estrategia a seguir incluida la posibilidad de atención en Comunidad Terapéutica. Como teníamos en aquel tiempo consultorios adyacentes, decidimos que en caso de internamiento, se tendría la presencia del tratante hospitalario, mi hijo, durante los últimos quince minutos de la sesión.

Severo requirió ser ayudado por su madre Rosario (la llamaremos así), para poder subir la corta escalera del consultorio; tal era su estado de emaciación extrema. Su visible osamenta arrastraba penosamente aquellos 27 kilos, y se transmitía un hálito depresivo y funerario. La persistente pérdida de peso, equivalente ya al 50%, manifestaba dramáticamente una desnutrición en grado sumo: pálido, tembloroso, cabello etereo y desleído, mirada ausente, voz inaudible y, así era hedía a muerto. "Es puro pellejo", externó la madre llorando.

Desde el principio de la sesión, el posible plan de internamiento se llevó a cabo, dirigiéndose la interacción vincular a Severo, y sacando discretamente a la madre del foco central. Se efectuó en forma propositiva una difícil, y dolorosa entrevista casi individual, con un devastado adolescente temprano de 13 años, a quien una mamá enlagrimecida, constantemente le decía "mi niñito". Ella, justo es anotarlo, permitió la exclusión verbal, excepto cuando preguntó si era cierto que el mal de su "hijito" era solo un padecer de mujeres; Severo escuchó impávido mi contestación afirmativa.

Durante éste primer encuentro se trabajó el conflicto focal manifiesto, señalándole al púber que era, el único dueño de su cuerpo; se le explicó, que su estómago se había reducido, por lo cual debía seguir comiendo muy poco, y nada más lo que Severo escogiera. La prescripción del síntoma se implementó con firmeza, más el exhorto de apropiación corporal, donde solo él mandaría; respetándose su conducta autónoma. Ya para concluir esa primera consulta, se llamó al terapeuta comunitario, especialista en niños y adolescentes, quien participó en los procedimientos de hospitalización planteándosele a Severo, que él tendría la decisión de aceptar o no, dicha propuesta. Estuvo de acuerdo, pasando así del consultorio particular a la Unidad de Psiquiatría.

Horas adelante; ya internado, empezó voluntariamente a comer, ante la incredulidad general. El joven se vínculo de inmediato con un enfermero de vasta experiencia, de nombre Alejandro, cuya edad le recordaba a su padre. No obstante; ambos terapeutas sabíamos que la muerte mantenía una agenda oculta.

La estrategia terapéutica comprendía el manejo comunitario del paciente, más su grupo familiar, pues habría sesiones semanales conmigo en el consultorio privado: mamá-hijo, papá-Severo, madre-hijo-hermana menor, y Rosario-padrastro. Así fuimos recogiendo la historia e instrumentando la psicoterapia individual y familiar.

En enero de 1993, Rosario contrajo segundas nupcias con Valente; para él también era su Segundo matrimonio. El papá de Severo, mientras tanto, se mantenía periférico, deprimido e incomunicado. Seis meses después de la boda, por razones de negocios, el segundo marido Valente, planteó autoritariamente la urgente necesidad de cambio a una ciudad centroamericana: todos se trasladarían. Fue, entonces, junio de ese año, cuando Severo mostró intenso enojo ante el plan, protesta que él creía compartir con su mamá Rosario y Graciela, su hermana menor de 10 años, quienes no lucharon frente a la ferrea actitud del dominante padrastro. El joven en aquel tiempo pesaba 47 kilos, normales para su edad y estatura, arguyendo que una dieta hipercalórica le permitiría aumentar de peso, llegando así a los 54 kilogramos. Un mes antes de la partida hacia Centroamérica, Severo dejó de comer en forma súbita y para el mes de octubre (1993) la situación ameritó consulta con su pediatra y una psicoterapeuta quienes recomendaron se dejara al muchacho en plena libertad, sugerencia no aceptada por el grupo familiar. La gravedad de Severo interrumpió el viaje, empero, los problemas parentales persistieron. Nosotros dos pensamos desde un principio, que papá Severo podría ayudarnos más con Severo hijo, puesto que él había logrado, parcial y territorialmente, "diferenciarse" de su familia de origen, mientras que Rosario y Valente seguían indiferenciados (Bowen, 1971, 1972, 1991); Novotry, 1987; Estrada y Salinas, 1990). Por razones de crisis, punto focal sistémico, demanda y lejanía, acordamos no trabajar con la primera generación. Si bien partíamos de una hipótesis psicoanalítica, el manejo terapéutico fue sistémico-cognositivo-dinámico.

Del Aislamiento-Separación a la Alianza Terapética
(Primeras tres semanas de internamiento)
En el inicio de la psicoterapia participaron diversos especialistas, siendo nosotros los coordinadores del equipo y responsables únicos de las decisiones trascendentales, conscientes siempre, en no indagar etiología orgánica, tal como su madre lo había hecho. Algunas contrarreacciones del personal se orientaban al enfoque somático e intervenciones parenterales drásticas (suero, transfusión, sonda, etc.). Nuestro plan de trabajo se mantuvo firme.

Desde el ingreso, Severo insistía reiteradamente: "¿Cuánto debo de aumentar, para irme de aquí?" Procediendo la línea paradójica, el doctor Oscar le respondía: "No tiene importancia la cantidad que comas, el doctor Hernán ya te explicó que tu estómago se ha reducido, por eso, solo tú sabes cuánto puedes comer". Su facie asombrada reflejó así, la primera expresión afectiva de su severo rostro, aunque veloz, él retomó su senda: "Entonces, qué hago para irme, necesito volver al colegio; además, aquí no hay niños". Con calma Oscar le aclaró: "Niñitos no, sólo jóvenes como tú". En eso brotó un llanto angustiado y con los ojos en lágrimas encaró al terapeuta advirtiéndole: "No se preocupe, no voy a subir de peso, así estoy bien; me queda panza todavía, así que no voy a comer mucho". Se le confirmó su absoluta libertad, de elección del menú; que sólo debía mantenerse en el mismo peso; y se acordaron con él la frecuencia de las sesiones y su duración de estancia comunitaria (3 meses). Se informó también, que cada lunes habría entrevistas familiares en el consultorio del doctor Hernán, y después de estas, desayunos en díadas, con mamá, papá y hermana; Severo escogería el sitio y su menú de alimentos, y que nadie debería meterse con él. Al personal de la comunidad, sobre todo enfermería, se le sugirió trabajar sobre la "raquítica" expresión de afectos (alexitimia) y, abstenerse de centrar su atención en el foco de la alimentación; se indicó dieta normal, libre de vigilancia, pesaje semanal, visita diaria (mitad mamá, mitad papá), y se prescribió clorimipramina 50 mg y alprazolam 25 mg, para su depresión ansiosa, aparte de complemento vitamínico y suplemento alimenticio.

El objetivo desde el principio fue consolidar una confiable *Alianza terapéutica*, sin embargo, las identificaciones proyectivas patológicas de Severo, provocaron contraidentificaciones complementarias superyoicas (Racker, E., 1960) con tintes directivos-restrictivos, afines al rol materno internalizado; a la par, su transferencia caracterial obsesivo-compulsiva, destruía el vínculo de cualesquier propósito de interrelación afectiva (Bion, W., 1959). Aún así, él decía sentirse mejor. "En la casa nunca salgo, sólo estudio. Mamá siempre con Valente, ya no me atiende, no tengo amigos, al menos aquí platico contigo". No obstante, el paciente seguía suspirando por su madre y hermanita, con quienes compartió la cama hasta los 12 años.

Durante la segunda semana, el joven se permitió discretas expresiones de afecto; mostrando, además, una leve mejoría, sensación compartida por sus familiares. Su peso se incrementó tres kilos, la comunicación fue más adecuada, desapareció el "hedor de muerto", y la piel pelagrosa; en general, todo iba a pedir de boca.

La Agenda Oculta

Intempestivamente; al decimotercer día de hospitalización, Severo soltó su as tanático, mismo que guardaba bajo su manga autodestructiva: una diarrea severa no resuelta por medidas generales, lo acercó al lecho de muerte. Los consultores de Medicina Interna sugirieron una endoscopía de urgencia para descartar vellosidades gástricas hipotróficas. El equipo PSI, incluido en éste la residente médica Beatriz Eugenia Garza, consideró al abordaje orgánico "debilitador" del enfoque emocional; empero, conscientes de los serios inconvenientes "oportunistas" de dicha disfunción digestiva, utilizamos un antidiarreico infantil y dieta astringente. El cuadro se controló en 48 horas, siendo desconcertante la extrema cooperación del muchacho, quien pronto confesó, el motivo culpígeno:

"Sabes, Oscar, yo me provoqué la diarrea, me comí un taco con cinco chiles enteros, los tomé del "refri". Discúlpame, te fallé, tú confiaste en mí y mira".

En efecto; fue un riesgo calculado desde antes, sustentado en nuestra experiencia terapéutica en múltiples casos, aunque Severo era el primer ejemplo de anorexia masculina. Después atenderíamos algunos jóvenes más y, en este tiempo que pasa (año 2005), el número de casos masculinos tratados o supervizados va en aumento, pues ya son cinco en la casuística.

La intensa diarrea causó un retroceso al peso anterior de 27 kilos, pero indujo el establecimiento de una auténtica *alianza terapéutica*, a pesar de los rasgos caracteriales obsesivos y depresivo-masoquistas.

Del Medio Hospitalario al Sistema Familiar
(Siguientes nueve semanas de internamiento)

El escuálido adolescente, una vez ambientado al medio contenedor de la Comunidad Terapéutica, reeditó, como era de esperarse, las mismas transferencias familiares: tirar la comida, seleccionar alimentos hipograsos, pesaje diario compulsivo, capitalizar cualquier oportunidad para hacer ejercicio físico, y repetir en "espejeo" sintónico relaciones con objetos internamente necesitados; encontró, inclusive, una madre substituta, representada por cierta dama semejante a su progenitora, presa de anorexia *nervosa* en el pasado, quien simbolizaba para él, la figura maternal simbiótica. Severo obstinadamente demandaba su anuencia en cada acto a realizar. Ella era también paciente del terapeuta comunitario, o sea Oscar, y por ventura, pronto reaccionó con franca incomodidad ante el "pegoteo" adhesivo del "niñito". Entre tanto, mamá Rosario, ansiosa se quejaba:

"Mi hijito no era así doctor Oscar, aquí tiene malas influencias, nunca me había hablado como ahora, es contestón, no me hace caso, pelea constantemente, se ha vuelto muy grosero".

De acuerdo; se aflojaban un cuanto los fuertes vínculos intersubjetivos simbióticos, cuando menos en el afuera. Severo se concedía por vez primera externar su protesta frente a la rígida actitud maternal, contrastando, esto, con la agradable convivencia ante el papá en visitas y desayunos; todo ello trabajado por Hernán en la terapia vincular díadica. La presencia del padre instauró la *ley* (Lacan, J., 1953) durante aquellas semanas en que tácticamente propiciamos la necesaria separación-individuación del hijo (Mahler, M., 1975).

Se interpretó que el papá y los terapeutas varones éramos precisamente las "malas influencias" a las que se refería mamá Rosario, secundada en serio, por el padrastro Valente. Nosotros dos nunca soslayamos la realidad existencial, de integrar una pareja terapéutica padre-hijo, siendo que ambos generalmente trabajamos en díadas heterogámicas.

La frecuencia de inconformidades con mamá Rosario eran directamente proporcionales al aumento de peso del recuperado efebo (15 kilos en mes y medio después de la recaída por los chiles jalapeños) y, a la según ella nociva atmósfera del medio comunitario. Debemos anotar, a pesar de lo antedicho, que la cooperación consciente de la madre fue siempre ejemplar.

El foco estratégico continuó; languidecía ya, el otrora humor melancólico, Severo se permitía más seguido expresiones de ira hacia la mamá atrapadora, y de una pena triste por el padre distante; pidió, además, ir a consolar a su pediatra, quien había llorado con él, antes de la hospitalización; a la vez visitó y agradeció su ayuda, a la directora del Colegio, en fin, decidió vivir. [Años adelante; la directora solicitaría atención para su hija adolescente, por un trastorno de anorexia-bulimia, que respondió favorablemente].

El joven llegó a ser presidente del comité de internados; con el personal comunitario se comportaba amable, simpático, sorprendiéndolos con su aguda inteligencia y fresca capacidad creativa; así, para festejar su permiso de poder hacer gimnasia, cantó y bailó un "rap" de su propia inspiración. En las entrevistas individuales con Oscar (desde hacía tiempo no le decía doctor) descalificaba a éste, sobre todo sus interpretaciones vinculares concernientes a la dificultad para separarse, y mediante ventosidades anales lo suficientemente sonoras para el oído del psicoterapeuta. Cabe aquí mencionar la corta e interesante nota del Ferenczi (1913) acerca del flatus como prerrogativa del adulto, más, el trascendente cambio clínico a un *Self* psíquico grandioso, lo cual indica un mejor pronóstico (Kernberg, O., 1975, 1984; Solís, H., 1976, 1983; Garza, G., C., 1989). Hablando de nuevo sobre espejeos ya no tan sintónicos, Severo expresaba en la comunidad su genuina preocupación por la pésima evolución de un paciente, quien hubo de pasar a la Sala de Cuidados Intensivos, preguntando cómo se le podría salvar. Ellos habían entablado una solidaria vinculación, amén de tener el mismo nombre y, ambos ser los más jóvenes de la Unidad de Psiquiatría. El otro muchacho tenía en su historia varios intentos suicidas serios, y la ideación autodestructiva seguía vigente. Eso despertó en Severo, fantasías de salvación (Freud, S., 1901, 1910-c) lanzándose asombrado al rescate: "¿Cómo puede suceder algo así? Tengo que ayudarlo". Eso lo repetía obsesivamente. Oscar explorando previamente el contexto operante, maniefiesto, le interpretó el contenido latente:

"Te es doloroso eso, porque no solo tiene él tú mismo nombre y juventud, sino también la misma conducta suicida: él con un acto rápido y tú lentamente, aunque tú lo estás trabajando y resolviendo".

Ya cercano a completar los tres meses de internamiento y, el convivir casi todos los fines de semana con sus familiares, Severo pasó a hospital de noche, y le fueron aplicados estudios psicológicos completos, además de repetirse un electroencefalograma reportado como anormal al principio del internamiento, cuyo trazo fue adecuado en la segunda ocasión.

Estudio Psicológico

El colega Arturo Delgado Santos reportó un C.I. de 139, y preferencias vocacionales por Medicina y Psicología, confirmándose, además nuestros diagnósticos de anorexia *nervosa* típica, distimia de tipo primario y comienzo temprano, que devino en un episodio único de depresión mayor leve; todo ello en un nivel neurótico intermedio de organización psicoestructural (Kernberg, O., 1976). El análisis cuantitativo-cualitativo confirmó las hipótesis psicoanalíticas nuestras y, el proceder terapéutico; así, se destaca, en la elaboración de la lámina nueve del Rorscharch, donde se investiga la capacidad de integración del sí mismo (*self*); ahí Severo describe a una persona obesa sobre una pequeña moto, intentando escalar una empinada montaña, lo cual habla de distorsiones en el *self* corporal, denotando, a la par, inconsistencias en el juicio, un superyó severo, que censura la exteriorización del impulso agresivo, manteniendo introyectado sélficamente, manifestado esto en su renuencia a comer. Las temáticas desarrolladas en el T.A.T., reflejan las conflictivas vinculares intersubjetivas en la familia: un hijo que deja la casa porque sus padres lo tratan como bebé, regresando meses después arrepentido; un joven, que considera a sus padres como malos, pues no piensan en él, siendo irresponsables; amén de relatos acerca de parejas infieles o, indiferentes entre sí. Severo expone en las pruebas proyectivas una gran dificultad en el metabolismo de la pulsión agresiva, con tendencia a la actuación culpígena, externalizando su enojo, ante la actitud parental de ubicarlos como un bebé-niñito, aunque el muchacho muestra una tierna aceptación a la dependencia, en ello implicada. Las circunstancias familiares, es decir, el divorcio de los padres, las segundas nupcias de la mamá, el cohabitar la casa paterna, con el padrastro, son el sustrato de historias recriminatorias dirigidas a padres negligentes, poco empáticos, de los cuales sería mejor huir. La figura materna se ve carente de empatía afectiva; la esposa imagina, según Severo, a su marido muerto y le da asco; mientras tanto, Severo avisora la decadencia de un papá idealizado y profético, en el relato de un adolescente, que escucha los consejos de su padre, sintiéndose apenado porque le está encontrando todos sus defectos.

Las sugerencias en el estudio psicológico, al equipo terapéutico, van en la misma línea del enfoque curativo diseñado, y aún por continuar. Así, ante el perfeccionismo superyoico del joven; un más apropiado rol paterno sería fundamental para el proceso consolidatorio del hijo en su identidad masculina, recomendándose fomentar la interacción entre ellos dos, previa resolución del cuadro distímico del padre. Se nos alerta también, el tener sumo cuidado frente a la necesaria reemergencia del cuadro depresivo, al cristalizarse la temida fantasía de una madre nada empática y abandonadora; debiéndose, no obstante, proseguir la psicoterapia focalizada en la expresión de los afectos coléricos del enfermo, para desgastar los mecanismos intelectualizadores y trastocar las intenciones negadoras, ayudando, a reconocer la rabia derivada de los acontecimientos, en verdad existentes. Desde la óptica del estudio psicológico, se estuvo de acuerdo con el manejo multimodal: familiar-individual-farmacológico, es decir, biopsicosocial.

Breve Crónica de una Estrategia Anunciada

Desde la prescripción paradójica del síntoma en los minutos iniciales de la primera sesión, con la firme advertencia que nada más, él, tendría absoluto comando de su propio cuerpo, aparte de ser él y sólo él, quien seleccionaría su delicado menú, y quien decidiría el sí o no, de su estancia comunitaria; desde ahí, empezamos ambos terapeutas a construir la autonomía e individuación de Severo. Le asignamos entonces el papel de coterapeuta familiar, ya que tanto su simbiótica, deprimida y angustiada mamá, como su triste, solitario y esquizoide papá, más su frágil y sometida hermanita, necesitaban urgentemente de su apoyo protector. Al padrastro Valente lo dejamos por aquel momento un tanto afuera, lo cual aceptó. La estrategia de laborar sobre focos y tiempos sistémicos, siguiendo la Escuela de Milán (Selvini Palazzoli, M.; Prata, G.; Cecchin, G.; Boscoso, L., 1978) y, el no conjuntar en sesiones a madre y padre, sino tan solo entrevistas papá-hijo, sin hermanita, fueron acordadas entre nosotros dos y Severo hijo. Todos los elementos del sistema estuvieron de acuerdo, incluido Valente, quien a pesar de su aspecto bronco, siempre cooperó.

La táctica diseñada en la psicoterapia de Severo, se fundamentó en el nivel neurótico intermedio de organización psicoestructural, a la vez tomamos en cuenta sus rasgos caracteriales dominantes , a reiterar, depresivo-masoquistas y obsesivo-compulsivos; aunado ello, con la muy singular idiosincrasia familiar; cuestionándose desde la atención individual, grupal y comunitaria, en las sucesivas fases de la terapia, tanto el síntoma anoréctico, como las estructuras disfuncionales y la realidad familiar en el sentido de Minuchin y Fishman (1981). Cuando el nivel organizacional es limítrofe, si bien algunas tácticas terapéuticas son similares, otras no. Nunca una intervención sin comunidad se calca de otra, aunque operen isomorfismos sistémicos y conductuales (Bertalanffi, L., 1967), porque cuentan siempre las circunstancias existenciales de cada familia; en efecto, hay enfermos no enfermedades. Un punto es capital, una terapia en hospitales tradicionalmente organicistas, no es conveniente.

Como índices pronósticos positivos en la situación de Severo, se destacan la buena alianza terapéutica, su condición neurótica y gran inteligencia, la iniciación aguda del problema, el tipo reactivo manifiesto ante eventos traumáticos externos y sobre todo, el alto grado de compromiso familiar. Creemos, además, que también influyó como "espejeo", el hecho ya mencionado de estar constituida la díada terapéutica por padre e hijo.

Los Primeros Siete Meses Fuera del Hospital

En julio de 1994 estando el muchacho viviendo ya en casa de su mamá con un peso normal, aunque con ligeras distorsiones en la imagen corporal (Schilder, P., 1935) y, habiendo logrado aprobar de manera brillante su año académico, en lo cual contribuyó eficientemente la directora del colegio; nos enfrentamos a la vital disyuntiva de separación, al plantear Valente de nuevo, un inminente traslado a Centroamérica por razones laborales. Durante todas las sesiones con los diferentes "holones" (todo que puede ser parte y parte que se convierte en todo),Minuchin y Fishman (1981); agregado, entonces, el Holón subsistémico de Rosario-Valente, se respetó, sí, el deseo del joven, quien decidió permanecer en Monterrey al lado de su padre: "Doctor Hernán –protestó Rosario- será un total fracaso, mi ex-marido es una nulidad, no pagará ni tratamiento, ni colegio, ni nada, es un inútil". "O, caminas conmigo o, aquí termina el asunto", amenazó Valente a Rosario. "Me voy con mamá" externó dócilmente la hermanita Graciela, comentando con enfado, que extrañaría sus clases de ballet. "Cuenten con mi colaboración", comunicó Severo, el padre al parecer comprometido. "Me quedo con papá". Reiteró convencido Severo hijo. La madre cuestionó en aquél tiempo. "¿Y, si Severito se enferma de nuevo?" Se le contestó con firmeza que, el joven superaría la crisis de separación.

El viaje se pospuso en varias ocasiones, hasta que, por fin se efectuó con la negociación de que, el hijo pasaría un mes de vacaciones con ellos. Al retornar Severo, a Monterrey, nos tocó vivenciar varias semanas muy dramáticas, de llamadas telefónicas casi a diario, entre madre e hijo, manipulando éste la situación diciéndole a la mamá, que mejor sería morirse. Era su primera separación en trece años. Ella, por cierto, fue la que más sufrió, comprobándose así, el aforismo clínico de Bleger (1972): "La simbiosis es muda, sólo hace ruido cuando se rompe". Nosotros, mientras tanto, continuábamos las entrevistas individuales del adolescente y la terapia vincular padre-hijo.

Dos meses adelante llegaron Valente, Rosario y Graciela de vacaciones decembrinas, siendo nuevamente consultados por subsistemas. La madre seguía angustiada, aún más cuando se percató que su "niñito" Severo, se había convertido en vegetariano. "¡Al igual que su padre doctor Hernán, imagínese!" Oscar y yo no lo veíamos tan mal, pues el hijo se estaba identificando con su papá, exceptuando quizá su aparente vocación por el área de la salud, ya que ambos progenitores eran licenciados en administración de empresas. [Años después; la colega Miriam Benavides aplicó pruebas para explorar en estado de aparente salud, sus preferencias vocacionales, eligiendo él, la carrera de ingeniería más acorde con el trabajo de Valente]. Para diciembre de 1994, el proceso de separación-individuación, de Severo, estaba en marcha, también el despegue con nosotros, y la evolución familiar se mantenía estable; fue entonces cuando programamos sesiones de destete y seguimiento.

Consideraciones Teórico-Clínicas

En nuestro quehacer profesional con familias, una máxima paradigmática ha sido, desde y para siempre, el pensar en forma psicodinámica, vincular y proceder psicoestructuralmente; es decir, nos apoyamos en la circularidad interactiva sistémica, relacional, cognitiva y afectiva, sin soslayar lo latente. Se anotan en seguida las figuras heterodoxas del psicoanálisis, que más nos iluminaron en el severo caso de Severo: Thomä (1961), Bruch (1973, 1975, 1978), Palazzoli (1974, 1975, 1988, 1990), Pichon-Rivière (1980) y, sobre todo Murray Bowen (1978). Un cambio de *primer orden*, digamos, la desaparición del síntoma anorexia, no será suficiente, es, indispensable también un cambio de *segundo orden*, o sea, el cambio del cambio, lo cual habla de una modificación en las estructuras disfuncionales: madre-padre, mamá-hijo, etc., el de *tercer orden*, implica un cambio interno preconsciente. Cualquier cambio familiar externo, debe influir en las representaciones internas del *self* y sus objetos, para ello tenemos que sustentar un paradigma grupal externo e interno (Solís, H., 1991) y, entender, cómo influyó, en éste caso, el proceso tránsferocontratransferencial contenido-continente, en la institución comunitaria, y, el seguimiento terapéutico posterior.

Cuando se escucha, que todos los caminos llegan a Roma, nosotros no olvidamos, que en aquellos remotos ayeres, esos eran los únicos caminos existentes. Ahora, la Roma curativa cuenta con múltiples senderos y, algunos de ellos guardan cierta isomórfia, aunque a la vez diferencias. Así Minuchin (1974, 1978, 1981) y Haley (1980) en el tratamiento de la anorexia *nervosa* privilegian el objetivo de reforzar la jerarquía parental, mientras que, en nuestro modelo, promovemos la autonomía y diferenciación del adolescente, considerando que sus psicoestructuras son mayormente modificables pues están en un proceso de co-evolución. Esto no soslaya la interactiva participación sistémica, dinámica, vincular y social, de abuelos, padres, hermanos y sociedad. El concurso del anoréxico, en franca medida, lo aplica también Minuchin cuando prescribe en forma directa la selección del menú, o bien Haley colocando propositivamente al paciente dentro de la triada disfuncional. No obstante, el apreciar, que sólo el Holón parental cuenta, resta iniciativa de maduración o voluntad instintiva, aseveraría Schopenhauer (Young, Ch., Brook, A., 1976), empero, aunque la logística difiera un cuanto, todos aspiramos a lograr una meta idéntica: los padres deben diferenciarse de las familias de origen, y sus propios hijos hacer lo mismo; en dicho foco estamos en línea con Murray Bowen (1978). El ecosistema societal (Carpenter, J.; Teacher, A., 1989), tendremos que mantenerlo presente, pues los vínculos transubjetivos y, el imaginario social (Castoriades, C., 1986) intervienen cada vez más en el incremento de los trastornos en la alimentación y, especialmente en la anorexia masculina (Anderson, M., 1983; Burns, T., Crisp, A.H., 1984; Crisp, H.A., Tims, D.A., 1972; Fichter, M., Daser, C., Postereschil, F., 1985; Steiger, H., 1989; Sterling, J."., Segal, J.D., 1985). El construccionismo social de realidades (Berger, P.T., Luckman, Th., 1958) y, el aumento de prácticas internetodependientes obsesivo-compulsivas influyen, a la vez en dicho fenómeno.

El sugerir al anoréxico comer poco, es y no es una clásica prescripción de síntoma; preferimos verlo como el establecimiento de un diálogo entre el *self* mental consciente; conversación escuchada por la familia del enfermo, y, en el caso de Severo, también por los oídos del personal comunitario. En éste medio de contención, todos somos terapeutas y desde nuestras contratransferencias, somos a la par, pacientes. Es posible, que con esto disminuyan un tanto los elementos sugestivos y diatróficos de algunos terapeutas carismáticos.

Mencionaremos ahora, otros afluentes importantes en el campo de la anorexia *nervosa*: Kaufman y Heiman, 1964; Boskin y White, 1983; Onnis, 1985; Stierling y Weber, 1989; Raush y Bay, 1990; Johnson, 1991, y, en el polémico terreno de la paradoja es imprescindible nombrar a Watzlawick, Beavin y Jackson, 1967; Andolfi, 1979; Papp, 1983; Schaefer, Briesmeister y Milton, 1984; añadiéndose por último a Keeney y Ross, 1985; en fila con Watzlawick y Krieg (1991), acerca de la construcción de realidades; enfoque terapéutico, que cada vez cobra mayores adherentes en el constructivismo de Heinz von Foerster (1973, 1994, a,b).

Septiembre 29, 1995

Recién habíamos cumplido quince meses de la recuperación corporal de Severo, cuando tuvimos una consulta vincular de seguimiento solicitada por la mamá Rosario, aprovechando una corta estancia en Monterrey, Madre e hijo llegaron al consultorio acompañados por Valente y Graciela. La estrategia acordada conjuntamente por el equipo coterapéutico, versó en llevar a cabo la entrevista sólo con Severo y Rosario. El tratante individual participó desde el cuarto observacional de la Cámara de Gesell del consultorio particular. Se inició la sesión remembrando desde cuándo, no nos veíamos. "Hace un semestre, que papá y yo estuvimos aquí", aseguró

Severo. El bajo tono de voz con que narró su ausencia contrastaba con el notorio aumento en su apariencia física. Se le señaló su deseo de excluir al terapeuta observador, al mismo tiempo éste telefoneaba, comunicando el no escuchar nada. Seguía el despegue tanto con Oscar como conmigo. En esto, Rosario con revitalizado ánimo tomó las riendas describiendo los senderos recorridos a últimas fechas. En general el rumbo escogido por el grupo familiar ha sido adecuado. Severo disminuyó sus frecuentes llamadas telefónicas con la madre, aunque ella se seguía reportando desde Centroamérica semanalmente, insistiendo, inútilmente, que se continuara el tratamiento individual. Tanto Severo como Oscar, no lo sentían necesario. De parecida forma, papá Severo toleró las separaciones del hijo, quien prefería irse con los amigos por las tardes o transportarse en camión, por si mismo, cumpliendo sus compromisos personales y dándose baños de pueblo. Se interpretó, en aquella consulta, que de igual manera se había ido desvinculando de nosotros dos y, que eso debíamos respetarlos; aunque sería prudente tener contactos periódicos con él para saber cómo iban las cosas, similar actitud a las llamadas, que el joven hacía a su mamá Rosario, Graciela y Valente para ver cómo estaban ellos.

Ya en la parte intermedia de la consulta, Rosario comunica la novedad de que ellos regresan a Monterrey en tres meses más, surgiendo la interrogante: "¿dónde querrá vivir Severo?", él de inmediato opinó, que con mamá. El problema entonces era Graciela quién, no quería retornar a esta calurosa ciudad. En este tiempo de la sesión se improvisó un cambio de la estrategia original, incluyéndose a Oscar en la entrevista e invitándose a Graciela y Valente. Tomando muy en cuenta a Graciela y, a sabiendas de la rivalidad entre Severo hijo y su padrastro, más la buena relación de éste con Graciela, se le dijo, a ella, la importante función "*buffer*" que representaba en la familia donde su presencia era necesaria. Además, se reconfirmó la utilidad, en aquel momento, de que Severo continuara un seguimiento mensual con su terapeuta personal y, que se respetara su decisión de dónde quería vivir. Después se pidió a Valente y Rosario el asistir a una entrevista conjunta ya estando próxima su residencia aquí. Finalmente se enfatizaron los logros obtenidos por Severo, y la valiosa cooperación de todos, incluido en esto, el ausente pero presente papá.

Por último; reportamos hace ocho años, que si bien Severo hijo había mejorado de su conducta superresponsable y obsesiva, en el área educativa permanecía igual, pues el año académico anterior logró obtener 100 en todas las materias.

Noviembre 2003

Oscar, mi hijo, se trasladó del consultorio contiguo, a una Clínica de Niños y Adolescentes, inaugurada con un grupo de jóvenes colegas. Por él sé la evolución del caso y de los medios familiares. Las hijas y el hijo del primer matrimonio de Valente, sólo le han proporcionado decepciones, recibiendo una de las hijas tratamiento en la Clínica con Oscar; los tres vástagos cada vez más, se alejan del papá, tal como Severo padre se halla de sus propios hijos. Graciela, se comprometió en serio con el ballet, empero, ello era la máscara de una anorexia *nervosa*, negadora de la sexualidad, como había sido en su hermano; Graciela respondió rápidamente a una psicoterapia dinámica individual y de grupo. Severo, ya cerca de graduarse como Ingeniero, no se interesa mucho en mujeres, pero si en el negocio de Valente, al igual que Rosario y Graciela.

En los últimos lustros, reiteramos, hemos tratado cinco casos de anorexia *nervosa* masculina y, hace unos días, en el Seminario de Maestros para residentes de quinto y sexto año de entrenamiento en paidopsiquiatría, principió la terapia de un muchacho con once años de edad, en un punto casi de no retorno, siendo Oscar el terapeuta familiar, y Miriam Benavides, Margarita Rodríguez y, yo, los supervisores. La evolución fue muy buena.

LA INTERSUBJETIVIDAD EN EL
PROCESO TERAPÉUTICO BREVE

"Los ojos en que te miras son ojos porque te ven".
Antonio Machado. *Proverbios y cantares.*

La intersubjetividad nació cuando del modelo monádico se pasó al diádico y de, este, al triádico microsociofamiliar primario, desde donde, en construccionismo circular interactivo con lo que Marx y Engels (1845-1846 [1924]) llamaron supraestructura social dominante, se confrontaron, sí, esos dos sujetos biopsíquico y psicosocial, quienes deberían ser tan sólo uno, pero, bastante seguido se encuentran alienados. En el libro *La construcción social de la realidad* de Berger y Luckmann, cuya traducción al español ocurrió en 1968, se destacan dos tipos de socialización: *primaria y secundaria*, considerándose a la sociedad como *objetiva y subjetiva*, misma que moldeará en más de un modo, el proceso identificatorio y la matriz de la identidad.

El constructo diádico, digamos la psicoterapia intersubjetiva bipersonal, la inauguró el más sabio y feo de los griegos, Sócrates, con lo dialéctico de su mayéutica,y la terapia grupal fue ejemplificada mediante la pluma de Platón, en el Diálogo *Simposio (banquete) o de la erótica*, donde Apolodoro y un amigo, más Sócrates, Agatón, Fedro, Pausanias, Erixímaco, Aristófanes y, Alcibíades, dialogan grupalmente, acerca del *Eros*, aunque sin Diótima, única, que según Sócrates conocía de amor pues había sido su maestra. No obstante, los nueve selectos miembros se comportaron tal como lo prescribió muchos siglos después García Márquez (1995), al exigir a sus talleristas en Cuba, el cumplimiento de la principal regla del Curso, dictada por él en "El enigma del paraguas", siendo esto un todo titulado *Cómo se cuenta un cuento*. Escuchemos con la mirada:

> "Porque aquí hay que opinar con absoluta franqueza; cuando algo no nos parece bien, hay que decirlo; tenemos que aprender a decirnos las verdades cara a cara y a funcionar como si estuviéramos haciendo *Terapia de grupo*". (p.12 mis cursivas).

El humanismo helénico, en efecto, se fundamenta en el *conócete a ti mismo*, meollo de la condición humana, y no acaso el filósofo latino Terencio (¿190? – 159, A.C.) autorreflexionó confesando "nada de lo humano me es ajeno"; incluido lo animal, complementaría un darwiniano postmoderno. Hegel (1807) con su discurso seminal denunciaría la dominación "amo-esclavo", y Freud (1921) insistiría afirmando que, en la vida anímica del sujeto el *otro* cuenta como modelo, objeto, auxiliar y enemigo; por ende, la psicología individual, desde un inicio, es simultáneamente social (p.67). De parecida manera la catalogó Maurice Merleau-Ponty (1945) al acuñar el nombre de *intersubjetividad*, que tanta influencia tuviera en los *Escritos* lacanianos (1966) y, en Octavio Paz (1973) con sus reflexiones acerca de la *otredad*. Ésta es, escribió:

"...una experiencia constitutiva del hombre como el trabajo y el lenguaje. Abarca del juego infantil al encuentro erótico y del saberse *solo* en el mundo a sentirse parte del mundo. Es un desprendimiento del yo que somos (o creemos ser) hacia el *otro* que también somos y que siempre es distinto de nosotros" (p.12, mis cursivas).

La intersubjetividad en cuanto relación entre dos, tres, o más sujetos, aprehende el conflicto pulsional, la psicología del YO, las relaciones de objeto, la teoría del *self*, las investigaciones sobre el desarrollo temprano, incluido los diferentes apegos, lo vincular externo e interno, el enfoque existencial, y por supuesto, la relación terapéutica. El libro más conocido al respecto es *Conceptos relacionales en el Psicoanálisis, una Integración* de Stephen A. Mitchell (1988), analista y supervisor del Instituto William Alanson White, y cuyas fuentes capitales son: Sullivan, Kohut, Winnicott, Fromm, Bowlby, Modell y Stern. Sin embargo, su conocimiento sobre Bion es muy pobre, citando sólo un artículo de él. En otra de sus publicaciones *Hope and dread in psychoanalysis* (1993) se aleja de Freud y defiende una psicología del "Sí Mismo" *made in USA*, poco después en *Freud and beyond. A history of modern psychoanalytic thought* (1995) escrito con Margaret J. Black, mantiene su posición. En nuestro medio mexicano *El Psicoanálisis después de Freud* de los Bleichmar y Wikinski (1997) es muy confiable.

Paso, ahora, a revisar la difundida sistematización, que Berenstein y Puget (1997) han popularizado sobre todo en Latinoamérica. Ellos describen tres tipos de vínculos en el sujeto: *Intrasubjetivos, intersubjetivos y transubjetivos*. Aquí el legado conceptual de Enrique Pichon-Rivière

(1971, 1980) es primordial. Sus aportaciones son trascendentes: *El proceso grupal. Del psicoanálisis a la Psicología Social, y, Teoría del vínculo.* En lo que sigue iré complementando lo vincular con ideas propias y de otros autores.

Los vínculos *intrasubjetivos* son endopsíquicos; estamos ante el sujeto preconsciente e inconsciente con sus fantasías, autorrepresentaciones de sí mismo (*self, persona*) y las representaciones internas de sus objetos externos parentofamiliares (objetos del *self* fusionados o diferenciados). En estas abstracciones me apoyo, reitero, en la fenomenología subjetiva husserliana como el método hacia lo verdadero del objeto intuido, mismo que se nos presenta aquí y ahora, en el escenario interno de las representaciones del afuera, contando en esto, la representación de lo no representado, a saber, la presencia vacía de una ausencia; lo *negativo* de Winnicott (1971), que Green (1980, 1993) describe, insisto, como "la representación de una ausencia de representación" (p.208). Dicha no presencia puede ser la madre muerta, deprimida, abandonadora, etc. Otro pensador relevante acerca de lo *negativo* en los protosentimientos congelados ante el pecho ausente, viene siendo Bion (1962). Es importante destacar que el estudio o trabajo de lo negativo, nació en el Prólogo de la *Fenomenología* de Hegel (1807) y se ejemplificó con la "alucinación negativa" de Freud (1917 [1915], p.231).

De acuerdo; hay representaciones endopsíquicas, pero, ¿dónde? En "el narciso negativo" (Solís, H., 1976) ensayé una tentativa de comprensión; pero ahora para algunos kohutianos el *Yo* no existe, sólo el *self*, entonces, si actualizo aquellas lejanas ideas de 1976, las abreviaría metafóricamente externando que el *sí mismo* es como una naranja ombligona, donde el *YO* es un ombligo en la parte superior, lugar donde se hallan las representaciones del *self* corporal y psíquico, el *sí mismo* y sus objetos internos, incluido en ello, el superyó y sus *ideales* que tendrán también sus representaciones en el *yo*; así, como éste, mantendrá los registros de sus objetos externos. Sé que estoy frente a una abstracción más, empero, eso me permite conceptuar sintiendo mejor mis pensamientos y pensando a la par mis sentimientos; así, se me facilita imaginar al *self* vinculado con la "pareja" y la "familia" interna (Laing, R., D., 1971; Pichon-Rivière, E., 1971). Es obvio, que veo a su vez la externa y ésta no siempre es la misma.

Lo intersubjetivo relacional externo es la *mismidad* y la *otredad* como dos sujetos interaccionando; *puente* de relación entre mundo interno y, el afuera microsociofamiliar, por ello se considera a la *intersubjetividad* como el vínculo por antonomasia, pues siempre es intra y transubjetiva, posición sostenida antes por Fairbairn (1940), Lacan (1949), Bion (1962), Winnicott (1965) y Bowlby (1969).

La construcción del sujeto psíquico es una labor compartida con el *otro*; quien debe contener, confirmar y comprender. De dicha manera la madre constituye a su hijo, al tiempo que éste construye a su mamá. Si la intersubjetividad es *positiva*, las protoidentificaciones y la identidad, se irán estableciendo epigenéticamente en el devenir humano; empero, los hijos nunca serán iguales y la madre y el padre tampoco, pues mucho depende de las circunstancias existenciales, razón por lo cual, a veces, la intersubjetividad suele ser *negativa*; tristes relacionescon objetos parciales, de uso cotidiano, con valencia destructiva, entes que devalúan al *otro*, y éste, es, un ser existente inexistente: la *nada*.

Los vínculos *transubjetivos* son constelaciones psicosociales *primarias y secundarias,* donde según Pichon (1971) opera una espiral dialéctica progresiva y regresiva, de abajo hacia arriba, seguida con un descenso y, así, *ad infinitum*. Pensemos aquí, en la imagen del *Ouroboros*, aquella serpiente mítica que se mordía la cola.

TERAPIA DINÁMICA FOCAL EN LA DEPRESIÓN

En nuestro quehacer psicoterapéutico, el *puente vincular intersubjetivo* se construye mediante el encuentro o reencuentro, entre dos sujetos, más la interpretación cual eje intercomunicante de los mundos externo e interno. Lo trataré de mostrar, primero, con la terapia dinámica breve del síndrome depresivo, donde aplico mi modelo MAPEAS, que estoy practicando desde el retorno en 1984 al HospitalUniversitario de Monterrey. La sigla de seis letras se explicitará enseguida.

MAPEAS:=

M:= Medicación, o no.

A:= *Autoestima:* (depresión mayor, riesgo suicida, transtorno bipolar II, tipo depresivo, ciclotimia, distimia, etc. DSM-IV tm).

P:= *Pérdidas:* (duelos no resueltos, pérdida amorosa, crsis de la mitad del vivir, síndrome del nido vacío, reacciones de aniversario, privación de la libertad, secuestro, violación, estrés post-traumático, quiebra económica, desempleo, divorcio, duelo anticipado, muerte anunciada, etc.

E: = *Enfoque* (*Dasein* "del ser-ahí". O "Ser en el *existencial:* mundo" de Heidegger. No lo que ya se es, sino lo que se puede ser. El sujeto humano en cuanto ser, es el único ente que se pregunta por el sentido del ser. Vida, muerte, libertad, responsabilidad, aislamiento, separación, la angustia existencial. El ser en cuanto ser finito. El tiempo, la nada, el sin sentido, la incertidumbre. El sentimiento trágico del existir, la soledad, el tiempo congelado. Proyecto de vida o de muerte).

A: = *Agresión:* (Auto y heteroagresividad manifiesta o latente, intrapsíquica e intersubjetividad negativa).

S: = *Somatizaciones:* Equivalentes psicosomáticos depresivos: anorexia, pérdida de peso, insomnio, fibromialgias, "*baby blue*", duelo corporal.

Desde la entrevista inaugural, se debe captar lo que comunica el sujeto deprimido, a través de su discurso verbal, y lo analógico del lenguaje corporal, recurso que mi bisabuelo analítico Teodoro Reik (1948) identificara como ese "extra sentido", de poder "escuchar con el tercer oído". ¿Quiénes son los mejores candidatos para una "terapia dinámica breve? Marmar (1992) investigó con precisión lo que varios autores externaron acerca del método selectivo; así, la persona tendrá que ser inteligente, hallarse motivada, es decir, poseer inclinación psicológica, por ende, capacidad de *insight,* presentar ganancias primarias preconscientes y, secundarias no demasiado fuertes, mostrar firmes evidencias de cuando menos una relación personal constante, misma que pueda reeditarse, en parte, mediante la confianza transferencial con el terapeuta; éste, a su vez, tiene que prestarse como continente seguro de los contenidos del enfermo, quien debe operar en un nivel neurótico, alto o intermedio de organización psicoestructural (Kernberg, O., 1976). Esto último es capital. La queja manifiesta principal deberá ser reactiva, de origen exógeno, aunque el equipo Balint (1972) advirtió, que pueden coexistir dos focos pero intercomunicados. El conflicto focal latente descrito por French (1958), lo hemos anotado antes, contradictorio por la afectividad ambivalente, -¿qué clase de amor es ese, si tiene por hermano al odio?", protestaría aquel dios que no pudo ser terreno: Oscar Wilde-. Sí, dicha problemática distímica, para su benéfica *catarsis*, requiere de una cercanía con la conciencia, o sea, un preconsciente que durante el proceso terapéutico pueda ser pescado por el anzuelo de la interpretación elaborativa y, desde nuestras contrarreacciones ante los transferires de esos dolientes; ellos, no deben caernos excesivamente bien, pero tampoco mal en demasía.

Son buenas indicaciones también, las fases transicionales del desarrollo vital (infancia y adolescencia con sus formas prolongadas; crisis existencial de la mitad del vivir, climaterio, síndrome del nido vacío =*empty nest*= *emptiness*, andropausia, senectud y, la angustia del morir), pues todas ellas son etapas de grandes pérdidas y duelos soterrados. En el enfoque de James Mann (1973) el tiempo y lo espacial cuentan, de ahí el por qué, su clara indicación en adolescentes con dificultades en la segunda separación-individuación, quienes corren fuerte riesgo de sufrir una adolescencia prolongada *negativa*, caracterizada por idealizaciones primitivas, bastante distinta a la *positiva,* donde los ideales ontológicos conscientes, son la bitácora existencial del *SER* finito, aunque con posibilidad trascendente (Solís, H., 2003-a,b,c.).

Bien; estamos ya, ante el tecleado interactivo, cara a cara, de una primera sesión. La severidad del cuadro depresivo será marcado por el mismo paciente, al teclear él,

Terapeuta

M	A	P	E	A	S

Paciente

con mayor frecuencia el lado izquierdo, mientras, que su terapeuta escucha desde el tercer oído, siguiendo "el hilo rojo" del discurso y tecleando, a su vez, con sumo cuidado, lo correspondiente a *Medicación, Autoestima y Pérdidas (MAP).* Si la melodía es siniestra, triste y lenta, cual Adagio de Albinoni, la autoestima personal se hallará cerca de la bancarrota; estaremos, entonces frente a pérdidas vitales con duelos melancólicos, existiendo, sí, un claro riesgo suicida, pues como lúgubremente alguien me dijo: "la vida es larga y, además no importa".

M:= Medicación

En un rincón incierto de mi bibliomanía, más no de mi memoria; reposa viva la inquietante profecía de Freud, anunciando: "en el futuro, a un lado del sillón analítico estará, el hombre de la jeringuilla". ¿Por qué no encuentro la referencia? ¿Será, acaso, por una identidad a ultranza con la ortodoxia? Puede ser.

Lo antes declarado se atenuó un tanto cuando leí "Empleo del Tofranil en psicoterapia individual y grupal", pues tenía la acreditada autoría de Enrique Pichon-Rivière (1960), quien argüía analíticamente que "el melancólico es un sujeto perseguido por su conciencia y el hipocondríaco por sus órganos" (p.46). El Tofranil, sostenía, "eleva el impulso vital", al actuar "sobre el núcleo central de la depresión" (p.49). Más adelante explicaría, que dicho antidepresivo "obra bajando el monto de agresión, ansiedad, ambivalenciay culpa" (p.50). El Maestro extendió las indicaciones del fármaco desde lo individual a la familia, de modo que aparte del paciente designado como depresivo, recomendaba la "administración de Tofranil a todo el grupo familiar" (p.54), pues la "droga favorece la ruptura del estereotipo" (p.55). Surgió por aquellos años la versión que Pichon-Rivière tomaba, a la par, Tofranil, para estar en sintonía con el grupo familiar. No podría asegurarlo. Lo único comprobado en sus últimos años, fue su dependencia extrema a la Efedrina y, el alcohol.

Otra lectura que ablandó mi rígida ortodoxia fue el libro del psicoanalista Mortimer Ostow (1962) cuyo título *Drugs in Psychoanalysis and psychotherapy*, es definitivo. Ahí, el osado colega sin rubor manifiesta, que los tranquilizantes disminuyen el aflujo de libido al yo, mientras que los antidepresivos lo aumentan. También apuntó, en aquel lejano tiempo, que los nuevos antipsicóticos ayudaban a la reintegración del yo.

Las ideas de Pichon y Ostow, cobran mayor vigencia en el tiempo postmoderno actual, pues durante los últimos lustros han reinado los antidepresivos menores como aplicaciones psicofarmacológicas en el amplio espectro del síndrome, siendo bastante utilizados en distimias, fobias, trastorno obsesivo compulsivo, anorexia nerviosa, bulimia, obesidad, problemas de adaptación, estrés post-traumático, forma adulta de la atención dispersa y, por lo general, en toda conflictiva fenomenológica, que tenga una depresión latente o enmascarada; estando a veces los antidepresivos combinados con ansiolíticos. Esto es muy común en medios institucionales de entrenamiento, como el nuestro, donde a la vez se indican enfoques psicoterapéuticos siguiendo el modelo *biopsicosocial* de Engel (1980).

En lo personal yo no medico, y cuando lo considero necesario, procedo a la referencia con alguien experto en ese campo, quien además posea entrenamiento psicoterapéutico dinámico, o sea miembro del grupo de maestros universitarios, integrantes del Seminario Sobre Terapias Breves e Intervención en Crisis. Guardo, sin embargo, suma cautela en casos especiales de mujeres con depresiones neuróticas (Dio Bleichmar, 1991;

Meler, i., 1996), por ser las féminas quienes mayormente reciben fármacos, sobre todo en la edad madura, y seguido la prescripción, ya desde antes indicada, no procede de profesionistas lo suficientemente especializados, influyendo en ello, además cierta ideopatía del androceo médico; amén de la superior incidencia del síndrome depresivo en el gineceo tan comúnmente manifestado en forma corporal. Las evidentes diferencias de género sobre dicho punto, se muestran con meridiana claridad en *El malestar en las mujeres. La tranquilidad recetada*, escrita por las colegas Burin, Moncarz y Velásquez. Ahora también, sin retirarme del género femenino, es a la vez imprescindible, destacar las investigaciones recientes acerca de la hormonoterapia cual eficaz paliativo de síntomas depresivos climatéricos y, enfermedad de Alzheimer (Small, G.,W., 1997). Aquí tendríamos por recordar la esperanza de Alexander (1950) cuando auguró, que el futuro de la endocrinología aún pendía de la cauda de una estrella. Bien se sabe, además, que el discurso femenino es psicosomático, habla corporalmente: menarquia, sexualidad, embarazos, crianza de los hijos, menopausia, climaterio, obesidad, dietas, "aerobics", pilates, qué sé yo.

Ahora más; Michael Balint (1955) ex-analizando de Sandor Ferenczi, en *El médico, el paciente y la enfermedad*, señala que el psicofármaco más frecuentemente dado a los enfermos, es con mucho, el médico mismo y aprehende esa relación intersubjetiva, circular, entre terapeuta y paciente, en alianza curativa de mutuo reconocimiento, construcción bipersonal realizada por dos sujetos biopsicosociales empáticos, que se comprenden desde una confianza básica. He, ahí, entonces, el modo, la dosis, su aplicación, recepción, efecto e, interacción, constituyentes del humanismo de ese delicado quehacer del *SER* profesional, sea uno, médico o no, que tipifica la psicofarmacología de ese medicamento llamado terapeuta (p.17-20). Algunos en el presente lo nombramos proceso diatrófico y en páginas posteriores se ejemplificará, cuando hablemos acerca de la patología pre-estructural.

A:= Autoestima.P:= Pérdidas.E:= Enfoque existencial

Si bien el sujeto deprimido, reitero, teclea desde un comienzo el adagio de su autoestima devaluada, despreciable; es también el propio psicoterapeuta quien necesita tocar las notas de las pérdidas disparadoras de la depresión actual, vinculándolas con aquellas ya pasadas, pero que pueden estar resignificándose *a posteriori*, pues casi siempre llueve sobre mojado, incluido en ello, la carencia de un sentido significativo en la vida (Frankl, V., 1946). Idéntica ejecución se espera, como lo veremos dentro de poco (-EAS), con la auto y heteroagresión, los equivalentes depresivos somáticos y, ese ignoto cementerio del duelo corporal, lo *negativo* tanático o *imago* de la madre muerta, melancólica, ausente; la representación, en sí, de lo no representado, investigaciones clínicas efectuadas, lo dijimos antes, por Bion (1962), Winnicott (1971), Green (1980, 1993), y Kohon (1999). Todo lo anteriormente dicho trabajado según mi parecer, durante las dos o tres consultas de evaluación y, es obvio, que sobre ello laboraremos durante las doce sesiones del tratamiento, que comprende una especial estrategia en las tres fases del proceso: *inicial, intermedia y final*, cada una con cuatro entrevistas; aunque, a veces, sean menos de 12 y, en otros casos, se proponga un recontrato.

Desde que nacemos, hasta el último estertor de la noche eterna, somos entes de pérdidas y duelos, simples muertos soñando que vivimos. La identidad ontológica se irá forjando, lágrima tras lágrima, caída tras caída, con logros y malogros, pero, ante todo, si la existencia tiene significancia, sentido trascendente; si se cultiva así un proyecto humanístico, el Hombre tendrá la misma edad que sus sueños creativos, transformadores, empero, sin caer en falsos ideales, tan difundidos en esta época postmoderna *Light*.

Bien; si me circunscribo ahora, tan sólo a ciertos pensadores del mundo PSI, empezaría con el psiquiatra y filósofo Karl Jaspers (1937), quien afirmó que somos "existentes finitos" (p.40), "singulares", "libres" (p.66), "trascendentes" (p.71), "separados" (p.80). Seguiría Víctor Frankl (1946-a,b, 1952, 1969), con el sentido del vivir y la inevitabilidad de la muerte, empero; éste sufrimiento existencial de desidentificación, sustenta la capacidad del solitario trabajo creativo, el amor, y la autotrascendencia; tocarían turnos después al socioculturalista Erich Fromm (1941, 1955, 1962, 1983) con el miedo a ser libre y, a Rollo May (1966) con "libertad y responsabilidad" más "el dilema existencial del hombre moderno"; continuando Irwin Yalom (1975) con su *Teoría y práctica de la psicoterapia de grupo*, así como también su *Existencial psychotherapy* de 1980, que tanto influyeron en Stephen Walsh (1984) y su "Criterio existencial en psiquiatría"; más, el familiólogo Carl Whitaker (1989) principal promotor del enfoque terapéutico existencial en familias. Todos ellos adeudan mucho a Sören Kierkegaard (1813-1855), Friedrich Nietzsche (1844-1900), Ludwig Binswanger (1881-1966), Martín Heidegger (1889-1976), y Jean-Paul Sartre (1905-1980). Gratitud obliga, frente a éste pentágono de maestros.

Tanto Yalom como Walsh, toman para su labor psicoterapéutica las siguientes *dotes* existenciales: 1.- Muerte. 2.- Libertad-Responsabilidad. 3.- Aislamiento-Separación y 4.- Falta de un sentido de vida. En la psicoterapia existencial psicoanalítica breve, se identifican dos o tres *dotes* del sujeto, comúnmente vinculadas a crisis del devenir vital. Walsh afirma:

> "Durante el tratamiento el paciente puede experimentar con libertad y responsabilidad, hablar del significado de la vida y del terror de la muerte y no sentirse solo. Al lograr confianza en su capacidad para afrontar las "dotes" existenciales puede dejar el tratamiento sin sentirse aislado o abandonado" (p.553-554).

Sin embargo, tanto Walsh como Yalom, edulcoloran "la esencia de ser ahí", el proyecto de ser Dios, la nada y,el nauseabundo hedor de todo aquello contrario al fundamentalismo establecido. No obstante, para la 3ª edición de la *Psiquiatría General* de Goldman (1992), el "criterio existencial" de Walsh, sin causar sorpresa, haya desaparecido. Por lo correspondiente a Yalom; su novela *Light* "El día que Nietzsche lloró", (1995) es un claro ejemplo de banalidad filosófica, misma que, el preclaro sospechoso de Röcken lapidaría, acompañado seguramente por Marx y Freud. Yalom es, además, un antifreudiano irrespetuoso, dígalo sino, las siguientes líneas, acotadas en su idioma original:

> "...*probably more is known about the person of Freud than about any other modern historical figure (with the possible exception of Woody Allen)*" (Yalom, i. D., 1980, p.70).

A: Agresión. S: Somatizaciones en el duelo corporal

La introyección preconsciente de agresiones en el deprimido neurótico, que Bellak (1992) considera fundamental, requiere de una externalización mediante el diálogo intersubjetivo, constructivo, de la díada terapéutica; similar condición opera si la agresividad o el duelo se depositaron en el cuerpo, lo cual sucede seguido en los Narcisos neuróticos (Solís, H., 1983) y, en histéricas. Freud (1897) en el "manuscrito N" de mayo 31, que aparece en *Los orígenes del psicoanálisis*, (Freud, S., 1950), le comunica a Fliess:

> "Una de las manifestaciones del duelo consiste entonces en autocastigarse..., afectándose con los mismos estados que ellos sufrían, de acuerdo con los principios de la expiación" (p.208).

Parafraseando al *Herr Professor*, bien puede afirmarse, que la sombra del objeto "muerto-vivo" cae sobre el *self* corporal (Freud, S., 1917-1915). Y, extendiendo el examen del duelo somático, evocaría yo, aquí, la poética frase de Henry Maudsley (1835-1918), quien sentenció: "Cuando los ojos no lloran, otros órganos sollozan". En Londres, un célebre hospital psiquiátrico lleva su nombre. Allí se entrenó el regiomontano Eduardo Riojas.

INTERLUDIO EXISTENCIAL SOBRE LA NADA Y EL SER FINITO

Antes de presentar material clínico pertinente, me ocuparé en forma breve del doble o múltiple sentido, afirmativo y negador, en el juego de palabras con frecuencia encontrado, como parte y todo de la condición humana. Así, los homéricos narraron: "¿Quién se halla ahí?" "Nadie", contestó un fulano que tenía el nombre de Nadie. Muchos siglos después, Octavio Paz (1950) en *El laberinto de la soledad*, contaría:

> "Recuerdo que una tarde, como oyera un leve ruido en el cuarto vecino al mío, pregunté en voz alta: "¿Quién anda por ahí?" Y la voz de una criada recién llegada de su pueblo contestó: "no es nadie, señor, soy yo" " (p.39-40).

Años adelante cuestionaron a Juan Rulfo acerca del precario estado de salud de la literatura mexicana y, éste, susurró: "Descansa en Paz", y, también el mismo Rulfo no despide acaso en *Pedro Páramo*, a un sutano que se lamenta "¡ay vida no me mereces!" O bien Freud (1927), en *El porvenir de una ilusión*, citando al filósofo Nietzscheano, Vaihinger (p.28-29) acerca del "como sí", en verdad creyéramos en la "mentira" de una vida eterna más allá de la muerte; aunque, si el 'porvenir' es falso, la 'ilusión' no lo es, por lo cual Jesucristo, según Jay Haley (1969):

> "Predicó, aunque rara vez practicó, la táctica de presentar la otra mejilla, amar a los enemigos, rezar por ellos y perdonar setenta veces siete a quienes le habían causado daño" (p.53).

La ficción "como si" de Vaihinger (1922) estudiada por Helene Deutsch en 1934 y 1938, coronando su conceptualización en 1942; y si bien ella rinde merecido crédito a Vaihinger por el término, su pensamiento es algo distinto al sentido original de Nietzsche, pues la exanalizanda de Freud, vincula a la caracteropatía "como si" con la esquizofrenia. En el presente, aún se considera desde la clínica, a *"the "as if" personality"*, como uno de los trastornos limítrofes descrito por otro exanalizando de Freud; me refiero a Roy R. Grinker (1968).

Este mundo fantástico de ilusiones, apariencias y delirios a la Walter Mitty, quien se escapaba de la realidad finita y depresiva, soñando ser *otros* personajes, fue analizado por Ernest Becker (1973) en su libro *The denialof death*, (premiado con el Pulitzer de 1974), donde dicho antropólogo cultural y psicosociólogo se apoya en el trabajo pionero de Sören Kierkegaard, sobre todo en los capítulos 5 y 9, titulados *"The psychoanalyst Kierkegaard"* y *"The present outcome of psychoanalysis"*, haciendo énfasis en el colegir del colega prefreudiano Kierkegaard, quien deposita, a la psicosis esquizofrénica, en ese estado existencial alienado, de encadenamiento infinito, de terror a ser libre, de cárcel psíquica demencial, donde mediante la negación mesiánica del que se cree Dios, se és todas las cosas y ninguna, aunque, desde la desesperación de la depresión existencial, se es tan solo, una *nada* insignificante, estúpida e intrascendente. Es, el retorno del *ninguno* de Octavio Paz (1950), la ausencia en nuestra mirada, el nombre no recordado, lo anónimo, la falla siempre presente, pues todos somos *ninguno*. Los héroes y los milagros paternos ya se agotaron, y Dios ha muerto, insistiría Nietzsche en el Zaratustra, aunque, Él, no lo sabe todavía. Harold Bloom (2004), nuestro Premio Alfonso Reyes 2002, había de recordarnos acerca del tiempo caracterial psicohistórico, al escribir. "El tiempo de los patriarcas, para los rabinos, es parecido, a la época de la infancia de Freud, cuando se nos marcan las cicatrices para siempre" (p.210). Sí, el eterno retorno de la pata del oso.

Cierto seguidor trasnochado del Unamuno entreguerras, peroraría en algún funeral sobre el sentimiento trágico de la vida; un sartreano postmoderno proclamaría, que el *Ser* en cuanto ser, no existe, porque está irremediablemente condenado globalmente a no ser libre y, algunos menganos socarrones e irreverentes, negadores de veras, comentarían de *El ser y El tiempo* de Heidegger y, *El ser y la nada* de Sartre, que en la primera obra les faltó lo último para leerla, es decir, *tiempo*, y de la segunda dirían, que a la vez, sólo entendieron lo último, o sea, *nada*. Así es, el sí mismo *del sujeto* siente la soledad de *ninguno*, ese estar ahí, en el mundo. ¿La *nada* del vacío existencial, será como si camináramos en una noche infinita, obscura, sin estrellas ni luna? Podría ser, por que también caminamos, sin el piso de la tierra...

Es verdad, la muerte no mata a nadie, la matadora es la vida. Sobre ello se llora en coplas, corridos y poemas mexicanos. Así, el médico poeta Elías Nandino nos legó su epitafio: "Yo no morí de mi muerte: A mí me mató la vida".

"Es el miedo a la muerte, a la desaparición, la raíz de las enajenaciones. Pienso que el psicoanálisis de Freud es como se decía de la filosofía de Platón, el arte de saber morir, de aceptar la muerte no como lo opuesto a la vida, sino como algo inherente a la misma. Cuando fui profesor de lógica con frecuencia utilizaba proposiciones como El hombre es mortal o Sócrates es hombre, pero nunca se me había ocurrido asumir que "yo soy mortal" (Miguel Ángel Zarco, 2003. Comunicación personal escrita).

LA PSICOTERAPIA DINÁMICA DE CONTENCIÓN EN LA PATOLOGÍA PREESTRUCTURAL

"Si queremos que todo siga como está,
es preciso que todo cambie. ¿Me explico?" (p.40)
Guiseppe Tomasi de Lampedusa (1958). EL GATOPARDO.

El anterior cuestionamiento derivado de un proverbio francés (*Plus ca change, plus c est la même chose*) fue pronunciado por un irreverente capitancillo garibaldino y, estaba dirigido a su tiazo El Gatopardo. El Príncipe de Lampedusa, autor de la obra, era una figura casi familiar de nosotros, pues su esposa la baronesa Alexandra Wolf-Stomerse, llegó a ser Vicepresidenta de la Sociedad Psicoanalítica Italiana. El escritor había de morir en la primavera romana de 1957, no logrando ver su novela impresa, ni admirar la danza de Burt Lancaster interpretando al Gatopardo. En la frase del epígrafe destaca la interrogante final del sobrino rábano (rojo por fuera, blanco por dentro) ya que dubita con el, "¿me explico?"

Otra duda metódica se me resignificó, al leer Guía de la Biblia, Antiguo Testamento, de Isaac Asimov (1969), donde él narra la cruenta derrota de los efraimitas, quienes se creían la fuerza militar más poderosa del pueblo israelita. Humillados en su fuga, encontraron cortado el paso del Jordán. Se les preguntaba, a ellos: <<¿Eres efraimita?>> Todos respondían "no". Después se les investigaba más directamente: <<A ver, di *shibbolet*>>. Contestaban <<*sibbolet*>>, pues el sonido "shi" no existía en el dialecto efraimita. Ya identificados por los triunfadores de Galad, se procedía con la pena del degollamiento. Asimov refiere:

> "Como consecuencia de este pasaje, la palabra *"shibbolet"* se utiliza en inglés para representar cualquier término clave que sirva para distinguir a un grupo humano de otro" (p.227).

Varios lustros ha, en Londres, *shibbolet* resultaba ser la señal diferenciadora de aquellos, que eran psicoanalistas ortodoxos o heterodoxos, o sea, puros o impuros. Todo dependería de si reconocían o no, el Complejo de Edipo freudiano. ¿Será el diván ahora, el shibbolet distintivo de quien es psicoanalista o no? ¿Me explico?

La Patología Preestructural

Preestructural es una palabra equiparable a pregenital, preregresivo, preedípico, preobjeto total, preposición depresiva, preestadío del espejo, preindividuación, etcétera.

Winnicott (1965), diferenciaba el análisis clásico, edípico, del *"management analisis"*; la Escuela norteamericana nombraría a esto último psicoterapia psicodinámica expresiva con modificaciones en la técnica, sobre todo si el paciente es limítrofe (Kernberg, O.F.; *et al*, 1989); en el mundo de Latinoamérica la llamamos psicoterapia psicoanaliticamente orientada o informada y, en México, a la psicoterapia de apoyo o soporte la bautizamos como de contención y, en éste capital enfoque nuestros pasos huellan sobre Fairbairn (1940) quien postuló, que los instintos son primariamente buscadores de objeto; además de Winnicott (1965) con sus ideas facilitadoras del desarrollo, la madre lo suficientemente buena, los *"holding"* and *"handling"*, más sus conceptos acerca de *self* verdadero y *self* falso, amén de las formulaciones sobre lo negativo (1971), es decir, la representación de lo no representado, la madre o el padre muerto, ausentes; que nos aproximarían así, a Balint (1979) y su propuesta de una "falla básica", hasta la cual se regresa para *"the new beginning"*, y por supuesto, nos apoyamos en las ideas de Bion (1957, 1959, 1963), a saber, *"reverie"* materno, parte neurótica de la personalidad psicótica, ataques al vínculo, intersubjetividad contenido-continente, en fin.

Es obvio, que las pisadas van, aún más allá del discurso oral; llegan a la entraña misma de las emociones primarias, en donde más, que la interpretación cuenta el acto, la entrega receptiva, el cómo, la actitud continente, pues las palabras no están allí catectizadas. Allá y aquí, entonces y ahora, el fantasear inconsciente intentará una vez más la búsqueda del vínculo perdido o jamás hallado. Ante dicha carencia, el terapeuta se ofrece como nuevo objeto, substituto de aquella falta; es el aspecto diatrófico (a través de la nutrición, en este caso emocional). ¿Operarán las transferencias epigénéticas? Sin duda que sí, pero a la par, edítase algo -afirmación de Pero Grullo- algo, que nunca existió, lo negativo, la presencia de una ausencia representada.

Los mecanismos defensivos intra e intersubjetivos, requieren del Otro interno y la otredad externa, se necesitan los objetos-sujetos del afuera para su interacción "real", constancia relacional y, en el óptimo de los destinos, la posibilidad del cambio estructural. Lo anotado cobra vital importancia en la psicoterapia dinámica de contención con psicóticos, fronterizos y narcisopatías graves, donde el analista, además de ser continente transferencial intersubjetivo, interviene como nuevo objeto. Los lindes no son nítidos, empero, si lo que predomina es una neurosis de transferencia edípica, trabajamos en un análisis clásico; en cambio, si lo que impera es la relación proyectiva e introyectiva, contenido-continente, entonces, estamos más allá del psicoanálisis ortodoxo, dicho esto desde el vértice progresista del salto cualitativo en nuestro quehacer curativo (Solís, H., 1985).

THE GOLDEN EGGS. *(El Huevos de Oro)*

A finales de los años sesenta del siglo pasado, recibí una llamada de un alto prelado eclesiástico con francas tendencias liberales. Solicitaba una consulta urgente para su sobrino, quien padecía de adicciones múltiples; dicho adolescente fue uno de mis primeros casos tratados en la Ciudad de México.

Diez y seis años cumplidos; alto, pelirrojo, guapo; paseaba casi levitando por las banquetas de la Avenida de los Insurgentes, con la idea fija, que la gente lo confundía con el famoso cantante Jim Morrison. Llegó a mi consultorio acompañado del dignatario religioso, quien preguntaba con insistencia, si el muchacho requeriría internamiento de inmediato. El tío permaneció en la sala de espera, mientras yo efectuaba la primera entrevista de evaluación. Trastabillando pasó el efebo a mi oficina, aquella mañana de sábado cuando lo vi por primera ocasión. Mostraba francas evidencias de andar "fumigado", a saber, obnubilado por el abuso de algunas drogas. Me ofreció marihuana. "*Golden*, Acapulco" mi doc, para estar, a tono". Como no acepté la invitación, él, balbuceando preguntó si yo le tenía miedo a la "mota". Le contesté de manera afirmativa. En seguida, esbozando una confiada sonrisa, comentó: "Motorolo" seguro, mi doc, pero yo lo curaré". Después dijo que se analizaría en posición de loto, lo cual logró con múltiples dificultades. Más delante cambió de parecer y titubeando me pidió si podría acostarse en el diván. Asentí. El joven se colocó boca arriba y pasados unos minutos, ya dormido, empezó a roncar estruendosamente. Faltando poco para el término de la sesión, lo desperté con cuidado, se levantó alerta planteando sus condiciones de terapia.

De manera teatral exigió, que no se indicaría hospitalización en ningún "locomio", para una cura tipo "destete" y nada de atarantáxicos, tampoco entraría a tratamiento de grupo o familia; el pago correría por cuenta de sus padres quienes estaban de acuerdo; y, solamente el tío materno podría obtener cierta información conmigo, consultándome cada mes. Le informé sobre las reglas del contrato, costo de las sesiones, pago mensual, seis entrevistas de lunes a sábado, cara a cara, entrega de recibo de honorarios y, que la psicoterapia sería prolongada. El paciente con actitud *as if* (como sí) (Deutsch, H., 1942) solicitó ser atendido el día siguiente (domingo) pues necesitaba más explicaciones acerca del análisis, aunque su hermana, la "psicóloca" le había dicho cómo trabajaba yo.Le concedí la sesión. El joven parecía un actor de roles, exceptuando, el de su adicción.

Aquel lejano domingo llegó "pacheco", cruzado, pero en tono conciliador, intentando convencerme, que las entrevistas fueran fumando ambos marihuana. Mantuve mi negativa, agregando, que pasadas algunas consultas, él, debería acudir a mi terapia completamente "seco", de lo contrario no habría entrevista. Me llamó "pinche Díaz Ordaz", mientras caminaba por mi consultorio checando los libros; el título de uno de ellos le impresionó: *La falacia de Freud*.

Tiempo adelante se sentó, informando, que la primera hospitalización fue por una hepatitis resultado de los "arponazos con *baby*", es decir, la heroína. "Me encantaba, el color amarillo, mi doc", contó socarronamente. Dejó la heroína y pasó a la "coca", las "pastas", hasta que se convirtió "en vegetariano" pues sólo le entraba, a hongos, mota y levadura, o sea cerveza. Parte de eso, había quedado atrás, excepto su intensa dependencia al alcohol y por "Mari y Juana", lo cual consideraba como normal. Ante la pregunta de por qué había aceptado acudir a terapia conmigo y, en aquel momento, repitió, que su hermana la "psicóloca", me había recomendado, agregando, que por consultar yo cerca de la Avenida Insurgentes:

"Sabe, mi doc, me quitaron la licencia provisional de manejo, y me expulsaron del colegio, por ser un pésimo ejemplo, para mis compañeros. Un escritor amigo de mi Señor Padre (con mayúsculas), aseguró que yo era un caso perdido".

Durante las entrevistas de apertura, él prosiguió asistiendo de manera puntual, sin faltar nunca, aunque siempre bajo el efecto de la marihuana, y posiblemente de algunas "pastas". Esto último fue negado por él, añadiendo, que desde el mal viaje con ácido lisérgico, poco antes de venir conmigo; eso, había terminado. Reconoció, sin embargo, que acudía "medio eléctrico" a su hora, por que subía hasta la azotea del edificio, y se daba unos "toques" de "mota", dizque para llegar inspirado al análisis. Cuatro semanas adelante, tuvo su primera sesión seco; parecía diferente con el pelo corto y su atuendo deportivo. Su tío, el sacerdote, lo acompañaba, se veía contento, fue la última ocasión, que asistió.

¿De qué hablaba el efebo? Casi nada de sus padres con quienes desde su discurso tenía ruptura de relaciones diplomáticas, pero no económicas; más, en aquél entonces, cuando vivía en un cómodo apartamento al fondo de la gran mansión paterna, donde su único acompañante era un perro blanco llamado "Guardián". A veces, decía algo de la "psicoloca", quien estaba ya en análisis, o de la Jefa de domésticas con quien cenaba algunas noches. La actitud del sistema parental, me pareció adecuada, pues así no funcionaban, como codependientes. Yo, nunca los ví. Su principal tarea en las sesiones era el análisis, según él, de mi persona, empezándome a nombrar "Herny Boe". Yo disfrutaba mucho con su narrativa, que el llamaba "asociaciones libres", pero seguido me cuestionaba frente a sus roles *as if* (como sí), de falso *self* (Winnicott, D. W., 1960) mediante lo cual mostraba, en ocasiones, un discurso adulto aparentemente "normal". Dudaba yo, a la vez, sobre si los hechos por él narrados eran reales o meros productos subjetivos de su fantasía. Un punto sí, era cierto, se transportaba en camión al consultorio.

También se apropió de la sala de espera, compartida, ésta, con otros colegas, relacionándose, a la par, con nuestra secretaria Conchita, quien tenía su propia oficina; haciendo suyas, mi paciente, tanto la cafetera, como las galletas. El jovenazo pasaba casi todo el día leyendo en la sala de espera, conviviendo amablemente con otros consultantes, indagando acerca del número de sesiones, costo de ellas, motivo de la "terapeada", y, si resultaban ser clientes míos, los interrogaba acerca de mi forma de trabajar, sobre todo con las mujeres. A propósito, una de ellas, le contó que yo era candidato de entrenamiento psicoanalítico, al igual que Juan Vives, con quien el adolescente se identificaba, por ser ambos pelirrojos y guapos, en cambio yo...

Pasados ya varios meses; un día tuve que atender a un abogado de la Procuraduría General de Justicia, quien solicitó asesoría psicológica, en relación a un dictamen. Ya para terminar la consultoría, el funcionario sonriendo me preguntó, si yo conocía las plantas de marihuana. Le contesté con amable curiosidad, que no:

"Pues en el macizo de plantas, que tiene usted como decoración en el baño –me comunicó– hay una preciosa mata de marihuana, aunque chiquita. Con esto de los concursos mejor tenga cuidado médico".

En efecto, el periódico *Excelsior* había hecho un reciente reportaje al respecto. Algunos días adelante la planta desapareció con todo y maceta, informando mi paciente semanas después, que no pasaba, él, de ser un pinchurriento agricultor urbano, porqué quedó en el segundo lugar del concurso. "Arreglado, Herny Boe, arreglado".

Se aproximaba ya el siguiente año escolar y, ante la apatía del jovenazo para estudiar o trabajar; sentí, el deseo de nombrarlo *"The Golden Eggs"*, o sea, "El Huevos de Oro". No le gustó en lo más mínimo el apodo. Enojado, en verdad, no "como sí", protestó diciendo, que estaba pensando cambiar de analista. "Pinche Herny Boe", encontré uno con quien puedo platicar fumando mota, a cualquier hora de la noche". Tomando en cuenta mi cabeza canosa, sospeché, que se trataba del perro blanco "Guardián".

Como yo lo seguía llamando *"The Golden Eggs"*, él se pasaba las sesiones sin hablar, leyendo concentrado literatura de la Onda (Gustavo Sáenz, José Agustín y Parménides García). Por ese tiempo, una mañana, caminando yo por el corredor del sexto piso; cerca ya del consultorio, vi, en la pared, con letras grandes, una difamación evidentemente proyectiva.

JUAN VIVES

ES

PUTO

Y, en la parte inferior, el dibujo de un gallito inglés, como representación simbólica del genital masculino, imagen popularizada en México por A. Jiménez en su *Picardía Mexicana*. La secretaria Conchita con encaprinada diligencia, tan pronto leyó la ofensa, procedió a borrarla. Al día siguiente leí la misma frase con igual dibujo, más una categórica petición, subrayada por cierto.

FAVOR DE NO

BORRAR

En un Seminario de Teoría de la Técnica, comenté, en aquel tiempo, con el maestro parte del material y, que planeaba presentar el caso del *"Golden Eggs"* de manera disfrazada, en Monterrey, durante el Congreso Interno de la APM (Asociación Psicoanalítica Mexicana). Él, terminantemente imperativo, espetó, que eso no era psicoanálisis. Total, inscribí "El Analista no Médico. Entrevista a Sigmund Freud", el cual fue también rechazado. Años después, sería publicado en *Cuadernos de Psicoanálisis* (Núms. 1 y 2, 1978).

Contenido – Continente – *"Reverie"* – Interpretación.

Por razones confidenciales no abundaré sobre desarrollo temprano e historia familiar del paciente, limitándome al foco de la presentación, es decir, el *Aquí y Ahora* de los vínculos *Intersubjetivos y Transubjetivos entre* enfermo y terapeuta; amén del *Setting* (encuadre, marco, lugar), que a su vez aprehendía contrato, consultorio, sala de espera, colegas, secretaria, azotea y corredores del edificio; más la *Prepa* para "casos perdidos" a la que ingresó meses adelante; todo ello como *Continentes* de los *Contenidos* pulsionales del adolescente. Tanto los Rodrigué (1966, cap., I) como Bleger (1972, cap., II) han llamado la atención sobre el *Setting* cual sitio donde se deposita la parte psicótica de la personalidad descrita por Bion (1957), que requiere la contención necesaria mediante un *"Reverie"* maternal; empero, al mismo tiempo, otra área no psicótica interactuaba con nosotros, y fue, a ella, a la que le tendimos a la par, la mano, como objetos buenos; sin soslayar, que para facilitar el crecimiento de dichos núcleos normales, era preciso también, el hacerse cargo de las malas hierbas del campo: defensas resistenciales narcisistas, en particular esquizo-maníacas, pues en el viaje dantesco regresivo, sin la ayuda de Virgilio, no todo es cuestión de contener, sino, a su vez, de entender e interpretar y, eso, corresponde al aparato de analizar y sentir. Lo primero por hacer, es derrotar el fatídico pronóstico de la inscripción, a la entrada del infierno: <<Tú, que entras aquí, abandona toda esperanza>>.

Al querer convencerme, él, de que ambos fumáramos marihuana, era un deseo de tener algo en común conmigo, espejeo grandioso desde su parte psicótica; mi negativa a tal pacto faústico, materializaba una incipiente alianza terapéutica con su parte neurótica, o normal, o no psicótica; la planta "Mari y Juana" en el macizo del baño, más sus vinculaciones con otros colegas, consultantes, y secretaria, eran la puesta en acto del deseo de tener una familia, incluidos aquí, en el afuera, la hermana "psicoloca", la doméstica con quien seguido cenaba y, por supuesto, el perro blanco Guardián. Todo ello se interpretó desde un principio, aunque con escasos resultados.

El "mural efímero" en la pared del corredor, denunciándose a sí mismo, mediante la escisión proyectiva, negadora y, omnipotente, hablaba de su bisexualidad psíquica, Narcisa, la cual no fue interpretada, siguiendo, en esto, a Wilhelm Reich (1933), sino, hasta alrededor de su tercer año de tratamiento; aunque sí se señaló, que su plan de estudiar en una *Prepa* situada, a dos cuadras del consultorio le confería a esa "escuela clasemediera", como "El *Golden*" la llamaba; le otorgaba, sí, un cierto tono familiar donde un Dios efebo se permitía, "el leve contacto epidérmico con la plebe". Esta frase mía, le gustó mucho.

Cuando principiaron los exámenes; un día llegó "El *Golden*" con un cuestionario aparentemente comprado a un condiscípulo, quien lo había conseguido por conducto de un profesor "barco". Pronto me empezó a dirigir preguntas, las que fui contestando sin dificultad. Una semana después se presentó muy contento, pues en el examen de Literatura; él, y tan sólo, él, logró obtener una calificación de 100. "¿Y, que tal en Física Herny?" me había preguntado días antes. Le respondí que en esa materia me habían reprobado en la Prepa. Más después, entró a una sesión muy enojado, espetándome, que si no tenía vergüenza de haber sacado en Física "un pinchurriento 6".

Así transcurrieron los meses y, "El *Golden*", ya sin el "*eggs*", disminuyó considerablemente el consumo de marihuana y alcohol, amén de pasar "limpio" su primer año de Prepa. Fue por aquel tiempo cuando él se percató, que en una esquina de mi consultorio estaba una maceta grande con una pequeña "Ficus Elástica", más conocida como "hule" y, orgullosamente, anunció: "cuando esa planta llegue al techo me daré de alta Herny, ya para entonces estaré en la UNAM". La planta siguió creciendo y mi efebo de oro también. En cierta ocasión se presentó con un libro mío recién publicado, pidiéndome "una firmita con todo y dedicatoria". De ahí, en adelante, me llamó "Profesor", con la excepción, años después, de aquella visita inesperada, una semana antes de su matrimonio.

"El *Golden*", sin embargo, no dejaba de hacer sentir su presencia en la Unidad de Consultorios. Así, una tarde de miércoles; pocas horas antes de nuestra Junta Mensual, me di cuenta que la secretaria Conchita, más la mayoría de los compañeros colegas, andaban eufóricos en demasía; lo cual se manifestó en la reunión nocturna. "El *Golden*", una vez más, había hecho un "*acting*" de los suyos, poniéndole anfetamina en polvo a la cafetera grande y al azucarero.

Ya estudiando en la UNAM (Universidad Nacional Autónoma de México) le dio por reportarse cada noche al pasar en su automóvil frente a mi domicilio, gritando la hora exacta y, avisando, que se dirigía a su apartamento para dormir temprano; esto lo hacía sobre todo si yo no estaba en la ciudad, pidiéndole a mis hijos mayores, me pasaran el recado. Por ese tiempo se prosiguió el "destete" de sus sesiones, que comprendían en aquel entonces, sólo tres entrevistas semanales, y cuando tenía nada más dos, cierta mañana, anunció, con sumo orgullo, que como el "hule" casi llegaba al techo, dentro de tres meses concluiría su tratamiento. Así sucedió, y la despedida fue muy emotiva.

Pasaron cinco años y, una tarde escuché desde mi sillón analítico fuertes golpes en la puerta del consultorio. Pedí disculpas al paciente de diván, saliendo yo, a la sala de espera. Era "El *Golden*", quien sonriendo jubiloso expresó, que regresaba de Europa donde había cursado estudios superiores; me entregó, además, una invitación para su boda; amablemente le dije, que se agradecía el gesto, lo felicité emocionado, y con un dejo de nostalgia, informé, que no acostumbraba socializar con ex-analizandos. En tono airado, exclamó. "la invitación es para ti y tu señora. Estarán en la mesa de mi tío "El cura-zao", junto con otras personas muy "chipocludas". Si no van no me caso". Como el tiempo apremiaba dije en tono socarrón: "mi buen *Golden*", pensé que estabas curado". Él insistió: "Herny Boe", deseo tenerlos en la recepción, que será en la casona de mis padres". Tanto mi señora como yo asistimos.

BREVES CONSIDERACIONES FINALES

Me permito ahora, una pequeña digresión pertinente al caso, pues en aquella época otro analizando casi interminable, estaba ya por concluir su terapia, y desde hacía unos meses me había pedido le permitiera tomar fotografías de mi sillón analítico, estando yo sentado. En subsecuentes entrevistas fotografió libreros, pinturas, plantas, y las paredes de la sala de espera. Durante su última sesión comunicó, que él había acondicionado dos cuartos donde tenía sesiones conmigo; así, cada entrevista de "destete", era cubierta por otra en su "consultorio". Con una dulce tristeza se despidió comentando que, en la siguiente semana, dispondría de tres consultas e, iniciaría su propio "destete". Se le interpretó, que cada quien ilusionaba estados transicionales para poder despegarse.

Otro sujeto, del mundo creativo, solitario, deprimido y despadrado, analizando de diván por cuatro años; no acudió a su última sesión de análisis. Cuando faltaban cinco minutos para su término; la secretaria me pasó una llamada telefónica de urgencia. Era mi analizando, quien no podía hablar; escuchaba yo sólo sollozos ahogados. Lo siguió haciendo hasta el fin de su tiempo analítico cuando le interpreté, que así marcaba el espacio y la temporalidad en su forma de decir adiós. Pocos años después, nos re-encontramos en una reunión de intelectuales, le hablé de tu, él sonrió con mucho gusto, preguntándome en seguida si había yo tenido tiempo de leer los libros que me había mandado de regalo. Le contesté que los cuatro tomos. Eran las obras completas, de su célebre padre. Al despedirnos del acto social comentó sorprendido: "entonces, si se vale tutear".

No es inusitado, que nuestras oficinas de trabajo se conviertan en continentes de contenidos negativos proyectados, aunque también con el transcurso del proceso, uno mismo resulta ser agente de contención transferencial, y de transformación. Al ir ocurriendo los cambios, uno es, a la vez, receptáculo de emociones positivas; de éste modo, se van llenando los consultorios de regalos reparadores, representantes simbólicos de transferencias maternas y paternas, materializadas en libros, cuadros, esculturas, fotografías, en fin. Suceden, a la par, paratransferencias. En el caso de "El *Golden*", la "psicoloca" llegó a ser una reconocida escritora, quien me regaló autografiado su primer libro de cuentos. Lo leí. En uno de los relatos aparecen dos personajes; alguien, con mucha necesidad de ayuda, su hermano, y, otro muy "paternal", el analista, mismo, quien lleva por cierto mi nombre, en el cuento.

LAS PSICOTERAPIAS DINÁMICAS POSTMODERNAS CON PARADIGMA GRUPAL

"Pero cualquiera que sea la forma futura de esta psicoterapia para el pueblo, y no importa qué elementos le constituyan finalmente, no cabe ninguna duda de que sus ingredientes más eficaces e importantes seguirán siendo los que ella tome del psicoanálisis riguroso, ajeno a todo partidismo"
Sigmund Freud (1919 [1918]). "Nuevos Caminos de la Terapia Psicoanalítica". Ed. Amorrortu, tomo XVII. P.163 (mis cursivas).

En la *Introducción* escrita para éste proyecto de investigación acoté, a la vez, unas líneas que aparecen casi al final del ensayo de donde tomé el epígrafe, mismas aún necesitadas de insistente aclaración, serían las siguientes:

"Y también es muy probable que en la aplicación de nuestra terapia a las masas nos veamos precisados *a alear el oro puro del análisis con el cobre de la sugestión directa*" (p.163) (mis cursivas).

Así es, actualmente la frase consagrada, aunque con incorrecta traducción, es la de "amalgamar el oro puro del psicoanálisis con el cobre de la psicoterapia". Alguien más, versado en orfebrería, no sin razón comentaría que, el oro completamente puro no existe y, algún freudiano intersubjetivista habría de asegurar, que tampoco hoy en día hay un psicoanálisis puro. Además, el término "cobre", evoca un calificativo derogatorio, mediocre, injusto, para valorar el quehacer psicoterapéutico dinámico, en general; pues tal práctica deriva directamente de la conceptualización del psicoanálisis –aquí reitero a propósito-, como *Método, Teoría* y *Técnica*. Freud fue categórico al afirmar, que su máxima creación es un *Método* "que sirve para indagar procesos anímicos difícilmente accesibles por otras vías", y cual *Teoría*, "una serie de intelecciones psicológicas, ganadas por ese camino, que poco a poco se han coligado en una nueva disciplina científica", y, como *Técnica,* un "tratamiento de perturbaciones neuróticas, fundado en esa indagación" (p.231) (Freud, S. (1923 [1922]), Ed. Amorrortu, Tomo XVIII).

En esta época dizque postmoderna, en la cual impera lo *Light* (Lipovetsky, G., 1992), es decir, lo efímero e intrascendente; tiempo, en que nuestras instituciones psicoanalíticas siguen a la baja, en candidatos para entrenamiento, y credibilidad científica, al grado que muchos catalogan a los casos clínicos de Freud, lo anotamos en el capítulo 2, como relatos de ciencia ficción (Roudinesco y Plon, 1997, p.792), y, a pesar del incremento de las psicoterapias individuales y de grupo con información psicoanalítica, tanto en consulta privada como institucional, la supraestructura dominante se niega a oficializar su entrenamiento dentro de los institutos, aunque auspicia su formación paralela o, exige como requisito previo a la formación, el haber tenido enseñanza y práctica psicoterapéutica.

Ahora más, y, esto, en relación con el término "post-moderno", hago propias, aquí, las consideraciones del colega chileno Armando Roa (1995) quien en *Modernidad y Postmodernidad* dejó escrito:

> "La palabra moderno, como se sabe, deriva de la voz modo, y modo o moda es lo que esta de paso, a la espera de la aparición de algo todavía más nuevo y así hasta el infinito" (p.23).

Bien; como el "hilo rojo" de mi proyecto hermenéutico, sigue siendo la transferocontratransferencia-proceso y su vigencia teórica y práctica en las psicoterapias dinámicas postmodernas, me permito pasar a la narrativa del tratamiento de una pareja, que inició veinte años ha, su relación conmigo. Parte del historial clínico fue publicado en las *Memorias* del V Congreso Nacional de la Asociación Mexicana de Psicoterapia Analítica de Grupo (AMPAG) en Cuernavaca, Morelos, México (Solís, H., 1993), intercalando, ahora, en el escrito, comentarios adicionales y, algo más acerca del seguimiento de la pareja hasta el momento actual. Además, he incluido bibliografía reciente.

Las tres generaciones en una pareja *del mundo psi*

> *"A la mitad del viaje de nuestra vida me encontré en una selva oscura, por haberme desviado del camino recto".*
> Dante Alighiere (1265-1321). *La divina comedia.*

Así transitaban Maureen y Adrián, al llegar a mi consultorio en 1985, aquejados por una crisis existencial de la mitad del vivir. La "selva oscura" por donde ambulaban era un cuadro casi melancólico. Ambos del mundo *psi*, los dos depresivo-masoquistas con rasgos Narcisos, en un nivel neurótico intermedio de organización psicoestructural (Kernberg, O., 1976). En la clasificación de Lederer y Jackson (1968), estarían en el grupo de los "inestables insatisfactorios", donde se hallan la gran mayoría de las díadas con psicosomatizaciones. En mi tipología de parejas quedarían dentro de "Los como perros y gatos" (Solís, H., 1979) y, desde la teoría comunicacional, ejemplificarían, una escalada de modalidad simétrica (Watzlawick, P.; Beavin, J.H.; Jackson, D.D., 1967).

Ellos habían pedido ayuda profesional porque se encontraban en una situación seria de un "pleito sin fin". Según Adrián, la causa del problema era la familia de Maureen. Esta decía que, el conflicto venía del grupo familiar de Adrián. En aquel primer *"round"* se tiraron interpretaciones freudianas de campana a campana, dramatizándose una peligrosa escalada simétrica, en la cual si alguien subía un escalón, el otro ascendía dos, vía identificaciones proyectivas e introyectivas patológicas (Klein, M., 1946; Watzlawick *et al*, 1967). Cuando entraba yo como árbitro, para sacarlos del *"clinch"*, me llegaban los golpes. Me espetaron también con enorme rabia, que se iban a separar. Les señalé yo, que el matrimonio no era entre ellos, sino con sus respectivas familias, pues ambos seguían siendo hijos parentales (Minuchin, S.; Montalvo, B.; Guerney, Jr.; B.L.; Rosman y Florence Schumer, 1967. Debo externar, que desde mi contrarreacción consciente (Chediak, Ch., 1979) yo tomé partido con la dama, pues en varios momentos de aquella sesión, evoqué la bella imagen de Maureen, muchos años atrás, cuando ella se entrenaba como psicóloga clínica en un hospital neoyorquino. Al final, ella seductoramente me dijo: "Doctor, así tiene mi papá su estudio, lleno de libros". Adrián se fue muy enojado y con justa razón.

En la psicoterapia psicoanalítica de pareja con un solo tratante; siendo eso lo mejor indicado, se establecen desde el principio una miriada de triangulaciones, cuya representación más manifiesta, en este caso, fue la integrada por la psicóloga Maureen, el médico psiquiatra Adrián, y mi persona. El triángulo ideal (Gonzales, E., 1968) si el terapeuta es masculino se escenifica cuando la varona llega con un *Edipo positivo*, es decir, devaluación materna e idealización paterna y, el varón acude en *Edipo negativo*, a saber, enojo con mamá y, en búsqueda de papá. *Mutatis mutandis* ante la psicoterapeuta mujer. Los demás triángulos son los externos e internos de cada miembro de la díada conyugal y, a la par, del terapeuta, quien en mi situación era el de una pareja interna constituida por un padre idealizado y una madre estricta, aunque *"pusher"* (Empujadora).

Breve historia de la pareja y sus familias de origen

Los colegas vivían en una ciudad tejana, motivo por el cual se les vio cada quince días en consulta doble, siendo el tratamiento en español. La díada se había conocido en un congreso y de inmediato "espejearon" desde sus partes Narcisas, integrándose en su comienzo una típica pareja idealizada (Solís, H., 1979). Se casaron en Nueva York, y por varios años vivieron felices. La desidealización sucedió al retornar a su sitio natal, donde se manifestaron las pugnas ante el primer embarazo, nacimiento de una hija, y frente a la intensa succión de las ventosas familiares, sobre todo con Maureen. Cuando iniciaron su terapia tenía tres vástagos adolescentes.

Ella pertenecía a la segunda generación de una familia europea. Su madre de carácter depresivo-masoquista, sufría de una alcoholismo crónico que terminó con su vida por una cirrosis hepática durante el tercer año de la psicoterapia analítica. El padre era un Narciso poligámico, a quien Maureen en forma reactiva, idealizó.

Adrián, hombre apuesto e inteligente, hispano-americano, cuya familia de origen, al igual que la de Maureen, vivía en la misma colonia. Su madre, claro ejemplo de la mamá controladora, pasivo-agresiva, con un evidente manejo del chantaje emocional; compañera de un escritor y periodista itinerante, quien naciera en Centroamérica, radicara en la ciudad de México y muriera en Texas, hacía 22 años, dejando una imprenta, económicamente potable.

Tanto Maureen como Adrián se mantenían en vínculo simbiótico indiferenciado con sus respectivas familias, situación idéntica a la existente con sus tres hijos. Las tres generaciones como si fueran una misma (Stierlin, H., 1977; Bowen, M., 1978; Estrada, L., 1990; Salinas, J.L., 1990).

Sí, así fue, desde la circularidad transgeneracional, a los dos cónyuges se les asignó y, ellos lo asumieron, el destino de ser los Atlantes salvadores, teniendo que cargar en sus espaldas el prestigio familiar; ellos fueron los chivos elegidos para triunfar, aunque al costo de un martiriologio enorme y, en verdad, lo cumplieron con suficiente propiedad masoquista, caminos torcidos, sí, de quejas psíquicas y somáticas pidiendo amor (Reich, W., 1930). No podemos aquí soslayar la advertencia de Bowen (1972) fundamentada, en su experiencia personal, de que muchos familiólogos venimos de hogares indiferenciados y, en similar línea Minuchin (1981) apuntó, que no pocos terapeutas familiares, somos ex-hijos parentales. Años después; él se pondría como ejemplo (Minuchin, S., 1993).

Es posible, que la familia internalizada, las fantasías omnipotentes de rescate y ser rescatado (Freud, S., 1901, 1910), más los desempeños parentales -entre otros factores- influyan en la elección de una carrera dentro del Mundo *psi* (Solís, H.; Cantú, G.; Rodríguez, M., 2000). Esto puede resultar positivo, en el quehacer profesional, más no, infortunadamente, en el desarrollo emocional de nuestros hijos. Pruébelo, si no, el inquietante libro de Maeder (1989) titulado *Children of Psychiatrists and Other Psychoterapists.*

La Familia Interna
Maureen y Adrián desde sus auto y hetero representaciones endopsíquicas, tenían semejantes mundos internalizados. Se entiende por autorrepresentación la imagen inconsciente que el sujeto psíquico en construcción compartida con los *otros*, va teniendo de sí mismo como persona *(self)*, y las heterorrepresentaciones, es decir, los objetos internos del *(self)*, cual *imagos* inconscientes de la díada parental (mamá y papá) amén de la *otredad* en el medio psicosociofamiliar externo (Jacobson, E., 1964). Ambos cónyuges poseían un objeto interno compartido (Teruel, G., 1974), a saber, una madre dominante, atrapadora, culpígena, quien dictaba el mandato del sufrimiento, no existiendo el tan necesitado padre lacaniano (1936), separador simbólico de la dupla madre-hijo. Maureen y Adrián oscilaban en el adentro de un *sí mismo* devaluado a otro grandioso. El primero, que regía casi siempre, estaba vinculado a una madre sádica, superyoica; el segundo, consecuencia de un padre sobreidealizado, por ende persecutor. No lo olvidemos nunca: ante una madre devaluada, existe siempre un padre idealizado.

Cuando llegaron al consultorio, repito, él veía y sentía a su esposa como una madre fría, acusadora, atrapante, castradora, y Maureen percibía a su marido como alguien infiel y despreciable. Ella era, es obvio, su propia madre, pero también la de Adrián, que éste, había depositado, al paso de los años, en ella (Pichon-Rivière, E., 1960). Lo anterior fue interpretado una, dos, tres y muchas veces más, hasta que les cayó el veinte. Nadie duda –hablo de los psicodinámicos-, que las relaciones de objeto son primordiales en este campo clínico (Dicks, V., 1964; Slip, S., 1984; Scharff, D., D., Scharff,

J., S., 1991). La propuesta sistémica relacional de todos estos autores, es meridiana. Laing (1967) la explicita con una frase: "lo que internalizamos es *La Familia como sistema*. No los elementos aislados, sino las relaciones entre los elementos" (p.18). Estaríamos, pues, frente, a los vínculos intra, inter y transubjetivos de Berenstein y Puget (1997).

Los como perros y gatos
En 1979 describí a dicho dúo, que no hace mucho fue escenificado en "La guerra de los Roses", película donde los personajes tenían, uno su perro, otro su gato, defendiendo la díada su territorio, a igualdad, semejanza y destreza que los mencionados animales, o sea, en una perpetua escalada hetero y auto destructiva; al final, mueren los dos. El clima de mortal violencia entre ambas partes es una versión moderna conyugal de la guerra civil inglesa, mejor conocida como *The Wars of the Roses* (Ross, Che., 1976), luchas intestinas dentro y entre dinastías familiares, que terminara con la coronación de Henry VII en 1485. Con similar ferocidad peleaban Maureen y Adrián en aquél candente 1985, aunque el pleito, reitero, se había establecido desde algunos años antes, al triturarse el "espejeo" narcisista y sádicomasoquista, con el nacimiento de la primera hija (Estrada, L., 1982). Ahí el dramático y tanático juego del "¿quién vuelve loco a quién" (Solís, H., 1984), en el cual la gente del mundo *psi* o, entes intelectuales, utilizan interpretaciones como armas letales, instalándose, así, una pérfida "psicoanalitis aguda". Las escaladas agresivas de competición se perpetúan, y según Watzlawick, Beavin y Jackson (1967). "La patología en interacción simétrica se caracteriza por una guerra mas o menos abierta" (p.104). De acuerdo, así es, empero, estos contendientes llegan a pelearse tanto, que, el vivir juntos les es imposible, pero tampoco pueden salir del "*clinch*", y permanecer alejados pues necesitan el espejo de su desventura. Son Narcisos sadomasoquistas, que se retroalimentan circularmente vía identificaciones y contraidentificaciones proyectivas e introyectivas, que mantienen la lucha sin fin. En palabras de Dicks (1964), sería: "El sádico no puede vivir con su victima, o sin ella" (p.260). Un dramático paradigma literario lo debemos al dramaturgo Edward Albee con su obra teatral *¿Quién le teme a virginia Wolf?* Llevada al cine después por Elizabeth Taylor y Richard Burton. Un amplio estudio de dicha pareja (Martha y Jorge) con sus dobles anteriores (Honey and Nick) lo realizaron con magistral maestría Watzlawick, Beavin y Jackson (p.141-172). En mí pareja, la pugna continuó durante gran parte

de la fase de apertura del proceso, aunque afuera, disminuían los combates, lo cual auguraba un buen pronóstico.

El eterno y recursivo triángulo nietzscheano

Señalé antes, que Maureen se presentó con un claro Edipo positivo y Adrián bastante pronto entró regresivamente, a un franco Edipo negativo. Él llegaba a las sesiones, me tuteaba con cálido afecto, y sin mirar a su señora, iniciaba el discurso continuándolo por cinco, diez, quince minutos, relatando su infancia. Ella contrariada en grado sumo veía mis libros o se levantaba del sillón para examinar con cuidado alguno de ellos. Al incluirla en la interacción triangular, donde ella, era la excluida, me dijo de manera despectiva: "parecen novios". "Y qué con eso?, -protestó Adrián- a mi me faltó papá.

En posteriores entrevistas no era raro, que Maureen se adelantara, a su marido y me narrara con enojo, que Adrián la engañaba con una joven discípula; en seguida, ya más calmada, refería jubilosa los grandes progresos en su entrenamiento sobre terapia de pareja y familia. "Nada falta Hernán – me decía esbozando una sonrisa- sólo la rosa que llevaba al estudio de papi, con mis calificaciones de primaria.

Atrapados en el nido

Ella fue la que deseó embarazarse, él se negaba; primero nació, lo apuntamos antes, una niñita y posteriormente dos varoncitos:

> "Yo fui –expresó Adrián- un simple semental, fueron tiempos difíciles, dejé muy sola a Maureen y a los hijos, por eso se le pegaron tanto, ahora quiero que sea diferente, me siento mal".

Es de sobra conocido, que la simbiosis es muda; sólo cuando se rompe hace ruido, escribió José Bleger (1972) y, nuestras contratransferencias simbióticas operan en esa frecuente dificultad, de quienes poblamos en el mundo *psi*, para desligarnos de las familias originales, de nuestros hijos, de ciertos analizandos, parejas, familias, etc., esto cobró intensidad con Maureen y Adrián porque en aquel entonces mi señora y yo nos acercábamos ya, al síndrome del nido vacío; tales son los nudos y desanudos intersubjetivos, que se deben resolver, dentro y fuera del consultorio.

Las primeras veces, que Maureen y Adrián dejaron a sus hijos solos, claro, al cuidado de una asistente profesional, fue al viajar a Monterrey para su tratamiento. Una evidencia clínica de resultado curativo, en estos casos de apego fusional (Bowlby, J., 1988), es, si los críos logran el desapego durante la terapia.

La contratransferencia –insisto- es un fenómeno inevitable; pero, a la par, una verdadera ayuda para entender y vivenciar el proceso. Lo sentí yo cuando Maureen y Adrián con intenso dolor psíquico empezaron a diferenciarse y desidentificarse de sus padres, externos e internos, lo cual facilitó la diferenciación e individuación entre ellos mismos y con sus hijos (Mahler, M., *et al*, 1975). Esto se fue viendo a fines del tercer año de tratamiento, incrementándose durante la fase de terminación.

Lo sucedido en el transferir –contratransferir- proceso fue, que ellos depositaron en mi su familia interna, misma que se fusionó, a veces, con la mía, internalizada; impidiéndoles yo, en ocasiones, el camino del crecimiento emocional. La contraidentificación complementaria cumplía con su obstáculo resistencial (Racker, E., 1960), siendo el vínculo intersubjetivo disfuncional.

Un breve ejemplo: desde mi sentir, llegué a extrañarlos y deseaba seguir atendiéndolos cada dos semanas, siendo que ellos preferían cada tres. Actuaba yo como una madre atrapadora y, ambos se enfrentaban a mí, luchando por su emancipación. He, ahí, el giro desde una contratransferencia nociva, a otra concordante, funcional, intersubjetiva.

En proceso semejante se hallaban los hijos, quienes alentados por sus padres, efectuaron cambios territoriales en la casa y la hija mayor asistiría por primera vez a un campo de verano. Agréguese a eso, que los papás iniciaron planes firmes para construir un hogar propio. Se trabajaba en esto, cuando murió la mamá de Maureen.

El síndrome del pastel sin cereza
Los depresivos-masoquistas, son prototipos de dicha condición. Cuando ellos han logrado, o, están a punto de obtener un triunfo, hacen hasta lo imposible por echarlo a perder. Freud (1916) lo ejemplificó con los tipos caracteropáticos, que fracasan ante el éxito. El pastel de la victoria se queda sin cereza o, en su lugar se pone una inmundicia. Es el mítico Sísifo, empujando una roca hasta la cima de una montaña, y cerca ya de lograrlo, la misma roca lo regresa a la sima profunda, para empezar de nuevo el martiriologio; sí, la culpa pesa, pero también la autoenvidia (López-Corvo,

R., 1995), no soslayamos, que, en el mundo *psi*, abundamos los Narcisos envidiosos (Solís, H., 1994).

Con el deceso de la madre de Maureen al tercer año de tratamiento como lo señalamos antes; la hija, no obstante ser, un duelo anticipado, cayó en una profunda depresión requiriendo medicación antidepresiva, prescrita, esta, por un colega. Al ir saliendo Maureen de su duelo, le tocó el turno de deprimirse a su marido Adrián. Así se la pasaron por varios meses alternando pleitos, tristezas, angustias y somatizaciones. Lederer y Jackson (1968) describieron cuatro tipos de matrimonios: 1.-Satisfactorio estable 2.-Satisfactorio inestable 3.-Insatisfactorio inestable y 4.-Insatisfactorio estable. Los autores recalcaron que los matrimonios insatisfactorios inestables se caracterizaban por violencia y psicosomatizaciones. Al colega Adrián le tocó un infarto de corazón. Esta "escalada simétrica de sacrificio", descrita por el primer Grupo de Milán: Mara Selvini Palazzoli, Gianfranco Cecchin, Giulana Prata y Luigi Boscolo (1978), fue una competencia tanática para demostrar quién de los dos debía sufrir más. Joel Bergman (1985) con su tan peculiar ironía afirma que, en "estos casos el ganador es el perdedor".

Los sueños de pareja
Isidoro Berenstein (1970) abordó en un historial clínico dicho tema y mostró la utilidad de su atenta interpretación; más recientemente, los Scharff (1991) hicieron lo mismo con sueños de finalización. Aludo yo aquí, al material onírico por considerarlo guía del proceso terapéutico conyugal e, igualmente ocurre en los grupos; lo sueños de pareja son por lo general transferenciales e, incluyen a su vez, figuras parentales; acaecieron en las fases intermedia y terminal, siendo muchos de ellos, catastróficos: Viajes a Monterrey con múltiples accidentes, ambos perseguidos por su madres o mi persona, la ausencia paterna, etc., etc. Los sueños, tal como describe Zimmermann (1969) para el soñar grupal, presentaban en el contenido manifiesto, casi la interpretación.

Tiempo adelante surgió la culpa reparadora; Maureen dejó de fumar y, Adrián empezó a escribir en forma creativa, amén de evolucionar satisfactoriamente de su cardiopatía. [En el presente, 17 años después, su condición física es buena]. La culpa depresiva reparadora también se evidenció en sus sueños, conducta sexual y, en el desarrollo de los hijos ya, que ellos, se iban individuando. Trás dichos progresos, como era de esperarse, apareció una etapa de fuertes resistencias, que fueron resueltas mediante psicodramatizaciones e interpretación de las escenas latentes, siguiendo la técnica de Carlos Martínez Bouquet (1977). Adrián fue el más comprometido con la tarea, sintiendo yo un profundo cariño por él, sin que esto molestara a Maureen. Al grupo familiar completo le dediqué sólo dos entrevistas.

Terminación y seguimiento
Un parteaguas que los aproximó, a la otra orilla de la cura, fue, cuando Maureen realizó un viaje sola, a Nueva York para asistir a, un congreso, quedándose Adrián por vez primera como pilar paterno de la troica adolescente. La separación resultó retadora y angustiante, pues ahora la pareja sabía, que si las cosas no marchaban bien, ellos podrían divorciarse.

La última entrevista del contrato formal, fue en diciembre de 1990. Ya para terminar me comunicaron, que lo único faltante en su nueva casa, era amueblar el área social. Ella comentó con ironía: "Tenemos todavía problemas en socializar y, estando la sala así, no podemos invitar a nadie, incluidas nuestras familias". Las sesiones de seguimiento fueron cinco, hasta llegar a diciembre de 1991. Desde esa fecha nos hemos encontrado en congresos internacionales, manteniendo un nivel de socialización bastante cercano. En la publicación de 1993, escribí:

> "Debo expresar para concluir, que durante los ocho años de tratamiento, mi actitud profesional no fue directiva; se respetó el encuadre, la abstinencia, los silencios; se interpretó transferencia, sueños, resistencias, destacando un hecho fundamental, la alianza de trabajo. Ellos faltaron nada más dos veces, una, después del infarto, y la otra por malas condiciones climatológicas, que llevaron al cierre del aeropuerto" (p.58).

El historial fue autorizado por la pareja, y se cumplieron los aspectos confidenciales al respecto, manteniéndome, sin embargo, en el seguro eje transferencia-contratransferencia-proceso, cual guía clínica. Hoy, a veinte años de habernos conocido, sigo pensando, que toda publicación es de índole contratransferncial e histórico personal, y desde mi singularidad caracterial continúo sintiendo, que ante toda pérdida donde se lloran adioses, el escribir no es mal pañuelo.

EL "ECRO" DEL PSICOTERAPEUTA FAMILIAR Y LAS TÉCNICAS OPERATIVAS DE PICHON-RIVIÈRE

Una publicación reciente *Operative Groups. The Latin-American Approach to Group Analysis* de Juan Tubert-Oklander y Reyna Hernández (2003) prologada por Malcolm Pines, me facilita la tarea de laborar dicho campo, intentando vincular vida y obra del creador de los grupos y técnicas operativas con información psicoanalítica, ejemplificándolo después con material clínico de dos terapias familiares en Cámara de Gessel.

Enrique Pichon-Rivière (1907-1977) nació en Ginebra; provenía de una familia con ideas socialistas de origen francés, que se trasladó al Chaco argentino, instalándose más adelante en Goya, población en el norte del país. Él tenía cinco medios hermanos hijos de una hermana materna, siendo Pichon hijo único. Su padre fue algodonero o tabacalero según Ulloa (1995). En el libro de Vicente Zito Lema (1976) se habla de una infancia triste del maestro, y, un devenir existencial con frecuentes depresiones mitigadas por el alcohol y su adicción a la efedrina. Durante 1937 se casó con una atractiva dama llamada Arminda Aberastury, más conocida como "La negra", quien fuera fundadora del análisis infantil en Argentina. Ella era hermana de Federico, el más cercano amigo de Pichon, y que padecía serios trastornos psicóticos delirantes. Aquellos serían los años insomnes del maestro compartidos con el legendario Canoi, empleado eterno de un lupanar sin sol.

Los cónyuges Pichon-Aberastury nada podían ser más que militantes políticos comprometidos en el apoyo a la república española; en ello los acompañó el escritor noctámbulo Roberto Arlt. "La negra" desaparecería por decreto personal en 1972, cinco años antes que su compañero, mediante una ruleta rusa de arsénico y champaña. Cuentan algunos, que ella vestía una elegante bata cuando llegó su tiempo de decir adiós.

Tanto Aberastury como Pichon fueron analizados por Ángel Garma, quien también trataría a José Luis González mi analista didáctico. Si me circunscribo ahora, nada más al resto del grupo mexicano entrenado en Buenos Aires hace casi medio siglo, narraría que Santiago Ramírez se analizó, primero con Arnaldo Rascovsky, más delante lo escucharía Marie

Langer; Avelino González sería interpretado por Luis Rascovsky; mientras que Pepe Rémus fue analizando de Heinrich Racker, y su esposa Estelita supervisaría con Pichon-Rivière. Éste *"pioneer and outcast"* como lo catalogan Hernández y Tubert; trascendería en el cono sur mediante los trabajos de dos analizados por él, me refiero a José Bleger y Willy Baranger. Aquí en México la difusión teórica y clínica de las técnicas operativas fue desarrollada por la familia analítica de José Luis González.

Las influencias nuestras del grupo conosuriano poseían a su vez una prehistoria ilustre. Garma, fundador del psicoanálisis latinoamericano se analizó en Berlín con Teodoro Reik, quien fuera analizado por Abraham y Freud; Racker tuvo tres experiencias analíticas, una, en el diván de Jeanne Lamp-De Groot en Viena, la segunda fue tarea de Angel Garma, y posteriormente lo analizaría Marie Langer; ésta había sido paciente como candidata de Richard Sterba, quien la salvó de no ser expulsada del entrenamiento, pues él no la denunció de ser comunista como exigía Freud. Grinberg y Rodrigué se trataron con Paula Heimann, aunque, el segundo, de joven, sería analizado por Arnaldo Rascovsky. Heimann, fue atendida por Melanie Klein, quien a su vez, se trató con Ferenczi, Abraham y Sylvia Payne.

La sigla *ECRO* (Esquema Conceptual, Referencial, Operatorio), me motivó a revisar nuestra familia analítica *conceptual, y la referencial,* es decir, el origen de uno mismo, con sus representaciones endopsíquicas familiares, mismas que determinaron las tendencias al cambio trascendente, no gatopardista, que es lo común.

Mucho de lo *conceptual* proviene de la Escuela Británica, en especial Foulkes, Bion, Klein, Laing y Winnicott; súmese en lo *operatorio* las ideas de Kurt Lewin sobre dinámicas grupales, mientras que lo *referencial* será siempre hermenético, recursivo, y, "necesariamente autobiográfico", escribiría Pichon (1971, p.7).

El maestro inauguraría sus grupos operativos en 1947, y durante 1951 viajaría por Europa conociendo a Melanie Klein, Jacques Lacan y, al surrealista André Breton. En 1953 crea el Instituto Argentino de Estudios Sociales, acompañado por gente que tenía olor de imprenta: José Bleger, David Liberman, Edgardo Rolla y Fernando Tarragano; ya en 1958 sucede la Experiencia o Experimento Rosario, donde se aplicaron las técnicas operativas en forma multitudinaria. Un año adelante (1959), Pichon funda la Escuela de Psicología Social, que pasado un tiempo llevaría su nombre. La parte medular de su pensamiento fue editada en 1971, con los tres tomos que aprehenden su trayectoria: *Del Psicoanálisis a la Psicología Social* y de manera póstuma *La Teoría del Vínculo* en 1980.

Lejos ya la historia del Hospicio de las Mercedes, sitio donde ejerció Pichon por quince años, siendo expulsado por causas políticas; distantes a la vez, las vivencias del Hospital de Torres y el Instituto Charcot; simple paria que olvidó el olvido, sí, la debacle del maestro se intensificó con el incremento de sus adicciones y episodios depresivos. José Luis González lo rememora en un Congreso Latinoamericano; Pichón se encuentra en una silla de ruedas, semiparalítico, con la mirada perdida, balbucea: "esto es, lo que ha hecho, con copal". En efecto, el gatopardismo de Lampedusa había sentado sus redes. Algunos relatan, que se la pasaba hablando en francés, guarani y español, evocando *Los cantos de Maldodor* del Conde de Lautremont (Isidore Duchase para los montevideanos) y, el introductor del lacanismo en Argentina, Oscar Massota, había de declarar en el *Diccionario Psicoanalítico* de Roudinesco y Plon lo siguiente:

> "Su vida era una verdadera deriva y, de todos modos, nos concernía a todos de una manera u otra. Él tenía algo de la imagen del Santo a quien se le perdona todo" (p.823).

No cejaré de insistir, que todos los psicoterapeutas tenemos en el adentro psíquico, un grupo familiar interno, que condiciona nuestro trabajo profesional con parejas, familias, grupos e instituciones, y si no logramos mentalizar este *ECRO* personal, difícilmente podremos laborar con técnicas dinámicas operativas desde un paradigma grupal (Solís, H., 1991, 1993, 1994-a, 1994-b, 1995-a, 1995-b, 2000-a, 2000-b), pues nos afectarán las contraidentificaciones proyectivas en espejo, que Foulkes (1964) describiera en el análisis grupal. Éste problema de identidad psicoanalítica, de *self* verdadero o falso, en el sentido de Winnicott (1965), amerita un examen psicohistórico.

En Londres, hace algunas décadas, lo señalamos anteriormente, en el capítulo 19, *"shibbolet"* fue una palabra diferenciadora de quien era psicoanalista puro o impuro; dependiendo esto de sí aceptaba o no El Complejo de Edipo. ¿Será el diván ahora, el *"shibbolet"* distintivo de quién es psicoanalista o no? O, bien, ¿Será el título de la Asociación Psicoanalítica Internacional, el garante indiscutible para nombrarse psicoanalista? ¿Los directivos de la API continuarán pensando, que todo aquel practicante del paradigma grupal, tan sólo está enseñando el cobre? En suma, ¿necesitaremos siempre la autorreferencia subjetiva-objetiva de nuestro *self* y sus objetos?

Retorno pues al *ECRO* de Pichon. El maestro planteó en 1960, que en el mundo endopsíquico poseemos una representación de cada uno de los familiares íntimos y, autorrepresentaciones de uno mismo, llamó a ello Pichon, *grupo familiar interno*, es obvio, que, a la par, contamos con un grupo familiar externo y, a veces, no son iguales, puesto que la fantasía inconsciente es subjetiva por antonomasia. Muchos años adelante, publiqué "Las familias externas e internas en los terapeutas del mundo *psi*" (Solís, H., 1994). Ahí referí, que la elección profesional es una importante relación de objeto, cierta peculiar y olvidada historia de amor, y seguido, el pago reparador de lejanas culpas. Mis fuentes evidenciales provenían de terapias individuales, grupales, familia y pareja; además de laboratorios psicoeducativos, de corte operativo, o de reflexión, con gente de nuestro muy endogámico universo. También me nutren ahora, los Cursos-Talleres Vivenciales, sobre pareja y familia de origen, impartidos en diferentes ciudades del país, o como programación de Pre-Congreso, donde se trabaja con grupos de 100 a 150 participantes, estando conmigo en la Coordinación General, Gerardo Cantú, Margarita Rodríguez y Oscar Solís; más un número de diez a veinte analistas grupales encargados de las técnicas de acción en los grupos pequeños (Solís, H.; *et al*, 2000, 2004). Me sustentan, a la par, las entrevistas de selección para entrenamiento en SAGMO (Sociedad Analítica de Grupo de Monterrey) y, ARPAC (Asociación Regiomontana de Psicoanálisis A.C.), además de los resultados del "automapeo" familiar realizado por varias generaciones de residentes entrenándose como psiquiatras o psicólogos hospitalarios, amén de candidatos en la Clínica de Grupo Pareja y Familia, todo eso en el Departamento de Psiquiatría del Hospital Universitario de la UANL (Universidad Autónoma de Nuevo León). De esta última Institución procede otro afluente primordial de indagación inconsciente, a saber: el contrarreaccionar transferencial de los terapeutas familiares en formación, ante todo cuando se trabaja en Cámara de Gessel e, implementamos desde la supervisión simultánea, maniobras de doble vínculo terapéutico con el propósito de separar grupos familiares "pegoteados". Aquí, las familias externas e internas de terapeutas y supervisores intervienen.

Los resultados de dichas investigaciones demuestran que la gran mayoría de nosotros venimos de familias con límites difusos y "mapeo" amalgamado (Minuchin, S., 1974), desempeñando, además, roles de hijo(a) parental (Minuchin, S.; Fishman, H. Ch., 1981, p.67). En semejante línea, Bowen (1971) indica, que nuestros grupos familiares de origen son indiferenciados;

por ello, el registro inconsciente de la identificación introyectiva es, el de una familia simbiótica. He ahí el motivo, creo, por el cual Murray y Bowen, quien cursó entrenamiento psicoanalítico en la Menninger, recomendaba, a los aspirantes deseosos de ser familiólogos, fueran primero, como él lo había hecho (Bowen, M., 1972), fueran, sí, con sus familias de origen e intentaran cambiarlas. Obviamente, entre más "pegoteada" se encuentre la familia interna, mayor será la dificultad con la externa, y los miembros familiares en tratamiento. Algunos prospectos abandonaron la tarea, sus pseudo reparaciones eran de índole maníaca. Sin embargo, bueno es mantener sumo cuidado, y tener presente como terapeutas y supervisores el sabio consejo de Minuchin y Fishman (1981) cuando alertaron: "Es siempre una equivocación, advirtió Sherlock Holmes, teorizar más allá de lo que permiten los datos" (p.63). Pasemos entonces a la clínica.

El primer material clínico por presentar se apegará al publicado en las *Memorias* del X Congreso Psicoanalítico Regiomontano (1994) cuyo tema fue *Psicoanálisis de la Función Parental*. No obstante, lo complementaré con algunos comentarios pertinentes, y varias fichas bibliográficas no citadas en aquella ocasión, pues fueron posteriores.

La Familia Martínez Garza

Hace unos meses, -escribí en aquella ocasión- cierta afligida mamá solicitó consulta de emergencia para su hijo, quien padecía, según ella, una conducta disfuncional, ya que seguido trasnochaba, ausentándose, a veces, por varios días. Al parecer frecuentaba sitios de prostitución donde, él, era bastante popular y propiamente vivía como un *"mantenuto"*. La Dra.Diana Roiz, consultante de la urgencia, consideró el comportamiento del "muchachote" no tan grave como enfatizaba la madre e, hilándolo con otros datos, pensó, que la indicación era un abordaje familiar siendo, esto, aceptado sin reserva alguna.

La familia Martínez Garza –la nombraremos así– se eligió para psicoterapia en Cámara de Gessel, y fue atendida una vez por semana, en nuestra Clínica Universitaria de Grupo, Pareja y Familia. Los tratantes fueron Diana Roiz y José Herrera, médicos ambos y residentes psiquiátricos de tercer año. El equipo de supervisión estuvo integrado por quien esto reporta, y Margarita Rodríguez. Como observadores teníamos a ocho residentes más en entrenamiento (Psiquiatras y psicólogos), dentro de ellos Oscar Solís Olivares.

Tratábase de un grupo familiar amalgamado, compuesto por seis miembros. El padre con 60 años de edad, constructor de profesión, pensionado por problemas cardíacos y derrame cerebrovascular. La esposa de 55, ama de casa tradicional aunque, a la par, competente comerciante los fines de semana. El hijo mayor –lo llamaremos Pedro- era el enfermo señalado, tenía 23 años, soltero, sin ocupación, quien durante su adolescencia sufriera un accidente automovilístico causante de una conmoción cerebral seria; de la cual se recuperó bien, pero permaneció sobreprotegido en demasía y con ganancias primarias, secundarias y terciarias de su antiguo traumatismo, sobre todo por su mamá, que lo infantilizaba. Seguían Gloria de 22, casada, operando como hija parental, René de 20, estudiante sin muchas luces, y Marcela quien histeriqueba en sus floridos 18 años, con una historia de asma bronquial desde la infancia, aunque bien controlada.

La terapia breve sistémico-dinámica, se fundamentó en las aportaciones técnicas de Minuchin (1974, 1981), Haley (1980) Madanes (1981), empero, la lectura psicoanalítica se inspiró en Murray Bowen (1978) y Pichon-Rivière (1971, 1980), o sea, pensábamos en forma dinámica, pero interveníamos sistémicamente. Uno de los motivos de la presente comunicación es ilustrar cómo terapeutas y supervisores podemos contrarreaccionar (Chediak, C., 1979) desde nuestras respectivas familias internas y externas e, interferir en el *timing* de las estrategias terapéuticas.

La traducción al español en 1996 de *Los Tiempos del Tiempo* de Boscolo y Bertrando (1993) nos fortalecerían acerca de nuestras ideas sobre el *timing* adecuado en las intervenciones. Boscolo y Bertrando aseguraban que el tiempo de la familia era comúnmente el *pasado,* mientras los terapeutas vivían en el tiempo *presente* y, el equipo supervisor operaba con tiempo *futuro.* Según ellos, tanto los elementos de la familia como la díada terapéutica, los supervisores y los residentes, no necesariamente presentabamos un mismo *timing.* He ahí, la importancia de la circularidad sistémica de Bertalanffy (1940) para poner a tiempo dentro de lo posible, todas las manecillas del reloj, sin desdeñar el hecho, repito, que los tiempos externos e internos de jóvenes y viejos, angustiados y deprimidos, son subjetivos.

Las disfunciones estructurales, el cuestionamiento del síntoma y la realidad familiar en los Martínez Garza, como objetivos terapéuticos, se debían a: 1.-Grupo aglutinado con límites difusos. 2.-Paciente identificado como depósito de la angustia familiar. 3.-Madre sobreprotectora actuando cual "conmutadora" comunicacional. 4.-Papá pasivo y periférico. 5.- Hija en rol parental a pesar de estar casada. 6.-Subsistema paterno en complementariedad rígida.

Con base en tales problemas se llevaron a cabo las siguientes estrategias: A) Sacar de foco a Pedro como enfermo identificado, dándole connotación positiva (Palazzoli, M.S.; Cecchin, G.; Prata, G.; Boscolo, L., 1978) a su madura conducta de individuación. B) Reforzar la función del padre, disminuyendo la materna, cambiando así la posición sube y baja. C) Programar sesiones alternas de subsistemas parental y fraterno, para facilitar la separación-individuación Mahleriana (1968) entre padres e hijos. Ch) Minimizar el papel de la hija parental y colocar en dicho rol a Pedro, co-construyendo así una realidad familiar necesaria. D) Implementar dobles vínculos terapéuticos, es decir, prescribir paradojas; y, sobre esto último nos centraremos en la exposición, por estar ahí, uno de los focos contrarreaccionales más frecuentes en terapeutas y supervisores.

Las dificultades técnicas en el *timing* emergieron ante la sugerencia del equipo supervisor, de separar el vínculo simbiótico parento-filial. La angustia castastrófica se estelarizó cuando el papá sufrió una recaída de su mal cardíaco no pudiendo asistir a la sesión, dramatizándose en esa entrevista un patético duelo colectivo con un minuto de luctuoso silencio. El equipo coterapéutico (Diana y José) se cuestionó en aquel entonces: ¿Estarán en verdad listos, estos padres e hijos, para lo que nos proponen los supervisores (Margarita y Hernán). Nosotros, en el otro lado del espejo, contrarreaccionabamos a la par. Las entrevistas fueron pasando y la prescripción paradójica no se aplicaba por una razón u otra. Frente a tal *impasse* resistencial, más pronunciado en el terapeuta masculino, se planeó, que alguien del *Team* supervisor, -quien esto escribe- entraría, previo aviso, a la Cámara como invitado para indicar la tarea, lo cual no se requirió pues la Dra. Roiz, secundada por el Dr. Herrera, ya recuperados ambos realizaron la maniobra. Los dos propusieron a los padres, que permanecieran solos en su finca campestre durante cuatro días de la semana, advirtiendo ellos a la pareja que, el equipo de supervisión rotundamente pensaba, que la mamá controladora no estaba preparada para tal proceder y, que no cooperaría; aunque los dos terapeutas pensaban firmemente, que tanto el constructor como su señora podrían despegarse. Así ocurrió. La consigna cumplida, confirmó, al subsistema parental como el más independiente, y los vástagos, excepto Pedro, quien había quedado al mando familiar, ellos, sí, actuaron

como simples actores del conocido síndrome "cuando los hijos no se van".
En efecto, los hijuelos fueron a buscar a sus papás en repetidas ocasiones,
menos Pedro, que con distinto *timing* andaba ya consiguiendo trabajo. Lo
logró frente al general beneplácito de familiares, terapeutas y supervisores.

En el doble vínculo patológico (Watzlawick, P.; Beavin, J.H.; Jackson,
D.F., 1967) si se hace una cosa se pierde, y si no se hace, también se pierde.
En el doble vínculo terapéutico paradójico, si se cumple la tarea, el cambio
funciona, porque sí se hace lo que los tratantes proponen, la pareja gana, y
si no se cumple lo que el equipo supervisor opina, también se gana.

Pedro, sin embargo, dejó de asistir por su horario laboral, y después de
tres miércoles en tal estado, y como colofón terapéutico de terminación,
los doctores Herrera y Roiz decidieron en total acuerdo con la supervisión,
lanzar un guante al estilo milanes (Bergman, J., 1985). Así, al final de la
penúltima consulta los jóvenes colegas un cuanto más independientes del
equipo de supervisión, entregaron una carta sellada al padre comunicándole,
el tratante varón al papá, que la misiva fuera leída, esa noche por él mismo,
estando reunida toda la familia, con Pedro presente por supuesto. El mensaje
escrito fue:

> "El equipo terapéutico se siente satisfecho con los logros de Pedro
> y, aprueba el motivo de sus justificadas ausencias. No obstante, se
> le invita a una próxima reunión conjunta, que será la última y, a otra
> hora. El único temor de los terapeutas –se concluía- en verdad una
> auténtica preocupación es que Pedro sea nuevamente chupado por la
> familia y, él regrese a su antiguo rol de supuesto enfermo".

La gran mayoría de nosotros (terapeutas, familiares, supervisores, y
residentes avanzados) pronosticamos que Pedro asistiría a la sesión. Así
sucedió... Meses adelante Solís trató una familia nombrada por él "cuando
los hijos no se van"; era un grupo muy numeroso, "pegoteado", con límites
difusos; una madre sujetadora, dominante; un padre periférico, racional;
varios vástagos indiferenciados; y una hija parental recién graduada como
psiquiatra, quien había pedido terapia para su familia de origen externa e
interna; años después la solicitaría de nuevo, por problemas con sus hijos
adolescentes.

Terapia Vincular Dinámico-Sistémica en un
Caso de Simbiosis Triádica[1]

Quienes laboramos en Departamentos Psiquiátricos Universitarios, dedicados exclusivamente a la asistencia, entrenamiento e investigación, y operamos desde el paradigma grupal intersubjetivo, con un Esquema Conceptual Referencial, Operativo (*ECRO*) de corte psicoanalítico, siguiendo en ello al maestro Enrique Pichon-Rivière (1971, 1980), intentamos primero, comprender, entender (*verstehen)* hermenéuticamente, qué es lo manifestado desde lo latente, en el hecho clínico, para después, basándonos en las *evidencias* encontradas, de ser posible, explicar *(erklaren)* las causas o circunstancias coadyuvantes del problema, mediante una hipótesis psicoanalítica de trabajo, con la que surgirá el método terapéutico más indicado para el caso en especial, sin soslayar, lo singular de cada sujeto psíquico. Los referentes conceptuales provienen de las teorías del desarrollo temprano, el apego afectivo, los vínculos objetales, lo subjetivo, y la teoría de los sistemas en general (Mahler, S.M., Pine, F., Bergman, A., 1975; Bion, W., R., 1959, 1966; Bowlby, J., 1988; Berenstein, I., Puget, J., 1997; Bertalanffy, L. V., 1940).

Según Pichon el factor referencial más importante en todo equipo terapéutico o supervisor, viene siendo reiteramos el *Grupo familiar* interno en cada uno de nosotros, razón por la que él consideraba primordial la singularidad del *ECRO* profesional, a saber, algo autobiográfico, personal, íntimo, influyente para bien o mal, en el destino de la cura. En dicho tenor la estrategia partirá, insistimos, del colegir analítico, y se procederá conforme a la demanda familiar.

Cuando hablamos del pensar, el sentir y actuar psicodinámico, o si óptimamente se desea *"el ser psicoanalítico",* nos referimos a la singularidad del pequeño Rodriguito, niño de siete años, cuyo nacimiento aconteció en un momento crítico de la familia como lo narraremos más adelante.

---

1 Trabajo conjunto con Margarita Rodríguez Santos, analista didacta de SAGMO (Sociedad Analítica de Grupo de Monterrey) y coordinadora de la Clínica de Grupo, Pareja y Familia del Departamento de Psiquiatría, UANL. Publicado en las Memorias del XV Congreso de la Federación Latinoamericana de Psicoterapia Analítica de Grupo. FLAPAG-AMPAG, Zacatecas, México, 2002. Se respetó el texto original, empero, agregamos bibliografía actual e información de seguimiento.

Demanda de consulta e hipótesis psicoanalítica

La derivación del pacientito fue de la Consulta Externa de Paidosiquiatría, donde una R5 (residente de quinto año) diagnoticó que se trataba de un vínculo simbiótico fusional muy regresivo en el cual participaba una tríada "mamá-hijo-papá". El equipo terapéutico integrado por los autores de esta presentación (Margarita y Hernán), apoyándonos en el constructo de *punto y timing* de cada uno de los miembros coludidos en el conficto, desarrollado por Mara Selvini Palazzoli (1975), psicoanalista y familióloga, quien con su Grupo de Milán proponía intervenir en el *punto y timing* correcto para mover el sistema, es decir se trabajaba en foco. Diseñamos, entonces, una primera entrevista de evaluación en el Canal de Maestros, utilizando Cámara de Gessel con supervisión en vivo de Myriam Benavides y Oscar Solís, estando de observadores, residentes en entrenamiento infantil. El principal objetivo, era identificar qué tipo de vínculo simbiótico operaba en la triangulación, basándonos para ello en los conceptos de Bion (1963). Tendríamos por dilucidar si estábamos ante una "simbiosis normal" del desarrollo, donde ambos polos se benefician o, una "comensal" en la que los dos miembros permanecen nutriéndose pero no hay crecimiento sólo inmovilidad, o la "parasitaria", donde el par termina aniquilándose. Lo que seguido se ve, es, que en la díada alguien resulta ser el mayormente dominante. En la condición del pequeño Rodriguito, él había sido el "comensal" más activo, sobre todo ante la mamá, aunque también con el papá pero en grado menor. Tratábase, pues, de una seria detención del desarrollo. El vínculo entre los padres era, a la vez, fusional, empero, mucho mayor, que antes de nacer el niño.

El vínculo "parasitario", lo encontramos también en el binomio individuo-institución, donde el "chupador" sociópata, usa, a ésta, tal como si fuera un objeto parcial *"kleenex"*, o sea, úsese y tírese. Dicha situación es revisada por Grinberg, Sor y Bianchedi (1972) en el Capítulo inicial de *Introducción a las ideas de Bion.*

Durante aquella consulta inaugural en noviembre 10 del año 2000, los padres contaron que Rodriguito aún dormía en la cama con ellos, y su mamá todavía lo alimentaba en la boca, y si no hubiera sido por el reporte de una maestra, acerca del comportamiento escolar regresivo y aniñado, los papás estarían manteniendo su actitud de negación emocional al respecto. La profesora les sugirió firmemente, ayuda especializada para padres e hijo. Los supervisores vieron a un niñito de gestos femeninos, hablando con una vocecita de niña, por ende, amanerado. Uno de ellos pensó en una hebefrenia precoz, y según parecía, el padre era quien mayormente mostraba una resistencia pasiva.

Los coterapeutas (Margarita y Hernán) comentamos en la postarea, que la interacción vincular entre mamá e hijo, era de vasos comunicantes, siendo Rodriguito el más "chupador". Todos estuvimos de acuerdo en la logística estratégica pensando en una tríada de Haley (1978), a saber, el ir cuidadosamente separando el hijo de la mamá, utilizando a su padre de manera activa, como un partero psicológico (Abadi, M., 1960), que, en frase de Mahler, Pine y Bergman (1975) sería el nacimiento psíquico del bebé. Se indicó, además, psicoterapia individual para Rodrigo, con un terapeuta masculino, alentados por el hecho de los resultados primarios de las pruebas psicológicas, que reportaban un cociente de inteligencia normal alto, con muy buena concentración y ausencia de organicidad.

Pasamos así, a la terapia vincular madre-hijo, padre-hijo, y, entre el subsistema parental, manteniendo el punto sistémico, es decir, estando nada más la tríada presente y, explorando detalladamente el *timing* de cada uno de ellos. Dedicamos varias sesiones a este propósito, y, enseguida instrumentamos las tareas espaciando las entrevistas a 15 y 30 días. La alianza de trabajo lograda fue excelente. En todo esto privilegiamos lo vincular *intersubjetivo* externo, dentro de la tríada, mientras lo *intrasubjetivo* interno, individual, lo inferimos tomando en cuenta, que ambos progenitores sostenían todavía fuertes apegos afectivos con sus respectivas familias de origen, mucho más la mamá que, el papá. El vínculo *transubjetivo*, es decir, micro y macro psicofamiliar se hallaba vigente pues los dos padres habían dejado un medio rural altamente añorado, para vivir en Monterrey, empero, el equipo terapéutico, exceptuando ciertas tareas, se circunscribió exclusivamente al microcosmos de la familia nuclear. Dichos vínculos, lo hemos citado con antelación, corresponden a las investigaciones de Isidore Berenstein y Janine Puget (1997) quienes sistematizaron así *La teoría del vínculo* de Enrique Pichon-Rivière (1980).

Proceso terapéutico y tareas directivas

Es pertinente, informar aquí, que los padres de Rodrigo, en el tiempo de la intervención, cursaban por la mitad de los años cuarenta, teniendo, además, dos hijas ya casadas de 22 y 24 años, quienes habían operado como mamás del recién nacido, de modo que, éste, –comentarían los supervisores en la postarea- por algunos años tuvo tres madres. Existía, a la vez, un hermano soltero de 19 estudiante de día y trabajador en la noche, del que nos ocuparemos en el seguimiento clínico.

Dos años antes de nacer Rodrigo, le diagnosticaron al papá, oportunamente, un cáncer del colon, extirpado de inmediato con buena fortuna, no necesitando ningún otro tratamiento; en tales circunstancias y frente a la sorpresa familiar, vino el embarazo y la llegada del "pilón". Sin embargo el fantasma del cáncer propició la vital sobreprotección materna del recién nacido, alentado ello por el "espejeo" del padre. Dos hermanos mayores de, éste, también padecieron del mismo mal, pero sobrevivieron. La genética familiar, sin embargo, y sus fantasmas tanáticos, estaban omnipresentes.

Las tareas o directivas acordes con Haley (1978) diseñadas progresivamente, tuvieron un *timing* correspondiente a los vínculos ya señalados, de modo que, empezamos con la recamara parental; Rodriguito dejaría por vez primera la cama de sus padres, durmiendo en un "tendidito" cercano a su mamá, ella lloró desconsolada imaginándose la catastrófica soledad del hijito. La coterapeuta Margarita en tono calmo le decía, que todo marcharía bien; mientras el papá advertía, que su hijo estaba muy chiquito; Hernán, no obstante, sentado junto a Rodrigo, enfatizaba que, el muchacho tenía ya siete años, no dos, sonriendo el padre y también su hijo. La madre solamente lloriqueaba, mirando a Margarita.

Rodrigo, paulatinamente, pasó a dormir solo en la sala, por supuesto con la puerta abierta del dormitorio de los padres; más adelante, durmió en el cuarto del hermano adolescente, estando, éste, o no, siendo la mamá quien lo iba seguido a checar; así pasaron varias semanas. El apego-desapego madre-hijo, era inseguro, ansioso, si seguimos a Bowlby (1988) y Lartigue (1998), mientras el paterno comenzaba a cambiar. Ahora más, si recurrimos a Bion (1959), Doring y González (1979), el vínculo de los padres con el pequeño era ambivalente con predominio del amor y el conocimiento. Durante las sesiones de apertura, Rodrigo nada más buscaba al papá, quien se hallaba siempre a su lado. La mamá quedó periférica acompañada por Margarita, aceptando resignada dicho rol, dejando el comando a su marido y Hernán.

En la semana santa del 2001, papás e hijo viajaron al pueblo de montaña donde viven los abuelos de Rodrigo, amén de tíos, primos y demás parentela de la familia extensa. Ahí Rodrigo durmió solo, separado de los padres y, éstos con la puerta cerrada, y como se había programado desde la sesión previa, no pasearían los tres juntos por la campiña, que era lo antes acostumbrado, sino tan sólo padre e hijo, mientras la madre convivía con los suyos. El varonío reportó en la siguiente entrevista, que las vacaciones habían sido como nunca. La madre simplemente silente veía a Margarita, dialogando ellas con los ojos. Por cierto, el programa de televisión favorito de la mamá se llama "Lo que callamos las mujeres". Durante el curso de éste tratamiento vincular-sistémico-dinámico se revisó el texto *Mother-child and Father-child Psychotherapy*, donde se implementa un modelo relacional, tomando en cuenta la tríada familiar, pues se trabaja, a la vez, con la díada parental aunque las intervenciones son con un solo terapeuta. La investigación se efectuó en la Universidad de Haifa (Ben-Aaron, M.; Harel, J.; Kaplan, H.; Patt, R. (2000) y la "Introducción" del libro fue de Peter Fonagy y Mary Target (2001). Sin embargo, para los seis colegas, les resulta difícil, por lealtades de pertenencia, la aplicación total de un enfoque grupal.

Otro evento ocurrido al regreso del viaje vacacional fue importante, ya que una de las hermanas casadas y su marido, llegaron de visita transitoria, ocupando la recámara principal, de manera que madre e hijo volvieron a "juntarse", pues dormían los dos en otro cuarto y, al papá le tocó la sala. Frente a dicha situación territorial, tanto terapeutas como supervisores, decidimos entonces en construcción compartida con los padres, poner en marcha la "operación lonchera". Sucedía, que la madre consentidora, acompañaba siempre a Rodriguito hasta su escuela y, a la hora del recreo le llevaba un "sándwich". Ahora Rodrigo, ayudado por el padre, debería escoger y comprar su propia lonchera y llevarla consigo, a la primaria. Así logro él eximir a su madre de una función extra, además, como el papá tenía un taller mecánico pegado al hogar, el hijo empezó a frecuentarlo, por iniciativa propia.

El equipo supervisor –Myriam Benavides y Oscar Solís- especializado en niños nos habló por teléfono, externando, que Rodrigo había crecido en un mundo de adultos tristes, y por eso se le dificultaba la libertad de aprender por sí mismo, o con sus pares. Se nos sugirió como directivas, qué él ingresara a los *boy scouts* (en su barrio escaseaban los niños) y, a la liga pequeña de béisbol (el padre le enseñaba ya, ese juego), en fin, poner en práctica todo aquello, que fuera postulado psicoanalíticamente por María Montessori (MCMLVI), desde hacía ya un siglo (1906), o sea, que el desarrollo infantil sin coacción social, libre, y con otros niños, rendía muy buenos resultados; se procedió así, y tomando en consideración la magnífica evolución de la tríada, programamos sesiones cada tres meses.

Es primordial, insistimos, establecer y mantener una buena alianza de trabajo durante, el cauto manejo del vínculo simbiótico, respetando siempre, el *timing* de cada uno de los elementos involucrados, pues en ocasiones surgen descompensaciones severas: depresiones, intentos suicidas, quiebres psicóticos; de ahí, el por qué, la minuciosa investigación del vínculo disfuncional, y las circunstancias ortegianas influyentes; mucho más tratándose de problemas crónicos, donde se comprueba, reiteramos, la sentencia clínica de José Bleger (1972) quien en su obra *Simbiosis y Ambigüedad* dejó por escrito: "la simbiosis es muda, sólo cuando se rompe hace ruido".

Seguimiento

En la entrevista de marzo del 2004, después de haber estado viéndolos, dos o tres veces cada año, los padres informaron, que el otro hijo, ya con 23, había presentado un cáncer del colon (cuatro casos en la familia, dos hermanos del papá, el propio padre y, ahora el muchacho). Afortunadamente; por tener todos ellos un comienzo sintomático semejante, el diagnóstico fue temprano, siendo operado de inmediato con una evolución muy positiva. La familia, en general, manifiesta un cambio de segundo orden, y Rodrigo, en especial, muestra un desarrollo bio-psico-social bastante apropiado. Ambos equipos, terapéutico y supervisor, estuvimos de acuerdo en programar para el próximo año la siguiente consulta de seguimiento.

"NINGUN HOMBRE ES UNA ISLA". LAS PARTES PSICÓTICAS Y NO PSICÓTICAS EN LOS GRUPOS TERAPÉUTICOS DEL MUNDO PSI

"No man is an Hand, intire of it selfe; every man is a peace of the Continent, a part of the maine; if a clod bee washed away by the Sea, Europe is the lesse as if a Promontory were, as well as if a Mannor of thy friends or of thine own were. Any mans death diminishes me, because I am involved in Mankinde. And therefore never send to Know for whom the bell tolls. It tolls for thee"[1].

John Donne [1573-1631].

En 1997, la Sociedad Analítica de Grupo de Monterrey en su Segundo Congreso Nacional, rindió Homenaje a José Luis González Chagoyán, por sus ochenta años de vida. Él fue miembro fundador en 1967 de la Asociación Mexicana de Psicoterapia Analítica de Grupo (AMPAG), junto con Luis Feder, Frida Zmund y Gustavo Quevedo. Perteneció, a su vez, al grupo fundante de la Asociación Psicoanalítica Mexicana (APM), excelentemente explorado por Marco Antonio Dupont (1997) en su obra *Los fundadores.* Ahí se relatan los trabajos y odiseas de doce apóstoles freudianos: Santiago Ramírez, Ramón Parres, Rafael Barajas, José Luis González, José Remus, Avelino González, Estela Remus, Victor Manuel Aiza, Francisco González Pineda, Fernándo Césarman, Carlos Corona Ibarra y Luis Feder.

José Luis González nació en Celaya, Guanajuato, el 19 de agosto de 1917, siendo, el hijo único y despadrado temprano. Su papá laboraba en la Hacienda Villaseñor; los dueños, unos españoles, se la habían encargado mientras ellos hacían un largo viaje por Europa.

"Allí asesinaron a mi padre –le cuenta José Luis a Dupont- probablemente por una cosa de faldas. Él era un hombre bastante arrogante, buen campesino,

---

1 Ésta versión del poema en inglés antiguo, se encuentra en *A treasury of Great Poems* de Louis Untermeyer (1942). La traducción al español que enseguida acoto aparece como Epígrafe en *Por quién doblan las campanas* de Ernest Hemingway (1940). Es la siguiente: "Ningún hombre es una Isla, en sí mismo equiparable; todo hombre es un pedazo del Continente, una parte de tierra firme; si la Mar llevara lejos un Terrón, Europa perdería algo, como si fuera un Promontorio, como si se llevaran una Casa solariega, de tus amigos o la tuya propia. La muerte de cualquier hombre me disminuye, por que yo soy una parte de la Humanidad. Por eso no quieras saber nunca por quién doblan las campanas. Están doblando por ti".

un hombre fuerte, presuntuoso, guapo, buen tirador, un hombre que tenía sus cosas como buen campesino mexicano y probablemente por algún resentimiento muy fuerte lo balearon y murió casi instantáneamente..., le dieron balazos por todos lados, todos mortales, pero él todavía alcanzó a disparar fracturándole la pierna al heridor, a quien detuvieron y llevaron a la cárcel donde estuvo una temporada larga" (Dupont, M.A., 1997, p.115-16).

Poco antes del deceso paterno, José Luis sufrió una severa disentería, que le afectó las meninges y, el sistema nervioso; dicha meningitis cerebro-espinal lo tuvo inconsciente durante seis meses; cuando volvió en sí, estaba en los puros huesos, sin poder hablar ni caminar:

> "Tuve una larga convalecencia en la que mi padre me llevaba cargado para que tomara el sol... De milagro pude vivir, se contaba que se creía tan segura mi muerte que habían comprado mi caja de muerto... Eso quiere decir que realmente mis padres estaban muy afligidos, y yo prácticamente volví a la vida" (*Ibid*, p.116-17).

Desde aquel entonces José Luis cobijó la ilusión de llegar a ser médico; sus compañeros de infancia fueron un primo hermano de su misma edad, "parecíamos gemelos" y, una tía, hermana de su papá, quien "curiosamente", era cinco años menor que los dos. "En los juegos infantiles, con la tía y el primo –rememora José Luis- yo siempre fui el doctor y, ellos los enfermos" (*Ibid*, p.117).

En *"The "Doctor Game", Illness and the Profession of Medicine"* de Ernst Simmel (1926), citado en un capítulo anterior cuando indagué sobre el pequeño Sigi (Sigmund Freud), ahí, esbozé, un retrato hablado del que llega, a ser médico, psiquiatra, o psicólogo, en suma, terapeuta del mundo *psi*. José Luis reune, algunas características psicohistóricas de los que le declaramos nuestro amor apasionado, a esa novia llamada Medicina. La honesta entrevista con Dupont lo demuestra. Por ella nos percatamos que, el maestro vivenció, el asesinato de su padre, padeció la protoangustia de muerte y, enfermedad física temprana, donde tanto mamá como papá desempeñaron servicios de enfermería; identificándose, además, con un médico rural, que tenía baños de pueblo, he, ahí, el juego del doctor y sus enfermos, y su rol de hijo parental; poseía también antecedentes personales y familiares de problemas emocionales, amén de fobias, contrafobias, fantasías de salvación y ser salvado, núcleos autodestructivos (alcoholismo, celotipia, tabaquismo), carácter depresivo-masoquista; empero, a la vez, canales sublimatorios, generatividad y, un proyecto trascendente existencial, a pesar de ser un dramático despadrado (Solís, H., 1971, 1982, 2004-a). La mamá, en cambio, fue longeva, de origen vasco, ella llegó a la senectud como la abuela de García Márquez, con todas sus nostalgias vivas. Marco Antonio Dupont, por cierto, le dedicó *Los Fundadores* a José Luis González.

Iconoclasta desde sus genes maternos y su patronímico González=Go nzalbo=Gundislav=Gundís=Gund=lucha, combate, pelea y, Alv=elfo de la batalla; José Luis como su inconsciente -dejé escrito en otro lugar- (Solís, H., 1997), es todo, un caballero, nunca hiere por accidente.

Al maestro le brindé, en la celebración de sus prístinos setenta años una anti-apología, más lo segundo que lo primero, titulada: "José Luis González: "Dirán cuando yo muera y el día esté lejano" (Solís, H., 1988) "Era una llama al viento y el viento la apagó" (Barba-Jacob Porfirio, 1944). En ella informaba que al Profesor le había rasurado la lengua de muy chiquito; más después, supe, que un zorrillo orinó cerca de él, en la Hacienda Villaseñor; desde entonces José Luis huele con facilidad a los caprinos que apestan; a la par, dejé testimonio de su eterna y empecinada combatividad ante todo lo esclerótico establecido; señalé, además, su hipertrofia cardíaca de despadrado temprano, donde habitaron muchas mujeres; a la vez, aludí, a su otrora bohemia negadora de remotas tristuras en paseos noctámbulos. "Para ir sembrando versos la noche es una tierra labrantía" (Borges, J.L., 1923).

En "José Luis González: Breve semblanza existencial" (Solís, H., 1997), próximo, él, a sus ochenta años, narré cómo muy al inicio de mi carrera profesional me encontré con quien sería mi analista didáctico. Él fue invitado a Monterrey por la recién fundada Sociedad de Medicina Psicosomática, pionera del campo en Latinoamérica. De aquél selecto grupo de maestros huéspedes cada mes, brillaban también, sin necesidad de luz ajena, Santiago Ramírez y Ramón Parres, trípode primordial de nuestros orígenes analíticos. Sin embargo, quien más me iluminó existencialmente hablando, fue José Luis. Me pareció un pensador analítico, dialéctico del pasado presente, con un pesimismo optimista cuestionando seguido desde un nihilismo irreverente a la modalidad de Diógenes el Cínico o, en el tono de Friedrich Nietzsche; dubitando, si, acerca de la ingrata condición humana. Declaró, *verbi gratia*, que la salud mental no existía, que los hijos deberían ser liberados de las cadenas parentales, que el amor era mudable como una pluma en el viento, que siempre sería imposible encontrar un hombre honrado e, hipocráticamente reconoció, que la vida era corta y, que el Hombre resultaba ser una especie, en vía de extinción, un ente finito. "El *Ser* libre —declaró convencido- es un embarazo falso, una ilusión sin futuro, estéril por antonomasia". Aceptó, no obstante, emulando a Jean-Paul Sartre, que todo ente era, "un proyecto de Dios", a saber, el constructor o destructor, del mejor de los mundos posibles.

Unos lustros adelante llevaría consigo, una bala cual fiel compañera, con rumbo fijo, para cuando, alguna, enfermedad incapacitante lo conminara, a cumplir su decreto personal: "Yo soy quien soy. El que da y quita la vida".

Las partes psicóticas y no psicóticas, en grupos analíticos con supuestos básicos aberrantes

En la ciudad de México, de 1976 a 1983, atendí cuatro grupos abiertos y, uno cerrado; ya en Monterrey, desde 1984 hasta el presente (2005), he tratado dos grupos abiertos de análisis grupal, que cumplen veinte años en el próximo septiembre, más un grupo cerrado con duración de cinco años, integrado exclusivamente por miembros del mundo *psi*. Ellos han parido varios trabajos míos, de los cuales citaré tan sólo los recientes por estar íntimamente vinculados con el aspecto clínico, que estoy presentando (Solís, H., 1995, 1996, 1997-a, 1997-b, 1997-c, 2000-a, 2000-b, 2001).

Bion (1955) aunque consideraba, al grupo como una totalidad nunca dejó, él, de tomar en cuenta sus partes, léase, líderes de supuestos básicos (S.B.); a la vez, he cuestionado su *dictum* de, que, los analizandos son sin excepción, los punteros regresivos a pasadas pautas de conducta emocional y, que, el analista siempre resulta ser el indiscutible líder del *Grupo de Trabajo*, pues lo antes dicho, es comúnmente rebatible desde la clínica, ya que, a veces, el psicoterapeuta es quien alimenta, perpetúa y liderea el S.B., y, en ocasiones, algunos analizantes, son quienes complementariamente comandan la tarea analítica grupal.

Insisto, una vez más sobre el punto de, que si bien el grupo periódicamente actúa tal como si sólo fuera un paciente, viviendo episodios casi psicóticos, correspondientes a fases o posiciones bastante tempranas; aún así se conserva cierta individualidad, pues cada uno de los analizandos es sujeto e historia, reaccionando, en, y con el grupo, desde su singularidad caracterológica y, el nivel de organización psicoestructural (Kernberg, O.F., 1976). Lo mismo sucede frente al analista. Trátase, entonces, de un "aquí, ahora, entre nosotros, y cada uno con su propia historia".

El prejuicio ideopático de interpretar grupos, instituciones o países, como si fueran nada más *unidades simples*, es un reduccionismo, a ultranza, prohijado por algunos miembros del *establishment* psicoanalítico individual, lo cual depende de, "el ojo del observador" (Watzlawick, P.; Krieg, P., 1991) o, como acertadamente construye Lynn Segal (1986) rindiendo, ella, crédito a Humberto Maturana, acerca del valor existencial de las *unidades simples y compuestas,* así, cual ejemplo, para algún observador un pastel es un simple pastel, mientras para otro, es una entidad compuesta por elementos varios, tales como harina, azúcar, crema, chocolate, ciruela, velas, y quizás un cumpleaños. Igual con la historia de los grupos, pues estos son unidades compuestas, estructuradas e interactivas.

Centrándome todavía más en el foco, reitero, es el mismo Bion (1957, 1959, 1963) con sus ideas de partes psicóticas y no psicóticas de la personalidad, identificaciones proyectivas patológicas y realistas, ataques a los vínculos de conocimiento, amor y odio, más la capacidad o no de *reverie*, quien nos ayuda, a observar el todo grupal con sus partes, incluido, el analista, interactuando de manera circular, sistémica, comunicacional, consciente e inconsciente, y para ello es indispensable colegir a las identificaciones proyectivas cuales fantasías, posiciones del desarrollo, la esquizoparanoide en especial, conflicto endopsíquico pulsional, psicomecanismo defensivo, relación objetal interna y externa, vía de comunicación proyectiva e introyectiva, por ende intrasubjetiva, intersubjetiva y transubjetiva, sin lo cual es imposible fundamentar un paradigma grupal. La bibliografía, al respecto, es copiosa y controvertida, por lo que aparte de Klein (1946, 1955, 1957), Bion (1957, 1959, 1963) y Grinberg *et al* (1973, 1993) se sugieren otras fuentes, que seleccionan, resumen y critican las aportaciones pioneras; me refiero, al *Diccionario del Pensamiento Kleiniano* de Hinshelwood (1989), las *Conferencias Clínicas sobre Klein y Bion,* compiladas por Anderson (1992), *Self-envy, therapy and the divided inner world* (López Corvo, R.E., 1994) y, de éste mismo autor el *Diccionario de la obra de Wilfred R. Bion* (2002), además, Bion *Conocido/Desconocido* de Bianchedi y Col. (1999), más *Kleinians. Psychoanalysis Inside Out* de Janet Sayers (2000).

Pasaré ahora, a un artículo mío como preámbulo del material clínico. Me refiero, a, "Algo más sobre las formas aberrantes de los supuestos básicos grupales" (Solís, H., 2004-b). Considero, pues, a todo S.B., grupal como un *Acting in,* transferencial, necesario e inevitable y, a la forma aberrante de cada uno de ellos, cual *Acting out* extroyectado vía identificaciones proyectivas. Aplicaré lo antes mencionado como siempre lo he hecho, a los grupos terapéuticos donde predominan analizantes del mundo *psi,* entiéndase psicólogos, psiquiatras y psicoanalistas, la gran mayoría, entrenándose en diversos postgrados: analista de grupos, psicoterapia individual, psiquiatría de adultos y niños, etc. Anotaré, a su vez, las intersubjetividades conscientes e inconscientes con sus respectivas instituciones *psi* pues seguido sucede, que si un grupo terapéutico en determinado S.B., no logra pasar a *Grupo de trabajo* y, aceptar racional y afectivamente, una idea nueva, compréndase tener *"insight"*, cambiará a otro S.B., o, en actuación proyectiva se deslizará en *forma aberrante*. Si ocurre lo último, será siempre indispensable *la presencia de un grupo externo*, ya que para las identificaciones proyectivas patológicas de la condición humana colectiva e individual, se requiere de *otros*. Nuestros medios de enseñanza son aduanas óptimas para exportar e importar S.B., ya que facilitan el cultivo y cosecha de los mismos, en particular sus formas aberrantes, porque tenemos mucho de iglesia, es decir, *"dependencia"*, ejército, o sea, *lucha y fuga* y aristocracia, a saber, *"apareamiento"* mesiánico.

Externaré por supuesto mis contratransferencias y sus actuaciones *para*, obviamente, cuando logré percatarme de ellas, siendo esto posible en un buen número de veces, mediante aclaraciones y confrontaciones de mis propios analizantes. En dicho tenor se debe reconocer que, en los grupos terapéuticos como en los análisis individuales, de parejas, familias e instituciones, uno es analista y, a la par, paciente, aunque con justa jerarquía de terapeuta.

Empecé a tomar dolorosa conciencia de tales fenómenos clínicos, que me pre-ocupan y ocupan desde hace ya lejanos años, cuando advertí, en aquel entonces, que de 22 personas analizándose conmigo, en tres grupos, 18 pertenecían al mundo *psi* y, un grupo contaba con el 100%. Éste se hallaba en "nido lleno", y por acuerdo de todos se cerró. Dicha experiencia analítica fue la que me indujo la mayor cantidad de contrarreacciones (Chediak, C., 1979), enmarcadas, sin duda, en el S.B., de lucha y fuga, más sus formas *paras* de transferencias y contratransferencias (Racker, E. 1960), que operarían dentro de lo por Bejarano (1972) llamado transferencias al exterior. Estaría, ahí, representado también el entramado ideopático (Solís, H., 1998) del imaginario social (Castoriadis, C., 1986) donde se potencian los vínculos subjetivos del adentro y del afuera (Pichon-Rivière, E., 1971, 1980). Nuestras instituciones de formación o deformación, cumplen a la perfección dicha tarea como bien lo planteó el recién fallecido Elliot Jaques en su meridiano ensayo (1955), "acerca de los sistemas sociales como defensas en contra de ansiedades paranoides y depresivas". Es entonces cuando el poder instituido por la supra estructura de la gerontocracia, contrarreacciona, a través de lo que hemos nombrado *contratransferencia institucional*, resultado ella, de las variadas paratransferencias depositadas en la institución, incapaz, ésta, de contenerlas (Solís, H., 1998), cuando menos en esas circunstancias (Ortega y Gasset, J., 1915).

Los atrapados con salida

Bien; como la madre clínica sigue siendo la gran paridora de conceptos, me apoyo en ella delineando una viñeta donde se muestran tanto las partes psicóticas y no psicóticas de la personalidad, interaccionando colectivamente, adentro y afuera del grupo, manifestándose en lo, último, la *forma aberrante* del S.B., de lucha y fuga (Solís, H., 1997-c).

Tratábase, en aquel tiempo de un grupo terapéutico abierto con doce años de duración, donde todos sus integrantes operaban en un nivel neurótico intermedio de organización psicoestructural (Kernberg, O.F., 1976). Algunos miembros eran ya veteranos fogueados en múltiples episodios regresivos de modalidad psicótica. La breve reseña del proceso grupal comprendía, un lapso de tres semanas. Ellos -cinco hombres y dos mujeres- habían permanecido en *Grupo de trabajo* por varios meses, aunque el cumplimiento de la tarea se matizaba con cierta *dependencia*, lo cual es común porque el S.B., latente condiciona la labor curativa. La transferencia central conmigo era de tipo materno, mientras que, entre los miembros del grupo la de interacción imperante, era de índole fraterna y ambivalente, empero, predominando una valencia positiva. Sin embargo, según el celoso androceo las jóvenes damas eran con mucho mis favoritas. Ambas féminas, de reciente ingreso, y del mundo *psi*, actuando, sí, como flagrantes transgresoras del por muy buen tiempo, exclusivo y sagrado *"Club de Toby"*. No obstante, el proceso marchaba, comprobándose, aquello, de que, andando la carreta se acomodan las calabazas. De repente, todo cambió; con un cielo despejado cayeron los primeros rayos tanáticos. En efecto, así fue, serias enfermedades de familiares íntimos sucedieron e igual pasaba con algunos miembros del grupo; además, existía en ellos una persistente fantasía de que yo moriría pronto. En semejante tenor un colega varón comentó tener noticia de la publicación de un cuento mío titulado "Tiempo de decir adiós". Yo tuve, en aquel entonces, una pesadilla contratransferencial donde se me pronosticaba, que mi deceso sería a los 67 años. Al despertar de la misma, asocié, que mi papá había muerto, a la edad de 76. En el sueño de angustia, recurrente por cierto, ocurría, una inversión del número asociado, es decir, 67 por 76. Recriminándome, Interpreté: "Nadie mata a su padre impunemente". Sí, en eso estábamos. Debo agregar ahora, que cuando cumplí 67, me sentí tranquilo; aunque, aún mantengo, una espera fóbica para cuando cumpla mi año 76.

El grupo de manera dramática se escindió. Tres integrantes masculinos, los más antiguos y mayormente afectados por calamidades externas y personales, se sumergieron regresivamente, en el pozo melancólico-paranoide, en un pleito sin fin, correspondiente a la *Posición Borderline*. Entiendo por esto, una fase del desarrollo temprano, posterior a la *Esquizo-paranoide* y, anterior a la *Depresiva*, que puede determinar una organización limítrofe de la personalidad, o bien progresar superando la posición depresiva Kleiniana (1946) y reaparecer después en periodos conflictivos graves, o durante su reedición en el proceso regresivo-progresivo analítico (Solís, H., 1980). Tal era la situación en aquellos tres pacientes. Ellos personificaron transitoriamente la parte psicótica del grupo. Sus sueños fueron catastróficos y los discursos casi delirantes, siendo la causa de tal infortunio, los integrantes de ese mismo subgrupo y, el pérfido analista, que según ellos, sólo les recalcaba lo caracteropático negativo. En general, todo lo sentíamos como maligno.

Los otros dos varones, a quienes también les afectaban las pedradas proyectivas, se tambaleaban emocionalmente pero se mantenían de pie, e, intervenían aclarando y confrontando en forma realista; auxiliándome, de tal manera, que si alguno de ellos no estaba presente, me sentía en desventaja frente al acoso de los proyectiles psicóticos. La díada femenina bautizada por mí como las *Pink Ladies* caracteriales, participaba de similar modo, aunque con un tono rosa negador y, una de ellas somatizaba, siendo objeto de complicados exámenes endocrinológicos y de resonancia magnética nuclear. Las dos, a su vez, se defendían con ausentismo. De cualquier forma, los cuatro integraron durante aquellas tres semanas, la parte no psicótica del grupo, empero, también, la posible *fuga* y desde el imaginario grupal la muerte del grupo.

Los vínculos proyectivos e introyectivos del subgrupo psicótico en *Lucha*, se potenciaban recíprocamente, mediante la escalada simétrica agresiva, circular, muy semejante a una Torre de Babel confusional, con un aparato de sentir sentimientos, que sólo generaba odio; aunque, por fortuna, el aparato de soñar seguía funcionando. Ahora más, si los vínculos intersubjetivos de ellos se establecían de manera regularmente constante con la parte no psicótica grupal, o con el analista no contraidentificado, la función *Alfa* de todos nosotros y su correspondiente *Reverie*, contenían a veces la metralla tanática, ayudando así, a que el aparato de pensar pensamientos (Bion, 1963) no se calentara o atontara tanto. Con tales avatares lidiábamos cuando explotó la *Forma aberrante* del S.B., de lucha y fuga (Bion, 1955) para lo cual, recalcamos, se necesita siempre, un grupo externo apropiado, que en ocasiones suele ser el medio institucional *psi*, o, la misma familia de los miembros grupales.

Dos de los lideres regresivos trabajaban en un hospital psiquiátrico gubernamental, y sufrían circularmente, candentes desacuerdos con el Director del mismo (representante externo de mi liderazgo terapéutico). La lucha consciente e inconsciente, entre la tríada exterior sin duda, incrementada, por obvias ambiciones políticas, llegó a extremos intolerables. Nadie cedía; o, la fascista autoridad era eliminada o, ellos dos dejaban la institución. El alto directivo por cierto, era psicoanalista. Un tercero de los belicosos intragrupales, a la vez, actuaba agresivamente en el afuera, pero contra mujeres y, el resto de los integrantes, aunque en menor grado peleaban al unísono con familias, compañeros, etc. El terapeuta, a la par, contrarreaccionaba. Cuánto más se intensificaba el *Acting out* aberrante, la tensión grupal disminuía, pero el *Insight* no se lograba. Fue necesario, una lenta y ardua tarea de todos nosotros y, así, paso a paso, la contención grupal de los contenidos agresivos operó, y mediante la reiterada interpretación del carácter esquizoparanoide, dramatizado por los fenómenos en espejo (Foulkes, 1964) la anhelada elaboración se instauró, pasándose así, a *Grupo de trabajo*, dejándose atrás el quién mata, o enloquece, a quién (Searles, H, 1965) y, vivenciándose, en el "espejeo" intra y extra grupal, que frecuentemente, el sujeto psíquico con carácter paranoide, intenta siempre devastar en el afuera, algo no reconocido, por él, es decir, negado y escindido, siendo propio. Sin soslayar tampoco, que ciertas caracteropatías autoritarias, en verdad, existen en el afuera. Éste mismo grupo, operó durante la última década, casi en nido lleno y, desde hace un año, está cerca del nido vacío, en espera de nuevas siembras, que no se hacen, pues los tres miembros se hallan en un S.B. aberrante de *lucha y fuga*, ahora, en sus propias familias.

Para terminar insistiré, una vez más, que toda forma aberrante, sea esta, de lucha y fuga, apareamiento, o dependencia, deberá ser interpretada primero en el mismo grupo terapéutico y, el analista tendrá, que poner suma atención acerca de sus contrarreacciones ante las actuaciones exógenas de sus pacientes. En concordante línea se requerirá la detección temprana de dichos *Actings* en los medios de entrenamiento, utilizando técnicas operativas en la enseñanza o, ejercicios de *"Role-Play"*, explorando escenas manifiestas y latentes reveladoras del discurso institucional, lengua de la pugna entre maestros y, candidatos o residentes. Periódicamente, también es de gran beneficio, una experiencia socioanalítica con interventores externos.

En los grupos buenos, contenedores, con empatía, la humana compañía exorciza a los fantasmas malos porque, así es, "ningún hombre es una isla" y a la larga resulta cierta la conseja popular que advierte:

"Llórate pobre, pero no te llores solo"

CONSIDERACIONES FINALES

"Las ciencias aplicadas no existen, sólo las
aplicaciones de la ciencia".
Louis Pasteur (1822-1895).

Desde el título mismo de la investigación: TRANSFERENCIA-CONTRATRANSFERENCIA-PROCESO EN LOS CASOS CLÍNICOS DE FREUD, más el subtítulo Su vigencia teórica y práctica en las psicoterapias dinámicas postmodernas, se indica cuál será, *el hilo rojo* de la indagación hermenéutica. Reflexionando sobre ello, en retrospectiva, bien se puede afirmar que, el proceso tránsferocontratransferencial, y la íntima vinculación del psicoanálisis con las psicoterapias dinámicas, sigue siendo, una realidad clínica *heavy*, opositora de las múltiples terapias postmodernas *Light*. Empero, se detectan a la vez, cambios estructurales un tanto cuanto lentos, en la ortodoxia psicoanalítica institucional, cuyos orígenes provienen del construccionismo social de realidades operativas. Se han modificado, así, de manera positiva paradigmas clínicos, que desde hace un siglo se mantenían casi estáticos, letargo técnico en vías de solución; sólo apuntaré, aquí, aquellos aspectos relacionados con el foco central del estudio o sus epifocos colaterales, como testimonios del giro hacia las psicoterapias dinámicas.

Número de sesiones por semana. Tiempo de la entrevista.
Duración del tratamiento. Análisis didáctico.
Costo del mismo. Casos particulares.
En los albores del psicoanálisis, Freud atendía, a sus analizandos seis veces por semana, siendo cada entrevista de una hora; más adelante, como se informó en el caso Kardiner, el tiempo se redujo a cinco sesiones de cincuenta minutos, para después, algunos de nosotros, pasar a cuatro consultas semanales de cuarenta y cinco minutos, hasta llegar al Congreso de New Orleans (Marzo, 2004) donde se decretó que, el análisis didáctico podría ser de tres sesiones hebdomadarias, es decir, semanales. El costo, a

su vez, ha tenido cambios, aunque todavía se sostiene la nefasta jerarquía de poder, incluido en ello, el *"shibbolet"* del diván; actualmente, en México, al análisis didáctico se le ha puesto un límite máximo de precio por entrevista, igual ocurre con las cuotas de supervisión. Algunos aplicamos también esto, en los entrenamientos de psicoterapeutas. La duración promedio del análisis en el medio mexicano fluctúa entre cuatro y cinco años, aunque quienes aplicamos un vértice freudo-kleiniano, en los análisis, sean didácticos o no, por lo general, son más prolongados, y no coinciden si son de formación con el fin de los seminarios. En la práctica cotidiana, hay quienes desde hace bastantes años tratamos pacientes dos veces por semana, en diván, sobre todo en trastornos neuróticos del carácter. Ahora más, la "hora" lacaniana, o sea, sesión corta de duración variable, o, la no sesión de Lacan, según Elisabeth Roudinesco (1993) tan sólo sería, una inversión arbitraria donde se yugula, el derecho de palabra del paciente y se deifica "la omnipotencia del analista" (p.299).

Dos fuentes capitales de obligada referencia, en cuanto a duración del tratamiento, alianza de trabajo, experiencia del analista, modalidades de transferencia, cambio sintomático y del soñar, edad temprana de intervención, resultados negativos o positivos del psicoanálisis; o las psicoterapias dinámicas, y sus repercusiones sociales, somáticas y farmacológicas, que junto con el psicoanálisis proporcionan; sí, esas dos aportaciones por citar, me han ayudado, en gran medida: *An Open Door Review of Outcome Sudies* (Fonagy, P.; Kächele, H.; Krause, R.; Jones, E.; Perron, R., 1999) y, "Aspectos Metodológicos Clínicos en Psicoanálisis. Comentarios del trabajo titulado Una Revisión Amplia de los Estudios de Resultado en Psicoanálisis" (Avila, H., 2000) mismos, que facilitaron mi ensayo "Algunas consideraciones sobre lo que solemos llamar ciencias "duras" y ciencias "blandas" (Solís, H., 2002-a). En ésta última comunicación hago referencia directa a Héctor Ávila, quien hace una meticulosa selección de la *Open Door*, enumerando con propiedad ciertas evidencias clínicas, demostradas mediante investigaciones, efectuadas por múltiples colegas del mundo *psi*. Serían las siguientes:

1.- Completar el análisis se asocia invariablemente con grandes beneficios.

2.- Los tratamientos largos tienen mejores resultados.

3.- La alianza terapéutica, al inicio del tratamiento predice, el resultado.

4.- No hace más efectivo, a un analista, el que sea experimentado. [En dicha situación, complemento yo, alguien con cuarenta años de "experiencia", suele repite cuarenta veces, su primer año].

5.- La ansiedad reactiva, la culpabilidad reparadora, y la idealización realista, en la transferencia, se pueden asociar con tratamientos fructuosos, mientras, que, la vergüenza, la humillación, y la ansiedad existencial, se asocian con terapias fallidas.

6.- Un buen resultado sintomático, se anticipa con francos cambios en los sueños. [Recordemos, aquí, al Hombre de los Lobos en su segundo análisis con Ruth M. Brunswick].

7.- Los niños pequeños se benefician más del psicoanálisis, que los mayores.

8.- La terapia psicoanalítica, a dosis subclínicas puede dar resultados negativos.

9.- El tratamiento intensivo psicoanalítico, generalmente, es más efectivo, que la psicoterapia dinámica.

10.- El psicoanálisis puede incrementar el uso de servicios de salud, y reducir la toma de medicación psicotrópica.

11.- El psicoanálisis, se asocia con una mejoría en la capacidad de trabajo.

12.- Las alteraciones psicosomáticas responden particularmente bien al psicoanálisis (p.118).

La Transferencia-Contratransferencia-Proceso

Partiendo de lo sucedido, entre Anna O y Josef Breuer, fenómeno, aún no conocido en aquella época con su posterior nombre, pero también presente, en otros casos de los Estudios, en especial Cecilia y Elisabeth; hasta llegar a la prístina conceptualización de las *Transferencias* y los sueños repetitivos o transferenciales, en el fallido pero fructuoso análisis de Dora; complementado ulteriormente, en los Estudios sobre Técnica, con el examen de la contratransferencia, vinculado todo ello, al análisis de los diferentes tipos caracteriales descritos por Freud, desde 1907, sí, dicho devenir teórico-técnico, hermenéutico e interpretativo, mostró dilatados avances evidenciados más tarde con la detallada exégesis freudiana de "El sueño de los lobos" y, ante todo la secuencia onírica de cambios estructurales endopsíquicos y transferenciales, durante el breve, aunque intensivo, análisis del paciente con Ruth Mack-Brunswick.

La unilateralidad freudiana de privilegiar las transferencias, minimizando cuando menos en lo teórico, las reacciones contratransferenciales, cedió lugar con los años a los trascendentales aportes de Heimann (1950), Racker (1960) y los Baranger (1969) con sus ideas acerca del *Campo bipersonal*, donde tanto analista como analizando se vinculan intersubjetivamente durante el proceso, creando, construyendo, un elemento más en el cual isofóricamente, coincidiríamos con Benedetti, en que, a veces, "la suma de uno más uno, es algo más que dos", constructo mutuo, interactivo, constituyente de otro tránsferocontratransferencial, proceso dinámico estudiado también por Green (1975) y Ogden (1994), cuando postularon una "psicología de dos" y la formación simbólica de un tercer elemento analítico.

Félix Velasco Alba (1996) en su Manual de Técnica Psicoanalítica para quienes se forman en el campo de la Psicoterapia Dinámica destaca la importancia de aclarar, confrontar e interpretar, las resistencias caracteriales; para ello, señala el colega, es indispensable, una buena alianza de trabajo; si no se logra esto, muchos estaríamos acordes de que, en ocasiones, "la suma de uno más uno, es algo menos que dos". La obra de Velasco, ilustra con propiedad la vigencia postmoderna de las aplicaciones del psicoanálisis. Lo mismo puede afirmarse del libro *Estrategias psicoterapéuticas* de Juan Vives (1991).

Diagnóstico-Pronóstico-Tratamiento

El escollo mayor, resulta ser un diagnóstico impreciso, pues de esto depende toda investigación seria. No es suficiente, etiquetar a un sujeto como Narciso, o limítrofe o, a una fémina cual histriónica; tampoco es correcto confundir la teoría y técnica general de las neurosis, con la muy particular y especial, de cada una de ellas, sean estas neurosis sintomáticas o caracteropatías neuróticas con sus variados subtipos. Expondré, sucintamente dos muestras de ello:

1.- En mi tipología de personalidades histriónicas femeninas y masculinas (Solís, H., 1989-a, 1989-b), me sustenté, en el magistral ensayo *"The so-called good hysteric"* de Elizabeth Zetzel (1968), quien años antes había laborado el campo en *"Therapeutic alliance in the analysis of hysteria"* (1958). Ella, amén de crear el concepto de "Alianza Terapéutica", lo aplicó, en el diagnóstico, pronóstico y tratamiento ideal, de sus cuatro modalidades de histerias femeninas. Así, en el grupo I, estaría la "verdadera buena histérica", candidata óptima para un psicoanálisis ortodoxo; en el II, encontraríamos a la "potencial buena histérica", que con algunas reservas podría beneficiarse mediante la cura clásica; en las categorías III y IV se hallarían la "histeria depresiva" y la "pseudo-edípica", quienes requieren, según Zetzel, psicoterapias psicoanalíticamente orientadas. En mi clasificación incluyo también al género masculino, y considero que el tipo I comprende a la personalidad "histriónica con rasgos obsesivos", equivalente, a la "verdadera buena histérica" de Zetzel; indicación, sí, de psicoanálisis, pero si ella, o él, sufren de reacciones conversivas o, de una intensa angustia somatizada, pueden ser excelentes indicaciones para terapias dinámicas breves, o psicoterapias analíticamente fundamentadas, individuales o de grupo, o bien de pareja, pues frecuentemente son miembros de las conocidas díadas "En busca de papá y mamá", o "La buscadora de amor y el robot obsesivo" (Solís, H., 1979-b). En el tipo II estaría la "histriónica con rasgos dependientes", donde dominan las conductas orales, que, irán siendo más pronunciadas en los siguientes dos tipos. La histriónica demandante, corresponde a la "potencial buena histérica" y, si cumple con los demás criterios de analizabilidad, puede ser tratada analíticamente o con psicoterapias dinámicas cara a cara, o grupales. En el tipo III radican las caracteropatías "histriónicas ciclotímicas" de ambos géneros, donde existen ciertas diferencias, así, las féminas de esa categoría alternan ciclos histérico-distímico-masoquistas; son "las histerias tristes o aceleradas". El varón es histérico-narcisista, también catalogado como el Don Juan neurótico intermedio, devaluador del "mujerío". Para Zetzel, los pertenecientes del casillero III no son analizables en el sentido ortodoxo de la técnica. Casi cuatro décadas después, y tomando en cuenta, a Elizabeth Zetzel, considero yo, que si estos pacientes con tal trastorno del carácter son cuidadosamente tratados desde la fase de apertura del proceso, pueden responder positivamente al análisis. El más grande riesgo de un terapeuta masculino es la actuación incestuosa con su analizanda, lo cual ocurre también en la dupla mujer terapeuta-paciente varón, aunque esto, es bastante insólito, cuando menos en el mundo occidental. Un caso histórico notable de "*Acting in*" analista-analizando fue, el de Frida Fromm-Reichman-Erich Fromm. En mi vida profesional sólo sé de dos actos transgresores de tal índole, y, en ambas situaciones había una combinación "histérica triste" – "Narciso Don Juan", siendo las damas, "analistas silvestres". Si existe el antecedente de un "*acting*" transferencial anterior la indicación será psicoterapia dinámica cara a cara. En el tipo IV habita la "histriónica infantil" o "pseudo-edípica" de Zetzel, donde definitivamente, está contraindicada la cura analítica clásica, y se recomiendan psicoterapias dinámicas, incluida la de contención. Dicha patología, neurótica intermedia, en situaciones de estrés agudo, suele tener regresiones a la posición *Borderline,* confundiéndose con la "personalidad infantil limítrofe" de Sugarman (1979).

En "Los que se creen dioses: Retrato hablado de algunos Narcisos" (Solís, H., 1983) delíneo varios grados de narcisopatías. El tipo O, aprehendería al "Complementario edípico" (histriónico, obsesivo, depresivo, masoquista, etc.,) quienes personificarían al Narciso Positivo, buenos candidatos para análisis individual o grupal, o bien psicoterapias dinámicas; dichos enfoques en general son prolongados y, es común, dentro del mundo *psi*, que, ellos tengan la experiencia de los dos tratamientos en diferente tiempo, y de preferencia un análisis del carácter. El grado I, o "faliconarcisista predípico" estaría en situación parecida siendo las amazonas psíquicas con terapeutas masculinos, quienes desde el proceso tránsferocontratransferencial y, en las formas aberrantes de los supuestos básicos grupales, provocarán, sí, las discordias más intensas (Solís, H., 1992,2004-b). El grado II, o sea, el "esquizo-maníaco" manipulador, arrogante, devaluador, seguido llega, al diván como "candidáctico" psicoanalítico; habita cerca del territorio "paranoide", es decir, el tipo III, que, es ya un Narciso Negativo. El análisis en dichas narcisopatías es cuestionable, pues, a veces, de ahí, han surgido tanto, el óptimo de los triunfos, como, el más rotundo de los fracasos. El grado IV, a saber, el "limítrofe"; si seguimos a Roy R. Grinker, uno de los últimos analizandos de Freud, y su libro *The Borderline Sindrome*, escrito en colaboración con Beatrice Werfle y Robert C. Drye (1968); si tomamos en cuenta, reitero, su tipología diagnóstica de limítrofes, y la pregunta, que se hace, "*why diagnosis*". Acotaré para aclarar esto, la respuesta, que, el mismo Grinker se hace:

"No puede haber ninguna psicoterapia científica, sin categorías clínicas, que sean líneas de guía, facilitadoras del estudio psicobiográfico de la singularidad del trastorno, su curso, espontáneo, más la interrelación de los factores causales, por ello, el examen de los diversos tratamientos en sujetos psicológicamente afectados, requiere del refinamiento de síndromes diagnósticos, amén de métodos definidos aplicables a cada uno de ellos y, el desarrollo de criterios generales acerca de los resultados" (p.6, mi traducción).

Ahora bien, si continuamos la ruta de menor a mayor psicopatología, en el síndrome fronterizo, investigado por Grinker y asociados, aprehenderíamos cuatro tipos: 1.- El limítrofe lindando con el borde neurótico. 2.- La personalidad "*as if*" de Helene Deutsch (1942) 3.- El central y, 4.- El que bordea con el límite psicótico. Al limítrofe neurótico (grado I), coloquialmente lo he llamado Bordercito y, hasta, allí, descienden los neuróticos intermedios en situaciones extremas de estrés, o sea, las regresiones a la posición *Borderline* (Solís, H., 1980). Al fronterizo psicótico lo nombro Bordersote.

Las indicaciones psicoterapéuticas en los dos primeros grupos, cuando menos en el medio mexicano, son enfoques dinámicos individuales o grupales. Si la elección es lo segundo, el grupo preferentemente debe contar con varios años de duración, para que su función contenedora sea firme, y de ser posible, no tener más de un limítrofe. En los grados tercero y cuarto donde suele estar el Narciso negativo (Solís, H., 1976) o, aún peor, el Narcisista maligno de Kernberg (1992), su atención en comunidad terapéutica puede ser de gran ayuda, si lo individual se complementa con terapias de grupo, familiares, de pareja, o también técnicas psicodramáticas (Kononovich, B., 1981), sin excluir la farmacoterapia. De cualquier modo, el narcisismo maligno sigue siendo, el mayor reto curativo, sobre todo si la actuación sociopática, es acentuada, las ideas paranoides son fijas e intensas y, el sadismo sintónico, es pronunciado. Es, aquí, donde nuestras contratransferencias, se ponen a prueba.

Una investigación reciente (Chiasa, M.; Fonagy, P.; Holmes, J., 2003) es ilustrativa y categórica, en relación al paciente limítrofe severo, hospitalizado. El estudio prospectivo se efectuó, en el Hospital Cassel de Londres, un centro dedicado al tratamiento residencial psicoanalíticamente informado, más, sus resultados, y, que nos alerta, pienso yo, para no llegar a ser, como se lamentaba Freud, simples criados de la psiquiatría, o, agregaríamos ahora, de las empresas farmacéuticas. Las conclusiones de Chiasa, Fonagy y Holmes son:

"A) Los resultados muestran que se registraron mejorías significativamente mayores, en un número de indicadores de resultado, en pacientes expuestos a los programas de tratamiento psicoanalíticamente orientado, comparado con el enfoque general psiquiátrico basado sólo en el manejo y la farmacoterapia. B) Sin embargo, los resultados del estudio también sugieren, que algunas características del tratamiento, en hospital de largo plazo, conllevarían algún riesgo de efectos iatrógenos y antiterapéuticos para un subgrupo de pacientes con una patología central de tipo limítrofe severo" (p.649 mi traducción).

COLOFÓN. En su Presentación Autobiográfica (1925) el maestro vienés, en verdad, guardaba plena conciencia del dilatado valor de sus investigaciones pioneras; dolorosamente sabía, a la vez, lo de su carcinoma bucal. Él, no obstante; desde su singular pesimismo optimista, dubitaba sospechando, acerca del porvenir de sus descubrimientos psíquicos; eso quedaría por escrito, lo acotamos con antelación, en un esperanzado acápite, el postrer del ensayo; con ello termino, retomando su pensamiento. Escuchemos:

> "Así pues echando una ojeada retrospectiva a la obra de mi vida, puedo decir que he sido el iniciador de muchas cosas y he prodigado numerosas incitaciones de las que algo saldrá en el futuro. Yo mismo no puedo saber si será mucho o poco. Pero tengo derecho a formular la esperanza de haber abierto el camino a un importante progreso en nuestro conocimiento" (pp.65-6).

AGRADECIMIENTOS

Este complicado viaje conceptual adeuda mucho a los siguientes mentores cualitativos y cuantitativos: Héctor Ávila, Armando Córdova, Dafna Feinholz, Juan Pablo Jiménez, Horts Kächelle, además, de Teresa Lartigue, Carolina Martinez, Gloria Prado, Florinda Riquer, María Luisa Rodríguez y, en especial, Miguel Ángel Zarco; quienes fueron los maestros del Curso para doctorantes de la APM (Asociación Psicoanalítica Mexicana) y, la SEP (Secretaría de Educación Pública).

Miguel Ángel Zarco dirigió con propiedad didáctica, el desarrollo del proyecto, respetando siempre la singularidad de mi propuesta, hasta colegir, él, que mi real deseo, era, escribir un libro, y no, una rigurosa disertación doctoral, pues comprendió, que por ser yo, el menos joven del grupo, permanecía siendo, un adicto mayor a la nostalgia por Freud. Fue, entonces, cuando estando ya sólo; nada más me orientaron mis dioses íntimos. Sí. Aquellos tesauros que, aún trasmiten las enseñanzas de los tres grandes maestros de la sospecha: Marx, Nietzsche y Freud.

También rindo crédito de asesoría, al Profesor Robert M. Chandler-Burns, recientemente fallecido. Él fue Director del Departamento de Idiomas en la Facultad de Medicina (UANL). Se agradece, a la vez, a los colegas Margarita Rodríguez y Oscar Solís Olivares, colaboradores en trabajos teórico-clínicos que, en coautoría, se incluyen en el texto, *and last but not least,* a la señora Alicia Torres de Garavito, quien participó con su eficiente labor secretarial, en las siete versiones del Escrito. Para todos ellos, gratitud obliga. Por lo demás, de los *Caribdes y Escilas* homéricos, como escollos metodológicos, me declaro responsable desde el freudiano aposento de mi primera persona.

BIBLIOGRAFÍA

Abadi, M., (1960). *Renacimiento del Edipo*. Editorial Nova, Buenos Aires.

Aichhorn, A., (1925). *Wayward youth*. Northwestern University Press, USA. Foreword by Sigmund Freud. 1983.

Albores, G.V., (1992). "Investigación en el tratamiento psicoanalítico de niños y adolescentes". En *Manual de psicoanálisis y psicoterapia de niños y adolescentes*. Marcelo Salles editor. Grupo Editorial Planeta, México, Ciudad de México. Caps. XIII y XIV.

Alexander, F., (1946). *Psychoanalytic Therapy*. The Roland Press, New York.

Alexander, F., (1950). *Psychosomatic Medicine*. W.W. Norton, New York.

Alexander, F., (1952). Comp. *Psiquiatría dinámica*. Paidós, Buenos Aires, 1958. Traducción de Blas A. Sosa y Luis Fabricant, supervisión de Carlos A. Paz.

Alexander, F., (1956). *Psychoanalysis and Psychotherapy*. W.W. Norton, New York.

Anderson, M., (1983). "Anorexia nervosa in the males: an underdiagnosis disorder". *Psychosomatic*. 24:1066-1076, USA.

Anderson, R., (1992). Comp. *Conferencias clínicas sobre Klein y Bion*. Paidós, Buenos Aires, 1994. Traducción de Marta Marajver.

Andolfi, M.; *Et al.*, (1979). *Detrás de la máscara familiar*. Amorrortu, Buenos Aires, 1982. Traducción de J.L. Etcheverri.

Anzieu, D., (1959). *El autoanálisis de Freud*. Siglo XXI editores, Ciudad de México, Tomo I. 1978. Traducción de Ulises Quinaza.

Appignanesi, L.; Forrester, J., (1992). *Freud's Women*. Basic Books, New York.

Aramoni, A., (1973). *Mister psicoanálisis*. Editorial Samo, Ciudad de México.

Aristófanes., (445-386. A.de C.). *Las nubes*. Porrúa, Ciudad de México, 1971.

Armengol, R., (1994). *El pensamiento de Sócrates y el pensamiento de Freud*. Paidós, Buenos Aires.

Asimov, I., (1969). *Guía de la biblia. Antiguo testamento*. Plaza y Janes editores, Barcelona, 12ª edición. Traducción de Benito Gómez.

Asociación Mundial de Psicoanálisis., (1996). *Los poderes de la palabra*. Paidós, Buenos Aires.

Ávila, H., (2000). "Aspectos metodológicos clínicos en psicoanálisis. Comentarios al trabajo titulado: *Una revisión amplia de los estudios de resultados en psicoanálisis* de Peter Fonagy; *Et al.* En *Cuadernos de Psicoanálisis*. APM. XXXIII (1-2). Ciudad de México.

Bachelard, G., (1938). *La formación del espíritu científico*. Siglo XXI editores, Ciudad de México, 1979.

Balint, M., (1955). *El médico, el paciente y la enfermedad*. 2 tomos. Libros básicos, Buenos Aires, 1961. Traducción de Anibal Leal.

Balint, M.; *Et al.*, (1972). En *Psicoterapia focal*. Gedisa Ed., Buenos Aires, 1986. Traducción de Juan Alberto Gioia.

Balint, M., (1979). *The basic fault*. Brunner-Mazel, New York.

Ballos, A. J,; Vargas, M., (1992). "Una mujer: ¿nace o se hace?" *Memorias del VIII Congreso Psicoanalítico Regiomontano*, febrero, 1992, Monterrey, N.L. México.

Barajas, R., (1996). *Cómo sobrevivir al neoliberalismo sin dejar de ser mexicano*. Editorial Grijalbo, Ciudad de México.

Baranger, W., (1957). "Interpretación e ideología, (sobre la regla de abstención ideológica)". En *Problemas del campo psicoanalítico*. De Willi y Matilde Baranger. Editorial Kargieman, Buenos Aires, 1969.

Baranger, W., (1961). ""El muerto vivo": Estructura de los objetos en el duelo y en los estados depresivos". *Revista uruguaya de psicoanálisis*. Montevideo, Vol. IV. 4.

Baranger, W.; Baranger, M.; Mom, J., (1978). "Patología de la transferencia y Contratransferencia en el psicoanálisis actual". En *Psicoanálisis actual*. APM. Ciudad de México.

Baranger, W., (1979). Proceso en espiral y "Campo dinámico". *Revista uruguaya de psicoanálisis*, Montevideo, Núm. 59.

Baranger, W.; Baranger, M,; Mom, J., (1982). "Proceso y no proceso en el trabajo analítico". *Revista de psicoanálisis*. APA, Buenos Aires, Tomo XXXIX, Núm., 4.

Barba-Jacob, P., (1944). *Poemas intemporales*. Editorial Acuarimántica, Ciudad de México.

Becker, E., (1973). *The denial of death*. The Free Press, New York.

Bejarano, A., (1972). "El liderazgo como función de resistencia y de transferencia". En *El trabajo psicoanalítico de los grupos* de Bejarano A.; *Et al.,* Siglo XXI editores, Ciudad de México.

Bellak, L., (1983). *Manual de psicoterapia breve, intensiva y de urgencia.* El Manual Moderno, Ciudad de México, 1993. Traducción de María Elba Arismendi Espinoza.

Bellak, L.; Siegel, K., (1992). *Manual de psicoterapia breve, intensiva y de urgencia. 2ª* edición. El Manual Moderno, Ciudad de México. Traducción de Gloria Padilla.

Benjamín, J., (1984). "The convergence of psychoanalysis, and feminist: Gender identity and autonomy". *En Women therapists working with women. New theory of feminist therapy.* Clara Brody Comp. Springer Series, New York.

Benjamin, J., (1988). *Los lazos de amor. Psicoanálisis. Feminismo y el problema de la dominación.* Paidós, Buenos Aires, 1996. Traducción de Jorge Piatigorsky.

Benjamin, J., (1998). "The primal leap of psychoanalysis, from body to speech: Freud feminism and the vicissitudes of the transference". En *Freud 2000.* Anthony Elliott editor, Routledge, New York, 1999.

Ben Aaron, M.; Harel, J.; Kaplan, H,; Patt, R., (2001). *Mother-child and father-child Psychotherapy.* Whurr publishers, London and Philadelphia.

Berenstein, I., (1970). "Historial clínico de una pareja". En *Psicoterapia de pareja y Grupo familiar con orientación psicoanalítica.* Editorial Galerna, Buenos Aires.

Berenstein, I.; Puget, J., (1997). *Lo vincular.* Paidós, Buenos Aires.

Berger, P.L.; Luckman, Th., (1968). *La construcción social de La realidad.* Amorrortu editores, Buenos Aires, 1999. Traducción Silvia Zuleta.

Bergman, J., (1985). *Pescando barracudas.* Paidós, Buenos Aires, 1986. Traducción Ofelia Castillo.

Berheimer, Ch.; Kahane, C., (1985) Comps. *In Dora's case. Freud-Hysteria-Feminism.* Columbia University Press, New York.

Bertalanffy, L., (1968). *Teoría general de los sistemas.* Fondo de Cultura Económica, Ciudad de México, 1976. Traducción Juan Almela.

Bettelheim, B., (1956). *Freud's Vienna.* Vintage Books edition, USA, 1991.

Bettelheim, B., (1989). *Freud's and man's soul,* Vintage Books edition, USA.

Bianchedi, E.T.; *Et al.* (1999). *Bion-conocido-desconocido.* Lugar Editorial, Buenos Aires.

Bion, W.R., (1955). "Una revisión de la dinámica de grupo". En *Nuevas direcciones en psicoanálisis*. Paidós, Buenos Aires, 1972. Traducción de Samuel Zysman.

Bion, W.R., (1957). "Diferenciación de las personalidades psicóticas y no psicóticas". En *Volviendo a pensar.* Hormé, Buenos Aires, 1972. Traducción de Daniel R. Wagner.

Bion, W.R., (1959). "Ataques al vínculo". *Ibid.*

Bion, W.R., (1961). *Elementos de psicoanálisis*. Hormé, Buenos Aires, 1966. Traducción de Haydée Fernández.

Bion, W.R., (1962). "Una teoría del pensamiento". En *Volviendo a pensar. Ob. Cit.*

Bion, W.R., (1963). *Aprendiendo de la experiencia*. Paidós, Buenos Aires, 1966. Traducción de Haydée Fernández.

Bion, W.R., (1971). *La tabla y la cesura.* Gedisa, Buenos Aires, 1982, p.49. Traducción de Stela Abreu.

Bion, W.R., (1977). *Seven Servants.* Jason Aronson, New York.

Bion, W.R., (1980). "Bion en Nueva York y San Pablo". En *La Tabla y la Cesura. Ob. Cit.*

Blanton, S., (1971). *Diario de mi análisis con Freud.* Corregidor, Buenos Aires, 1974. Traducción Martha Eguía.

Bleger, J., (1972). *Simbiosis y ambiguedad*. Paidós, Buenos Aires.

Bleichmar, R. M.; Bleichmar, C.; Wikinski. S., (1997). *El psicoanálisis después de Freud.* Paidós, Buenos Aires.

Bleuler, E., (1910). *Dementia praecox or the group of schizophrenia.* International University Press, New York, 1950. Traducción de Joseph Zinkin.

Bloom, H., (2004). *¿Dónde se encuentra la sabiduría?* Taurus, Ciudad de México, 2005. Traducción de Damián Alon.

Borges, J.L., (1923). "Forjadura". En *Fervor de Buenos Aires*. Sin título editorial, 1ª edición. Corregida por mano del autor, Buenos Aires.

Boscolo, L.; Bertrando, P., (1993). *Los tiempos del tiempo.* Paidós, Buenos Aires, 1996. Traducción de Ramón Alfonso Diez Aragón y María del Carmen Blanco.

Boskind-White M.; White, W.C., (1983). *Bulimarexia. W.W.* Norton Company, New York.

Bowen, M., (1971). "Hacia la diferenciación del sí-mismo en la familia de origen". En *De la familia al individuo*, Paidós, Buenos Aires, 1991. Traducción de Beatriz E. Anastasi.

Bowen, M., (1972). "El anónimo". *Ibid.*

Bowen, M., (1978). *Family therapy in clinical practice*. Jason Aronson, New York.

Bowlby, J., (1969). *Attachment and loss*. Vol. I. Basic Books, New York.

Bowlby, J., (1988). *Una Base Segura*. Paidós, Buenos Aires, 1989. Traducción de Elsa Mateo.

Breger, L., (2000). *Freud, el genio y sus sombras*. Javier Vergara editor, Buenos Aires, 2001. Traducción de Merce Diago y Abel Debutto.

Brody, C.M., (1984). Comp. *Women therapists working with women. New theory and process of feminist therapy*. Springer Series, New York.

Bruch, H., (1973). *Eating disorders: obesity, anorexia nervosa and the person within*. Basic Books, New York.

Bruch, H., (1975). "Anorexia nervosa". En *American hand book of psychiatry* de Silvano Arieti editor. Basic Books Vol., IV, New York.

Bruch, H., (1978). *The golden cage. The enigma of anorexia nervosa*. Harvard College, USA.

Brunswick, M.R., (1928). "A supplement to Freud´s "History of an infantile neurosis". *The psychoanalytic reader, Vol. I,* edited by Robert Fliess, International Universities Press, New York, 1948. También en *The wolf-man by the wolf-man,* edited by Muriel Gardiner, Basic Books, New York, 1971.

Brunswick, M.R., (1940). "The preoedipal phase of the libido development". En *The psychoanalytic reader. Ob. Cit.*

Buckley, P., (1989). "Fifty years after Freud: Dora, the Rat Man, and the Wolf-Man". *Am. J. Psy.* 146-1394-1403.

Burin, M.; Moncarz, E.; Velázquez, S., (1990). *El malestar de las mujeres. La tranquilidad recetada*. Paidós, Buenos Aires.

Burlingham, M. J., (1989). *A Biografy of Dorothy Tiffane Burlingham. The Last Tiffane*. Atheneum, New York.

Burns, T.; Crisp, A.H., (1984). "Outcome of anorexia nervosa in males". *Br. J., Of Psychiatry,* 145.

Campusano, M., (1987). "Breve interludio teórico. Los desastres naturales y sus repercusiones psicológicas". En *Psicología para casos de desastre*. Prólogo de Elena Poniatowska. Pax-México, Ciudad de México.

Canetti, E., (1960). *Masa y poder.* Muchnik editores, Barcelona. Traducción de Horst Vogel.

Caparrós, N., (1997-1999). *Correspondencia de Sigmund Freud.* Editorial Biblioteca Nueva 4 Tomos. Madrid.

Carpenter, J.; Treacher, A., (1989). *Problemas y soluciones en terapia familiar y pareja.* Paidós, Buenos Aires, 1993.

Castoriadis, C., (1986). *Los dominios del hombre.* Gedisa editorial, Barcelona, 1998. Traducción de Alberto L. Bixio.

Cesio, F., (1958). "La reacción terapéutica negativa". *Revista de Psicoanálisis.* Vol., XV, 3. APA. Buenos Aires.

Cesio, F., (1960). "El letargo, contribuciones al estudio de la reacción terapéutica negativa". *Revista de psicoanálisis.* Vol. XVII, I. APA. Buenos Aires.

Chediak, Ch., (1979). "Counter-reactions and counter-transference". *Int. J. Psycho-Anal.,* 60:117-29. London.

Chemama, R., (1995). *Diccionario del psicoanálisis.* Amorrortu editores, Buenos Aires, 1996. Traducción de Teodoro Pablo Lecman.

Chiesa, M.; Fonagy, P.; Holmes, J., (2003). "When more is less: An exploration of psychoanalytically oriented hospital based treatment of severe personality disorders". *The international Journal of Psychoanalysis,* Vol. 84, Part., 3, Jun. London.

Chodorow, N. J., (1989). *Feminism and psychoanalytic theory.* International University Press, New York.

Chodorow, N.J., (1991). "Freud on Women". En *Freud.* Edited by Jerome New, Cambridge University Press, New York.

Coderch, J., (1999). "La influencia del pensamiento postmoderno en el psicoanálisis actual. *Cuadernos de Psicoanálisis.* APM, Vol. XXXII, Núms., 3 y 4. Traducción de Teresa Lartigue y Juan Vives.

Corominas, J., (1961). *Breve diccionario etimológico de la lengua castellana.* Editorial Credos, Madrid.

Crisp, A.H.; Toms, D.A., (1972). "Primary anorexia nervosa or weight phobia in the males: Report on 13 cases". *Br. Med. J.I.* London.

Dahl, H.; Kächele, H,; Thomä, H., editors. (1988). *Psychoanalytic process research strategies.* Springer-Verlag, Berlin.

Daniels, K., (1992). *Minna's story. The secret love of Dr. Sigmund Freud.* Health Press, Santa Fe, New Mexico.

Decker, H.S., (1991). *Freud, Dora, and Vienna 1900.* The Free Press, New York.

De Certeau, M., (1987). *Historia y Psicoanálisis.* Universidad Iberoamericana, Ciudad de México. Traducción de Alfonso Mendiola.

De la Torre, J., (1979). "Anxiety states and short-term psychotherapy". En *Phenomenology and treatment of anxiety.* Spectrum Publication, USA.

De Mello Franco Filho, O., (1996). "Quanto o analista é tambem professor".

Diskette del XXI Congreso Latinoamericano de psicoanálisis, Monterrey, N.L., México.

Deutsch, H., (1942). "Some forms of emotional disturbance and their relationship to schizophenia". En *Neuroses and character types.* International Universities Press, New York, 1965.

Deutsch, H., (1965). *Neuroses and character types. Ibid.*

Dicks, V.H., (1964). *Tensiones matrimoniales.* Hormé, Buenos Aires, 1970. Supervisión y prólogo de Guillermo Teruel. Traducción de Aníbal Leal.

Dio Bleichmar, E., (1991). *La depresión en la mujer.* Ediciones Temas de Hoy, Madrid.

Doolittle, H., (1956). *Tribute to Freud.* Pantheon Books, New York.

Doring, R.; González, J.L., (1979). "Laboratorios de parejas". *Cuadernos de Psicoanálisis.* Vol. XII. Núms. 1,2,3 y 4. APM. Ciudad de México.

Dupont, M.A., (1997). *Los Fundadores.* APM (Asociación Psicoanalítica Mexicana). Ciudad de México.

Eco, U., (1990). *Los límites de la interpretación.* Editorial Lumen, Barcelona, 1998. Traducción de Helena Lozano.

Eco, U. (1992). *Interpretación y sobre interpretación.* Cambridge University Press. 2ª ed. Española, 1998, Madrid. Traducción Juan Gabriel López.

Eisenstein, S., (1966). "Otto Rank. The myth of the birth of the hero". En *Psychoanalytic pioneers.* Franz Alexander. Samuel Eisenstein y Martin Grotjahn editores. Basic Books, New York.

Ekstein, R.; Wallerstein, R.S., (1958). *The teaching and learning of psychotherapy,* Basic Books, New York.

Elkaïm, M., (1994). Comp. *La terapia familiar en transformación.* Paidós, Buenos Aires, 1998. Traducción de Irene Agoff.

Ellenberg, H., (1970). *The discovery of the unconscious.* Basic Books, New York.

Elliott, A., (1996). *Sujetos a nuestro propio y múltiple ser, teoría social, psicoanálisis y postmodernidad.* Amorrortu, Buenos Aires, 1997. Traducción de Ricardo Malfé, Marina Malfé y Jorge Casas.

Engel, L. G., (1982). "The Clinical application of the biopsychosocial Model". *A.M.J. of Psych.* USA.

Erikson, E.H., (1950). *Infancia y sociedad.* Hormé, Buenos Aires, 1959. Traducción de Lucrecia C. De Alcalde.

Erikson, E.H., (1964). *Insight and responsibility.* Norton and Norton Company, New York.

Erikson, E. H., (1964). *Identity youth an crisis.* Norton and Norton Company,

New York.

Esslin, M., (1972). "Freud's Vienna". En *Freud, the man, his world, his influence*. Edited by Jonathan Miller. Little Brown and Company, Boston.

Estrada, L., (1982). *El ciclo vital de la familia*. Ediciones Serantes, Ciudad de México.

Estrada, L.; Salinas, J.L., (1990). *La teoría psicoanalítica de las relaciones de objeto: del individuo a la familia*. Hispánicas, Ciudad de México.

Etcheverry, J.L., (1979). Traductor de las *Obras completas* de Sigmund Freud. Amorrortu, Buenos Aires.

Ezriel, H., (1952). "Notas sobre la terapia psicoanalítica de grupo: interpretación e investigación". En *Dinámica de grupo y psicoanálisis de grupo* de Morton Kissen. Limusa, Ciudad de México, 1979. Traducción Helene Levesque Dion y Gloria Broussi.

Fairbairn, W.R.D., (1940). *Estudio psicoanalítico de la personalidad*. Hormé, Buenos Aires, 1970. Traducción de Hebe Friedenthal.

Farre, LL.; Hernández, V.; Martínez, M., (1992). *Psicoterapia psicoanalítica focal y breve*. Paidós, Barcelona.

Feder, L., (1998). "La primera y segunda revolución de Sigmund Freud". *Revista latinoamericana de psicoanálisis*. FEPAL, Vol. II, Núm. I. Agosto, Bogotá Colombia.

Fenichel, O., (1941). *Problemas de técnica psicoanalítica*. Editorial Pax-México, Ciudad de México, 1960. Traducción de Mauricio González y José Remus.

Fenichel, O., (1945). *The psychoanalytic theory of neuroses*. Norton, New York.

Ferenczi, S., (1909). "Introjection and transference". *Sex in psychoanalysis*. Vol. I, Basic Books, New York, 1950. Traducción de Jane Isabel Suttie.

Ferenczi, S., (1913). "Flatus as an adult prerogative". *The theory and technique of psychoanalysis*. Vol. II. Basic Books, New York, 1950. Traducción de Jane Isabel Suttie.

Ferenczi, S., (1919). "An attempted explanation of some hysterical stigmata". *Ibid.*

Ferenczi, S., (1920). "The further development of an active therapy in psychoanalysis". *Ibid.*

Ferenczi, S,; Rank, O., (1924). *The development of psychoanalysis*. Dover publication, New York, 1956. Traducción de Caroline Newton.

Ferenczi, S., (1925). "Contra-indications to the `active´ psychoanalytic technique". En *The theory and technique of psychoanalysis, Ob. Cit.*

Ferrater, M.J., (1983). *Diccionario de filosofía abreviado.* Hermes-Sudamericana, Buenos Aires.

Ferreira, A.J., (1963). "The family mith". En *Family therapy. major contribution* de Robert Jay Green y James L. Framo. Comps. International Universities Press, New York, 1981.

Ferreira, F.A,; Parada, F.N.J., (1996). "Especifidade do uso da contratransferencia". *Diskette* del XXI Congreso Latinoamericano de psicoanálisis. Monterrey, N.L., México.

Fichter, M.; Daser, C.; Postereschel, F., (1985). "Anorexia Syndrome in the males". *Journal of psychiatry, 19. USA.*

Fiorini, H. G., (1990). *Teoría y técnica de psicoterapias.* Editorial Nueva Visión, Buenos Aires.

Firestein, S.K., (1975). "Termination of psychoanalysis of adults: a review of the literature" *JAPA.* USA.

Firestein, S.K., (1978). *Termination in psychoanalysis.* International Universities Press, New York.

Fleming, Joan., (1953). "The rol of supervisión in psychiatric". *Bulletin of the Menninger clinic,* 17:157-169.

Fliess, R., (1953). "Countertransference and counteridentifications". *JAPA.* USA.

Foester, V.H., (1973). "Construyendo una realidad". En *La realidad inventada.* Paul Wazlawick comp., Gedisa, Barcelona. Traducción de Nelida M. De Machain, Ingebord S. De Luque y Alfredo Báez.

Foester, V.H., (1994-a). "Visión y conocimiento: Disfunción de segundo orden". En *Nuevos paradigmas cultura y subjetividad.* De Dora Fried Schnitman comp. Paidós, Buenos Aires. Traducción de Leandro Wolfson.

Foester, V.H., (1994-b). "Observar la autorreferencia en emergencia". En *La terapia familiar en transformación* de Mony Elkaïm comp. *Ob. Cit.*

Fonagy, P; *Et al.,* (1999). *An open door. Review of outcome studies in psychoanalysis.* IPA. London.

Fonagy. P.; Target, M., (2000). "Introduction". *A Mother-child and father-child psychotherapy. Ob. Cit.*

Forrester, J., (1992). *Seducciones del psicoanálisis: Freud, Lacan y Derrida.* Fondo de Cultura económica, Ciudad de México, 1995. Traducción de Angélica Bustamante.

Foulkes, S.H., (1964). *Therapeutic group analysis.* International Universities

Press, New York, 1965.

Frankl, V.E., (1946-a). *Man's search for meaning. Revised and updated.* Washington Square Press, 1959.

Frankl, V.E., (1946-b). *Psicoanálisis y existencialismo,* Fondo de Cultura Económica, Ciudad de México, 1963. Traducción de Carlos Silva.

Frankl, V.E., (1952). *The doctor and the soul.* Alfred A. Knoph, New York, 1955. Traducción de Richard and Clara Winston.

Frankl, V.E., (1969). *The will to meaning.* New American library, New York.

Freeman, L., (1972). *The story of Anna O.* Walker an Company, New York.

French, Th. M., (1958). "Los sueños y la conducta racional". En *Psiquiatría dinámica.* Franz Alexander editor, Paidós, Buenos Aires. Traducción de Blas A. Sosa y Luis Fabricant.

Freud, A., (1936). *The ego and the mechanisms of defence.* (Revised edition). *The writings of Anna Freud.* Vol. II. International Universities Press, New York. Translation by Cecil Baines.

Freud, E., (1960). *Letters of Sigmund Freud.* Basic Books, New York, Translation by Tania and James Stern.

Freud, E.; Abraham, H., (1965), *Sigmund Freud-Karl Abraham correspondence,* 1907-1926. Hogarth Press, London.

Freud, E.; Freud, L.; Grubrich-Simitis, I., (1976). *Sigmund Freud. His life in pictures and words.* Marcourt Brace Javanovich, New York. Translation by Christine Trollope.

Freud, M., (1957). *Sigmund Freud: Mi padre.* Hormé, Buenos Aires, 1966. Traducción de Máximo Sivinobich.

Freud, S., (1886). "Observación de un caso severo de hemianestesia en un varón histérico". *Obras completas* Vol. I. Editorial Amorrortu, Buenos Aires, 1976. Traducción de J.L. Etcheverry.

Freud, S., (1892 [1893]). "Un caso de curación por hipnosis". O.C. Vol. I. *Ob. Cit.*

Freud, S., (1893-a). "Algunas consideraciones con miras a un estudio comparativo de las parálisis motrices orgánicas e histéricas". *Ibid.*

Freud, S., (1893-b). "Charcot". O.C. Vol. III., P.15. *Ob. Cit.*

Freud, S.; Breuer, J., (1893-1895). Estudios sobre la histeria, O.C. Vol. II., *Ob. Cit.*

Freud, S., (1894). "La neuropsicosis de defensa". O.C. Vol. III. *Ob. Cit.*

Freud, S., (1896). "La herencia y la etiología de la neurosis". *Ibid.*

Freud, S., (1899). "Sobre los recuerdos encubridores". O.C. Vol. III. *Ob. Cit.*

Freud, S., (1900). La interpretación de los sueños. O.C. Vol., IV. *Ob. Cit.* p.20.

Freud, S., (1901). Psicopatología de la vida cotidiana. O.C. Vol. VI. *Ob. Cit.*

Freud, S., (1905 [1904]). "Sobre psicoterapia". O.C. Vol. VII. *Ob. Cit.*

Freud, S., (1905 [1900]). Fragmento de análisis de un caso de histeria. (Dora). O.C. Vol. VII. *Ob. Cit.*

Freud, S., (1905). Tres ensayos de una teoría sexual. O.C. Vol. VII. *Ob. Cit.*

Freud, S., (1906). "Respuesta a una encuesta <<sobre la lectura y los buenos libros>>". O.C. Vol. IX. *Ob. Cit.*

Freud, S., (1907-a). "El esclarecimiento sexual del niño. (carta abierta al doctor M. Fürst)", O.C. *Ibid.*

Freud, S., (1907-b). "Acciones obsesivas y prácticas religiosas". *Ibid.*

Freud, S., (1908-a). "Carácter y erotismo anal". *Ibid.*

Freud, S., (1908-b). "Sobre las teorías sexuales infantiles". *Ibid.*

Freud, S., (1908 [1907-c]). "El creador literario y el fantaseo". *Ibid.*

Freud, S., (1909-a). Análisis de la fobia de un niño de cinco años, (el pequeño Hans). O.C. Vol. X. *Ob. Cit.*

Freud, S., (1909-b). A propósito de un caso de neurosis obsesiva, (caso el hombre de las ratas). O.C. *Ibid.*

Freud, S., (1909 [1908-c]). "Apreciaciones generales sobre el ataque histérico". O.C. Vol. IX. *Ob. Cit.*

Freud, S., (1910-a). "Las perspectivas futuras de la terapia psicoanalítica". O.C. Vol. XI. *Ob. Cit.*

Freud, S., (1910-b). "Sobre un tipo en particular de elección en el hombre, (contribuciones a la psicología del amor)". *Ibid.*

Freud, S., (1910 [1909-c]). Cinco conferencias sobre psicoanálisis. O.C. *Ibid.*

Freud, S., (1911 [1910]). Sobre un caso de paranoia descrito autobiograficamente. (El caso Schreber). O.C. Vol. XII. *Ob. Cit.*

Freud, S., (1912). "Consejos al médico sobre el tratamiento psicoanalítico". *Ibid.*

Freud, S., (1913). "La predisposición a la neurosis obsesiva. Contribución al problema de la elección de objeto". *Ibid.*

Freud, S., (1914). "Recordar, repetir y reelaborar". *Ibid.*

Freud, S., (1915-a). "Pulsiones y destino de pulsión". O.C. Vol. XIV. *Ob. Cit.*

Freud, S., (1915-b). "Complemento metapsicológico a la doctrina de los sueños". *Ibid.*

Freud, S., (1916). "Algunos tipos de carácter dilucidados por el trabajo psicoanalítico". *Ibid.*

Freud, S., (1916-1917). Conferencias de introducción al psicoanálisis. O.C. Vol. XV. *Ob. Cit.*

Freud, S., (1917 [1915]), "Duelo y melancolía". O.C. Vol. XVI. *Ob. Cit.*

Freud, S., (1918 [1919]). Los caminos de la terapia psicoanalítica". O.C. Editorial Biblioteca Nueva. Madrid Vol. III. P.2462. Traducción de Luis López-Ballesteros y de Torres.

Freud, S., (1918 [1914]). Historia de una neurosis infantil. (caso el hombre de los lobos). O.C. Vol. XVII. (Editorial Amorrortu). *Ob. Cit.*

Freud, S., (1919-a). ""Pegan a un niño". Contribución al conocimiento de la génesis de las perversiones sexuales". *Ibid.*

Freud, S., (1919-b). "Lo ominoso". *Ibid.*

Freud, S., (1920-a). "Sobre la psicogénesis de un caso de homosexualidad femenina". O.C. Vol. XVIII. *Ob. Cit.*

Freud, S., (1920-b). "Más allá del principio del placer". *Ibid.*

Freud, S., (1921-a). Psicología de las masas y análisis del yo. O.C. Vol. III. P.2563. Biblioteca Nueva. Madrid. *Ob. Cit.*

Freud, S., (1922 [1923]). "Psicoanálisis y teoría de la libido. (Dos artículos de Enciclopedia)". O.C. (Biblioteca Nueva). Vol. III. P.2661. *Ob. Cit.*

Freud, S., (1923). El yo y el ello. O.C. Vol. XIX. *Ob. Cit.*

Freud, S., (1925). "Introduction" *a Wayward youth* de August Aichhorn. Vol. XX. P.VI. *Ob. Cit.*

Freud, S., (1925 [1924]). "Presentación autobiográfica". O.C. Vol. XX. p.p.65-6 *Ob. Cit.*

Freud, S., (1926[1925]). "Inhibición, síntoma y angustia". *Ibid.*

Freud, S., (1926-a). "¿Pueden los legos ejercer el análisis?" *Ibid.*

Freud, S., (1926-b). "El doctor Reik y el problema del curanderismo". *Ibid.*

Freud, S., (1927). "El porvenir de una ilusión". O.Ç. Vol. XXI. *Ob. Cit.*

Freud, S., (1928 [1927]). "Dostoievski y el parricidio". *Ibid.*

Freud, S., (1930). "El malestar en la cultura". *Ibid.*

Freud, S., (1937-a). "Análisis terminable e interminable". O.C. Vol. XXIII. *Ob. Cit.*

Freud, S., (1937-b). "Construcciones en el análisis". *Ibid.*

Freud, S., (1950). *Los origenes del psicoanálisis.* Comps: Marie Bonaparte, Anna Freud y Ernst Kriss. Alianza Editorial, Madrid, 1975. Traducción de Ramón Rey David.

Freud, S., (1963). *Cartas a la novia.* Tusquets editor, 1969. Traducción de Joaquín Merino Pérez.

Freud, S.; Ferenczi, S., (1963). *Correspondencia completa.* Vol. III. Editorial

Síntesis, Madrid, 2001. transcripción de Ingeborg Meyer-Palmedo.

Fromm, E., (1941). *Escape from freedom*. Rinehart & Company. New York, 1960.

Fromm, E., (1955). *The sane society*. Rinehart & Company. New York, 1959.

Fromm, E., (1962). *Más allá de las cadenas de la ilusión. Mi encuentro con Marx y Freud*. Herrero Hermanos, Ciudad de México, 1964. Traducción de Enrique Martínez Cid.

Fromm, E., (1983). *El amor a la vida*. Paidós, Ciudad de México. Traducción de Eduardo Prieto.

Fuentes, C., (1971). *Tiempo mexicano*. Joaquín Mortis, Ciudad de México.

Fuentes, C., (1990). *Valiente mundo nuevo*. Fondo de Cultura Económica. Ciudad de México.

Fuentes, C., (1994). *Nuevo Tiempo mexicano*. Aguilar, Ciudad de México.

Gadamer, H.G., (1975). *Verdad y método I*. Ediciones Sígueme, Salamanca España, séptima edición, 1997. Traducción de Ana Angel Aparicio y Rafael de Agapito.

Gadamer, H.G., (1986). *Verdad y método II*. Ediciones Sígueme, Salamanca España, tercera edición, 1998. Traducción de Manuel Olasagasti.

García Márquez, G., (1985). *El amor en los tiempos del cólera*. Diana, Ciudad de México.

García Márquez, G., (1995). *Cómo se cuenta un cuento*. Editorial Voluntad, S.A. Colombia.

García Márquez, G., (2002). *Vivir para contarla*. Vol. I. Diana, Ciudad de México.

García Márquez, G., (2004). *Memoria de mis putas tristes*. Editorial Diana, Ciudad de México.

García Terrés, J., (1967). *Los infiernos del pensamiento*. Joaquín Mortis, Ciudad de México. *Sep-Cultura*, 1986.

Gardiner, M., (1971). *The wolf-man by the wolf-man. The double story of Freud's most famous case*. Basic Books, New York.

Garza Guerrero, C., (1989). *El superyo en la teoría y la práctica psicoanalíticas*. Paidós, Buenos Aires.

Gay, P., (1985). *Freud for historians*. Oxford University Press, New York.

Gay, P., (1988). *Freud, una vida de nuestro tiempo*. Paidós, Buenos Aires, 1989. Traducción de Jorge Piatigorsky.

Giovanetti, M., (1986). "Transmissáo: una campo transferencial". *Diskette* del XXI Congreso Latinoamericano de Psicoanálisis, Monterrey, N.L. México.

Gitelson, M., (1942). "The critical moment in psychoanalysis". *Psychoanalysis science and profession.* International Universities Press, New York, 1973.

Glatzer, H., (1978). "The working alliance in analytic group Psychotherapy". *International Journal of group psychotherapy*, Vol. XXVIII, Núms. 1-4. New York.

González, A., (1979). "La relación de pareja en el Hombre de los Lobos". En *Teoría y práctica de pareja.* Extemporáneos, Buenos Aires.

Green, A., (1975). "The analyst, simbolization and absence in the analytic setting". En *On private madness.* The Hogarth, Press, London.

Green, A., (1980). "La madre muerta". En *Narcisismo de vida, Narcisismo de muerte.* Amorrortu, Buenos Aires, 1986. Traducción de J.L. Etcheverry.

Green, A., (1993). *El trabajo de lo negativo.* Amorrortu, Buenos Aires, 1995. Traducción de Irene Agoff.

Greenson, R., (1965). "The working alliance". En *The technique and practice of psychoanalysis.* International Universities Press, New York, 1976.

Greenson, R., (1966). "Otto Fenichel, 1898-1946. The encyclopedia of psychoanalysis". En *Psychoanalytic pioneer.* Edited by Franz Alexander, Samuel Eisenstein and Martin Grotjahm, Basic Books, New York.

Greenson, R., (1967). "The working alliance". En *The technique and practice of psychoanalysis. Ob. Cit.*

Grinberg, L., (1957). "Sobre algunos problemas de técnica psicoanalítica determinados por la identificación y contraidentificación proyectiva". *Rev. de psicoanálisis,* 13, 4. Buenos Aires.

Grinberg, L.; Langer, M.; Rodrigué, E., (1968). Comps. *De Psicoanálisis en las américas.* Paidós, Buenos Aires.

Grinberg, L.; Sor D.; Tabak, E., (1972). *Introducción a las ideas de Bion.* Nueva Visión, Buenos Aires.

Grinberg, L.; Sor, D.; Tabak, E., (1993). *New introduction to the work of Bion.* Jason Aronson, New York.

Grinker, R.; Werfle, B.; Drye, R., (1968). *The borderline Syndrome.* Basic Books, New York.

Grosskurt, P., (1991). *The secret ring.* Addison-Wesley Company. USA.

Grubrich-Simitis, I., (1993). *Back to Freud's texts,* Yale University Press, USA.

Grubrich-Simitis, I., (1997). *Early Freud and late Freud.* Routledge,

Londres.

Gutierre, T., (1972). *El mundo secreto de los dientes*. Editora Tajin, Ciudad de México, p.106-110.

Habermas, J., (1969). "Conocimiento e interés". En *Introducción a la teoría de la ciencia* de H. Seiffert. Herder, Barcelona, 1971.

Haley, J., (1969). *Tácticas de poder de Jesucristo*. Tiempo Contemporáneo, Buenos Aires, 1972. Traducción de Diana Machiavello.

Haley, J., (1978). *Problem solving therapy*. The Jossey-Bass, New York.

Haley, J., (1980). *Leaving home*. McGraw Hill, New York.

Hanns, L.A., (2001). *Diccionario de términos alemanes* de Freud, cuyo título original en portugués, es, *Diccionário comentado de alemão de Freud* (1996). Traducción de Sara Hasson y, el autor.

Harrison, C., (1984). *Freud*. Penguin Books, USA.

Hayden, Th.; Lord, L.; Szegedy-Marzak, M., (2003). *Secrets of genius. Three minds that shaped the twentieth century*. (Us news world report. USA).

Hayek, F.A., (1972). *A tiger by the tail. The keinesian legacy of inflation*. The Institute of Economics Affairs. 1978, New York.

Heer, F., (1972). "Freud, the vienesse jew" En *The man. His world, his world, his influence*. Edited by Jonathan Miller, *Ob. Cit.*

Hegel, G.W.F., (1807). *Fenomenología del espíritu*. Fondo de Cultura Económica, Ciudad de México, 1976. Traducción de Wenceslao Roses y Ricardo Guerra.

Heimann, P. (1950). "On countertransference". *Intern. J. of Psycho*. London, 32.

Hilgard, E.R.; Kubie, L.S.; Pumpian-Mindlin, E., (1960). *El psicoanálisis como ciencia*. UNAM, 1969. Ciudad de México. Traducción de Ramón Parres y Eli de Gortari.

Hinshelwood, R.D., (1989). *Diccionario del pensamiento Kleiniano*. Amorrortu, Buenos Aires. 1992. Traducción de J.L. Etcheverry.

Hirschmuller, A., (1978). *The life and work of Josef Breuer*. New York University Press, New York.

Holder, A., (1999). "Editorial" de *International Psychoanalysis, IPA. News-letter,* Vol. 8, Núm. 2, Londres.

Holt, R., (1965). "Freud´s cognitive style". En *Freud Reappraised*. The Guilford Press, New York-London, 1989.

Holt, R., (1974). "On reading Freud". Introduction: *Abstracts of the standard editions of the complete psychological works of Sigmund Freud.* Jason Aronson, New York.

Jaccard, R., (1973). *El hombre de los lobos.* Editorial Gedisa, Barcelona, 1980. Traducción de Matilde Horne.

Jacobson, E., (1964). *The self and the object World.* International Universities Press, New York.

Jaques, E., (1955). "Social sistems as a defence against persecutory and depresive anxiety". En *New directions in psychoanalysis.* Edited by Melanie Klein, Paula Heimann and Roger Money-Kyrle. Basic Books, New York, 1957. Preface by Ernest Jones.

Jaques, E., (1966). "La muerte y la crisis de la mitad de la vida". *Rev. de psicoanálisis.* Vol., 4, APA, Buenos Aires.

Jaspers, K., (1937). *Filosofía de la existencia.* Editorial Planeta, Ciudad de México, 1985.

Johnson, G.L., (1991). *Psychodinamic treatment of anorexia and bulimia.* The Guilford press, New York.

Jones, E., (1913). "The God complex. The belief that one is God and the resulting character traits". En *Essays in applied Psychoanalysis.* Vol. II., Cap. XII. International Universities Press, New York, 1964.

Jones, E., (1927). "The early development of female sexuality". *IJPA.* 8:459-472. London.

Jones, E., (1953). *The life and work of Sigmund Freud.* Vol. II. p.55. Basic Books, New York.

Jones, E., (1959). *Free association. Memoirs of a psychoanalyst.* Basic Books, New York.

Kachele, H.; Thomä, H., (1985, 1988,2002). Editores. *Teoría y práctica del psicoanálisis I, II y III.* Editorial Herder, 1989, 1990, 2002, Barcelona. Trad: Gabriela Bluhm Jiménez, Juan Pablo Jimenez y María Isabel Fontao.

Kardiner, A., (1977). *Mi análisis con Freud.* Joaquín Mortiz, Ciudad de México, 1979. Traducción de Ramón Parres.

Kaufman, R.M.; Heiman, M., (1964). *Evolution of psychosomatics concepts: A paradigm.* International Universities Press, New York.

Keeney, B.; Ross, J., (1985). *Construcción de terapias familiares.* Amorrortu, Buenos Aires, 1987.

Kernberg, O.F., (1975). *Borderline conditions and pathological narcissism.* Jason Aronson, New York.

Kernberg, O.F., (1976). *Object relations theory and clinical psychoanalysis.*

Jason Aronson, New York.

Kernberg, O.F., (1984). *Severe personality disorders: Psychotherapeutic strategies*, Yale University, U.S.A.

Kernberg, O.F.; *Et al.*, (1989). *Psicoterapia psicodinámica del paciente limítrofe*. Planeta editorial, Ciudad de México, 1995. Traducción de David N.López Garza.

Kernberg, O.F., (1992). *La agresión en las perversiones y en los desórdenes de la personalidad*. Paidós, Buenos Aires, 1994. Traducción de Jorge Piatigorsky.

Kesselman, H., (1972). *Psicoterapia breve*. Editorial Fundamentos, Madrid.

Klein, M., (1935). "El duelo y su relación con los estados maniaco-depresivos". En *Contribuciones al psicoanalisis*. Hormé, Buenos Aires, 1964. Traducción de Hebe Friedenthal.

Klein, M., (1946). "Notas sobre algunos mecanismos esquizoides". En *Desarrollos en psicoanálisis*. Hormé, Buenos Aires, 1962. Traducción de Hebe Friedenthal.

Klein, M., (1955). "Sobre la identificación". En *Nuevas direcciones en psicoanálisis*. Paidós, Buenos Aires, 1972. Traducción de Samuel Sysman.

Klein, M., (1957). *Envidia y gratitud*. Hormé, Buenos Aires, 1971. Traducción de Vera S. De Campo.

Klin, A.; Volkman, F.R.; Sparrone, S.S., (2000). Comps. *Asperger syndrome*. Introducción de María Asperger Felder. The Guilford Press, New York-London.

Knobel, M., (1986). *Psicoterapia breve*. Paidós, Buenos Aires, 1987. Traducción de Ofelia Castillo.

Kohon, G., (1999). Editor de *The dead mother. The work of Andre Green*. Institute of Psychoanalysis. IPA. London.

Kohut, H., (1966). "Forms and transformations of narcissism". En *The search of the self*. Editado por Paul H. Orstein. International Universities Press, New York, 1978.

Kononovich, B., (1981). *Psicodrama comunitario con psicóticos*. Amorrortu, Buenos Aires.

Kristeva, J., (1983). *Historias de amor*. Siglo XXI editores, Ciudad de México, 1987. Traducción de Araceli Ramos Martin.

Kristeva, J., (1988). *El porvenir de la re-vuelta*. Fondo de Cultura Económica, Ciudad de México, 1999. Traducción de Beatriz Horrac.

Kristeva, J., (1999). *El genio femenino I.- Hanna Arendt*. Paidós, Buenos

Aires, 2000. Traducción de Jorge Piatigorsky.

Kubie, S.L., (1951). *Psicoanálisis. Aspectos prácticos y teóricos.* Paidós, Buenos Aires, 1966. Traducción de Santiago Ramírez y Ruth C. de Ramírez.

Kuhn, Th. S., (1962). *La estructura de las revoluciones científicas.* Fondo de Cultura Económica, Ciudad de México, 1971. Traducción de Agustin Contin.

Lacan, J., (1938). *La Familia.* Homo Sapiens, Buenos Aires, 1977. Traducción de Vittorio Fishman.

Lacan, J., (1949). "El estadío del espejo como formador de la función del YO ("J") tal como se nos revela en la experiencia psicoanalítica". En *Escritos I. 5ª* ed, Siglo XXI, Ciudad de México, 1977. Tradución de Tomás Segovia con la colaboración de Lacan y Juan David Nasio.

Lacan, J., (1951)."Intervención sobre la transferencia". *Ibid.*

Lacan, J., (1953-a). *Los escritos técnicos de Freud. El seminario I.,* Paidós, Buenos Aires, 1981. Traducción de Rithe Cevasco y Vicente Mira Pascual.

Lacan, J., (1953-b). Lo simbólico, lo imaginario y lo real". En *La nave de los locos,* Universidad de Michoacan, 1984. Sin nombre de traducción.

Lacan, J., (1958). "La significación del falo". *Escritos I. Ob. Cit.*

Lacan, J., (1960). "Ideas directivas para un congreso sobre la sexualidad femenina". En *Escritos I. Ob. Cit.*

Lacan, J., (1964). "Del sujeto al que se supone saber, de la primera díada y el bien". En *El yo en la teoría de Freud y en la técnica psicoanalítica. Seminario II.* Paidós, Buenos Aires, 1987. Traducción de Irene Agoff.

Lacan, J., (1966). *Escritos I y II.* Siglo XXI editores, Ciudad de México, 1971-1975. Traducción de Tomás Segovia con la colaboración de Lacan y Juan David Nasio.

La Escuela de Orientación Lacaniana (1996). *Los poderes de la palabra.* Paidós, Buenos Aires. Traducción de Juan Carlos Indart.

Laing, R.D., (1967). *El cuestionamiento de la familia.* Paidós, Buenos Aires, 1972. Traducción de Adolfo A. Negrotto.

Laks, E.C., (1996). "A contratransferencia do analista didacta e seus destinos: Algunos aspectos após o termino da analise". *Diskette* del XXI Congreso Latinoamericano de Psicoanálisis, Monterrey, N.L., México.

Laks, E.C., (1997). "Psychoanalysis and culture: Some contemporary challengers". *Int. J. Psy.anal.,* 78, 4. London.

Lampedusa, T.G., (1958). *El gato pardo.* Ed. Noguer, Barcelona. 12ª edición. Traducción de Fernando Gutiérrez.

Langer, M., (1951). *Maternidad y sexo*. Paidós, Buenos Aires, 1964.

Langer, M., (1957). *Fantasías eternas a la luz del psicoanálisis*. Hormé, Buenos Aires.

Lapassade, G., (1973). "El encuentro institucional". En *Análisis institucional y socioanálisis* de Rene Lourau comp. Editorial Nueva Imagen, Ciudad de México, 1977. Traducción de Victor Goldstein.

Laplanche, J.; Pontalis, J-B., (1967). *The language of psychoanalysis*. Editorial Smith Norton, USA. 1973. Translation by Donald Nicholson.

Lartigue, T., (1998). "Trastornos en los vínculos parento-filiales". En *La alimentación en la primera infancia* de Teresa Lartigue, Martín Maldonado y Héctor Ávila comps. APM-Plaza y Valdés, Ciudad de México.

Lederer, W. J.; Jackson, D.D., (1998). *The mirages of marriage,* W.W. Norton Company, New York.

Lewin, K., (1978). *La teoría del campo en la ciencia social*. Paidós, Buenos Aires. Traducción de Marta Laffite y Julio Juncal.

Liaño, H., (1998). *Cerebro de hombre, cerebro de mujer.* Ediciones Grupo 2, Barcelona.

Lipovetsky, G., (1992). *El crepúsculo del deber.* Anagrama, Barcelona, 1994. Traducción de Juana Bignossi.

Little, M., (1951). "Counter-transference and the patient's response to it". *I.J.P.*, 32:32-40.

López-Ballesteros, J., (1922). Traductor de *Obras completas de Sigmund Freud.* Biblioteca Nueva, Madrid.

López, C.R., (1994). *Self-envy, therapy and the divided inner world.* Jason Aronson, New Jersey.

López, C.R., (2002). *Diccionario de la obra de W.R. Bion.* Biblioteca Nueva, Madrid.

Lorand, S., (1996). "Sandor Ferenczi 1873-1933. Pioneer of pioneers" En *psychoanalytic pioneers. Ob. Cit.*

Lourau, R., (1970). *El analisis institucional.* Amorrortu, Buenos Aires, 1975. Traducción de Noemí Fiorito de Labrune.

Lourau, R.; *Et al.,* (1973). *Análisis y socioanálisis. Ob. Cit.*

Lyotard, J. F., (1979). *La condición postmoderna.* Cátedra, Madrid. 1998. Traducción de Mariano Antolin Rato.

Maclean, G.; Rappen, V., (1991). *Hermine Hug-Hellmuth.* Routledge, New

York-London.

Maeder, T., (1989). *Children of psychiatrist and other psychotherapist*. The Viking Press, New York.

Mahilde, L.C., (1996). "O campo da transferência e contratransferência: ¿O campo analítico?" *Diskette* del XXI Congreso Latinoamericano de psicoanálisis, Monterrey, N.L. México.

Mahler, M.; Pine, E.; Bergman, A., (1975). *The psychological birth of the human infant*. Basic Books, New York.

Mahony, P., (1982). *Freud as a writer.* International Universities Press, New York.

Mahony, P., (1986). *Freud and the rat man*. Yale University, USA.

Malan, D.H., (1963). *A study of brief psychotherapy*. Tavistock Publication, London.

Malcolm, J., (1980). *The impossible profession*. Alfred A. Knopf, New York.

Malraux, A., (1931). *La condición humana*. Editorial Sudamericana, Buenos Aires. 1968. Traducción de César A. Comet.

Mann, J., (1973). *Time-limited psychotherapy*. Harvard University Press, USA.

Mannoni, O., (1965). "El hombre de las ratas". En *Los casos de Sigmund Freud. El hombre de las ratas 3*, de Oscar Masotta y Jorge Jinkins Comps. Editorial Nueva Visión, Buenos Aires, 1973. Traducción de Oscar Masotta.

Marcus, S., (1984). *Freud, and the culture of psychoanalysis*. Morton and Company, New York-London.

Mardones, J. M.; Ursua, N., (1987). *Filosofía de las ciencias humanas y sociales. Materiales para una fundamentación científica*. Fontamara, Ciudad de México.

Marmar, R. Ch., (1992). "Psicoterapia de tiempo limitado": En *Psiquiatría General* de Howard H. Goldman. El Manual Moderno, Ciudad de México, 1996. Traducción de Faye Tinajero, Jorge A. Merigo y María Eugenia Gómez.

Martínez, B.C., (1977). *Fundamentos para una teoría del psicodrama*. Siglo XXI editores, Ciudad de México.

Martínez, M., (1989). *Comportamiento humano. Nuevos métodos de investigación*. Editorial Trillas, Ciudad de México.

Marx, C.; Engels, F., (1845-1846). *Ideología alemana*. Capítulo I. *Obras escogidas*. Editorial Progreso, Moscú, 1976. Traducción de Editorial Progreso.

Masotta, O.; Jinkins, J., Comps. (1973-a). *Los casos de Sigmund Freud. El hombre de las ratas*. Nueva Visión, Buenos Aires.

Masotta, O., (1973-b). "Introducción. Consideraciones sobre el padre en *El hombre de las ratas*". *Los casos de Sigmund Freud. Ob. Cit.*

Masotta, O., (1977). *Lecciones de introducción al psicoanálisis*, Gedisa, Buenos Aires, 1982.

Masotta, O., (1992). *Lecturas de psicoanálisis. Freud, Lacan*. Paidós, Buenos Aires.

Masson, J.M., (1984). *El asalto a la verdad*. Seix Barral, España, 1985. Traducción de Jaime Zulaika.

Masson, J.M., (1985). *The complete letters of Sigmund Freud to Wilhelm Fliess 1887-1904*. The Belknap Press of Harvard University, USA-London.

Maturama, H.R., (1994). "Seres humanos individuales y fenómenos sociales humanos". En *La terapia familiar en transformación. Ob. Cit.*

May, R., (1966). *El dilema existencial del hombre moderno*. Paidós, Buenos Aires, 1968. Traducción de Roberto M. Baretto.

Mc Caffrey, Ph., (1984). *Freud and Dora. The artful dream*. Rulgers University Press, New York.

Mc Goldrick, M.; Gerson, R., (1985). *Genograma en la evaluación Familiar*. Gedisa, Buenos Aires, 1987. Traducción de Claudia R. Ferrari.

Mc Guire, W., (1974). *The Freud-Jung Letters*, Princeton University Press, New York.

Meler, I., (1996). "Estados depresivos en pacientes mujeres. La perspectiva de los pacientes de género". En *Subjetividad y Cultura*. Plaza y Valdés editores, Ciudad de México, Núm., 6, Mayo 1996.

Mendel, G., (1972). "Acerca de la regresión de lo político al plano de lo psíquico". En *Sociopsicoanálisis I*. Amorrortu, Buenos Aires, 1974. Traducción de Victor Goldstein.

Mendel, G., (1983). "Articulaciones crítico-productivas entre intervención individual, grupal e institucional". En *El inconsciente institucional* de Baremblit y Brasi. Editorial Nuevomar, Ciudad de México.

Menninger, K., (1958). *Theory of psychoanalytic technique*. Basic Books, New York.

Merleau-Ponty, M., (1945). *Fenomenología de la percepción*. Planeta-

Angostini, Barcelona, 1993. Traducción de Ricardo Anaya.

Miller, J., (1972). "Cronología". En *Freud, his world, his influence*. Jonathan Miller editor. Little Brown and Company, USA.

Minuchin, S.; Montalvo, B.; Guerney L.B.G.; Rosman, B.L.; Schumer, R., (1967). *Families of the slums*. Basic Books, New York.

Minuchin, S., (1974). *Familias y terapia familiar*. Granica editor, Barcelona, 1977. Traducción de Victor Fichman.

Minuchin, S.; Rosman, B.L.; Baker, L., (1978). *Psychosomatic Families: Anorexia nervosa in context*. Harvard University Press, U.S.A.

Minuchin, S.; Fishman, Ch., (1981). *Técnicas de terapia familiar*. Paidós, Buenos Aires, 1989. Traducción de J.L. Etcheverry.

Minuchin, S.; Nichols, M.P., (1993). *Family healing*. The Free Press, New York.

Mitchell, J., (1966). *La condición de la mujer*. Editorial Extemporáneos, Ciudad de México, 1974. Traducción de Julieta Diéguez Garza.

Mitchell, J., (1974). *Psychoanalysis and feminism. Freud, Reich, Laing and women*. Vintage Books, New York, 1975.

Mitchell, S.A., (1988). *Conceptos relacionales en psicoanálisis*. Fondo de Cultura Económica, Ciudad de México, 1993. Traducción de Mercedes Córdova.

Mitchell, S.A., (1993). *Hope and dread in psychoanalysis*. Basic Books, New York.

Mitchell, S.A.; Black, M.J., (1995). *Freud and beyond*. Basic Books, New York.

Montessori, María., (MCMLVI). *El niño*. SEP. Ciudad de México.

Morin, E., (1985). *Introducción al pensamiento complejo*. Editorial Gedisa, Barcelona, 1994.

Morin, E., (1991). "Cultura y conocimiento". En *El ojo del observador. Contribuciones al constructivismo*. Paul Watzlawick y Peter Krieg Comps. Editorial Gedisa, Barcelona, 1994. Traducción de Cristóbal Piechocki.

Neimeyer, R.A.; Mahoney, M.J., Comps. (1995). *Constructivismo en psicoterapia*. Paidós, Buenos Aires, 1998. Traducción de Angelina Aparicio.

Nelson, B., (1957). *Freud and the 20th[th]Century*. Meridian Books, New York.

Novotry, P.C., (1987). "Bowen family systems theory and psychoanalysis.

Echo or metamorphosis". *Bulletin of the Menninger Clinic* 51(4), July.

Nunberg, H.; Federn, E., (1962). *Minutes of the Vienna psychoanalytic society. I.* International Universities Press, New York.

Ogden, Th., (1994). "The analytic third: Working with intersubjetive clinical facts". *I.J. Psycho.*, 75:3-19.

Onnis, L., (1985). *Terapia familiar de los trastornos psicosomáticos.* Paidós, Buenos Aires, 1990. Traducción de Susana E. Spiegles.

Ortega y Gasset, J., (1914). *Meditaciones del Quijote.* Aguilar editor. Ciudad de México. 1976.

Ortega y Gasset, J., (1922). "Prólogo" a la primera edición en español de las *Obras completas de Freud.* Biblioteca Nueva, Madrid.

Orwell, G., (1949). *1984.* Editorial Planeta Mexicana. Ciudad de México. Cubierta de Lucien Freud. 2004.

Ostow, M., (1962). *Drugs in psychoanalysis and psychotherapy.* Basic Books, New York.

Palazzoli, M.S., (1971). "Anorexia nervosa". *En The world biennal of psychiatry, and psychotherapy* de Silvano Arieti. (Editor) Vol.I. Basic Books, New York.

Palazzoli, M.S., (1974). *Self starvation.* Chaucer Publication, London. Translated by Arnold Pomerans.

Palazzoli, M.S.; *Et al.*, (1978). *Paradox and counterparadox.* Jason Aronson, New York. Translated by Elisabeth V. Burt.

Palazzoli, M.S.; *Et al.*, (1988). *Juegos psicóticos en la Familia.* Paidós, Buenos Aires, 1990. Traducción de Beatris Anastasia de Lonne.

Palazzoli, M., (1988). Comp., de *Crónica de una investigación.* Paidós, Buenos Aires, 1990. Traducción de Beatris Anastasia de Lonne.

Papp, P., (1983). *El proceso de cambio.* Paidós, Buenos Aires, 1988. Traducción de Gloria Vitale.

Parres, R., (1979). "Prólogo" de *Mi análisis con Freud,* de Abram Kardiner. *Ob. Cit.*

Paskanskas, R.A., (1993). *The complete correspondence of Sigmund Freud and Ernest Jones.* The Belkap Press, London.

Paz, O., (1950). *El laberinto de la soledad. Posdata. Vuelta a el laberinto de la soledad.* Fondo de Cultura Económica, Ciudad de México. 1993.

Paz, O., (1964). "Viento entero". *La centena,* Barral, España, 1969.

Paz, O., (1973). "Prólogo" *a las enseñanzas de Don Juan* de Carlos Castañeda. Fondo de Cultura Económica, Ciudad de México.

Perez de Pla, E.; Carrizosa, S., (2000). Comps., de *Sujeto, inclusión y diferencia*. Universidad Autónoma Metropolitana, Ciudad de México.

Perez Gay, J., (1991). *El imperio perdido*. Editorial Cal y Arena, Ciudad de México.

Pichon-Rivière, E., (1960-a). "Empleo del tofranil en psicoterapia individual y grupal". En *El proceso grupal. Del psicoanálisis a la psicología social*. Editorial Nueva visión, Buenos Aires.

Pichon-Rivière, E., (1960-b). "Tratamiento de grupos familiares: Psicoterapia colectiva". *Ibid*.

Pichon-Rivière, E., (1971). El proceso grupal... Ob. Cit.

Pichon-Rivière, E., (1980). *Teoría del vínculo*. Nueva Visión, Buenos Aires.

Pinel, F., (1804). *Tratado médico-filosófico de la enagenación (sic) del alma o manía*. Imprenta Real, Madrid. Edición facsimilar del Dr. Dionisio Nieto, Ciudad de México.

Pincus, L., (1978). *Teoría de la psicoterapia analítica breve*. Gedisa, Barcelona.

Platon (427-347, A.C.). *Diálogos*. Estudio preliminar y notas de Francisco Larroyo. Porrúa, Ciudad de México, 16ª edición, 1962.

Poincare, H., (1902-1912). *Filosofía de la ciencia*. Conacyt, Ciudad de México, 1981.

Pollock, G.H., (1968). "The possible significance of childhood-object loss in the Josef Breuer-Bertha Papenheim-Sigmund Freud relationship" *J. APA*, 16, USA.

Pollock, G.H., (1975). "On Freud´s treatment of Bruno Walter". En *The Annual of Psychoanalysis*. International Universities Press, USA.

Pontalis, J.B., (1984). "Prólogo" a *Freud de J-P.*Sartre. Alianza Editorial, Madrid. Traducción de María Concepción García-Lomas Pradera.

Portilla, J.M., (1956). *La filosofía Náhuatl*. UNAM, Ciudad de México, 1974.

Postel, J.; Quétel, C., Comps. (1983). *Historia de la Psiquiatría*. Fondo de Cultura Económica, Ciudad de México, 1987. Traducción de Francisco González Aramburo.

Prado, G., (1992). *Creación, recepción y efecto. Una aproximación hermenéutica a la obra literaria*. Diana, Ciudad de México.

Prado, G., (1999). "Una veta de investigación cualitativa en psicoanálisis: La hermenéutica". XXXIX Congreso Nacional de Psicoanálisis, APM. Ciudad de México.

Prigogine, I., (1994-a). "Resonancias y dominio del saber". *La terapia familiar en transformación.* Ob. Cit.

Prigogine, I., (1994-b). "Debate con Mony Elcáim". *Ibid.*

Prigogine, I., (1994-c). "¿El fin de la ciencia?" En *Nuevos paradigmas, cultura y subjetividad* de Dora Fried Schitman Comp. Paidós, Buenos Aires. Traducción de Leandro Wolfson.

Quinodoz, J.M., (1997). "Transitions in psychic structure in the light of deterministic chaos theory". *Int. J. psy-anal. 78(4).*

Racker, H., (1960). *Estudios sobre técnica psicoanalítica.* Paidós, Buenos Aires.

Ramírez, S., (1975). *Infancia es destino.* Siglo XXI, Ciudad de México.

Ramos, S., (1934). *El perfil del hombre y la cultura en México.* UNAM. Cuarta edición, Ciudad de México, 1963.

Rank, O., (1924). *El trauma del nacimiento.* Paidós, Buenos Aires. Traducción de H.F. de Saltzmann.

Rausch, H.C.; Bay, L., (1990). *Anorexia y bulimia.* Paidós, Buenos Aires.

Reder, P., (1989). "Freud's family". *British Journal of Psychiatry,* 159, 93-98. London.

Reich, W., (1928). "Sobre la técnica del análisis del carácter". En *Análisis del carácter.* Paidós, Buenos Aires. 1965. Traducción de Luis Fabricant y Enrique Butelman.

Reich, W., (1930). *Análisis del carácter.* Paidós, Buenos Aires, 1965. Traducción de Luis Fabricant y Enrique Butelman.

Reik, Th., (1948). *Listening with the third ear.* Pyramid Books, New York.

Ricoeur, P., (1965). *Freud: Una interpretación* de la cultura. Siglo XXI editores, Ciudad de México. Traducción de Armando Suárez.

Ricoeur, P., (1969). "El consciente y el inconsciente". *Hermenéutica y psicoanálisis.* Ediciones La Aurora, Buenos Aires, 1975.

Roa, A., (1995). *Modernidad y postmodernidad.* Editorial Andrés Bello, Santiago de Chile.

Roazen, P., (1975). *Freud and his followers.* Knopf, New York.

Roazen, P., (1995). *How Freud worked.* Jason Aronson, USA.

Rodrigué, E.; Rodrigué, G.T., (1966). *El contexto del proceso psicoanalítico.* Paidós, Buenos Aires.

Rodrigué, E., (1969). *Heroína.* Editorial Sudamericana, Buenos Aires.

Rodrigué, E., (1996), Freud. El *Siglo del psicoanálisis.* Editorial Sudamericana, Buenos Aires.

Rof, Carballo, J., (1996). "Introducción". A las *Obras completas de Sigmund Freud*. Editorial Biblioteca Nueva, Madrid.

Rosen, G., (1972). "Freud and medicine in Vienna". En *Freud. The man... Ob. Cit.*

Rosenbaum, R.; *Et al.*, (1990). "The challenge of single-session therapies: creating pivotal moments". En *Hand Book of the brief psychotherapies*. Edited by Richard A. Wills and Vicent J. Giannetti. Plenum Press, New York.

Rosenzweig, S., (1978). *Why Freud Fainted*. The Bobbs-Meviell Company, Indianapolis-New York.

Rosenzweig, S., (1994). *The historic expedition to America*. Rana house, St. Louis, USA.

Ross, Ch., (1973). *The wars of the Roses*. Thames and Hudson, London.

Rothgeb, C.L., (1971). Editor of *Abstracts of the standard editions of the complete psychological works of Sigmund Freud*. Jason Aronson, New York.

Roudinesco, E., (1993). *Lacan. Esbozo de una vida. Historia de un sistema de pensamiento*. Fondo de Cultura Económica, Ciudad de México, 1995. Traducción de Tomás Segovia.

Roudinesco, E.; Plon, M., (1997). *Diccionario de psicoanálisis*. Paidós, Buenos Aires, 1998. Traducción de Jorge Piatigorsky.

Ruitenbeek, M.M., (1966). *The firts freudians*. Jason Aronson, New York. 1973.

Safouan, M., (1974). *Estudios sobre el Edipo*. Siglo XXI editores, Ciudad de México, 1977. Traducción de María del pilar Berdullas.

Sartre, J-P., (1959). Primera versión de *Freud un guión*. Alianza Editorial, Madrid. Prólogo de J-B. Pontalis. Traducción de María Concepción García-Lomas Pradera.

Sayers, J., (1991). *Mothers of Psychoanalysis*. W.W. Norton and Company, New York.

Sayers, J., (2000). *Kleinians. Psychoanalysis inside-out*. Polity Press, USA.

Schaefer, E. Ch.; *Et al.*, (1984). *Family therapy techniques for problems behaviors of children and teenagers*. Josey Bass, San Francisco, USA.

Scharff, D.D.; Scharff, J.S., (1991). *Object relations couple therapy*. Jason Aronson, New York.

Schilder, P., (1935). *Imagen y apariencia del cuerpo humano*. Paidós, Buenos Aires, 1958.

Schneiderman, S., (1986). *Rat man*, New University Press, New York.

Schoenewolf, G., (1990). *Turnings points in analytic therapy. The classic cases.* Jason Aronson, New Jersey.

Searles, H. E., (1965). *Collected papers.* International Universities Press, New York.

Segal, L., (1986). *Soñar la realidad. El constructivismo de Heinz von Foerster.* Paidós, Buenos Aires.

Selye, H., (1956). *The stress of life.* McGraw-Hill Books. New York.

Selye, H., (1976). *Stress in health and disease.* Buterworth, New York.

Shur, M., (1972). *Freud. Living and dying.* International Universities Press, New York.

Simmel, E., (1926). "The Doctor Game. Illness, and the profession of medicine". En *The psycho-analytic reader* de Robert Fliess editor. International Universities Press, 1948, New York.

Slipp, S., (1984). *Object relations. Dinamic Bridge between individual and family treatment.* Jason Aronson, New York.

Solís, H., (1968). *Enfoque psicosomático en odontología.* Grupo de Estudios Odontológicos de Monterrey, Monterrey, N.L. México.

Solís, H., (1971). *Los mexicanos del norte.* Editorial Nuestro Tiempo, Ciudad de México, p.p. 90-4.

Solís, H., (1976). "El Narciso negativo". *Cuadernos de Psicoanálisis,* APM. Vol., IX, Núms. 1 y 2, Ciudad de México.

Solís, H., (1977-a). "La disociación mente-cuerpo. Un caso clínico"., *Cuadernos de Psicoanálisis. Ob. Cit.,* Vol., X, Núms., 1 y 2.

Solís, H., (1977-b). Prólogo y traducción de *Resumen de la edición standard de las obras completas de Sigmund Freud.* Editor Eduardo Dallal y Castillo. Subdirección de Acción Cultural. Departamento de Comunicaciones Humanas del ISSSTE, Ciudad de México.

Solís, H., (1978). "El analista no médico. Entrevista a Sigmund Freud". *Cuadernos de Psicoanálisis. Ob. Cit.,* Vol., XI. Núms., 1 y 2.

Solís, H., (1979-a). "La otra cara de Freud: El instinto de muerte". En *Ciencia y Desarrollo* (Núm.20) (1979). Y, *Freud* (1980). Conacyt, Ciudad de México, y, en *Los que se creen dioses.* ARPAC-Plaza y Valdés, Ciudad de México, 2000.

Solís, H., (1979-b). "Dios los crea y Freud los junta. Retrato hablado de Algunas parejas". En *Los que se creen dioses. Ob. Cit.*

Solís, H., (1980-a). "La ideología del psicoanalista ante la sociedad emergente". Relato oficial en *Anais XII Congresos Latinoamericano de Psicoanalice,* Río de Janeiro, Brasil, p.p., 115-127.

Solís, H., (1980-b). "La posición `borderline´ y el robo del fuego". *Cuadernos de Psicoanálisis. Ob. Cit.*, Vol., XIII, Núms., 1,2,3 y 4.

Solís, H., (1981-a). "Terminación de análisis". *Cuadernos de Psicoanálisis. Ob. Cit.*, Vol., XIV., Núms., 1 y 2.

Solís, H., (1981-b). "Crítica" a *Termination of psychoanalysis* de K. Firestein. *Cuadernos de Psicoanálisis.* Vol. XIV, Núms., 1 y 2.

Solís, H., (1981-c). "La relación entre el médico y el psicoterapeuta en el tratamiento de la enfermedad, somática". En *La interpretación psicoanalítica de la enfermedad somática en la teoría y en la práctica clínica.* CIMP. Buenos Aires.

Solís, H., (1982-a). "Edipo e ideopatía paterna". Relato oficial en el *XIV Congreso Psicoanalítico de América Latina*, Buenos Aires, Vol. I, p.p., 149-173.

Solís, H., (1982-b). "Los despadrados". *Cuadernos de Psicoanálisis.* Vol., XV. Núms., 1 y 2.

Solís, H., (1982-c). "El duelo corporal en los Narcisos". *Ibid.*

Solís, H., (1983-a). "Los que se creen dioses: Retrato hablado de algunos Narcisos". En *Los que se creen dioses. Ob. Cit.*

Solís, H., (1983-b). "Crítica" a "The family, the group, transpersonal processes and the individual". De R.C. Miur. *Cuadernos de Psicoanálisis.* Vol. XVI, Núms.1 y 2.

Solís, H., (1983-c). "Crítica" a "On the transactionality of defensive processes". De Rakkolainen y Alanen. *Cuadernos de Psicoanálisis.* Vol. XVI, Núms., 1 y 2.

Solís, H., (1984-a). "La pareja quién vuelve loco a quién y los mecanismos defensivos interpersonales". En *Cuadernos de Psicoanálisis. OB. Cit.*, Vol., XVII. Núms., 1 y 2. Y, en *Los que se creen dioses. OB. Cit.*

Solís, H.; *Et al.* (1984-b). "Desarrollo de la terapia familiar en el Taller de Familias de AMPAG". *Análisis Grupal.* Vol. I, Núm. 3, Ciudad de México.

Solís, H., (1985-a). "Más allá del psicoanálisis: La patología preestructural". *Cuadernos de Psicoanálisis.* Vol., XVII y XVIII, Núms., 3,4 y 1,2. 1984-85.

Solís, H., (1985-b). "Los obstáculos epistemológicos: visión psicoanalítica". *Diálogo universitario.* Universidad de Monterrey, Monterrey, N.L., México.

Solís, H., (1988-a). "Cortan las manos a un niño: ¿No somos acaso mito?" *Psicoanálisis FEPAL.* Tomo 2, p.p. 259-267, Ciudad de México.

Solís, H., (1988-b). "Ideopatía e ideología en el psicoanalista". *Psicoanálisis*

FEPAL. Tomo 2, pp., 189-193. A.P.M., Ciudad de México.

Solís, H., (1988-c). "José Luis González: Dirán cuando yo muera y, el día este lejano". *Análisis Grupal,* Vol. 5, Núms., 1 y 2. AMPAG, Ciudad de México.

Solís, H., (1989-a). "Retrato hablado de algunas histerias. ¿Psicoanálisis o psicoterapia?" *Memorias* del V Congreso Psicoanalítico de Monterrey, p.p.167-171. ARPAC, Monterrey, N.L., México.

Solís, H., (1989-b). "Retrato hablado de histerias femeninas y masculinas". *Cuadernos de Psicoanálisis. Ob. Cit.,* Vol., XXII, Núms., 3 y 4. p.p.135-145. APM. Ciudad de México.

Solís, H., (1989-c). "Elisabeth: El nacimiento del psicoanálisis". En *Aquí vamos* de *El Porvenir,* 10 de diciembre, Monterrey, N.L., México.

Solís, H., (1991-a). "Del paradigma individual al grupal". *Ciencias,* año I, 1,(1). Monterrey, N.L., México.

Solís, H., (1991-b). "Edipo el descifrador de enigmas". *Memorias* del VII Congreso Psicoanalítico Regiomontano. ARPAC. Monterrey, N.L., México.

Solís, H., (1991-c). "Freud el descifrador de sueños". *Memorias* del VII Congreso Psicoanalítico Regiomontano. *Ibid.*

Solís, H., (1992). "Las amazonas del mundo PSI en terapia grupal analítica". *Memorias* del VIII Congreso Psicoanalítico Regiomontano. ARPAC. Monterrey, N.L., México. También en *Los que se creen dioses. Ob. Cit.* P.p.187-195.

Solís, H., (1993-a). "Las tres generaciones en una pareja del mundo PSI. *Memorias* del V Congreso Nacional de AMPAG (Asociación Mexicana de Psicoterapia Analítica de Grupo) Cuernavaca, Morelos, México.

Solís, H., (1993-b). "Si la envidia fuera tiña... El carácter envidioso". *Memorias* del IX Congreso Psicoanalítico Regiomontano, Monterrey, N.L., México.

Solís, H., (1994-a). "Retrato familiar de los terapeutas del mundo PSI. *Memorias* del X Congreso Psicoanalítico Regiomontano, Monterrey, N.L., México.

Solís, H., (1994-b). "Las familias externas e internas en los terapeutas del mundo PSI". *Jornada psicoanalítica,* APJ. Guadalajara, Jalisco, México.

Solís, H., (1994-c). "El carácter envidioso: Vigencia de Melanie Klein". *Scientia poética.* Departamento de Psiquiatría. Hospital Universitario Dr. J.E.González, UANL, Monterrey, N.L., México, Año I, Vol. I.

Solís, H., (1995-a). "Presente y futuro del paradigma Grupal". *Memorias* del I Congreso Nacional de SAGMO Monterrey, N.L., México.

Solís, H., (1995-b) "Tratamiento de una anorexia nervosa Masculina Típica". En Coautoría con Oscar R. Solís Olivares. *Memorias...* Ibid.

Solís, H., (1995-c). "Del amor y otros demonios: Memorias del Árcangel Gabriel". *Memorias* del XI Congreso Psicoanalítico Regiomontano. ARPAC. Monterrey, N.L., México.

Solís, H., (1996-a). "Transferencia y contratransferencia institucional". *Revista de la Sociedad Colombiana de Psicoanálisis.* Vol., 21, Níms., 3 y 4. Bogotá Colombia.

Solís, H., (1996-b). "Esa droga llamada poder. Preguntadle a los poetas". *Revista de psicoanálisis. APA.* Buenos Aires.

Solís, H., (1996-c). "Tratamiento de una anorexia nerviosa típica" (Versión amplia). En coautoría con Oscar R. Solís Olivares. *Scientia poética). OB. Cit.,* Año 2, Vol., Núm. 2. Monterrey, N.L., México.

Solís, H., (1997-a). "José Luis González: Breve semblanza existencial". *Memorias* del Segundo Congreso Nacional de SAGMO. Monterrey, N.L., México.

Solís, H., (1997-b). "Las partes psicóticas y no psicóticas en los grupos terapéuticos". *Memorias.* Ibid.

Solís, H., (1997-c). "José Luis González: Presentación" *Memorias,* Ibid.

Solís, H., (1997-d). "El proceso psicoanalítico: Enfoque Kleinianio". En *El proceso psicoanalítico.* Juan Vives comp. APM-Plaza y Valdés, Ciudad de México.

Solís, H., (1998-a). "Ideología e ideopatía en el psicoanalista" *Psicoanálisis* FEPAL. Tomo i, APM, Ciudad de México.

Solís, H., (1998-b). "El sindrome de la Colonia del Valle o, el carácter Villa Freud". *Cuadernos de Psicoanálisis,* Vol., XXXI, Núms., 1 y 2. También en *Los que se creen dioses. Ob. Cit.*

Solís, H., (1999-a). "El concepto puente en el paradigma biopsicosocial". Conferencia magistral ante el VIII Congreso Nacional de AMPAG. En *El boletin de ampag.* Núm., 47, octubre de 1999, Ciudad de México.

Solís, H., (1999-b). "El estrés biopsicosocial del postmodernismo". *Imagen psicoanalítica.* AMPP., Año 7, No. 11, Ciudad de México.

Solis, H., (1999-c). "Sigmund Freud: Del lontananza al postmodernismo terapéutico". Conferencia Sigmund Freud, *Cuadernos de Psicoanálisis,* APM, Vol., XXXII, Núms., 1 y 2.

Solís, H., (2000-a). "Diseño de un curso taller vivencial sobre la familia del psicoterapeuta". En coautoría con Gerardo Cantú y Margarita Rodríguez. *Memorias* del III Congreso Nacional de SAGMO, Monterrey, N.L., México.

Solís, H., (2000-b). "La terapia vincular breve". *Memorias.* Ibid.

Solís, H., (2000-c). "Analizabilidad-agrupabilidad". *Subjetividad y Cultura,* Núm., 14, Plaza y Valdés editores, Ciudad de México.

Solís, H., (2001). "Así que quieres ser médico, hijo mío". *Medicina Universitaria,* Facultad de Medicina, U.A.N.L. Vol., III, Núm., 2, Monterrey, N.L., México.

Solís, H., (2002-a). "Algunas consideraciones sobre lo que solemos llamar ciencias "duras" y ciencias "blandas". *Cuadernos de Psicoanálisis.* Vol., XXXIII, Núms. 1 y 2 p.p.118-138.

Solís, H., (2002-b). *Los mexicanos del norte, treinta años después.* Rebal editores, Monterrey, N.L., México.

Solís, H., (2003-a). "La teoría vincular en parejas, familias, grupos e instituciones". *Psicoanálisis y grupos,* AMPAG. Vol. I, Núm., 1, Ciudad de México.

Solís, H., (2003-b). "La intersubjetividad adolescente y el conflicto trigeneracional". XIX Congreso Psicoanalítico de ARPAC. *arpac @ compustere net.* Marzo 2003, Monterrey, N.L., México.

Solís, H., (2003-c). "La adolescencia prolongada en el megisterio". *Conciencia libre,* Junio 2003, Monterrey, N.L., México.

Solís, H., (2003-d). "Hay que cambiarlo todo para que todo siga igual". *Conciencia libre,* Noviembre 2003, Monterrey, N.L., México.

Solís, H., (2004-a). "El despadrado: Un rencor vivo". XX Congreso de ARPAC. *arpac @ compustere net.* Marzo 2004, Monterrey, N.L., México.

Solís, H., (2004-b). "Algo más sobre la forma aberrante de los supuestos básicos grupales". SAGMO-CDROM. 5° Congreso Nacional. Conferencia Magistral. Mayo 2004. Monterrey, N.L., México.

Stanton, M., (1991). *Sandor Ferenczi. Reconsidering active intervention.* Jason Aronson, USA.

Steiger, H., (1989). "Anorexia and bulimia in males: Lessons from a low risk population". *Can. J. of psychiatry.* Canada.

Steiner, J., (1985). "Turning a blind eye: The cover up for Oedipus". *I.J.P.,* Vol. 66, part 2, Baillière and Tindall, London.

Sterling, J.W.; Segal, J.D., (1985). "Anorexia nervosa in males: A critical review". *Int. J. Eat Disorders. 4. USA.*

Sterling, L.H.; Weber, G., (1989). *¿Qué hay detrás de la puerta de la familia?* Gedisa, Barcelona, 1990. Traducción de Inés Pardal.

Stock, W.D.; Whitman, R.M., (1958). "The group focal conflict". En *Psychoanalytic group dynamics.* Edited by Saul Scheidlinger. International Universities Press, USA.

Stock, W.D.; Lieberman, M., (1964). *Psicoterapia de grupo.* Editorial Troquel, Buenos Aires.

Stoller, R.J., (1985). *Presentation of gender.* Yale University Press, USA.

Stone, I., (1971). *Pasiones del espíritu.* Emecé. Buenos Aires, 1972. Traducción de Alberto Luis Bixio.

Stone, L., (1975). "Algunos problemas y potencialidades del psicoanálisis actual". *Cuadernos de Psicoanálisis.* Vol., VIII, Núms., 1 y 2.

Strachey, J., (1934). "The nature of the therapeutic action of psycho-analysis". En *Essential papers on transference.* Aaron H. Esman editor. University Press, New York and London, 1990.

Strachey, J., (1955). Traductor de las *Obras completas de Sigmund Freud.* The Hogarth Press, London.

Sugarman, A., (1979). "The infantile personality: Orality in the hysterical revisited". *I.J. of Psycho.* Vol., 60. p.p.501-10 London.

Szapocznik, J.; *Et al.*, (1990). "One person family therapy". En *Hand book of brief psychotherapies. Ob. Cit.*

Szasz, Th., (1976). *Karl Kraus and the soul-doctors,* Luisiana State University Press, Bouton Rouge, USA.

Teruel, G., (1974). *Diagnóstico y tratamiento de parejas en conflicto.* Paidós, Buenos Aires.

Thomä, H., (1961). *Anorexia nervosa,* International Universities Press, New York, 1967. Traslated by Gilliam Brydone.

Tubert-Oklander, J., (1989). "Hipótesis de carencia-defecto en la etiología de la patología preestructural". *Cuadernos de Psicoanálisis.* Vol., XXII., Núms., 3 y 4.

Tubert-Oklander, J.; Hernández, R., (2003). *Operative Groups. The Latin-american aproach to group analysis.* Jessica Kingsley Publischers, London - New York.

Ulloa, F.O., (1995). *Novela clínica psicoanalítica.* Paidós, Buenos Aires.

Untermeyer, L., (1942). *A treasury of great poems.* Galahad Books, New York, 1993, p.p. 355-6.

Vallejo, A., (1980). *Vocabulario Lacaniano*. Helgero editores Buenos Aires.

Vattimo, G., (1985). *El fin de la modernidad*. Gedisa, Barcelona, 1997. Traducción de Alberto L. Bixio.

Velasco, F., (1996). *Manual de técnica psicoanalítica para quienes se forman en el campo de la psicoterapia dinámica*. Editorial Planeta, Ciudad de México.

Viñar, M., (1994). "El Edipo freudiano, un saber recurrente y sin fin". En *Antiguos crímenes*. Trilce, Montevideo, p.49.

Vitz, P.C., (1988). *Sigmund Freud's cristian unconscious*. The Guilford Press, New York.

Vives, J., (1983). "Algunas consideraciones sobre el proceso del pensamiento musical". *Cuadernos de Psicoanálisis*. Vol., XVI, Núms. 1 y 2.

Vives, J., (1988). "Dora... la búsqueda de la identidad femenina", *Cuadernos de Psicoanálisis*. Vol., XXI, Nums., 1 y 2.

Vives, J., (1991). *Estrategias psicoterapéuticas*. Editorial Pax-México, Ciudad de México.

Voltaire (1764). *Diccionario filosófico*. Akal bolsillo, Madrid, 1980.

Von Bertalanffy, L., (1968). *Teoría general de los sistemas*. Fondo de Cultura Económica, Ciudad de México, 1976. Traducción de Juan Almela.

Von Foester, H., (1973). "Construyendo una realidad". En *La realidad inventada*. Paul Watzlawick Comp. Gedisa, Barcelona, 1994, p.p. 38-56. Traducción de Nélida M. De Machain, Ingeborg S. de Luque y Alfredo Báez.

Von Foester, H., (1986). "Entrevista con Carol Wilder". *En Soñar la realidad. El constructivismo de Heinz Von Foester*. De Linn Segal, *Ob. Cit.*

Walker, Puner, H., (1947). *Freud. His life and his mind*. Howell, Soskin, USA.

Walsh, S.J., (1984). "Criterio existencial en psiquiatría". En *Psiquiatría General*. De Howard H. Goldman. 2ª edición, Manual Moderno, Ciudad de México. Traducción de Fayne Tinajero y Jorge A. Merígo.

Watzlawick, P.; Beavin, J.; Jackson, P., (1967). *Pragmática de la comunicación humana*. Tiempo contempóraneo, Buenos Aires, 1971.

Watzlawick, P., (1978). *The language of change*. Basic Books, New York.

Watzlawick, P.; Krieg, P., (1991). *El ojo del observador*. Gedisa, Barcelona, 1994. Traducción de Cristóbal Piechocki.

Whitaker, C., (1989). *Meditaciones nocturnas de un terapeuta familiar*.

Paidós, Buenos Aires, 1992. Traducción de Jorge Piatigorsky.

Winnicott, D.W., (1947). "Hate in the countertransference". En *Collected Papers*. Basic Books, New York.

Winnicott, D.W., (1960). "Deformaciones del ego en términos de un ser verdadero y falso". En *El proceso de maduración en el niño*. Editorial Laia, Barcelona, 1975. Traducción de Jordi Beltran.

Winnicott, D.W., (1965). *El proceso de maduración en el niño*. Ibid.

Winnicott, D.W., (1971). *Realidad y juego*. Granica Editor, Buenos Aires, 1972. Traducción Floral Mazía.

Wittels, F., (1924). *Freud–el hombre-la doctrina-la escuela*. Editorial Pax, Santiago de Chile, 1936. Traducción de Hernán del Solar, prólogo de Stefan Zweig.

Wittels, F., (1931). *Freud and his time*. Horace Liveright, Inc. New York. 1931. Traslated by Louise Brink.

Wolberg, R.L., (1965). *Short-term psychotherapy*. Grune and Stratton, New York.

Wortis, J., (1950). *Soviet psychiatry*. The Williams and Wilkins company, USA.

Wortis, J., (1954). *Fragments of an analysis with Freud*. Simon and Schuster, New York.

Yalom, I., (1975). *Teoría y práctica de la psicoterapia de grupo*. Fondo de Cultura Económica, Ciudad de México. Traducción de Carlos Valdés.

Yalom, I., (1980). *Existential psychotherapy*. Basic Books, New York.

Yalom, I., (1995). *El día que Nietzsche lloró*. Emece, Buenos Aires. Traducción de Rolando Costa.

Young-Bruehl, E., (1988). *Anna Freud a biography*. Summit Books, New York.

Zarco, M.A., (1995). "Hermenéutica y psicoanálisis". Material inédito.

Zarco, M.A., (1997). "Psicoanálisis: ¿Epistemología, moral o, estética?" *Espectros del psicoanálisis*. Editorial La Tinta en el diván, Ciudad de México.

Zarco, M.A., (1999). "Una consideración epistemológica para abordar la noción del delirio en los textos de Freud". *Ibid*, Núm., 3.

Zarco, M.A., (2003). Comunicación personal escrita.

Zetzel, R.E., (1958). "Therapeutic alliance in the analysis of hysteria". *The capacity for emotional growth*. International Universities Press, New York, p.p. 182-96.

Zetzel, R.E., (1967). "Notas suplementarias sobre un caso de neurosis obsesiva". En *El hombre de las ratas.* Oscar Masotta y Jorge Jinkis comps. ediciones Nueva Visión, Buenos Aires, 1973. Traducción de Marta Guastavinos.

Zetzel, R.E., (1968). "The so-called good hysteric". *The capacity for emotional growth. Ob. Cit.,* p.p. 229-45.

Zimmerman, D., (1969). *Estudios sobre psicoterapia analítica de grupo.* Hormé, Buenos Aires, p.p. 110-133.

Zito, L.V., (1976). *Conversaciones con Enrique Pichon-Rivière sobre el arte y la locura.* Ediciones Timerman, Buenos Aires.